北京联合大学应用文理学院"提升科研育人能力和水平"项目（项目编号：12213611605002）

国家重点研发计划项目"公共安全成果集成与科学普及关键技术研究"专题"公共安全科研活动的法务问题研究"（项目编号：2019YFC0810804-06）的研究成果

北京联合大学文理青年学术文库（一）

论应急管理的法与刑

张一红　著

中国社会科学出版社

图书在版编目（CIP）数据

论应急管理的法与刑／张一红著. —北京：中国社会科学出版社，2021.1
ISBN 978 - 7 - 5203 - 7798 - 0

Ⅰ.①论… Ⅱ.①张… Ⅲ.①突发事件—公共管理—法治—研究—
中国 Ⅳ.①D922.104

中国版本图书馆 CIP 数据核字（2021）第 017254 号

出 版 人	赵剑英
责任编辑	许 琳
责任校对	郝阳洋
责任印制	郝美娜

出　　版	中国社会科学出版社
社　　址	北京鼓楼西大街甲 158 号
邮　　编	100720
网　　址	http://www.csspw.cn
发 行 部	010 - 84083685
门 市 部	010 - 84029450
经　　销	新华书店及其他书店

印刷装订	北京市十月印刷有限公司
版　　次	2021 年 1 月第 1 版
印　　次	2021 年 1 月第 1 次印刷

开　　本	710×1000　1/16
印　　张	26.75
插　　页	2
字　　数	398 千字
定　　价	148.00 元

前　言

　　人类的生存与发展历史是一部与自然灾害、事故灾难做斗争的历史。在人类发展的某个阶段，认识总结斗争过程中的"得"与"失"，形成针对灾害事故及其风险防控的体制、机制、法治和规章制度，以及方针政策、理念原则、方法做法、工作格局和人员队伍、资源装备、资金投入等就是这个阶段的应急管理。

　　法治是应急管理必不可少的重要组成部分。特别是进入新发展阶段，在建设中国特色社会主义的大国应急体系、实现应急管理体系和能力现代化的进程中，健全科学、适应国情、支撑发展的应急管理法治体系显得尤为重要。

　　本书试图在总结前人工作的基础上，整理汇总作者过去在应急管理法治方面的研究成果，以一个法律人贯彻新发展理念的视角，从构建适应新发展阶段应急管理格局的需要，建立应急管理法治的相关概念，归纳梳理新中国建立以来应急管理法治发展历程及其特点和规律，论述应急管理相关法以及相关处罚与刑；建立了一种基于突发事件及其风险全过程管理的应急管理相关法分析评价方法；同时，根据对现行部分应急管理相关法的分析评价结果，提出了新发展阶段应急管理法律法规体系，明确了制定《应急管理法》及其结构框架和主要内容。

　　全书共分为五章。第一章刑法与应急管理，是对全书的铺垫。介绍了我国的法律体系、应急管理的基本概念、应急管理过程、要素和内容。第二章我国应急管理法治发展历程。将新中国成立以来的应急管理法治历程分为三个阶段，即单灾种、分部门应急管理阶段，被动建设现代应急管理体系阶段，主动建设现代应急管理体系阶段。阐述各阶段的法治特征，明确应急管理相关法律的责任主体及其关系。第三章应急管理相关法律分析评价方法。在分析明确应急管理过程及其主要工作的基础上，建立应急管理相关法分析评价指标体系，进而建立应急管理相关法评价指标权重及分析评价模型。第四章应急管理相关法。论述应急管理法应成为一个法律部门，探讨新时代应急管理法律法规体系的结构，以及制定《应急管理法》的必要性和重要性等问题。第五章应急管理相关处罚与刑。明确应急管理相关法律责任主体及其处罚形式，阐述生产安全事故相关犯罪及其量刑，并以 30 起重特大交通事故为例进行分析。

本书的研究工作得到了北京联合大学应用文理学院"提升科研育人能力和水平"项目（12213611605 - 002）、国家重点研发计划"公共安全风险防控与应急技术装备"重点专项（2019YFC0810800）的资助，以及其他横向研究课题的支持，特此向资助者表示衷心的感谢。感谢北京联合大学应用文理学院及其科研管理部门和法律系的各位领导和同仁，对我的培养和给予教学科研工作的真诚帮助。感谢出版社的同志们，为本书编辑出版的付出和给予的真诚帮助。感谢为本书提供参考资料（均已在注释中列出）的单位或个人。特别感谢爱我、教导我、任何时候都支持我，同时也严格要求我的父母双亲。

本书力图将法学与应急管理学相融合。但是，因为作者水平有限，虽然经几年研磨、多次修改，仍难免存在不足、甚至谬误，欢迎广大读者指正批评。

张一红

2020 年 12 月

目　　录

第一章　刑法与应急管理

　　本章简要介绍了中国特色社会主义法律体系、法律的分类以及法律部门；梳理总结了我国刑法的渊源，介绍了刑法的一些基本概念，阐述了《中华人民共和国刑法》（以下简称《刑法》）的基本原则和适用范围；阐述了应急管理的概念，分析了应急管理工作的影响因素。从应急管理相关罪的定罪、刑罚裁量的视角，阐述了安全、危险、突发事件的概念，分析了突发事件的影响因素，介绍了我国突发事件的分类方法以及在《突发事件应对法》中明确的四大类突发事件。

第一节　法律体系

一　法律体系概述

（一）法律体系的概念

　　在国家建立以后，为了规范人们的各种行为，使国家管理下的人们按照国家意志从事经济活动和社会活动，需要按照统治阶级的意愿制定人们必须遵循的法律。这些法律中，有规范经济活动的，有规范社会活动的，也有规范司法行为的。这些法律的总和，就构成了国家的法律体系。简而言之，国家的法律体系就是国家的法的体系。

　　法学中，法律体系是指，由一个国家现行的、按照不同的法律部门分类组合的、全部的法律规范形成的一个系统化、体系化、有机联系的统一整体。撇开生硬、古板的法学词语，用通俗的语言描述，法律体系可以概括地解释为：

1. 法律体系包括一个国家的、全部的现行法律规范；
2. 法律体系是由一个国家全部、现行法律规范分类组合而成的；
3. 法律体系是一个国家全部现行法律规范有机联系的统一整体。

（二）法学界三大法律体系介绍

在法学界，除中国特色社会主义法律体系以外，形成自身特点、有自己法理法源并得到法学界公认的还有三大法律体系，分别为：大陆法系、英美法系和伊斯兰法系。下面简单介绍大陆法系、英美法系和伊斯兰法系。

1. 大陆法系。大陆法系是指，法国、德国、意大利等欧洲大陆国家采用的法律体系。采用大陆法律体系的国家，对重要的部门法要制定法典，而对于一般法律则制定单行法律规范，法典和单行法律规范共同构成较为完整的成文法体系。大陆法系的基本结构建立在公法和私法的分类基础上。公法包括：宪法、行政法、刑法以及诉讼法。私法包括：民法和商法，有时也统称为民商法。一般法典化的成文法体系包括：宪法、行政法、民法、商法、刑法、民事诉讼法、刑事诉讼法。

2. 英美法系。英美法系是指，以英国普通法为基础发展起来，在美国、加拿大、印度等国家使用的法律体系。采用英美法系的国家，注重法典的延续性，以判例法为主要的法律形式，一般不倾向法典形式。英美法系制定的法一般是单行的法律和法规。英美法系的基本结构是建立在普通法和衡平法的分类基础上。普通法是代表审判机关的法律，即以审判机关审判过程中形成的判例作为以后审判的依据，并将其固定下来，形成所谓的判例法。衡平法是为了弥补普通法的不足，在普通法不能覆盖、存在法律缺失的情况下所使用的法律，是对普通法的补充。当然，在需要确定社会共同遵守的规则、规范时，也需要制定单行法律规范，但这些法律规范会被纳入具有延续性的法典中。

3. 伊斯兰法系。伊斯兰法系是指，在公元七世纪到九世纪，在阿拉伯哈里发国家形成的法律，包含了穆斯林宗教、社会、家庭等各方面的法律规范。从社会学和法学的角度，该法律体系的法律具有宗教和道德规范的性质，与伊斯兰教教义有密切联系，是每个伊斯兰教徒需要遵守的基本生活准则和行为准则，而对于非穆斯林教徒不具有约束力。但是，在实行伊斯兰教为国教的国家，一旦将有关伊斯兰教的宗教和道德规范性质的要求确定为法律，普通公民（包括进入其法律管辖范围的非本国人员）就必须遵守。伊斯兰法系内容极为广泛，一般私法比重大于公法。把伊斯兰教作为国教和多数居民信奉伊斯兰教的国家称为伊斯兰国家，伊斯兰国家基本都是伊斯兰法系国家。

（三）中国特色社会主义法律体系

1. 中国特色社会主义法律体系

中国特色社会主义法律体系是有别于大陆法系、英美法系和伊斯兰法系，自成一体的法律体系。

2011 年 3 月 10 日，时任全国人民代表大会常务委员会委员长吴邦国同志，向第十一届全国人民代表大会第四次会议作全国人民代表大会常务委员会工作报告时庄严宣布，一个立足中国国情和实际、适应改革开放和社会主义现代化建设需要、集中体现党和人民意志的，以宪法为统帅，以宪法及宪法相关法、民法商法等多个法律部门的法律为主干，由法律、行政法规、地方性法规与自治条例、单行条例等三个层次的法律规范构成的中国特色社会主义法律体系已经形成。[1]这表明，在中华人民共和国成立后，在中国共产党的领导下，历经60 多年的法治建设，到 2011 年形成了中国特色社会主义法律体系。

2011 年 10 月，在国务院新闻办公室发布的《中国特色社会主义法律体系》白皮书中明确指出，依法治国，建设社会主义法治国家，是中国共产党领导人民治理国家的基本方略。[2] 形成中国特色社会主义法律体系，保证国家和社会生活各方面有法可依，是全面落实依法治国基本方略的前提和基础，是中国发展进步的制度保障。60 多年

---

① 吴邦国：《全国人民代表大会常务委员会工作报告》，2011 年 3 月 10 日在第十一届全国人民代表大会第四次会议上的报告，http：//www. gov. cn/2011lh/content_ 1827143. htm.

② 中华人民共和国国务院新闻办公室：《中国特色社会主义法律体系》白皮书，http：//www. scio. gov. cn/首页＞国新专题＞《中国特色社会主义法律体系》白皮书＞白皮书。

来，特别是改革开放 30 多年来，中国共产党领导中国人民制定宪法和法律，经过各方面坚持不懈的共同努力，到 2010 年底，一个立足中国国情和实际、适应改革开放和社会主义现代化建设需要、集中体现中国共产党和中国人民意志，以宪法为统帅，以宪法相关法、民法商法等多个法律部门的法律为主干，由法律、行政法规、地方性法规等多个层次法律规范构成的中国特色社会主义法律体系已经形成，国家经济建设、政治建设、文化建设、社会建设以及生态文明建设的各个方面实现了有法可依。

2. 中国特色社会主义法律体系的基本特征[①]

中国特色社会主义法律体系是在中国共产党领导下，在适应中国特色社会主义建设事业的历史进程中逐步形成的，是中国特色社会主义伟大事业的重要组成部分，是全面实施依法治国基本方略、建设社会主义法治国家的基础，是中华人民共和国成立 60 多年来，特别是改革开放 30 多年来经济社会发展实践经验的制度化、法律化的集中体现，具有十分鲜明的中国特色社会主义特征。

（1）体现了中国特色社会主义的本质要求。中国特色社会主义法律体系所包括的全部法律规范、确立的各项法律制度，必须有利于巩固和发展社会主义制度，体现人民共同意志、维护人民根本利益、保障人民当家作主的本质要求。这是中国特色社会主义法律体系的重大特点，也是以公有制为基础的中国特色社会主义法律体系与以私有制为基础的资本主义法律体系的本质区别。制定和实施法律都要从中国特色社会主义的本质要求出发，维护广大人民群众的根本意志和长远利益，适应中国的国情、民情，保障广大人民群众的获得感、幸福感和安全感。

（2）体现了改革开放和社会主义现代化建设的时代要求。中国特色社会主义法律体系是与改革开放大时代相伴而生、相互促进的，具

---

① 王兆国：《关于形成中国特色社会主义法律体系的几个问题》，2010 年 11 月 11 日在第十六次全国地方立法研讨会上的讲话，http：//www.npc.gov.cn/npc/首页/关于形成中国特色社会主义法律体系的几个问题。

有鲜明的时代特征。一方面，改革开放和现代化建设为中国特色社会主义法律体系构建，提供了内在需求和动力，提供了实践基础和经验。另一方面，中国特色社会主义法律体系的构建，为改革开放和现代化建设提供了法治环境，充分发挥了促进、规范、指引和保障的作用，较好地处理了法律的稳定性和改革变动性的关系。在法治保障上，肯定已有成功做法、巩固已有改革开放成果，及时将成功的做法和好的成果写入法律，变为社会共同遵守的准则，同时，为进一步改革开放留下空间。中国特色社会主义法律体系既有较好的继承性，也有时代的先进性。

（3）体现了结构内在统一而又多层次的科学要求。我国是统一的、多民族的社会主义国家。中国特色社会主义法律体系在结构上表现为统一而又多层次的特征，全国人民代表大会及其常务委员会制定法律，国务院制定行政法规，地方人民代表大会及其常务委员会依据法定权限制定地方性法规，国务院组成部门依据法定权限制定行政规章和强制性标准。这样的立法体制，决定了各法律构成部分在法律体系中的地位、作用和效力。宪法是统帅，法律是主干，行政法规和地方性法规是对国家法律的细化和补充，政府行政规章解决政府行政中的问题，强制性标准具有技术性法规的作用，也是对法律、法规的进一步细化和补充。法律、行政法规和地方性法规具有不同效力，都是中国特色社会主义法律体系的有机组成部分，共同构成一个完整的、统一的、系统的、多层次的、科学的法律体系。

（4）体现了继承中国法制文化优秀传统和借鉴人类法制文明成果的文化要求。中国特色社会主义法律体系的构建，立足于基本国情，从实际出发，坚持将传承历史优秀传统、借鉴人类文明成果和进行制度创新有机结合起来，充分体现在文化上的先进性、包容性和广泛性。第一，继承了中华法制文化中的优秀成分，包罗中华民族优秀法治；第二，适应了改革开放和现代化建设需要的制度创新；第三，充分吸收了人类法制文明的成果。概括而言，中国特色社会主义法律体系是在继承发扬我国优秀的法律文化传统、借鉴吸收人类法律文明成果的基础上，形成的符合我国国情、顺应时代潮流、解决我国事情的法律体系。

（5）体现了动态、开放、与时俱进的发展要求。经过 30 多年的努力，目前国家经济、政治、文化、社会生活的各个方面总体上做到了有法可依。但是，社会发展进步的历史实事告诉我们，社会实践是法律的基础，法律是随着实践经验不断发展的总结。人类实践是永无止境的，中国特色社会主义法律体系也必须与时俱进、不断创新，不断在适应新理念、发现新情况、启迪新思想、解决新问题中完善和充实。这就决定了中国特色社会主义法律体系的动态性、开放性、发展性。中国特色社会主义法律体系体现了动态、开放、与时俱进的发展要求，这正是中国特色社会主义法律体系永葆先进性的根本所在。

二　法律部门

（一）法律部门的概念

法律部门又称为部门法，是法律分类的一种方式。组织或者学者，基于自身对法律性质、法律适应调整的社会关系的领域和方式的判断，根据一定的原则和标准，按照法律规范本身的不同性质、法律调整社会关系的不同领域和不同方法等，将一个国家的法律规范进行归类，即划分为若干个不同的类别，每个类别就是一个法律部门。因此，概括而言，所谓法律部门就是一个国家同类法律规范的总和。由此，可以对法律部门作如下说明。

1. 每个法律部门都是构成法律体系的基本要素，所有法律部门总体构成了法律体系，一个国家法律体系的所有法律部门是统一的，各个法律部门之间是协调的。如我国经济法部门的法律有：预算法、中国人民银行法、企业所得税法、农业法、铁路法、电力法、煤炭法等。

2. 法律部门是在一个国家法律体系中同类法律规范的总和，法律部门可以继续划分为若干个子部门。如有的学者将应急管理相关法划归为社会法部门，或者说应急管理相关法部门是社会法部门的一个子部门。应急管理相关法子部门有：突发事件应对法、安全生产法、防震减灾法、消防法、危险化学品安全条例等。

3. 各个法律部门的法是相对独立的，它们各自调整不同的社会关系。社会现象必然反映相应的社会关系，每一个法律部门都调整对应的社会关系，因此对应相应的社会现象。如民法调整的是平等主体之间的人身与财产关系。安全生产法调整的是在生产经营过程中生产经营活动与人身安全健康的关系。

4. 法律部门是基本确定的，又是不断变化的，得到普遍认可的法律部门是相对基本稳定和固定的。在一个法律部门确定后，会保持一段相对稳定的时间，同时随着社会的发展，法律部门间也可能出现融合或分立的现象。比如，在我国官方文件中还没有应急管理法律部门的说法，但是随着中国特色大国应急体系的建立和健全，必将形成完善的中国特色应急管理法律法规体系。

5. 法律部门是主观与客观的统一，法律部门的划分是人根据一定的客观事实将法律以主观的形式加以区分的。也就是说，法律部门是人为划分的。因此，不同的组织或者学者对相同的法律体系划分成的法律部门未必是相同的。在我国官方文件中，将我国法律体系划分为宪法及宪法相关法、民法商法、行政法、经济法、社会法、刑法、诉讼与非诉讼程序法等七个法律部门。也有学者认为，我国的法律体系可以划分为政治法、行政法、刑法、民法、商法、亲属法、经济法、社会保障法、环境与资源法等诸多法律部门。

需要指出的是，法律部门所指的同类法律中不包括国际法和已经失效的法，也不包括将要制定或者正在制定尚未发布的法，仅是现行有效的国内法。国际公法、国际私法和国际经济法等不归属于某个法律部门，各级人民代表大会及其常务委员会、国务院及其组成部门正在审议、尚未发布的法律法规也不属于某个法律部门。当一部法律发布时间与实施时间不一致时，全国人民代表大会及其常务委员会已经审议通过、以中华人民共和国主席令发布的法，就已经生效，不论是否开始实施，都成为某个法律部门的法。

（二）我国的法律部门

参考有关官方文件、也是被法学界认可的中国特色社会主义法律体系分为七个主要的法律部门，分别为宪法及宪法相关法、民商法、行政法、经济法、社会法、刑法、诉讼与非诉讼程序法等。

1. 宪法及宪法相关法

（1）宪法

宪法是国家的根本大法，是特定社会、政治、经济和思想文化条件综合作用的产物，集中反映各种政治力量的实际对比关系，确认统治集团获得的成果，实现统治阶级需要的民主政治，规定国家的根本任务和根本制度（包括社会制度、国家制度的原则和国家政权的组织），明确公民的基本权利和义务等内容。宪法适用于国家的每一个公民和任何组织。

《中华人民共和国宪法》（以下简称《宪法》）是中国特色社会主义法律体系的统帅，是我国的根本大法，在中国特色社会主义法律体系中居于统帅地位，是国家长治久安、民族团结、经济发展、社会进步和人民安居乐业的根本保障。在《宪法》总则中明确规定，本宪法以法律的形式确认了中国各族人民奋斗的成果，规定了国家的根本制度和根本任务，是国家的根本法，具有最高的法律效力。全国各族人民、一切国家机关和武装力量、各政党和各社会团体、各企业事业组织，都必须以宪法为根本的活动准则，并且负有维护宪法尊严、保证宪法实施的职责。

《宪法》明确规定，中华人民共和国实行依法治国，建设社会主义法治国家。国家维护社会主义法制的统一和尊严。一切法律、行政法规和地方性法规都不得同宪法相抵触。一切国家机关和武装力量、各政党和各社会团体、各企业事业组织都必须遵守宪法和法律。一切违反宪法和法律的行为，必须予以追究；维护社会秩序、制裁危害社会治安的犯罪分子、保护劳动者的合法权益，要求预防安全事故。如《宪法》第一条、第五条、第十二条、第二十八条、第四十二条、第六十七条等。

第一条 中华人民共和国是工人阶级领导的、以工农联盟为基础的人民民主专政的社会主义国家。社会主义制度是中华人民共和国的根本制度。中国共产党领导是中国特色社会主义最本质的特征。禁止任何组织或者个人破坏社会主义制度。

第五条 中华人民共和国实行依法治国，建设社会主义法治国家。国家维护社会主义法制的统一和尊严。一切法律、行政法规和地方性法规都不得同宪法相抵触。一切国家机关和武装力量、各政党和各社会团体、各企业事业组织都必须遵守宪法和法律。一切违反宪法和法律的行为，必须予以追究。任何组织或者个人都不得有超越宪法和法律的特权。

第十二条 社会主义的公共财产神圣不可侵犯。国家保护社会主义的公共财产。禁止任何组织或者个人用任何手段侵占或者破坏国家的和集体的财产。

第二十八条 国家维护社会秩序，镇压叛国和其他危害国家安全的犯罪活动，制裁危害社会治安、破坏社会主义经济和其他犯罪的活动，惩办和改造犯罪分子。

第四十二条 中华人民共和国公民有劳动的权利和义务。

第五十四条 中华人民共和国公民有维护祖国的安全、荣誉和利益的义务，不得有危害祖国的安全、荣誉和利益的行为。

第六十七条 全国人民代表大会常务委员会行使下列职权：（二十一）决定全国或者个别省、自治区、直辖市进入紧急状态。

第八十条 中华人民共和国主席根据全国人民代表大会的决定和全国人民代表大会常务委员会的决定……发布特赦令，宣布进入紧急状态，宣布战争状态，发布动员令。

第八十九条 国务院行使下列职权：（十六）依照法律规定决定省、自治区、直辖市的范围内部分地区进入紧急状态。

《宪法》的上述规定，确立了在经济社会发展的各项事务中，我国各级党政机关及其部门、各类组织和企业事业单位，必须遵循的安全总方针和总要求。这样的总方针和总要求，需要贯彻落实到制定应急管理的法律法规和应急管理工作中，减少、避免应急管理相关事件的发生，降低、减轻应急管理相关事件造成的损失，预防、制止应急管理相关犯罪。

（2）宪法相关法

宪法相关法是与《宪法》相配套，直接保障宪法实施和国家政权运作的法律规范。主要包括：

①国家机构的产生、组织、职权和基本原则方面的法律；

②民族区域自治制度、特别行政区制度、基层群众自治制度方面的法律；

③维护国家主权、领土完整以及国家安全、国家标志象征方面的法律；

④保障公民基本政治权利方面的法律等。

我国现行的宪法相关法主要有：《国旗法》《国徽法》《国歌法》《国籍法》《戒严法》《立法法》《缔结条约程序法》《专属经济区和大陆架法》《集会游行示威法》《领海及毗连区法》《引渡法》《民族区域自治法》《工会法》《香港特别行政区基本法》《澳门特别行政区基本法》《法官法》《检察官法》《反分裂国家法》等。

在宪法相关法中涉及应急管理相关事件预防、应对和事后恢复以及相关犯罪的法律有：《国旗法》《国徽法》《国歌法》《戒严法》《集会游行示威法》等。如在发生应急管理相关事件时，犯罪分子可能做出侮辱国旗、国徽、国歌的行为；没有得到认可的公共安全事件会扰乱、破坏正常的生产生活秩序，违法了戒严法；没有得到批准的集会游行，会产生不良的社会影响，属于突发公共安全事件，适应《集会游行示威法》①。《地方党政领导干部安全生产责任制规定》②是中共中央办公厅、国务院办公厅印发的，按照我国的行政体制，该规章应归入宪法相关法的法律部门。

在应急管理相关事件中，突发生产安全事故发生往往与人为因素

① 《中华人民共和国集会游行示威法》，1989年10月31日第七届全国人民代表大会常务委员会第十次会议通过，1989年10月31日中华人民共和国主席令第二十号公布施行。本法自公布之日起施行。立法的目的是保障公民依法行使集会、游行、示威的权利，维护公共秩序和社会安定。

② 《地方党政领导干部安全生产责任制规定》，由中共中央办公厅、国务院办公厅于2018年4月8日印发，自2018年4月8日起施行。立法目的是为了加强地方各级党委和政府对安全生产工作的领导，健全落实安全生产责任制，树立安全发展理念。

有关。针对突发生产安全事故的防治工作，有多部法律做出了规定。《中华人民共和国工会法》（以下简称《工会法》）明确规定，工会发现企业违章指挥、强令工人冒险作业，或者生产过程中发现明显重大事故隐患和职业危害，有权提出解决的建议，企业应当及时研究答复；发现危及职工生命安全的情况时，工会有权向企业建议组织职工撤离危险现场，企业必须及时作出处理决定；职工因工伤亡事故和其他严重危害职工健康问题的调查处理，必须有工会参加。

2. 民商法

民商法是对民法和商法的统称。资料检索表明，到目前为止，我国尚无正式的官方文件就民法与商法的关系作出明确说明。但是，很多学者根据我国目前的立法现状、法律规定事项以及现代民法的发展趋势，阐述了现阶段我国民法与商法的关系，并将其称为"民商合一"的立法体例。所谓"民商合一"，即民法是一般法，是商法的母法，民法对商法具有指导和统帅的作用。而商法是民法的子法，是民法的特别法，商法对民法具有补充、变更、限制的作用[1]。

（1）民法。民法是调整平等主体的公民之间、法人之间、公民和法人之间的财产关系和人身关系的法律规范，遵循民事主体地位平等、意思自治、公平、诚实信用等基本原则。[2] 民法包括财产法和人身法。从民法理论上讲，财产法由物权法、债权法组成。物权法规定物的所有权、用益物权、担保物权的取得、变更、消灭，还包括占有制度、共有制度、相邻关系。债权法规定债的发生原因、履行、转移、保全、消灭等。人身法由人格权法和亲属法组成。人格权法是规定人的身体权、生命权、健康权、自由权、隐私权、姓名权及名称权、肖像权、名誉权和荣誉权的法律规范。亲属法在我国是指婚姻法、继承法、收养法等关于婚姻家庭继承的法律规范。在我国，现行有效的民法的成文法规范有《民法通则》《婚姻法》《继承法》《收

---

① 刘佳：《浅析民法和商法的关系》，《现代教育教学探索学术交流会论文集》，2015年5月。

② 林伟珍：《试论民法与商法的关系》，《法制博览》2015年第12期。

养法》《物权法》《合同法》《担保法》《侵权责任法》等。民法中涉及应急管理及其相关犯罪的内容较少。

自 2017 年 10 月 1 日起施行的《中华人民共和国民法总则》（以下简称《民法总则》）①，共 11 个章节，总计 206 条，内容包括：第一章基本规定、第二章自然人、第三章法人、第四章非法人组织、第五章民事权利、第六章民事法律行为、第七章代理、第八章民事责任、第九章诉讼时效、第十章期间计算、第十一章附则等。

《民法总则》的指导思想明确，工作思路清晰，立足我国国情和实际，适应中国特色社会主义发展要求，坚持问题导向，坚持理论与实践的统一，坚持继承与创新相结合，在民法通则等民事法律的基础上，进一步完善和发展了民事基本制度，体例科学、结构严谨、规范合理、内容协调一致。制定《民法总则》是编纂《民法典》的第一步，具有统领《民法典》的作用，对于维护最广大人民的根本利益，实现国家治理体系和治理能力现代化，完善中国特色社会主义法律体系具有重大意义。

（2）商法。《中国特色社会主义法律体系》指出，商法调整商事主体之间的商事关系，遵循民法的基本原则，同时秉承保障商事交易自由、等价有偿、便捷安全等原则。商法的调整对象是商事关系，即具有调整行为的营利性特征，又遵循商事主体严格法定的商务工作原则。在我国，商法的成文法律规范主要包括：公司法（企业法）、保险法、合伙企业法、海商法、破产法、票据法等。② 商法是民商法部门的一个子部门，该子部门的法律中涉及应急管理及其相关犯罪的内容较少。

3. 行政法

在《中国特色社会主义法律体系》白皮书中指出，行政法就是国

---

① 《中华人民共和国民法总则》（以下简称《民法总则》），2017 年 3 月 15 日，第十二届全国人民代表大会第五次会议表决通过，中华人民共和国主席令第六十六号公布，自 2017 年 10 月 1 日起施行。立法目的是为了保护民事主体的合法权益，调整民事关系，维护社会和经济秩序，弘扬社会主义核心价值观。

② 范健：《商法》（第三版），高等教育出版社 2007 年版。

家行政管理的法律规范。行政法是关于行政权的授予、行政权的行使以及对行政权的监督的法律规范，调整的是行政机关与行政管理相对人之间因行政管理活动发生的关系，遵循职权法定、程序法定、公正公开、有效监督等原则，既保障行政机关依法行使职权，又注重保障公民、法人和其他组织的权利。

首先，行政法是国家一系列法律规范和原则的总称；其次，这一系列法律规范和原则调整的对象是行政关系和监督行政关系。应急管理与行政管理相互包含，国家以及各级党政机关及其部门的应急管理属于行政管理的范围，所对应的应急管理权属于行政权。行政法由规范行政主体和行政权设定的行政组织法、规范行政权行使的行政行为法、规范行政权运行程序的行政程序法、规范行政权监督的行政监督法和行政救济法等法律规范组成。行政法的立法目的是为了控制和规范行政权，保护行政相对人的合法权益。行政法调整对象的行政关系主要包括四类。

（1）行政管理关系。行政管理关系即行政机关、法律法规授权的组织等行政主体在行使行政职权的过程中，与公民法人和其他组织等行政相对人之间发生的各种关系。行政主体的各种行政行为，如行政许可、行政征收、行政给付、行政裁决、行政处罚、行政强制等，大部分都是以行政相对人为对象实施的，从而与行政相对人之间产生行政关系。在应急管理中，使用行政资源对应急管理相关事件进行干预属于行政管理，对企业事业单位和公民法人违法应急管理法律法规的行为进行惩罚属于行政管理。例如，在《安全生产法》①的第六章法律责任中对各种违反非法行为的处罚做出了规定，其中：第八十七条分别是关于安全生产监督管理部门工作人员生产经营单位的决策机构和主要负责人违法非法行为进行责任追究的规定。

---

① 《安全生产法》，中华人民共和国第九届全国人民代表大会常务委员会第二十八次会议于 2002 年 6 月 29 日通过公布，自 2002 年 11 月 1 日起施行。2014 年 8 月 31 日第十二届全国人民代表大会常务委员会第十次会议通过全国人民代表大会常务委员会关于修改《安全生产法》的决定，自 2014 年 12 月 1 日起施行。

第八十七条 负有安全生产监督管理职责的部门的工作人员，有下列行为之一的，给予降级或者撤职的处分；构成犯罪的，依照刑法有关规定追究刑事责任：

（一）对不符合法定安全生产条件的涉及安全生产的事项予以批准或者验收通过的；

（二）发现未依法取得批准、验收的单位擅自从事有关活动或者接到举报后不予取缔或者不依法予以处理的；

（三）对已经依法取得批准的单位不履行监督管理职责，发现其不再具备安全生产条件而不撤销原批准或者发现安全生产违法行为不予查处的；

（四）在监督检查中发现重大事故隐患，不依法及时处理的。

负有安全生产监督管理职责的部门的工作人员有前款规定以外的滥用职权、玩忽职守、徇私舞弊行为的，依法给予处分；构成犯罪的，依照刑法有关规定追究刑事责任。

第九十条 生产经营单位的决策机构、主要负责人或者个人经营的投资人不依照本法规定保证安全生产所必需的资金投入，致使生产经营单位不具备安全生产条件的，责令限期改正，提供必需的资金；逾期未改正的，责令生产经营单位停产停业整顿。

有前款违法行为，导致发生生产安全事故的，对生产经营单位的主要负责人给予撤职处分，对个人经营的投资人处二万元以上二十万元以下的罚款；构成犯罪的，依照刑法有关规定追究刑事责任。

第九十一条 生产经营单位的主要负责人未履行本法规定的安全生产管理职责的，责令限期改正；逾期未改正的，处二万元以上五万元以下的罚款，责令生产经营单位停产停业整顿。

生产经营单位的主要负责人有前款违法行为，导致发生生产安全事故的，给予撤职处分；构成犯罪的，依照刑法有关规定追究刑事责任。

生产经营单位的主要负责人依照前款规定受刑事处罚或者撤职处分的，自刑罚执行完毕或者受处分之日起，五年内不得担任任何生产经营单位的主要负责人；对重大、特别重大生产安全事故负有责任的，终身不得担任本行业生产经营单位的主要负责人。

（2）行政法制监督关系。即行政法制监督主体在对行政主体及其公务人员进行监督时发生的各种关系。所谓行政法制监督主体，是指根据宪法和法律授权，依法定方式和程序对行政职权行使者及其所实施的行政行为进行法制监督的国家权力机关、国家司法机关、行政监察机关等。

例如我国对生产安全事故的调查处理，建立了纪检监察机关同步介入机制。该机制属于行政法制监督的范围。即在生产安全事故发生后，纪律监察机关、检察机关与政府同步开展事故调查，在调查中，纪律检察机关和检察机关查处公职人员在行使安全生产监督管理权时的违纪违法行为。《安全生产法》第六十八条规定，"监察机关依照行政监察法的规定，对负有安全生产监督管理职责的部门及其工作人员履行安全生产监督管理职责实施监察"。最高人民检察院统一组织介入了吉林省宝源丰禽业"6·3"特别重大火灾爆炸事故，经过调查形成的事故调查报告建议查处违纪违法人员42人，其中有33人为地方党政机关及其部门的工作人员；建议对19人追究刑事责任，其中有10人是地方党政机关及其部门的工作人员。天津港"8·12"特别重大火灾爆炸事故调查后，纪律监察机关和检察机关同步开展事故调查处理，对24名直接责任人和25名相关职务犯罪被告人进行了公开宣判，有25名国家机关工作人员分别以玩忽职守罪、滥用职权罪等判处三年到七年不等的有期徒刑。最高人民检察院的资料①显示，在2010年到2016年，最高人民检察院统一组织介入深圳光明新区"12·20"特别重大滑坡事故等29起特别重大事故调查，依法立案侦查事故所涉职务犯罪260人，取得了良好的法律效果、政治效果和社会效果。

（3）行政救济关系。即行政相对人认为其合法权益受到行政主体做出的行政行为的侵犯，向行政救济主体申请救济，行政救济主体对其申请予以审查，做出向相对人提供或不提供救济的决定而发生的各

---

① 中华人民共和国最高人民检察院官网，http：//www.spp.gov.cn/首页 ＞ 重点推荐 ＞ 最高检6年组织介入特大事故调查29起。

种关系。所谓行政救济主体，是指法律授权其受理行政相对人申诉、控告、检举和行政复议、行政诉讼的国家机关。主要包括受理申诉、控告、检举的信访机关，受理行政复议的行政复议机关，以及受理行政诉讼的人民法院。

（4）内部行政关系。即行政主体内部发生的各种关系，包括上下级行政机关之间的关系，平行行政机关之间的关系，行政机关与其内设机构、派出机构之间的关系，行政机关与国家公职人员之间的关系，行政机关与法律、法规授权组织之间的关系，行政机关与其委托行使某种行政职权的组织的关系等。《安全生产法》第七十五条规定，负有安全生产监督管理职责的部门应将违法行为情节严重的生产经营单位，通报行业主管部门、投资主管部门、国土资源主管部门、证券监督管理机构以及有关金融机构。该规定就是针对内部行政关系的。《突发事件应对法》第八条规定，"国务院在总理领导下研究、决定和部署特别重大突发事件的应对工作；根据实际需要，设立国家突发事件应急指挥机构，负责突发事件应对工作；必要时，国务院可以派出工作组指导有关工作"。"县级以上地方各级人民政府设立由本级人民政府主要负责人、相关部门负责人、驻当地中国人民解放军和中国人民武装警察部队有关负责人组成的突发事件应急指挥机构，统一领导、协调本级人民政府各有关部门和下级人民政府开展突发事件应对工作；根据实际需要，设立相关类别突发事件应急指挥机构，组织、协调、指挥突发事件应对工作"。"上级人民政府主管部门应当在各自职责范围内，指导、协助下级人民政府及其相应部门做好有关突发事件的应对工作"。

在上述四种行政关系中，行政管理关系是最基本的行政关系，行政法制监督关系和行政救济关系是由行政管理关系派生的关系，而内部行政关系则是从属于行政管理关系的一种关系，是行政管理关系中的行政主体单方面内部的关系。

我国已经制定并实施了一大批行政法方面的法律、行政法规、行政规章和地方性行政法规。行政法规是指国务院为领导和管理国家各项行政工作，根据宪法和法律，按照《行政法》规定的程序制定的政治、经济、教育、科技、文化、外事、应急管理等各类法规的总称。《国务院关于特大安全事故行政责任追究的规定》是对地方人民政府主要领导人和政府有关部门负责人，当在特别重大安全事故的防范、应急处置等出现失职、渎职情形或者负有领导责任的，给予行政处分和依法追究刑事责任的一部行政法规。行政规章分为部门规章和地方规章。部门规章是指国务院各组成部门以及具有行政管理职能的直属机构根据法律和国务院的行政法规、决定、命令，在本部门权限内按照规定程序制定的规范性文件的总称。地方规章是指省、自治区、直辖市以及较大的市的人民政府根据法律、行政法规、地方性法规所制定的普遍适用于本地区行政管理工作的规范性文件的总称。

我国行政法包括：外交外事、民政、司法、公安、人事与公务员制度、纪检、监察、档案管理、民族事务、宗教、侨务、港澳事务、台湾事务、教育科技文化与体育、新闻出版与广播电影电视、医药卫生、人口与计划生育、环境保护、减灾防灾等方面行政管理的法律规范。如教育方面的行政法有：《教育法》《义务教育法》《高等教育法》《职业教育法》《教师法》。在医药卫生方面的行政法律法规有：《药品管理法》《母婴保健法》《献血法》《传染病防治法》《体育法》《国境卫生检疫法》《食品安全法》和《医疗器械监督管理条例》《中医药条例》《反兴奋剂条例》。在维护社会秩序和稳定、促进社会和谐、保障公共安全方面的行政法律法规有：《居民身份证法》《公民出境入境管理法》《枪支管理法》《消防法》《禁毒法》《治安管理处罚法》《突发事件应对法》和《看守所条例》《大型群众性活动安全管理条例》《烟花爆竹安全管理条例》等。

4. 经济法

经济法是对社会主义商品经济关系进行整体、系统、全面、综合调整的一个法律部门。经济法是调整国家从社会整体利益出发，对经济活动实行干预、管理或者调控所产生的社会经济关系的法律规范。经济法为国家对市场经济进行适度干预和宏观调控提供了法律手段和制度框架。施行经济法的目的是防止市场经济的盲目性所导致的弊端，以便降低市场经济的风险。

在现阶段，经济法主要调整社会生产和再生产过程中，以各类组织为基本主体所参加的经济管理关系和一定范围的经营协调关系。可以从如下三个方面阐述经济法的概念：

（1）经济法是经济法律规范的总称，是调整经济关系的法律规范的总称，调整的是一定范围的经济关系；

（2）经济法是对市场进行规制的法律规范，以反垄断法和反不正当竞争法为中心内容。经济法的作用在于纠正垄断主体与非垄断主体之间明显的不平等关系；

（3）经济法有三个基本原则，即营造平衡和谐的社会经济环境原则、合理分配经济资源原则和保障社会总体经济可持续发展原则。

我国现行有一大批经济法。如《预算法》《价格法》《中国人民银行法》《企业所得税法》《个人所得税法》《车船税法》《税收征收管理法》《银行业监督管理法》《反洗钱法》《农业法》《种子法》《农产品质量安全法》《铁路法》《公路法》《民用航空法》《电力法》等都属于经济法部门。

5. 社会法

社会法是调整劳动关系、社会保障、社会福利和特殊群体权益保障等方面的法律规范，遵循公平和谐和国家适度干预原则，通过国家和社会积极履行职责，对劳动者、失业者、丧失劳动能力的人以及其他需要扶助的特殊人群的权益提供必要的保障，维护社会公平，促进社会和谐发展。

社会法是我国近年来在完善市场经济法律体系，应运而生的新兴法律门类。社会法是体现社会主义制度的法律规范，在缓和社会矛盾、维护社会稳定方面发挥积极作用。社会法调整和保护的是与经济领域事务同等重要的社会领域事务，是公民政治权利和民事权利之外的社会权利的保障。

社会法的主旨在于保护公民的社会权利，尤其是保护弱势群体的利益。在当前我国深化改革、构建现代治理体系和加强现代治理能力的环境下，完善社会法，保障公民的社会权，对经济社会稳定、健康、持续发展具有重大而深远的理论和现实意义。

　　我国现行的社会法部门的法律有：《残疾人保障法》《未成年人保护法》《劳动法》《妇女权益保障法》《红十字会法》《老年人权益保障法》《预防未成年人犯罪法》《公益事业捐赠法》《就业促进法》《社会保险法》《国务院关于工人退休退职的暂行办法》以及保护劳动者安全、健康和劳动权利的相关法律。

　　应急管理及其相关犯罪的很多法律都可以归入社会法部门。有的学者认为，应急管理法律法规体系是社会法部门的一个子部门，该子部门的法律法规有：《突发事件应对法》《安全生产法》《消防法》《防震减灾法》《防洪法》《职业病防治法》《矿山安全法》《道路交通安全法》《海上交通安全法》《危险化学品安全管理条例》《建筑施工安全管理条例》《中共中央国务院关于推进安全生产领域改革发展的意见》等。

　　劳动法律法规体系是社会法部门的一个子部门，该子部门的法律法规有：劳动法、劳动合同法、劳动争议调解仲裁法、就业促进法、全国人民代表大会常务委员会关于修改《中华人民共和国劳动合同法》的决定、国务院关于职工工作时间的规定、全国年节及纪念日放假办法、职工带薪年休假条例、劳动合同法实施条例、专业技术人员资格考试违纪违规行为处理规定、重大劳动保障违法行为社会公布办法、机关事业单位工作人员带薪年休假实施办法等。

　　6. 刑法

　　刑法是规定犯罪、刑事责任和刑罚的法律规范，刑法通过规范国家的刑罚权，惩罚犯罪，保护人民，维护社会秩序和公共安全，保障国家安全。具体而言，刑法是规定哪些行为属于犯罪和应该负什么刑事责任，并给犯罪嫌疑人什么刑罚处罚的法律规范。

　　刑法有广义和狭义之分。广义的刑法是指一切规定犯罪、刑事责任和刑罚的法律规范的总和。广义的刑法不仅指刑法典，还包括对刑法典中部分内容进行修改补充的决定或补充规定，以及非刑事法律中的刑事责任条款。理论上，对刑法典进行局部修改补充的决定或补充规定称为单行刑法；非刑事法律中的刑事责任条款，理论上称为附属刑法。所以，广义的刑法是由刑法典、单行刑法和附属刑法组成的。狭义的刑法则是指系统、全面的规定犯罪、刑事责任和刑罚的刑法典。狭义的刑法就是《中华人民共和国刑法》（以下简称《刑法》）。

《刑法》明确了罪刑法定原则、人人平等原则、罪责刑相适应原则作为刑法的三个基本原则。明确规定，法律明文规定为犯罪行为的，依照法律定罪处刑；法律没有明文规定为犯罪行为的，不得定罪处刑；对任何人犯罪，在适用法律上一律平等。不允许任何人和组织有超越法律的特权；刑罚的轻重，应当与犯罪人员所犯罪行和承担的刑事责任相适应。我国刑法规定了犯罪的概念；规定了刑罚的种类，包括管制、拘役、有期徒刑、无期徒刑、死刑五种主刑以及罚金、剥夺政治权利、没收财产三种附加刑，并对刑罚的具体运用作出了规定；规定了危害国家安全罪，危害公共安全罪，破坏社会主义市场经济秩序罪，侵犯公民人身权利、民主权利罪，侵犯财产罪，妨害社会管理秩序罪，危害国防利益罪，贪污贿赂罪，渎职罪，军人违反职责罪等十类犯罪行为及其刑事责任。

犯罪、刑事责任和刑罚是刑法的三个基本范畴。这三者的关系是：犯罪决定刑事责任，刑事责任决定刑罚。换句话说，对于任何组织和个人，如果没有实施（作为或不作为）犯罪，就不负刑事责任，从而也不受刑罚处罚。

7. 诉讼与非诉讼程序法

在《中国特色社会主义法律体系》白皮书中，对诉讼与非诉讼程序法作出了系统性的概括、解释和说明。诉讼与非诉讼程序法是规范解决社会纠纷的诉讼活动与非诉讼活动的法律规范。诉讼法律制度是规范国家司法活动、解决社会纠纷的法律规范，非诉讼程序法律制度是规范仲裁机构或者人民调解组织解决社会纠纷的法律规范，包括刑事诉讼、民事诉讼、行政诉讼和仲裁等方面的法律规范。

（1）刑事诉讼法

刑事诉讼法，规定一切公民在适用法律上一律平等，人民法院、人民检察院分别独立行使审判权、检察权，人民法院、人民检察院、公安机关分工负责、互相配合、互相制约，保证犯罪嫌疑人、被告人获得辩护，未经人民法院依法判决，确立对任何人不得确定有罪等刑事诉讼的基本原则和制度，并规定了管辖、回避、辩护、证据、强制措施、侦查、起诉、审判、执行等制度和程序。

刑事诉讼法的作用是有效保证刑法的正确实施，保护公民的人身权利、财产权利、民主权利和其他权利，保障社会主义建设事业的顺利进行，保障任何组织和个人在刑事诉讼过程中得到平等的法律保护。

（2）民事诉讼法

民事诉讼法，确立当事人有平等的诉讼权利、根据自愿和合法的原则进行调解、公开审判、两审终审等民事诉讼的基本原则和制度，明确了诉讼当事人的诉讼权利和诉讼义务，规范了证据制度，规定了第一审普通程序、第二审程序、简易程序、特别程序、审判监督程序等民事审判程序，还对执行程序、强制执行措施作了明确规定。

《中华人民共和国民事诉讼法》（以下简称《民事诉讼法》）规定了管辖、回避、诉讼参加人、证据、期间和送达、调解、保全和先予执行、对妨害民事诉讼的强制措施、诉讼费用、第一审普通程序、简易程序、简易程序中的小额诉讼、公益诉讼、第三人撤销的诉讼、执行异议的诉讼、第二审程序、特别程序、审判监督程序、督促程序、公示催告程序、执行程序、涉外民事诉讼程序的特别规定等。

（3）行政诉讼法

行政诉讼法，确立了"民告官"的法律救济制度。行政诉讼法明确规定，公民、法人和其他组织认为自己的合法权益被行政机关及其工作人员侵犯，有权依法向人民法院提起行政诉讼，人民法院依法对行政案件独立行使审判权，保障公民的合法权益。《行政诉讼法》①

---

① 《中华人民共和国行政诉讼法》，百度百科，2019 年 5 月 28 日。《行政诉讼法》，于1989 年 4 月 4 日由第七届全国人民代表大会第二次会议审议通过，1989 年 4 月 4 日中华人民共和国主席令第 16 号公布，1990 年 10 月 1 日实施；2014 年 11 月 1 日《全国人民代表大会常务委员会关于修改〈中华人民共和国行政诉讼法〉的决定》修改，自 2015 年 5 月 1 日起施行；2017 年 6 月 27 日第十二届全国人民代表大会常务委员会第二十八次会议决定对《中华人民共和国行政诉讼法》作出修改，自 2017 年 7 月 1 日起施行。

颁布实施以来，每年都受理大量的行政案件，保障了公民、法人和其他组织的合法权益，促进了行政机关依法行使行政职权，促进了社会的公平正义。

对行政诉讼法说明如下：

①规定被告的一方，是国家行政机关及其工作人员，涉及的行政案件是当事人控告政府机关及其工作人员的案件；

②解决的纠纷，是政府机关进行行政管理活动过程中，同行政管理相对一方当事人之间发生的行政纠纷；

③规定的行政诉讼，是法律规范明文规定的当事人可以向法院控告政府及其工作人员的诉讼；

④行政诉讼双方当事人所争议的，是行政机关的行政行为；

⑤行政诉讼不适用调解，但是，行政赔偿、补偿以及行政机关行使法律、法规规定的自由裁量权的案件可以调解。

（4）仲裁法

仲裁法，规范了国内仲裁与涉外仲裁机构的设立，明确规定仲裁委员会独立于行政机关，从机构设置上保证了仲裁委员会的独立性，明确将自愿、仲裁独立、一裁终局等原则作为仲裁的基本原则，系统规定了仲裁程序。仲裁法的颁布实施，对于公正、及时、有效地解决民事经济纠纷，保护当事人的合法权益，维护社会经济秩序稳定与促进社会和谐发展，发挥了积极作用。《中华人民共和国仲裁法》①（以下简称《仲裁法》）第二条规定，依法应当由行政机关处理的行政争议。

　　第二条　平等主体的公民、法人和其他组织之间发生的合同纠纷和其他财产权益纠纷，可以仲裁。

---

① 《中华人民共和国仲裁法》，百度百科，2019 年 5 月 28 日。《仲裁法》，于 1994 年 8 月 31 日由第八届全国人民代表大会常务委员会第九次会议审议通过，1995 年 9 月 1 日实施。

第二节　刑法

一　我国刑法渊源

（一）刑法

刑法是以国家名义颁布实施的，是规定犯罪、刑事责任和刑罚的法律规范的总称。《中华人民共和国刑法》①（以下简称《刑法》）是我国的第一部刑法典，于 1979 年 7 月 1 日由第五届全国人民代表大会第二次会议通过，1979 年 7 月 6 日全国人民代表大会常务委员会委员长令第五号公布，1980 年 1 月 1 日起施行。1997 年 3 月 14 日由第八届全国人民代表大会第五次会议修订，于 1997 年 3 月 14 日由中华人民共和国主席令第八十三号颁布，自 1997 年 10 月 1 日起施行，同时 1979 年的《刑法》失效。尔后，对 1997 年《刑法》进行了十次修订，形成了十个修正案。修正案的情况如表 1.1 所示。

表 1.1　　　　　　　　　　《刑法修正案》情况

名称	全国人民代表大会常务委员会第几届，第几会议通过	中华人民共和国主席令	通过、公布、实施日期
《刑法修正案（一）》	第九届，第十三次会议	第二十七号	1999.12.25
《刑法修正案（二）》	第九届，第二十三次会议	第五十六号	2001.8.31
《刑法修正案（三）》	第九届，第二十五次会议	第六十四号	2001.12.29
《刑法修正案（四）》	第九届，第三十一次会议	第八十三号	2002.12.28
《刑法修正案（五）》	第十届，第十四次会议	第三十二号	2005.2.28
《刑法修正案（六）》	第十届，第二十二次会议	第五十一号	2006.6.29
《刑法修正案（七）》	第十一届，第七次会议	第十号	2009.2.28

---

① 《中华人民共和国刑法》，百度百科，2019 年 5 月 28 日。于 1979 年 7 月 1 日由第五届全国人民代表大会第二次会议审议通过，1979 年 7 月 6 日全国人民代表大会常务委员会委员长令第五号公布，1980 年 1 月 1 日起施行。现行《刑法》由 1997 年 3 月 14 日由第八届全国人民代表大会第五次会议修订，于 1997 年 3 月 14 日由中华人民共和国主席令第八十三号颁布，自 1997 年 10 月 1 日起施行。

名称	全国人民代表大会常务委员会第几届，第几会议通过	中华人民共和国主席令	通过、公布、实施日期
《刑法修正案（八）》	第十一届，第十九次会议	第四十一号	2011. 2. 25
《刑法修正案（九）》	第十二届，第十六次会议	第三十号	2015. 8. 29 2015. 8. 29 2015. 11. 1
《刑法修正案（十）》	第十二届，第三十次会议	第八十号	2017. 11. 4

2017 年 11 月 4 日修订、同日实施的《中华人民共和国刑法修正案（十）》。1997 年的《中华人民共和国刑法》与十个修正案，构成了现行刑法，统一简称《刑法》。《刑法》有 2 编、16 章、452 条、共有 415 个罪名，第一编为总则，第二编为分则。

（二）第一编总则

1. 第一编总则简介

《刑法》第一编为总则，共 5 章、101 条，包括第一章到第五章、第一条到第一百〇一条。《刑法》第一编总则作出了如下规定：

（1）立法宗旨；

（2）刑法的任务、基本原则和适用范围；

（3）犯罪的概念和刑事责任；

（4）犯罪的预备、未遂和中止；

（5）共同犯罪和单位犯罪；

（6）刑罚的种类以及主刑的种类、附加刑的种类；

（7）量刑、累犯、自首和立功、缓刑与减刑、假释等刑罚的具体运用；

（8）针对民族自治地方、公共财产、公民私人所有财产、国家工作人员和司法工作人员的适用，以及一些名词术语解释。

2. 犯罪的概念

《刑法》第十三条明确界定了犯罪的概念。犯罪是一切危害国家主权、领土完整和安全，分裂国家、颠覆人民民主专政的政权和推翻社会主义制度，破坏社会秩序和经济秩序，侵犯国有财产或者劳动群众集体所有的财产，侵犯公民私人所有的财产，侵犯公民的人身权利、民主权利和其他权利，以及其他危害社会的行为，依照法律应当受刑罚处罚的，都是犯罪。但是，情节显著轻微、危害不大的，可不认为是犯罪。

犯罪分为故意犯罪和过失犯罪。《刑法》第十四条规定，明知自己的行为会发生危害社会的结果，并且希望或者放任这种结果发生，因而构成犯罪的，是故意犯罪。故意犯罪，应当负刑事责任。第十五条规定，应当预见自己的行为可能发生危害社会的结果，因为疏忽大意而没有预见，或者已经预见而轻信能够避免，以致发生这种结果的，是过失犯罪。过失犯罪，法律有规定的才负刑事责任。

广义而言，涉及应急管理相关犯罪的罪行类别较多，包括《刑法（十）》分则（第二编）的危害国家安全罪（第一章）、危害公共安全罪（第二章）、妨害社会管理秩序罪（第六章）和渎职罪（第九章）。狭义而言，涉及应急管理相关犯罪可以限定为《突发事件应对法》规定的自然灾害、事故灾难、公共卫生事件和社会安全事件等相关的犯罪（本书所指的涉及应急管理相关犯罪是狭义的犯罪）。

比如，生产安全事故相关的犯罪，破坏的是生产秩序或者生活秩序，侵犯的可能是国有财产、劳动群众集体所有的财产或者公民私人所有的财产，侵犯的是公民的人身安全权利和人身健康权利，依照法律法规应当受刑罚处罚的行为。生产安全事故相关犯罪一般为过失犯罪，主要是因为在生产经营活动中疏忽大意、草率行事，违反安全生产法律法规和标准的规定，发生生产安全事故，造成重大人员伤亡、财产损失或者其他损失。

大多数学者认为，生产安全事故犯罪属于过失犯罪。但是，笔者通过大量的生产安全事故案例研究发现，确实大多数生产安全事故相关犯罪属于过失犯罪，但也不能完全排除有个别的故意犯罪的。例如，某企业发生爆炸事故，造成20多人伤亡，发生爆炸的装置是危险化学品建设项目，按照规定应依法通过安全条件审查、安全设施设计审查后才能建设，安全设施施工完成并经检验、检测合格后方可组织制定试生产方案、开展试生产，但是，企业未批先建，报请材料与现场不符，现场与设计图纸不一致，安全设施未通过就投料试车，在收到地方安全生产监督管理部门的停产整改通知后仍组织生产，这些违法非法行为虽然不能认定主观上故意造成生产安全事故，但客观上这样的行为必将导致生产安全事故。因此，事故单位完全无视法律法规要求，自己想怎么干就怎么干，安全风险完全失控，笔者认为犯罪主体明知自己的行为违犯安全生产法律法规和标准，也知道这样的行为可能发生生产安全事故，却放任这样的行为，从而在一定程度上有故意犯罪的要素。

应急管理相关犯罪有故意犯罪，也有过失犯罪。有时判断应急管理相关犯罪的犯罪主体行为是故意犯罪还是过失犯罪是有一定难度的，不仅需要较准确运用应急管理专业知识，还需要根据突发事件发生当时的情况。如发生重大生产安全事故后，在不知道是否造成重大人员伤亡或者财产损失的情况下，生产经营单位主要负责人擅自命令放弃救援，从而使事故扩大，造成重大人员伤亡、财产损失和极其不良的社会影响。生产经营单位主要负责人的行为是故意的，还是非故意的，就需要根据当时的情况，用专业知识做出实事求是的判断。

3. 刑罚的种类

刑罚分为主刑和附加刑。主刑的种类有管制、拘役、有期徒刑、无期徒刑、死刑。附加刑的种类有罚金、剥夺政治权利、没收财产。按照《刑法》第三十七条规定，对于犯罪情节轻微不需要判处刑罚的，可以免予刑事处罚，但是可以根据案件的不同情况，予以训诫或者责令具结悔过、赔礼道歉、赔偿损失，或者由主管部门予以行政处罚或者行政处分。因利用职业便利实施犯罪，或者实施违背职业要求的特定义务的犯罪被判处刑罚的，人民法院可以根据犯罪情况和预防再犯罪的需要，禁止其自刑罚执行完毕之日或者假释之日起从事相关职业，期限为三年至五年。

（三）第二编分则

《刑法》第二编分则，共11章、351条，包括第一章到第十章和附则、第一○二条到第四百五十二条，对各种罪作出了相关规定和解释。

1. 危害国家安全罪

第一章为危害国家安全罪。该章规定的犯罪包括：背叛国家罪，分裂国家罪、煽动分裂国家罪，武装叛乱、暴乱罪，颠覆国家政权罪、煽动颠覆国家政权罪，与境外勾结的处罚的犯罪，资助危害国家安全犯罪活动罪，投敌叛变罪，叛逃罪，间谍罪，为境外窃取、刺探、收买、非法提供国家秘密、情报罪，资敌罪等。

在危害国家安全罪中，应急管理相关犯罪包括：以组织、策划、实施分裂国家、破坏国家统一为目的策划、煽动、组织、实施社会安全事件的相关犯罪，以及组织、策划、实施颠覆国家政权、推翻社会主义制度为目的策划、煽动、组织、实施社会安全事件的相关犯罪。对这类社会安全事件相关的犯罪分子，可以判处背叛国家罪，分裂国家罪、煽动分裂国家罪，武装叛乱、暴乱罪，颠覆国家政权罪、煽动颠覆国家政权罪，与境外勾结的处罚的犯罪，资助危害国家安全犯罪活动罪。

2. 危害公共安全罪

第二章为危害公共安全罪。应急管理相关的很多犯罪可以判处危害公共安全罪，社会安全事件的相关犯罪和事故灾难的相关犯罪都属于危害公共安全罪。犯罪嫌疑人的行为，可以直接导致应急管理相关事件发生的犯罪有：

（1）放火罪，决水罪，爆炸罪，投放危险物质罪，以危险方法危害公共安全罪；

（2）破坏交通工具罪，破坏交通设施罪，破坏电力设备罪，破坏易燃易爆设备罪；

（3）组织、领导、参加恐怖组织罪，帮助恐怖活动罪，准备实施恐怖活动罪，宣扬恐怖主义、极端主义、煽动实施恐怖活动罪，强制穿戴宣扬恐怖主义、极端主义服饰、标志罪；

（4）利用极端主义破坏法律实施罪；

（5）劫持航空器罪，劫持船只、汽车罪，暴力危及飞行安全罪，破坏广播电视设施、公用电信设施罪；

（6）非法携带枪支、弹药、管制刀具、危险物品危及公共安全罪；

（7）重大飞行事故罪，铁路运营安全事故罪，交通肇事罪、危险驾驶罪，重大责任事故罪，强令违章冒险作业罪，重大劳动安全事故罪，大型群众性活动重大安全事故罪，危险物品肇事罪，工程重大安全事故罪，教育设施重大安全事故罪，消防责任事故罪，不报、谎报安全事故罪。

3. 破坏社会主义市场经济秩序罪

第三章为破坏社会主义市场经济秩序罪，共有 8 节，分别为：生产、销售伪劣商品罪，走私罪，妨害对公司、企业的管理秩序罪，破坏金融管理秩序罪，金融诈骗罪，危害税收征管罪，侵犯知识产权罪，扰乱市场秩序罪。犯罪嫌疑人的行为，可以直接导致应急管理相关事件发生的犯罪有：

（1）生产、销售伪劣产品罪，生产、销售假药罪，生产、销售劣药罪，生产、销售不符合安全标准的食品罪，生产、销售有毒、有害食品罪，生产、销售不符合标准的卫生器材罪，生产、销售不符合安全标准的产品罪，生产、销售伪劣农药、兽药、化肥、种子罪，生产、销售不符合卫生标准的化妆品罪；

（2）国有公司、企业、事业单位人员失职罪，国有公司、企业、事业单位人员滥用职权罪；

（3）武装掩护走私、抗拒缉私罪；

（4）抗税罪。

4. 侵犯公民人身权利、民主权利罪

第四章为侵犯公民人身权利、民主权利罪。应急管理相关的很多犯罪可以判处公民人身权利、民主权利罪，涉及社会安全事件的相关犯罪和涉及事故灾难的相关犯罪都属于公民人身权利、民主权利罪。犯罪嫌疑人的行为，可以直接导致应急管理相关事件发生的犯罪有：

（1）故意杀人罪，过失致人死亡罪，故意伤害罪，绑架罪；

（2）妨害公务罪；

（3）强迫劳动罪，强迫危险劳动罪；

（4）聚众阻碍解救被收买的妇女、儿童罪；

（5）煽动民族仇恨、民族歧视罪；

（6）破坏选举罪。

5. 侵犯财产罪

第五章为侵犯财产罪。该章规定了抢劫罪，盗窃罪，诈骗罪，抢夺罪，聚众哄抢罪，侵占罪，职务侵占罪，贪污罪，挪用资金罪，挪用公款罪，挪用特定款物罪，敲诈勒索罪，故意毁坏财物罪，破坏生产经营罪，拒不支付劳动报酬罪等犯罪。其中犯罪嫌疑人的行为，可以直接导致应急管理相关事件发生的犯罪有：

（1）抢劫罪；

（2）抢夺、聚众哄抢罪。

6. 妨害社会管理秩序罪

第六章为妨害社会管理秩序罪，共有 8 节，分别为：扰乱公共秩序罪，妨害司法罪，妨害国（边）境管理罪，妨害文物管理罪，危害公共卫生罪，破坏环境资源保护罪，走私、贩卖、运输、制造毒品罪，组织、强迫、引诱、容留、介绍卖淫罪。其中犯罪嫌疑人的行为，可以直接导致应急管理相关事件发生的犯罪有：

（1）妨害公务罪，煽动暴力抗拒法律实施罪；

（2）非法侵入计算机信息系统罪，非法获取计算机信息系统数据、非法控制计算机信息系统罪；提供侵入、非法控制计算机信息系统程序、工具罪，破坏计算机信息系统罪，网络服务渎职罪，拒不履行信息网络安全管理义务罪，扰乱无线电管理秩序罪；

（3）聚众"打砸抢"行为犯罪，聚众斗殴罪，聚众扰乱社会秩序罪，聚众冲击国家机关罪，扰乱国家机关工作秩序罪，组织、资助非法聚集罪，聚众扰乱公共场所秩序、交通秩序罪，投放虚假危险物质罪，编造、故意传播虚假恐怖信息罪；

（4）组织、领导、参加黑社会性质组织罪；

（5）非法集会、游行示威罪，非法携带武器、管制刀具、爆炸物参加集会、游行、示威罪，破坏集会、游行、示威罪；

（6）扰乱法庭秩序罪，破坏监管秩序罪；

（7）拒绝提供间谍犯罪、恐怖主义犯罪、极端主义犯罪证据罪；

（8）妨害传染病防治罪，传染病菌种、毒种扩散罪，妨害动植物防疫、检疫罪；

（9）污染环境罪，非法处置进口的固体废物罪。

7. 危害国防利益罪

第七章为危害国防利益罪，主要是关于军事设施、军事行动等相关的犯罪。该章中与应急管理相关的犯罪是聚众冲击军事禁区罪、聚众扰乱军事管理区秩序罪。

8. 贪污贿赂罪

第八章为贪污贿赂罪。该章主要犯罪包括：贪污罪，挪用公款罪，受贿罪，单位受贿罪，利用影响力受贿罪，行贿罪，关联行贿罪，对有影响力的人行贿罪，对单位行贿罪，介绍贿赂罪，单位行贿罪，巨额财产来源不明罪，隐瞒境外存款罪，私分国有资产罪，私分罚没财物罪。其中犯罪嫌疑人的行为直接导致应急管理相关事件发生的可能性较小。但是，在应急管理公务活动中可能发生贪污贿赂罪，主要包括：

（1）受贿罪，单位受贿罪，利用影响力受贿罪；

（2）行贿罪，介绍贿赂罪，单位行贿罪。

9. 渎职罪

第九章为渎职罪。在渎职罪中应急管理相关犯罪主要是国家机关工作人员在应急管理公务活动中的犯罪，包括：

（1）滥用职权罪，玩忽职守罪。国家机关工作人员滥用职权、玩忽职守、徇私舞弊，致使公共财产、国家和人民利益遭受重大损失的犯罪；

（2）环境监管失职罪。负有环境保护监督管理职责的国家机关工作人员严重不负责任，导致发生重大环境污染事故，致使公私财产遭受重大损失或者造成人身伤亡的严重后果的犯罪；

（3）食品监管渎职罪。负有食品安全监督管理职责的国家机关工作人员，滥用职权或者玩忽职守，导致发生重大食品安全事故或者造成其他严重后果的犯罪；

（4）传染病防治失职罪。从事传染病防治的政府卫生行政部门的工作人员严重不负责任，导致传染病传播或者流行的犯罪；

（5）动植物检疫徇私舞弊罪、动植物检疫失职罪。动植物检疫机关的检疫人员徇私舞弊，伪造检疫结果的，或者严重不负责任，对应当检疫的检疫物不检疫，或者延误检疫出证、错误出证，致使国家利益遭受重大损失的犯罪。

10. 军人违反职责罪

第十章为军人违反职责罪，该章规定了军人的犯罪及其处罚。应急管理相关罪有武器装备肇事罪。第四百三十六条规定，违反武器装备使用规定，情节严重，因而发生责任事故，致人重伤、死亡或者造成其他严重后果的，处三年以下有期徒刑或者拘役；后果特别严重的，处三年以上七年以下有期徒刑。

（四）特别条款解释

对于《刑法》中可能产生歧义、边界不清的规定，全国人民代表大会常务委员会对《刑法》一些条款作出了解释。

2000 年 4 月 29 日，第九届全国人民代表大会常务委员会第十五次会议通过，全国人民代表大会常务委员会关于《刑法》第九十三条第二款的解释。此次会议通过的解释内容为：全国人民代表大会常务委员会讨论了村民委员会等村基层组织人员在从事哪些工作时属于刑法第九十三条第二款规定的"其他依照法律从事公务的人员"，解释如下：村民委员会等村基层组织人员协助人民政府从事下列行政管理工作，属于刑法第九十三条第二款规定的"其他依照法律从事公务的人员"：（一）救灾、抢险、防汛、优抚、扶贫、移民、救济款物的管理；（二）社会捐助公益事业款物的管理；（三）国有土地的经营和管理；（四）土地征用补偿费用的管理；（五）代征、代缴税款；（六）有关计划生育、户籍、征兵工作；（七）协助人民政府从事的其他行政管理工作。村民委员会等村基层组织人员从事前款规定的公务，利用职务上的便利，非法占有公共财物、挪用公款、索取他人财物或者非法收受他人财物，构成犯罪的，适用刑法第三百八十二条和第三百八十三条贪污罪、第三百八十四条挪用公款罪、第三百八十五条和第三百八十六条受贿罪的规定。

全国人民代表大会常务委员会对《刑法》一些条款作出解释的时间、解释的条款和作出解释的内容如表 1.2 所示。

表1.2　　　　全国人民代表大会常务委员会关于《刑法》
一些条款的解释

序号	全国人民代表大会作出解释的时间	解释条款	解释内容
1	2000年4月29日第九届第十五次会议	第九十三条第二款	村民委员会等村基层组织人员，在什么情况下属于第九十三条第二款中规定的"其他依照法律从事公务的人员"，应当以国家工作人员论的说明
2	2001年8月31日第九届第二十三次会议	第二百二十八条、第三百四十二条、第四百一十条	"违反土地管理法规"是指违反土地管理法、森林法、草原法等法律以及有关行政法规中关于土地管理的规定
		第四百一十条	"非法批准征收、征用、占用土地"是指非法批准征用、占用耕地、林地等农用地以及其他土地
3	2002年4月24日第九届第二十七次会议	第二百九十四条第一款	"黑社会性质的组织"的解释
4	2002年4月24日第九届第二十七次会议	第三百八十四条第一款	属于挪用公款"归个人使用"的解释
5	2002年8月29日第九届第二十九次会议	第三百一十三条	"有能力执行而拒不执行、情节严重"的情形的解释
6	2002年12月28日第九届第三十一次会议	第九章	关于渎职罪主体适用范围的解释：行使国家行政管理职权的组织、或受国家机关委托代表国家机关行使职权的组织中从事公务的人员，以及未列入国家机关人员编制但在国家机关，在代表国家机关行使职权时，有渎职行为，构成犯罪的，依照刑法关于渎职罪的规定追究刑事责任
7	2004年12月29日第十届第十三次会议	刑法	"信用卡"的含义的解释
8	2005年12月29日第十届第十九次会议	刑法	"出口退税、抵扣税款的其他发票"的含义的解释

序号	全国人民代表大会作出解释的时间	解释条款	解释内容
9	2005年12月29日第十届第十九次会议	刑法	有关文物的规定适用于具有科学价值的古脊椎动物化石、古人类化石的解释
10	2014年4月24日第十二届第八次会议	第三十条	公司、企业、事业单位、机关、团体等单位实施刑法规定的危害社会的行为,刑法分则和其他法律未规定追究单位的刑事责任的,对组织、策划、实施该危害社会行为的人依法追究刑事责任
11	2014年4月24日第十二届第八次会议	第一百五十八条、第一百五十九条	实行注册资本实缴登记制、认缴登记制的公司的适用范围的解释
12	2014年4月24日第十二届第八次会议	第二百六十六条	以欺诈、伪造证明材料或者其他手段骗取养老、医疗、工伤、失业、生育等社会保险金或其他社会保障待遇的,属于诈骗公私财物的行为
13	2014年4月24日第十二届第八次会议	第三百四十一条、三百一十二条	非法收购国家重点保护的珍贵、濒危野生动物及其制品的含义以及非法狩猎的野生动物如何适用刑法有关规定的问题

二 刑法的基本原则与效力范围

《刑法》第一编为总则,在总则中第一章第三条、第四条、第五条明确了刑法的基本原则和适用范围。

(一)刑法基本原则

《刑法》第一编第一章的第三条、第四条和第五条分别规定了罪刑法定原则、适用刑法人人平等原则和罪责刑相适应原则三个刑法基本原则。

1. 罪刑法定原则

《刑法》第三条以民主主义和保障人权为思想基础,明确规定了罪刑法定原则。罪刑法定原则是为了民主和自由,是为了最大限度地保障人权、限制公权力。该原则针对应急管理立法和相关犯罪而言,就是最大限度地保障应急管理人员的人权，限制各类组织的管理人员、分管人员、主要负责人员等具有管理、决策权力的人员，特别是党政机关及其部门的国家机关工作人员滥用职权、玩忽职守。

第三条 法律明文规定为犯罪行为的，依据法律规定处刑；法律没有明文规定为犯罪行为的，不得定罪处刑。

根据罪刑法定原则，可以掌握应急管理相关犯罪的定罪、刑罚裁量，同时加深对罪刑法定原则的理解。

（1）全过程适用原则。在我国，纪检监察机关同步介入突发事件相关犯罪的调查处理。罪刑法定原则既适用于侦查、取证、审判的过程，也适用于突发事件调查处理的过程。法定的"法"是指刑法，而不包括突发事件应对法、安全生产法、消防法、防震减灾法、防洪法、特种设备安全法、管道安全法等应急管理相关法律法规。比如，在成立生产安全事故调查组时，就包括了纪检监察机关的人员参加或者成立由纪检监察机关负责的事故调查工作小组，负责调查处理相关管理人员和国家机关工作人员的犯罪，全过程参加生产安全事故调查处理。

（2）排斥习惯法原则。排斥习惯法原则应用到应急管理工作中，解决的是在人们的生活中，有很多习惯，如生产中的作业方式、操作模式以及设备、工具使用方法的惯用做法（也称为惯例），如果行为人不按照这些习惯的方式、方法工作而导致应急管理相关事件发生，是否可以定罪的问题？按照排斥习惯法原则，即使这些习惯的方式、方法被证明是科学的，但如果不成文、缺乏明确表达，也不能成为定罪的依据。但当有利于行为人时，行为人以习惯的方式、方法为依据实施行为时，可以以行为人缺乏未发现和认识的科学性为由，排除犯罪的成立，即不定行为人有罪。排斥习惯法原则是对应急管理相关犯罪的犯罪嫌疑人的保护。

（3）禁止溯及既往原则。禁止溯及既往原则明确，只有行为人实施行为当时有刑法规定该行为是犯罪的，才能构成定罪的依据；若实施行为当时没有刑法规定该行为是犯罪，而是实施行为之后才有新法将其规定为犯罪，则不能适用实施行为之后的刑法认定其事前行为为犯罪，即禁止不利于被告人的事后法。但是，如果新法有利于被告人，则可以溯及既往适用新法，即允许按照有利于被告人的事后法做出解释。

（4）禁止类推解释原则。禁止类推解释原则涉及同类应急管理相关事件发生时，是否可以按照同类应急管理相关事件推定解释相同罪责的问题。类推解释超越了刑法条文的含义，超越了公民的预测可能性，如果没有《刑法》的明确规定，不能依据类推解释的结论对行为定罪。但是，对于有利于被告人的类推解释，允许运用类推解释的结论对行为不定罪。

2. 适用刑法人人平等原则

《宪法》第三十三条第二款规定，"中华人民共和国公民在法律面前人人平等"。《宪法》规定的法律面前人人平等原则，必须在《刑法》中得到贯彻，这就确立了适用刑法人人平等原则，即法律面前人人平等原则在《刑法》的具体体现。适用刑法人人平等原则强调，对刑法所保护的合法权益予以平等的保护；对于实施犯罪的任何人，都必须严格依照法律认定犯罪或者无罪；对于任何犯罪嫌疑人，都必须依据犯罪事实与刑法有关规定裁定量刑；对于被判处刑罚的任何罪犯，都必须严格依据法律规定执行刑罚。

第四条 对任何人犯罪，在适用法律上一律平等。不允许任何人有超越法律的特权。

在执行应急管理相关罪的定罪和裁定量刑时，必须遵循适用刑法人人平等原则，具体要求是：

（1）刑事司法公正，即定罪公正、量刑公正和行刑公正。任何组织、任何人、任何罪责以及任何取证、审判、判决过程都必须坚持适用刑法人人平等原则。适用刑法人人平等原则所追求的不只是多数人或绝大多数人在刑法面前的平等，而是一切组织、一切个人、任何人、所有人在刑法面前的平等。平等适用刑法原则要求做到，一是平等地保护所有合法权益；二是平等地认定行为人的行为是否构成犯罪；三是平等地裁量任何犯罪人的刑罚；四是平等地执行被判处刑罚的任何罪犯的刑罚。

（2）不允许任何人有超越法律的特权。任何公民，不分民族、种族、性别、职业、家庭出身、宗教信仰、教育程度、财产状况、居住期限，都不允许享有法律以外的特权，任何人不得强迫任何公民承担法律以外的义务，不得使公民受到法律以外的惩罚。任何组织不得有法律以外的特权，必须在法律授权范围内从事刑事工作。

3. 罪责刑相适应原则

罪责刑相适应原则就是刑罚的轻重取决于犯罪嫌疑人所犯罪的轻重和应承担的刑事责任，必须做到重罪重罚、轻罪轻罚，绝不允许重罪轻罚，也决不允许轻罪重罚。

第五条 刑罚的轻重，应当与犯罪分子所犯罪行和承担的刑事责任相适应。

罪责刑相适应原则明确，在确定刑罚的时候，应考虑两个因素：

（1）犯罪行为，即行为的社会危害性。相同死亡人数、直接经济损失不同的应急管理相关事件，可能造成的社会危害程度不同，就需要裁定不同的量刑。以生产安全事故为例，一般而言，相同死亡人数，相同直接经济损失的生产安全事故，发生在城市，比发生在远离城市边远的厂矿内的社会危害大；相同死亡人数，相同直接经济损失，在相同城市的生产安全事故，发生在大阅兵、国庆、全国两会等特殊时期，比发生在平时的社会危害大。因此，在判处应急管理相关罪时，应考虑突发事件造成的社会影响以及社会影响的恶劣程度。

按照安全经济学理论，应急管理相关事件造成的社会影响或者社会危害可以用间接经济损失和社会经济损失表示，理论上一起应急管理相关事件造成的间接经济损失和社会经济损失是可以计算的。但现实是，在现有技术条件和社会条件下，不能做到精确计算每一起应急管理相关事件造成的间接经济损失和社会经济损失，所以还难以用间接经济损失和社会经济损失作为裁定量刑的依据。

（2）刑事责任，即行为人的人身危险性。刑事责任即犯罪人所应承当的法律后果，包括初犯可能性和再犯可能性。刑事责任的轻重主要由主观事实和客观事实决定，在裁定量刑时，要从主观因素、客观因素两个方面综合考虑，使刑罚与主观因素、客观因素之间保持均衡态势，以实现最大限度的刑罚公平公正。

在应急管理相关罪的裁定量刑时，应考虑及时报告应急管理相关事件、组织应急救援以及参与应急救援等立功表现、未成年人犯罪以及农民工未经过培训上岗犯罪等情节，适当从宽处刑。在不超出罪行程度的前提下，可以根据预防的必要性大小处以刑罚。但是，不能以犯罪嫌疑人人身危害性严重为由，超出刑法法定最高刑裁定量刑，特别应考虑行为人履行了职责，但仍发生应急管理相关事件的情况。如《地方党政领导干部安全生产责任制规定》中在追究地方党政领导干部的安全生产责任时的问责，就做出了两条规定。

第二十五条　实施安全生产责任追究，应当依法依规、实事求是、客观公正，根据岗位职责、履职情况、履职条件等因素合理确定相应责任。

第二十六条　存在本规定第十八条情形应当问责的，由纪检监察机关、组织人事部门和安全生产监管部门按照权限和职责分别负责。

（二）刑法的空间效力

《刑法》适用范围是指刑法的空间效力和时间效力。刑法的时间效力也称为刑法的溯及力。时间效力坚持从旧兼从轻原则，具体的解释是，在本法施行以前的行为，如果当时的法律不认为是犯罪的，适用当时的法律；如果当时的法律认为是犯罪的，依照《刑法》总则第四章第八节的规定应当追诉的，按照当时的法律追究刑事责任，如果《刑法》不认为是犯罪或者处刑较轻的，适用现行《刑法》论处。在应急管理相关罪的定罪、裁定量刑时，较少遇到刑法的时间效力问题，但是随着我国改革开放的深入涉及刑法的空间效力的问题增多。下面主要论述刑法的空间效力问题。

1. 刑法的空间效力

在我国海域的外国船只，发生应急管理相关事件由我国、还是船舶所有国进行事件的调查处理的问题，应急管理相关罪由我国、还是船舶所有国管辖？这涉及刑罚的空间效力问题。我国的航空器在别国空域或者在国际领空发生应急管理相关事件的管辖，也涉及刑事的空间效力问题。

刑法的空间效力所解决的是一个国家的刑法在什么地域和什么空域、对什么人适用的问题，涉及发生在本国领域内的犯罪以及发生在本国领域外的犯罪的效力，解决的是属地管辖、属人管辖、保护管辖、普遍管辖的适用条件以及管辖权冲突与保留等问题。

由于刑法的空间效力涉及国家刑事管辖权的范围，事关维护国家主权的问题，各国相互之间涉及协调国际关系的问题，因此各国刑法都十分重视空间效力的规定，并且在解决空间效力的问题上形成了一些共识的管辖原则。我国按照刑法的国际管辖原则，根据我国刑法理论和实际情况，《刑法》规定了属地管辖原则、属人管辖原则、保护管辖原则、普遍管辖原则等。

2. 《刑法》的属地管辖原则

属地管辖原则即以地域为标准，凡是在我国领域内犯罪，无论是我国人，还是外国人，都适用我国《刑法》。反之，在我国领域外犯罪，都不适用我国《刑法》。这是建立在我国的国家主权原则基础上的。《刑法》第六条明确了我国的属地管辖原则。

第六条 凡在中华人民共和国领域内犯罪的，除法律有特别规定的以外，都适用本法。凡在中华人民共和国船舶或者航空器内犯罪的，也适用本法。犯罪的行为或者结果有一项发生在中华人民共和国领域内的，就认为是在中华人民共和国领域内犯罪。

属地管辖原则的"地"是指地域，即领域。《刑法》第六条明确规定了我国刑法的属地管辖原则。属地管辖原则明确：一是在我国领域内犯罪的，除法律有特别规定的以外，适用本法；二是在我国船舶或者航空器内犯罪的，适用本法；三是犯罪行为或者有意向发生在我国领域内的，就认为是在我国领域内的犯罪。

遵循属地管辖原则，可以明确应急管理相关事件的调查处理以及应急管理相关刑事案件处理的几个方面问题：

（1）在我国领陆、领水、领空和其他领域发生的应急管理相关事件由我国进行调查处理，因其引起应急管理相关的刑事案件由我国司法处理。领陆是指我国国境线以内的陆地以及陆地以下的底土。领水包括内水、领海及其领水的水床及底土。领空是指领陆、领水之上的空气空间，但不包括外层空间。其它管辖领域包括：毗连区、专属经济区、大陆架等。比如，按照在我国领陆、领水、领空和其他领域发生的应急管理相关事件调查处理由我国管辖，以及由其引起应急管理相关的刑事案件由我国管辖的解释，可以明确在我国领水或者其他领域行驶的外国船舶的生产安全事故，在我国领空里飞行的外国航天器的安全事故都应由我国进行事故调查处理，由其引起的应急管理相关刑事案件属于我国管辖，涉及的犯罪属于我国领域内的犯罪，适用于我国《刑法》。

（2）关于应急管理相关事件的调查处理及其涉及应急管理相关刑事案件的关系，法律有特别规定的除外。"除外"是指在我国领陆、领水、领空和其他领域发生的应急管理相关事件调查处理可以不由我国进行调查处理，由其引起应急管理相关的刑事案件可以不由我国管辖。"除外"的范围有以下几种情况：

①不适用我国《刑法》的除外。包括享有外交特权和豁免权的外国人引起的应急管理相关事件涉及刑事责任问题，可以通过外交途径解决。但是，享用外交特权和豁免权的外国人在我国领陆、领水、领空和其他领域引起的应急管理相关事件仍应由我国进行调查处理。

②不适用内地刑法典及普遍效力刑法的除外。《宪法》第三十一条规定"国家在必要时得设立特别行政区。在特别行政区内实行的制度按照具体情况由全国人民代表大会以法律规定"。我国在香港设立

了香港特别行政区、在澳门设立了澳门特别行政区，实行特别行政区的制度，发生在香港、澳门的应急管理相关事件分别由其特别行政区政府或者其指定的机构、按照特别行政区相关法律规定的应急管理相关事件调查程序进行调查处理，因其涉及应急管理相关的刑事案件由香港或者澳门特别行政区相关机构、按照特别行政区相关法律处理。台湾地区的应急管理相关事件由台湾地区按照台湾相关法律进行调查处理，因其涉及应急管理相关犯罪适用台湾地区的刑法。

③国际条约有规定的除外。我国加入了很多的国际组织，这些国际组织制定了一些成员国需遵守的国际条约，如果我国加入了某个国际组织并签署了相应的国际条约，就应该遵守由全国人民代表大会常务委员会批准的国际条约。国际海事、国际民航运输等国际海运船舶、国际合作钻井平台、国际民航、国际列车、国际汽车上发生的应急管理相关事件以及由其引发应急管理相关犯罪，我国应该按照已经签署的国际水域、国际空域或者国际其他领域的条约，或者与相关国家签订的协定确定管辖，没有条约或者协定的按照惯例确定管辖。如在国际列车上发生的应急管理相关事件以及引发的相关犯罪，根据我国与相关国家签订的国际条约或者协定确定管辖，没有签订协定国际条约和协定的，按照应急管理相关事件等级由国际列车最初停靠的我国车站所在地或者目的地政府、法院管辖。

（3）在"浮动领土"发生的应急管理相关事件由我国政府调查处理，由其引起应急管理相关的刑事案件由我国管辖，适用我国《刑法》。所谓"浮动领土"是指我国的船舶、钻井平台、航天器以及我国驻外使领馆等。包括以下几种情况：

①在我国船舶上。我国船舶包括：
- 在我国登记的船舶、钻井平台；
- 悬挂我国国旗、国徽等表明我国标志的船舶、钻井平台；
- 事实上属于我国国家的船舶、钻井平台；
- 属于我国公民法人的船舶、钻井平台；
- 事实上归我国国民所有的船舶、钻井平台。

②在我国航空器上。我国航空器包括：

- 在我国登记的航空器、飞艇、热气球；
- 悬挂我国国旗、国徽等表明我国标志的航空器、飞艇、热气球；
- 事实上属于我国国家的航空器、飞艇、热气球；
- 属于我国公民法人的航空器、飞艇、热气球；
- 事实上归我国国民所有的航空器、飞艇、热气球。

③在我国使领馆内。我国使领馆包括我国驻外大使馆、总领事馆、领事馆。

（4）应急管理相关事件的全部或者部分发生在我国领域内的，由我国政府依据事件等级确定调查处理部门。"应急管理相关事件的全部"是指应急管理相关事件的过程都在我国领域内。"应急管理相关事件的部分"是指有以下一种情景或者几种情景：

①应急管理相关事件的部分过程在我国领域内。如飞机在我国起火失控，飞行到邻国发生爆炸事故；

②应急管理相关事件的部分载体属于我国。如我国的航天器与国外的航天器相撞，发生安全事故；

③应急管理相关事件载体是我国与其他国家共同拥有的。如在我国公司与外国公司共同拥有的海上钻井平台发生安全事故；

④全部或者部分应急管理相关事件的后果在我国领域内。如国外飞机在我国空域外失事，飞机残骸落入我国领域内。

（5）应急管理相关事件犯罪的全部或者部分发生在我国领域内，犯罪案件由我国管辖，适用我国《刑法》。"应急管理相关事件犯罪的全部"是指应急管理相关事件犯罪行为的全过程、全部行为、全部后果。"应急管理相关事件犯罪的部分"是指有以下一种情景或者几种情景：

①应急管理相关事件犯罪行为的预备阶段或者其一部分发生在我国领域内；

②应急管理相关事件犯罪行为的实施阶段或者其一部分发生在我国领域内；

③应急管理相关事件犯罪结果有一部分发生在我国领域内；

④共同应急管理相关事件犯罪行为的预备阶段或者其一部分发生在我国领域内；

⑤共同应急管理相关事件犯罪行为的实施阶段或者其一部分发生在我国领域内；

⑥共同应急管理相关事件犯罪结果有一部分发生在我国领域内。

3. 刑法的属人管辖原则

属人管辖原则是建立在本国人应保证对本国法律的忠诚和服从的基础上的。属人管辖原则是以犯罪人国籍作为判断刑法适用的依据，是指国家对于具有本国国籍的人的管辖，不论有关的行为发生在何处，都适用本国刑法。这样的管辖，还扩大到国家对于具有本国国籍的法人、航空器、船舶和外太空发射物及其所载乘人员、载有物资的管辖。《刑法》第七条明确了我国的属人管辖原则。

第七条 中华人民共和国公民在中华人民共和国领域外犯本法规定之罪的，适用本法，但是按本法规定的最高刑为三年以下有期徒刑的，可以不予追究。中华人民共和国国家工作人员和军人在中华人民共和国领域外犯本法规定之罪的，适用本法。

属人管辖原则的"人"是指本国人，也包括具有本国国籍的法人、航空器、船舶和外太空发射物及其所载人员。《刑法》第七条明确规定了我国刑法的属人管辖原则。对于属人管辖原则可以做如下分析：

（1）对于我国人员在我国领域外发生的应急管理相关事件，依据我国相关法律进行调查处理。例如，针对生产安全事故的调查处理，一般的做法是，发生的较大生产安全事故、重大生产安全事故、特别重大生产安全事故分别由我国县级人民政府、地（市）级人民政府、省（区）级人民政府和国务院组织调查处理，一般生产安全事故可以委托发生事故的单位组织调查处理。

（2）我国人在我国领域外的应急管理相关事件犯罪可以适用我国《刑法》。有如下几种情形：

①对于非我国国家工作人员的普通公民，在我国领域外的应急管理相关事件的犯罪案件，我国有管辖权，但是法定最高刑为三年以下有期徒刑的，可以不予追究刑事责任，即不定罪。也就是说，法定最高刑为三年以下有期徒刑的，原则上不追究应急管理相关事件的犯罪刑事责任，但不是绝对不追究，仍保留有追究的可能性。

②我国国家工作人员在我国领域外的应急管理相关事件的犯罪，无须考虑法定最高刑，一律适用我国《刑法》，并追究刑事责任。在此，可能涉及在我国领域外应急管理相关事件犯罪的国家工作人员，包括以下几种的我国公民：

- 国家机关中从事公务的人员；
- 在国有企业、事业单位从事公务的人员；
- 在各社会团体从事公务的人员；
- 在国家机关、国有企业、事业单位、社会团体被委派到非国有企业、事业单位、社会团体从事公务的人员；
- 其他人员在国家机关、国有企业、事业单位、社会团体从事公务的人员；
- 其他依照法律从事公务的人员。

③军人在我国领域外的应急管理相关事件的犯罪，无论应如何量刑，一律适用我国刑法，并追究刑事责任。军人是对在国家军队中服役的军职人员的总称，包括战斗人员和非战斗人员。军人的职责是，保卫国家安全，保卫及守护国家边境，维护政府政权稳定，维护社会安定，参与非战斗性的包括救灾、抢险等应急救援工作。我国军人包括以下几类人员：

- 中国人民解放军的现役军官、文职干部、士兵及具有军籍的学员；
- 中国人民武警部队现役警官、文职干部、士兵及具有军籍的学员；
- 执行军事任务的预备役人员和其他人员。

此外，在2018年的机构改革以后，公安消防部队、武警森林部队转制为国家综合性消防救援队伍。以国家综合性消防救援队伍参加国际救灾活动的人员，不再属于我国的军人。

④对于我国公民在国外应急管理相关事件的犯罪适用我国刑法，但不设定"双重犯罪"认定标准，即要求外国公民实施的与应急管理相关事件的行为可以被我国刑法认定为犯罪，并不要求在行为所在地认定为犯罪。

4. 刑法的保护管辖原则

保护管辖原则是对属地管辖原则和属人管辖原则的补充，以保护本国利益为标准设立的原则。保护管辖原则明确，在没有属地管辖和属人管辖的根据的情况下，附加条件地行使刑事管辖权。即凡侵害本国国家、组织或公民合法利益的，不论犯罪人是否是本国人，也不论犯罪地是在本国领域内还是在本国领域外，都附加条件地适用本国刑法。《刑法》第八条明确了我国的保护管辖原则。

第八条 外国人在中华人民共和国领域外对中华人民共和国国家或者公民犯罪，而按本法规定的最低刑为三年以上有期徒刑的，可以适用本法，但是按照犯罪地的法律不受处罚的除外。

在《刑法》第八条规定，外国人在我国领域外触犯我国国家、组织或者公民的合法利益，构成犯罪的，必须同时具备如下三个条件，才能适用我国《刑法》：

（1）侵害我国利益或者我国组织、公民合法利益。从犯罪的性质和范围上加以限制，必须是对我国国家、组织或者公民实施犯罪行为，其犯罪行为必须侵犯了我国国家、组织或者公民的合法利益。

对我国国家犯罪主要是指我国《刑法》规定的危害我国国家安全和利益的各种犯罪，这样的犯罪很多适应应急管理相关罪。对我国公民犯罪主要是指我国《刑法》规定的侵犯我国公民人身权利、民主权利和其他权利的犯罪，这样的犯罪是可以适用应急管理相关罪，包括发生生产安全事故引起的犯罪。

（2）最低刑是三年以上有期徒刑的犯罪。从犯罪的社会危害程度上加以限制，必须是按照我国《刑法》规定的最低刑为三年以上有期徒刑的犯罪。

达到这样危害程度的犯罪，很多适用应急管理相关罪，但仅有较少的适用生产安全事故相关的犯罪。例如，《安全生产法》第八十七条规定"负有安全生产监督管理职责的部门的工作人员，有下列行为之一的，给予降级或者撤职的处分；构成犯罪的，依照刑法有关规定追究刑事责任"。对于一般企业职工，违反《安全生产法》本条的规定构成犯罪的可以认定为重大责任事故罪。《刑法》第一百三十四条规定"在生产、作业中违反有关安全管理的规定，因而发生重大伤亡事故或者造成其他严重后果的，处三年以下有期徒刑或者拘役；情节特别恶劣的，处三年以上七年以下有期徒刑"。就是对于重大责任事故罪的规定。可见，只有犯罪情节特别恶劣的，才处以三年以上七年以下的有期徒刑。

（3）刑罚合理性的限制。从刑罚合理性加以限制，必须是根据犯罪地的法律也认为构成犯罪并适用处刑的行为。即所实施的行为，按照犯罪地的法律不认为是犯罪的，不适用我国《刑法》。但是，如果犯罪地没有法律，当然适用我国《刑法》。假设，外国人在南极工作中由于工作失误，引发重大火灾事故，造成我国南极科考的重大人员伤亡和财产损失，如果在《南极条约》中没有相应规定，就可以适用我国《刑法》进行处罚。

5. 刑法的普遍管辖原则

普遍管辖原则是以保护各国共同利益为标准建立的原则。凡发生国际条约所规定的侵害各国共同利益的犯罪，不论犯罪人是本国人还是外国人，也不论犯罪地是在本国领域内还是本国领域外，都适用本国刑法。《刑法》第九条明确了我国《刑法》的普遍管辖原则。

第九条 对于中华人民共和国缔结或者参加的国际条约所规定的罪行，中华人民共和国在所承担条约义务的范围内行使刑事管辖权的，适用本法。

我国《刑法》第九条规定的适用普遍管辖权的对象是我国缔结或

者参加的国际条约所规定的犯罪，这些犯罪往往是危害人类社会共同利益的犯罪，通常有海盗犯罪、毒品犯罪、恐怖犯罪、反人类犯罪、战争犯罪、灭绝种族犯罪等。有应急管理相关罪中的有关恐怖活动、故意传播瘟疫、故意制造跨国环境灾难等的犯罪都适用普遍管辖原则，但生产安全事故相关犯罪、自然灾害相关犯罪一般不适用普遍管辖原则。

第三节　应急管理

一　应急管理基本概念

人类的生存与发展的历史是一部与自然灾害作斗争的历史。人类从诞生的那一刻起，就面临着生存的危险，就需要不断地认识自然、改造自然，同自然灾害作斗争；认识由于人类自己行为不当所引发的各类事故和事件，并应对这些事故和事件。特别是当人类制造的机器进入人类的生产生活，以及人类制造和危险化学品进入人类的生产生活以后，来自人类自身行为不当造成的各类事故、事件对人类的威胁显得更加突出。

为了消除、减少各类自然灾害、事故、事件以及降低它们造成的损失，人类不得不应对它们。包括：预防它们的发生，在即将发生时采取措施避免发生或者尽量把它们限制在一定范围或者一定程度，正在发生时采取措施避免范围扩大和损失增大，以及发生后采取措施尽量减轻损失、影响并尽快恢复正常状态。

查阅资料可知，由于应急管理涉及的事物很广、涉及的领域很宽，不同领域对应急管理的解释是不同的，不同时期对应急管理的理解也是不同的。笔者从一个法律工作人员的视角和所掌握的资料看，虽然应急管理涉及的主要是行政权的行使，但是目前我国对应急管理还没有明确的法律解释，也没有检索到得到学界普遍认可的应急管理概念。为了论述应急管理相关法与罪的问题，笔者在梳理近代应急管理发展脉络的基础上，从应急管理相关法律法规与应急管理相关罪的视角，界定、解释应急管理的概念。

（一）工业革命以来应急管理的发展历程

人类使用机器的时代可以追溯到很久以前，但是人类进入机器时代应该是从蒸汽机发明并使用到人们的生产生活以后开始的，即机器被广泛使用开始的，所以这个时代的起点就是蒸汽机的发明并被大量使用。由于笔者不是从事机械学研究的，无从考证具体的时间点（年代或者年份），但根据讨论应急管理相关法与罪的问题的需要，这样的界定发展阶段就够了。按照这样的思路，可以将机器普遍使用后到今天的应急管理历程划分为五个阶段，如图1.1所示。

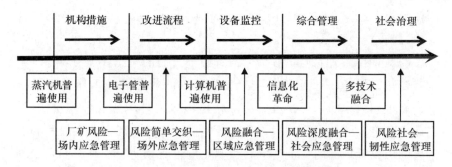

图1.1　工业革命以来应急管理的发展历程

五个阶段分别为：厂矿风险——场内应急管理阶段，风险简单交织——场外应急管理阶段，风险融合——区域应急管理阶段，风险深度融合——社会应急管理阶段，风险社会——韧性应急管理阶段。需要说明的是，划分为五个应急管理阶段，完全是从探讨应急管理相关法与罪的需要，是为了便于界定在当今社会的应急管理概念。而这样的阶段划分，对应急管理学科而言，以及从应急管理工作的视角，未必是科学的、严谨的，也未必是有理论依据的。

1. 厂矿风险——场内应急管理阶段

（1）社会特点。蒸汽机的发明并大量使用，机器开始进入人们的生产社会，在人们的意识中没有对机器的排斥和不可接受，机器似乎成为与我们人类一样的社会一员。机器替代了人的部分工作，很多的手工作坊被淘汰变成了工厂，使用机械、炸药采矿，随之而来的人口逐渐向厂矿及其周边集聚。这更加激发了人民追求财富、追求领导权（主导权）的欲望。

（2）风险管理对象。社会的改变，引起社会风险的变化。工厂、矿山的大量出现，也出现了人类比较陌生的生产生活风险。机器生产在提高生产效率的同时，也会造成机械伤害，引起火灾、爆炸以及其他类别的生产安全事故，在厂矿从业的人们不得不为自己的安全和健康而战。同时，作为厂矿始作俑者的雇主们，为了减少生产安全事故的损失和提高劳动生产率，也会考虑如何减少生产安全事故和降低其损失的问题。此外，政府为了赢得雇主和民众的支持，也需要有自己的作为。在这三方的共同作用下，场内应急管理成为风险管理的主要对象。

（3）应急管理特点。在该阶段，自然灾害的应急管理与以前基本没有变化，但场内针对人们生产安全事故的应急管理工作引起了政府、雇主和个人的重视，也成为除自然灾害之外应急管理的新任务。在雇主和工人的共同推动下，政府开始成立应对生产中的事故和职业危害的应急管理部门，负责事故和职业危害的预防、控制、调查处理的劳动卫生的国家和地方政府的监督管理机构开展建立并不断健全。虽然在政府、雇主和工人的共同努力下，特别是政府和工人具有改变作业环境的意愿，但是由于雇主的主观意愿不强，厂矿的职业安全卫生环境改善不大，职业安全卫生的威胁越来越严重，重大、特别重大生产安全事故呈现不断增加的趋势。在该阶段，制定了一些针对职业安全卫生的应急管理法律法规和标准，应急管理相关犯罪开始列入刑法。

2. 风险简单交织——场外应急管理阶段

（1）社会特点。电子管的普遍使用，改变了单一机械的生产方式，集成化生产出现并得到了快速的发展，大功率的生产机械被广泛使用，大大提高了劳动生产率。同时，大功能机器也需要消耗大量的能源，对自然环境的破坏力也更大，一旦失控对人和环境的危害也更大。在此阶段，垄断的厂矿（企业）开始出现，在城市单位面积的人口数量和财富数量增大了。

（2）风险管理对象。在该阶段，化学物质开始大量在生产社会系统中使用，大功率机器需要使用大量的煤炭、油料和电能，生产系统本身及其材料、产品成为巨大的能量体，厂矿内发生的生产安全事故，可能使厂矿周边的居民都受到伤害，即由于大功率机械和生产系统失控造成的伤害范围已经不能局限在场内。生产所需要的原料和产品量大量增加，场外运输过程的事故风险比以前显著增加。此外，厂矿的机器与手工作业时相比，对自然环境的破坏力增大，且由于人口和财富在城市的集中，使得比以前相同规模自然灾害造成的损失显著增大。自然灾害和场内应急管理继续成为风险管理对象的同时，场外应急管理引起了社会的重视，也成为风险管理的对象。

（3）应急管理特点。在该阶段，由于自然灾害造成的损失增加以及巨大破坏力，引起人们的足够重视，自然灾害应急管理的相关法律法规和标准开始建立，特别是出现了一些针对自然灾害损失赔偿的法律法规和标准。生产安全事故的应急管理工作引起了政府、雇主和工人的高度重视，在社会的共同推动下，负责职业安全卫生危害的预防、控制、调查处理的劳动卫生的国家和地方政府的监督管理机构逐步健全，按照职业安全卫生要求改进厂矿的工作流程，但来自职业危害的威胁并没有减轻，重大、特别重大生产安全事故风险呈现不断增加的趋势。针对生产安全事故应急管理的法律法规标准体系逐步建立，更多的职业安全卫生相关犯罪列入刑法；建立了一些自然灾害应急管理相关法律法规和标准。

3. 风险融合——区域应急管理阶段

（1）社会特点。计算机的普遍使用，改变了人与机械的关系，实现对设备监测、监控的同时，人的劳动过程也被监控了，出现了社会化的大生产系统，生产系统与生产系统融合紧密，生产系统与社会系统开始融合，生产系统的能量失控危害不仅局限在厂矿内部和周边，而且可以危害与厂矿没有关系的人和事物，可以造成对环境的极大破坏，甚至诱发气象灾害、地质灾害等自然灾害。在此阶段，一个大型公司可以垄断一个国家的某个行业（领域），一个跨国公司可以垄断全世界的某个行业（领域），在城市单位面积的人口数量和财富数量进一步增大。

（2）风险管理对象。在该阶段，化学物质成为重要的生产生活原料、产品和消费品，集成化的生产系统以及人们无节制的享乐追求，需要消耗大量的煤炭、油料和电能，生产系统本身及其材料、产品成为巨大的能量体。厂矿的生产即使不发生生产安全事故，也对环境造成破坏，使厂矿附近的居民都受到伤害。一旦生产系统失控，发生生产安全事故，往往是灾难性的。由于生活中使用了大量的化学物质（如天然或者人工加工的燃料），生活中的安全风险引起了社会的广泛重视。生产的安全风险和生活的安全风险、自然灾害的风险开始融合，场内应急管理、场外应急管理继续成为风险管理对象的同时，区域应急管理引起了社会的重视，也成为风险管理的对象。

（3）应急管理特点。自然灾害造成的损失由于人为因素进一步增大，引起了全社会的足够重视，自然灾害应急管理的相关法律法规和标准逐步健全。生产安全事故的应急管理工作引起了政府、雇主和工人的更高程度重视，负责职业安全卫生的国家和地方政府的监督管理机构在重视监察的同时，也在职业安全卫生方面扶持企业发展（如为企业开展职业安全卫生培训），按照职业安全卫生的标准监控生产生活设备（系统），但生产安全事故的威胁仍然十分严重，重大、特别重大生产安全事故呈现不断增加的趋势。针对生产安全事故应急管理的法律法规标准体系逐步健全，更多的生产安全事故相关犯罪列入刑法；针对自然灾害应急管理的法律法规标准体系开始建立，一些违背自然规律而诱发自然灾害并造成重大损失的行为被认定为犯罪，列入刑法。同时，负责自然灾害应急管理的国家机构和地方政府机构基本健全。

4. 风险深度融合——社会应急管理阶段

（1）社会特点。信息化革命不仅改变了生产，也改变了人民的生活。人的生产和生活自觉或者不自觉的受到信息的支配、制约，自觉或者不自觉地改变着人们的生产方式、生活方式和工作与生活节奏，生产系统与生产系统深度融合，生产系统与生活系统深度融合。生产系统的能量失控，造成的危害不仅局限在事故伤害和诱发气象灾害、地质灾害等自然灾害，而且次生（衍生）社会事件、生态事件、经济事件、政治事件。自然灾害可能次生（衍生）生产安全事故，生产安全事故可能次生（衍生）自然灾害，此类自然灾害可能次生（衍生）彼类自然灾害，次生生产事故可能次生（衍生）彼类事故，形成事故链、灾害链和灾害—事故链，社会事件形成事件链等。图1.2是"3·11"东日本大地震的灾害—事故—灾害链。

图1.2 "3·11"东日本大地震的灾害—事故—灾害链

2011年3月11日，日本东北部太平洋海域发生里氏9级的强烈地震，引发大海啸，海啸摧毁了福岛核电站的部分设施，造成福岛第一核电站的放射性物质泄漏到外部，进而造成了人类的恐慌，引起了社会事件、生态灾难、环境污染、生物污染、生物畸形，附近的大量居民不得不转移到非核污染区，核污染区的土地荒废，受核污染影响的地方经济遭到严重破坏。

（2）风险管理对象。在该阶段，人们越来越依赖化学物质生产和生活，集成化的生产系统以及人们无节制的享乐追求消耗大量煤炭、油料和电能，生产系统和生活系统融合成一体化的巨大能量体。人们的生产和生活不仅消耗了大量的能源，而且破坏了环境，造成一个又一个生态灾难。与此同时，人类社会也不得不承受大自然的报复。事故灾难、自然灾害、社会安全事件、卫生事件以及其他事件的风险深度融合，成为全社会共同应对的对象，场内应急管理、场外应急管理、区域应急管理的对象、目标和任务难以分开，社会应急管理成为风险管理的对象。

（3）应急管理特点。在该阶段，自然灾害造成的损失由于人为因素进一步增大，自然灾害应急管理的相关法律法规标准体系基本健全，自然灾害应急管理的国家机构和地方政府机构得到进一步加强。社会安全事件成为应急管理的重要对象，开始了社会安全事件应急管理相关的立法工作。社会开始关注应急管理问题，成为继政府、企业、工人之外的重要的应急管理一方。瘟疫等公共卫生事件虽然造成人员死亡人数较以往显著下降，但是引起全社会恐慌的程度却显著增大，所以开始针对公共卫生事件应急管理的相关立法工作。针对生产安全事故应急管理的法律法规标准体系基本健全。统筹事故灾难、自然灾害、社会安全事件、公共卫生事件及其他事件应急管理的立法制定并实施，事故灾难、自然灾害、社会安全事件、公共卫生事件及其他事件相关的违法非法行为被认定为犯罪，写入刑法或者其他法律法规，并加大处罚的范围和力度。整合事故灾难、自然灾害、社会安全事件、公共卫生事件及其他事件应急管理的国家机构和地方政府机构，建立针对各类自然灾害和事故、事件的国家机构和地方政府机构已经成为全社会的共识，健全平战结合、专常兼备、防控并重的应急管理机制，开展针对自然灾害、事故灾难风险的监测分析、评价研判、消减控制和针对自然灾害、事故灾难的防灾、减灾、救灾和灾后恢复，形成综合应急管理体制、机制、法治和制度成为发展趋势。

5. 风险社会——韧性应急管理阶段

该阶段是目前的最高阶段，很多国家的应急管理还没有进入该阶段，笔者认为我国应急管理还没有进入该阶段。该阶段，社会显著特点就是人们的法律意识显著增强，社会由传统的管理进入现代治理阶段，风险管理对象是多风险高度融合的风险社会，全社会必须用应急治理的手段开展应急工作，健全了应急管理相关法律法规标准体系，应急管理相关法律法规中明确了几乎所有应急管理相关的违法非法行为及其处罚，按照现代社会的法治思想已经将应急管理相关犯罪列入了刑法，靠社会自身本质安全性、自适应性和快速恢复性（统称为韧性）进行应急管理。

从法学的角度看，每一种传统风险或者非传统风险的监测、评估、预报、预警、应急调度、处置指挥协调、救援和恢复都需要用法来规范，用于规范应急管理各方面事务的法律法规和标准构成了完善的应急管理相关法律法规体系；应急管理相关的违法非法行为必须得到应有的处罚，构成犯罪的应当追究刑事责任。

（二）几种应急管理的解释

到目前为止，虽然我国还没有对应急管理做出明确的法律解释，但在很多的党政文件、法律法规、行政规章、标准规范中提到了应急管理，很多学者也从不同视角对应急管理做出了解释。

1. 国家法律法规和文件中涉及的应急管理

（1）《突发事件应对法》中的应急管理

在《突发事件应对法》中有4条提到了应急管理。

第四条 国家建立统一领导、综合协调、分类管理、分级负责、属地管理为主的应急管理体制。

第十八条 应急预案应当根据本法和其他有关法律、法规的规定，针对突发事件的性质、特点和可能造成的社会危害，具体规定突发事件应急管理工作的组织指挥体系与职责和突发事件的预防与预警机制、处置程序、应急保障措施以及事后恢复与重建措施等内容。

第二十五条 县级以上人民政府应当建立健全突发事件应急管理培训制度，对人民政府及其有关部门负有处置突发事件职责的工作人员定期进行培训。

第三十六条 国家鼓励、扶持具备相应条件的教学科研机构培养应急管理专门人才，鼓励、扶持教学科研机构和有关企业研究开发用于突发事件预防、监测、预警、应急处置与救援的新技术、新设备和新工具。

第四条规定："国家建立统一领导、综合协调、分类管理、分级负责、属地管理为主的应急管理体制。"按照这一条的说法，应急管理是社会治理的一部分。第十八条"应急预案应当……具体规定突发事件应急管理工作……"，说明应急管理是对突发事件的管理。第二十五条"县级以上人民政府应当建立健全突发事件应急管理培训制度"，第三十六条"国家鼓励、扶持具备相应条件的教学科研机构培养应急管理专门人才……"说明应急管理指的是一个领域、一个方面的工作。根据《突发事件应对法》，可以将应急管理理解为针对突发事件这一方面（领域）的所有管理，包括关于突发事件的体制、机制、法治、制度和突发事件预防、控制等日常管理（监督管理）工作。

（2）《国家突发公共事件总体应急预案》①（以下简称《总体预案》）中的应急管理

在《总体预案》中多次出现了应急管理这个词语。根据"建立健全分类管理、分级负责，条块结合、属地管理为主的应急管理体制""依据有关法律和行政法规，加强应急管理""形成统一指挥、反应灵敏、功能齐全、协调有序、运转高效的应急管理机制""国务院是突发公共事件应急管理工作的最高行政领导机构。在国务院总理领导下，由国务院常务会议和国家相关突发公共事件应急指挥机构（以下简称相关应急指挥机构）负责突发公共事件的应急管理工作。""国务院办公厅设国务院应急管理办公室""国务院有关部门依据有关法律、行政法规和各自的职责，负责相关类别突发公共事件的应急管理工作""地方各级人民政府是本行政区域突发公共

---

① 《国家突发公共事件总体应急预案》，2005 年 1 月 26 日国务院第 79 次常务委员会议通过，2006 年 1 月 8 日发布并实施。编制目的是，提高政府保障公共安全和处置突发公共事件的能力，最大限度地预防和减少突发公共事件及其造成的损害，保障公众的生命财产安全，维护国家安全和社会稳定，促进经济社会全面、协调、可持续发展。

事件应急管理工作的行政领导机构""国务院和各应急管理机构建立各类专业人才库，可以根据实际需要聘请有关专家组成专家组，为应急管理提供决策建议""对突发公共事件应急管理工作中做出突出贡献的先进集体和个人要给予表彰和奖励""对迟报、谎报、瞒报和漏报突发公共事件重要情况或者应急管理工作中有其他失职、渎职行为的，依法对有关责任人给予行政处分"中的应急管理提法，可以将应急管理理解为针对突发事件的所有工作，是社会治理的一方面工作。

（3）《关于国务院机构改革方案的说明》① （以下简称《机构改革方案说明》）中关于组建应急管理部的说明

在《机构改革方案说明》中，对组建应急管理部的说明为"为防范化解重特大安全风险，健全公共安全体系，整合优化应急力量和资源，推动形成统一指挥、专常兼备、反应灵敏、上下联动、平战结合的中国特色应急管理体制，提高防灾减灾救灾能力，确保人民群众生命财产安全和社会稳定"。"将…职责整合，组建应急管理部，作为国务院组成部门。"组建应急管理部是为了加强应急管理，应急管理部的职能就是应急管理。

根据《机构改革方案说明》内容的理解，应急管理是国家治理的组成部分，其管理（监督管理）的对象不仅是《突发事件应对法》中规定的自然灾害、事故灾难、公共卫生事件和社会安全事件等四类突发事件，也不仅是突发事件的预防与应急准备、监测与预警、应急处置与救援、事后恢复与重建等应对活动，而是针对所有自然灾害、事故灾难风险的监测分析、评价研判、消减控制和针对自然灾害、事故灾难的防灾、减灾、救灾和灾后恢复的全过程和所有工作。

2. 对应急管理已有的解释

随着对应急管理的研究进入高潮期，很多专家学者对应急管理做出了说明。但是，根据笔者检索到的资料，还没有形成一致的概念解

---

① 《关于国务院机构改革方案的说明》，国务委员王勇同志在 2018 年 3 月 13 日的第十三届全国人民代表大会第一次会议的报告。

释和说明，也不能形成几种类型的概念分类说明。总结前人的成果可以看出，应急管理概念代表性的说明是从管理学和安全系统理论的角度给出的。

在《安全生产应急管理》① 一书中，作者在总结了前人应急管理的几个定义认识的基础上，提出了作者对突发公共事件应急管理的解释。该书总结出在应急管理的研究中，对应急管理定义的三种认识，分别为：

（1）应急管理是在应对突发事件过程中，为了降低突发事件的危害，达到优先决策的目的，基于突发事件的原因、过程及其后果进行分析，有效集成社会各方面的相关资源，对突发事件进行有效预警、控制和处理的过程。

（2）应急管理是指组织或者个人通过监测、预警、控制、预防、应急处理、评估、恢复等措施，防止可能发生的突发事件，处理已经发生的突发事件，以减少损失，专指将危险转化为机会的过程。

（3）应急管理是指为了应对突发事件而进行的一系列有计划、有组织的管理过程，主要任务是如何有效地预防和处置各种突发事件，最大限度地减少突发事件的负面影响。

在《安全生产应急管理》一书，总结前人对应急管理的定义，给出了突发公共事件应急管理的解释。该书给出的突发公共事件应急管理的解释是：突发公共事件应急管理就是针对可能发生或已经发生的突发公共事件，为了减少突发公共事件的发生或降低其可能造成的后果和影响，达到优先决策的目的，而基于对突发公共事件的原因、过程及其后果进行的一系列有计划、有组织的管理。它涵盖在突发公共事件发生前、发生过程中、发生后的各个过程，包括为应对突发事件而采取的预先防范措施、事发时采取的应对行动、事发后采取的各种善后措施及减少损害的行为等。

---

① 国家安全生产应急救援中心组织编写：《安全生产应急管理》，煤炭工业出版社2007 年版。

在《城市安全与应急管理》①一书中，提出公共安全的"三角形"模型。该模型认为，灾害要素是可能导致突发事件发生的因素，灾害要素本质上是一种客观存在，具有物质、能量、信息三种属性。当灾害要素超过临界量或遇到一定的触发条件，就可能导致突发事件，在未超过临界量或未被触发前并不造成破坏作用。确定突发事件及其应对中存在三个主体，分别为：第一个是灾害事故本身，称为"突发事件"；第二个是突发事件作用的对象，称为"承载载体"；第三个是采取应对措施的过程，称为"应急管理"。由此提出，应急管理是可以预防或减少突发事件及其后果的各种人为干预手段，应急管理的本身是管理灾害要素及其演化与作用过程。进而明确，应急管理的核心是获知应急管理的重点目标，掌握应急管理的科学方法和关键技术，把握应急管理措施实施的恰当时机和力度。

3. 法学视角的应急管理解释

分析前人对应急管理的定义、解释和说明，可以看出，这些定义、解释和说明不是完全相同的，也不是完全一致的，每一种都代表人们从不同的视角、站在不同的角度，对应急管理的理解和认识，具有一定的时代性。但是，所有关于应急管理的定义、解释或者说明，都有一个共同点，就是应急管理是为了预防、控制、处置突发事件的。因此，要对应急管理做出较全面的解释，必须认识突发事件概念及其分类。

（1）突发事件及其分类

①突发事件的概念

关于突发事件，从字面分析，是指突然发生的事件，即在短促的时间里发生的、出乎意外、对一定的人群产生一定影响的事情。《突发事件应对法》第三条明确，本法所称突发事件，是指突然发生，造成或者可能造成严重社会危害，需要采取应急处置措施予以应对的自然灾害、事故灾难、公共卫生事件和社会安全事件。显然，这两种解释有相同点，也有不同点。相同点是都是指突然发生的事件。不同点是，前者没有明确是否需要采取应对处置措施，而后者认为需要采取

---

① 刘亦、翁文国、范维澄：《城市安全与应急管理》，中国城市出版社 2012 年版。

应急处置措施予以应对，即两者所指的事件影响的程度是不一样的。

根据现阶段现实应急管理工作的需要，以及在《刑法（十）》中应急管理相关罪，从突发事件的法治与防治犯罪的角度，同时具有如下几个方面基本特点，才能界定为突发事件：

• 突发事件是突然发生的事件。如果不是突然发生的事件，就不属于突发事件。比如，在厂矿生产经营活动中发生的尘肺病，尘肺病是因为作业人员长时间在有粉尘危害场所的工作，接触、吸入了大量粉尘，逐渐患上的一种职业病。尘肺病有一个粉尘吸入的时期，从潜伏期，发展到疑似期（也称疑似尘肺病），再发展到尘肺病Ⅰ期，才诊断为尘肺病。因此，在作业场所工作人员的尘肺病不是突然发生的，不属于突发事件。

• 突发事件是造成或者可能造成一定社会危害的事件。事件本身是个中性词。但是，从应急管理和法学的视角，事件是比较重大、对一定人群造成或者可能造成一定影响的事情。突发事件专指对一定人群和社会产生一定不良影响或者危害的事件。

• 突发事件是需要预防或者处置的事件。由于突发事件是突然发生的产生不良影响或者危害的事件，因此需要采取必要的预防措施防止其发生。当防止措施失效或者没有采取有效的防护措施而发生突发事件时，应采取必要的措施降低突发事件的不良影响和危害。

• 突发事件是人们不希望发生的事件。突发事件将对一定人群和社会造成一定不良影响或者危害，因此对正常的社会成员而言是不希望发生的。当然，对于极少数人或者特定的极少数利益群体，包括突发事件的制造者和受益者，在特定环境下是希望突发事件发生的。如恐怖袭击事件，就是恐怖袭击制造者希望发生的，且他们（她们）希望对人群和社会的不良影响和危害越大越好。

②突发事件分类

按照《突发事件应对法》第三条的规定，突发事件包括自然灾害、事故灾难、公共卫生事件和社会安全事件等四大类。在很多文献资料中，也把突发事件分为上述四类。如在《安全生产应急管理》一书中介绍，通常根据突发公共事件的发生过程、性质和机理，突发公共事件主要分为自然灾害、事故灾难、公共卫生事件和社会安全事件。按照《安全生产应急管理》对突发公共事件的解释和分类，可以认为突发公共事件和突发事件是完全相同的概念，就是一个概念。显然上述的分类方式是时代的产物，具有一定的局限性。比如，按照上述的分类方式，突发生态破坏事件、突发环境污染事件、突发金融安全事件就没有包括在突发事件中。

《总体国家安全观干部读本》①明确了重点维护国家安全的十二个重点领域。这十二个重点领域分别为：政治安全、国土安全、军事安全、经济安全、文化安全、社会安全、科技安全、信息安全、生态安全、资源安全、核安全，这些领域都可能发生突发事件。从《刑法（十）》的相关犯罪和总体国家安全观的视角，可从广义和狭义两个层面认识突发事件，并界定其分类。广义的突发事件不仅包括自然灾害、事故灾难、公共卫生事件和社会安全事件等四大类，而是包括所有涉及国家安全的突发事件。而狭义的突发事件不包括涉及政治安全、国土安全、军事安全、文化安全等领域的突然发生的事件。笔者认为，狭义的突发事件包括如下几类：

A. 自然灾害。由于自然原因或者因素造成的突发事件。主要包括：山洪、泥石流等地质灾害，风暴潮、雷雨雪、冰冻等气象灾害、海洋灾害，破坏性地震，自然因素引起的森林火灾和草场火灾等。

B. 生产生活安全事故。由于人类在生产生活过程中、人的原因或者因素造成的突发事件。主要包括：生产安全事故，城市安全事故，交通安全事故，设备设施安全事故，核安全事故等。

C. 公共卫生事件。由于人为、自然原因或者因素造成的、涉及公共卫生的、危害或者影响公众身体健康或者生命安全的突发事件。

---

① 栗战书、蔡奇、王京清、黄坤明等：《总体国家安全观干部读本》，《总体国家安全观干部读本》编委会，人民出版社 2016 年版。习近平总书记为该书作序，指出国泰民安是人民群众最根本、最普遍的愿望。实现中华民族伟大复兴的中国梦，保证人民安居乐业，国家安全是头等大事。以总体国家安全观为指导，全面实施国家安全法。要坚持国家安全一切为了人民、一切依靠人民，动员全党社会共同努力，汇聚起维护国家安全的巨大力量，夯实国家安全的社会基础，防范化解各类安全风险，不断提高人民群众的安全感、幸福感。

主要包括：突发传染病或者传染病疫情，动物传染病或者传染病疫情，群体性突发疾病，群体性中毒以及其他严重危害公众健康和生命安全的突发事件。

D. 环境生态事件。由于人为、自然原因或者其他因素造成的、涉及环境保护或者生态安全的突发事件。主要包括：突发水、大气、土壤等环境污染，突发环境损坏，突发生态危害、核污染等。

E. 社会安全事件。由于人们的主观意愿，有意识地做出危害社会安全的行为，造成的突发事件。主要包括：恐怖袭击事件，突发信息安全事件，突发经济安全事件，突发网络谣言事件，突发群体性事件，突发能源安全事件等。

③突发事件分级

目前，我国法定的突发事件分类方法和指标基本健全。《突发事件应对法》第三条规定，按照社会危害程度、影响范围等因素，自然灾害、事故灾难、公共卫生事件分为特别重大、重大、较大和一般四级。在《突发事件应对法》中没有明确社会安全事件的分级。

不同类别的突发事件有不同的分级方法和指标。例如，针对生产安全事故，是按照如下方法和指标进行分级的。按照生产安全事故后果的严重性程度，《生产安全事故报告和调查处理条例》①（以下简称《事故调查处理条例》）规定了生产安全事故等级分类方法。

《事故调查处理条例》第三条规定，生产安全事故根据造成的人员伤亡或者直接经济损失一般分为以下四个等级：

A. 特别重大事故。特别重大事故是指造成 30 人以上死亡，或者 100 人以上重伤（包括急性工业中毒），或者 1 亿元以上直接经济损失的事故；

B. 重大事故。重大事故是指造成 10 人以上 30 人以下死亡，或者 50 人以上 100 人以下重伤，或者 5000 万元以上 1 亿元以下直接经

---

① 《生产安全事故报告和调查处理条例》，2007 年 3 月 28 日，国务院第 172 次常务会议通过，中华人民共和国国务院令第 493 号发布，自 2007 年 6 月 1 日起施行。该条例共 6 章、64 条。

济损失的事故；

C. 较大事故。较大事故是指造成 3 人以上 10 人以下死亡，或者 10 人以上 50 人以下重伤，或者 1000 万元以上 5000 万元以下直接经济损失的事故；

D. 一般事故。一般事故是指造成 3 人以下死亡，或者 10 人以下重伤，或者 1000 万元以下直接经济损失的事故。

（2）应急管理

本书从法学视角，根据预防犯罪、罪刑判定和犯罪量刑的需要，对应急管理做出解释。首先应急管理是管理的重要组成部分，其次应急管理的目的是降低突发事件的风险，再次应急管理是包括全面应急过程的管理，最后应急管理要达到法律法规规定的预期目的。

①应急管理是管理的重要组成部分。应急管理属于管理的一种形式，无论是在国家治理，还是社会管理、政府行政管理，以及企业管理，都包括应急管理的内容。所谓应急管理，就是针对人们在生产生活过程中的突发事件，运用有效的资源，发挥人们的智慧，通过人们的能力，避免、减少突发事件的发生以及降低突发事件的损失和不良影响，达到有效控制、治理社会的目标。

②应急管理的目的是降低突发事件的风险。实施应急管理的目的就是为了减少和控制生产生活过程中的各类危险公共安全的有害因素和各种危害，减少和控制突发事件的发生，尽量避免生产生活过程中由于自然因素、自然原因或者人为因素、人为原因造成的人身伤亡、人体损害、环境破坏、生态损害、社会混乱、财产损失以及其他社会危害和其他损失。

③应急管理是包括全面应急过程的管理。全面应急过程是包括灾害事故的防灾、减灾、救灾和灾后恢复的全过程，过程的每一个环节的管理都属于应急管理。在对应急管理相关罪的取证、审理和定罪、量刑时，不能忽略应急管理的任何一个环节和一个细节，不能忽视在应急管理任何一个环节和一个细节涉及的人及其行为、物及其状态、事及其结果，以及人、物、事的联系和关系。

④应急管理要达到法律法规规定的预期目的。为了便于应急管理相

关罪的研究，必须将应急管理定义在法律法规规定的要达到的预期目标内。如果因为人为因素或者人为原因，没有达到法律法规规定的应急管理预期目标，就必将是有组织或者个人因为没有履行部分或者全部应急管理责任。如果法律法规对这样的部分或者全部应急管理失职有明确的处罚规定，失职的组织或者个人将被依法追究责任、受到处罚。

综上所述，所谓应急管理，就是从法律法规和犯罪的角度，为了实现生产生活的安全与健康、社会的有序，达到法律法规规定的应急工作所要达到的预期目标，需要必要的资金和人力、物力等资源，有效地进行突发事件的预防、控制、处置和事后恢复，以便最大限度地减少突发事件的损失，即使突发事件的人力、物力、财力和其它资源的投入与降低突发事件损失（产出）达到较优。显然，为了实现这样的投入与产出的较优，必须了解不同的突发事件，既要综合施策，又要具体施策，有针对性的解决不同类别突发事件的预防、处置、事后恢复问题。

二 应急管理过程、要素和内容

前人对应急管理过程和要素进行大量研究工作，提出了一些理论和方法。一些法律法规也对应急管理过程进行了规定。《突发事件应对法》第二条规定，突发事件的预防与应急准备、监测与预警、应急处置与救援、事后恢复与重建等应对活动，适用本法。按照应急管理领域认可的观点，应急管理是针对突发事件预防、控制和处置的管理，那么，突发事件的应对过程就是应急管理的过程。

（一）应急管理过程与资源、目标概念模型

从防治突发事件的过程认识应急管理过程，应急管理过程主要包括：突发事件因素的识别与分析，突发事件风险的评价与分级，突发事件危机的监测与预警，突发事件应急的处置与救援，以及突发事件事后的恢复与重建。

1. 突发事件应急管理的法律责任

在突发事件应急管理过程中，组织和个人做出的判断、决策和实施的行为，需要依据法律法规、标准或者惯例，如果违反应该遵守的法律法规、标准或者违背惯例，而做出错误的判断、决策或者实施措施的行为，从而导致突发事件的发生或者损失、不良影响的扩大，就要承担相应的法律责任。当然，在应急管理过程中，如果没有履行或者没有全面履行法律法规、标准规定的应急管理职责，因而发生突发事件或者致使突发事件损失、不良影响的扩大，也应该承担相应的法律责任。突发事件应急管理过程的主要工作、任务目标、失职行为及其法律责任的关系如图1.3所示。

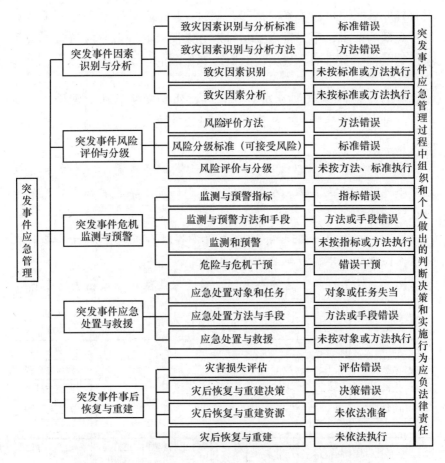

图1.3　突发事件应急管理过程的任务、目标及其法律责任的关系

2. 突发事件应急管理过程与资源、目标概念模型

应急管理有关法律法规和其他法律法规对应急管理过程和应急资源投入使用都做出了规定，要求资金合理、有效利用，人的意识和能力适应应急管理，物料合理利用并得到有效管理，设备科学管理并能够安全有效使用，同时采用的方法适用有效并能够正确使用。当然，要实现这些要求，需要有突发事件应急管理的法治社会环境，以及有能够使参与应急管理组织和个人能够做出科学判断和采取正确行为的治理氛围，突发事件应急管理的资金、人力、材料与设备、方法、环境等构成了应急管理要素。例如，《突发事件应对法》第十九条是对城乡规划的要求，第二十六条是对地方人民政府资源、应急救援的要求，第三十一条是对各级人民政府经费保障的要求。

第十九条 城乡规划应当符合预防、处置突发事件的需要，统筹安排应对突发事件所必需的设备和基础设施建设，合理确定应急避难场所。

第二十六条 县级以上人民政府应当整合应急资源，建立或者确定综合性应急救援队伍。人民政府有关部门可以根据实际需要设立专业应急救援队伍。

第三十一条 国务院和县级以上地方各级人民政府应当采取财政措施，保障突发事件应对工作所需经费。

针对突发事件的上述五个过程，需要依法依规投入相应的资金和

资源→	资金	人力	物料设备	方法	环境	做法↓
因素						识别与分析
风险						评价与分级
危机		突发事件应急管理过程与资源、目标				监测与预警
应急						处置与救援
事后						恢复与重建
↑突发事件过程	合理有效适用	意识能力胜任	安全管理有效使用	正确合理使用	适宜与法治	←合法性

图1.4 突发事件应急管理过程与资源、目标概念模型

人力、物料、设备资源，需要用科学有效的方法将人力合理组织、材料合理利用、设备正确使用，以发挥其最大效能。图 1.4 给出了突发事件应急管理的资源、目标与要素的概念模型。

（二）应急管理要素

突发事件应急管理的基本对象是人，应急管理过程涉及人员、设备（设施）、物料、方法、环境等。突发事件应急管理的目标是防治突发事件发生和降低突发事件损失、不良影响，即降低突发事件风险。在突发事件应急管理中，为了减低突发事件的风险，必须按照应急管理相关法律法规、标准制度的要求，合理组织应急管理过程中的"人员—资金—设备（设施）与物料—方法—环境"，人员、资金、设备（设施）与物料、方法、环境构成突发事件应急管理的要素。

1. 应急管理人员

人员是决定应急管理成败的决定因素。人的不安全行为是引起自然灾害以外其他突发事件发生的直接原因之一，人在突发事件预防、控制和应急处置中起决定性作用。人的失职和不负责任，留下自然灾害防治工作的隐患，会使自然灾害造成的损失扩大。发挥人的主观能动性，才能避免突发事件发生、控制突发事件扩大、降低突发事件造成的损失和不良影响。因此，为了使人员具备应急管理的意识和能力，必须按照法律法规的要求，加强应急管理人员的教育和培训，使每一个应急管理人员都具备工作岗位所要求的应急管理意识、素质和能力，防止在应急管理过程中出现人的失误。

在突发事件应急管理中，应急管理人员应该按照法律法规和标准（包括应急救援预案）的要求，具有从事应急管理的意识和能力，了解自己及其相关人员的应急管理职责，胜任自己的应急管理工作岗位。

（1）应急管理决策者

负责应急管理的决策和调度指挥的人员是应急管理的最高管理者，是应急管理决策者。包括：党政机关的最高首长，企事业单位主要负责人，以及具有应急管理职责的党政机关部门主要负责人。由于决策者除负责应急管理决策工作外，还有很多方面其他的工作，因此要详细、全面了解所有应急管理事物是不太现实的。对决策者的要求：

①了解法律法规规定的本组织的应急管理职责；

②熟知法律法规、特别是应急预案规定的自己的应急管理职责；

③善于听取其他应急管理人员的意见，特别是听取应急管理执行者的意见和专家的意见；

④具有应急管理的大局观，能够从整体上决策应急管理工作，把握应急管理工作全局；

⑤即要敢于担当、敢于负责、临危决断，又不能独断专行、自以为是。特别是不进行实事求是的应急管理评估或者逃避责任，不科学地夸大突发事件风险和扩大突发事件防控范围，从而浪费行政资源的做法，也应该承担应急管理相关法律责任。

（2）应急管理执行者

应急管理执行者是实际承担突发事件应急管理工作的人员，主要指在工作中负有应急管理职责的工作人员。有时，应急管理执行者与决策者是很难分清楚的。应急管理执行者主要包括：党政机关及其部门实际负责应急管理工作的人员，企事业单位负责应急管理工作的人员，参加应急管理工作的社会志愿者等。对应急管理执行者的要求：

①熟悉法律法规和标准规定的自己及其相关人员的应急管理职责，并能够熟练地开展自己的应急管理工作；

②工作认真负责、细致入微。在突发事件因素识别与分析时不能忽视任何一个危险有害因素，在突发事件监测与预警时不能忽视任何一个突发的改变，在突发事件应急处置与救援时不能忽视任何一个隐患；

③善于了解现场（包括非突发事件现状）应急管理的真实情况，善于收集和整理应急管理工作总体情况和实际需求，及时向应急管理决策者汇报应急管理实际情况和需求；

④在应急处置工作中即不蛮干冒进，又能做出科学判断，善于临危决断、果断行动。

2. 应急管理资金

在现代社会治理体系中，突发事件应急管理是社会治理的重要组成部分，而必要的资金是应急管理的关键。进行突发事件应急管理的任何工作都离不开资金。应急管理相关法律法规做出了应急管理资金的规定。

　　《防震减灾法》① 对资金的规定比较系统和全面。包括：防震减灾资金的规划列出、财政列支、储备使用、管理和违规违法处罚等，系统规定了防震减灾应急管理过程的资金保障、使用和违规违法处罚，如图1.5所示。任何组织和个人，如果没有按照法律的要求，足额列出、合理使用资金，就是违法行为，而承担应有的法律责任。

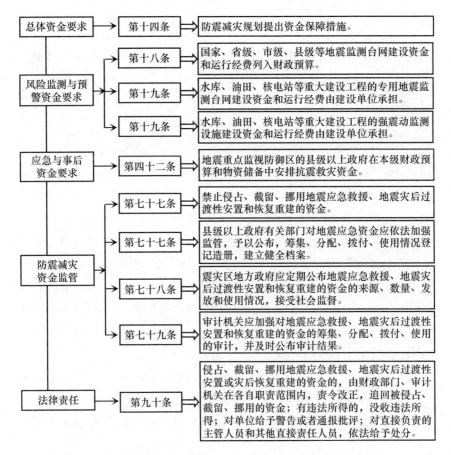

图 1.5　《防震减灾法》关于资金的规定

---

　　① 《防震减灾法》，1997 年 12 月 29 日，第八届全国人民代表大会常务委员会第二十九次会议通过，自 1998 年 3 月 1 日起施行。2008 年 12 月 27 日，第十一届全国人民代表大会常务委员会第六次会议修订通过，中华人民共和国主席令第七号发布，自 2009 年 5 月 1 日起施行。现《防震减灾法》共 9 章、93 条，包括：总则、防震减灾规划、地震监测预报、地震灾害预防、地震应急救援、地震灾后过渡性安置和恢复重建、监督管理、法律责任和附则等。

第四条 县级以上人民政府应当加强对防震减灾工作的领导，将防震减灾工作纳入本级国民经济和社会发展规划，所需经费列入财政预算。

第十四条 防震减灾规划的内容应当包括：震情形势和防震减灾总体目标，地震监测台网建设布局，地震灾害预防措施，地震应急救援措施，以及防震减灾技术、信息、资金、物资等保障措施。

第十八条 国家对地震监测台网实行统一规划，分级、分类管理。……全国地震监测台网由国家级地震监测台网、省级地震监测台网和市、县级地震监测台网组成，其建设资金和运行经费列入财政预算。

......

总结突发事件应急管理相关法律法规关于资金的规定，可以概括为如下几方面的资金要求：

（1）资金额度满足要求。一些法律法规和标准对应急管理所需要的资金额度做出了明确的规定。即使没有专门规定应急管理资金额度的法规，也会在相关文件中规定应急管理资金额度的宏观要求。如《安全生产法》第二十条规定，生产经营单位应当具备的安全生产条件所必需的资金投入，由生产经营单位的决策机构、主要负责人或者个人经营的投资人予以保证，并对由于安全生产所必需的资金投入不足导致的后果承担责任。

（2）具有明确的资金使用计划，做到专款专用。如《安全生产法》第二十条规定，有关生产经营单位应当按照规定提取和使用安全生产费用，专门用于改善安全生产条件，安全生产费用在成本中据实列支。

（3）加强专项资金的管理。如《防震减灾法》用三条、四款明确了防震减灾专款的监督管理。第七十七条规定，禁止侵占、截留、挪用地震应急救援、地震灾后过渡性安置和恢复重建的资金，县级以上政府有关部门对地震应急救援、地震灾后过渡性安置和恢复重建的资金依法加强管理和监督，建立资金的筹集、分配、拨付、使用情况登记册和档案。第七十八条规定，地震灾区的地方政府应当定期公布地震应急救援、地震灾后过渡性安置和恢复重建的资金的来源、数量、发放和使用情况，接受社会监督。第七十九条规定，审计机关应当加强对地震应急救援、地震灾后过渡性安置和恢复重建的资金的筹集、分配、拨付、使用的审计，并及时公布审计结果。

（4）没有按照法律法规和标准规定筹集、使用资金要承担法律责任。任何组织或者个人，没有按照法律法规、标准和规范性文件的规定准备足额的应急管理资金，没有合理使用资金，以及将资金挪作它用，都是违法违规行为，严重的将被追究法律责任。

如《防洪法》① 第六十二条规定，截留、挪用防洪、救灾资金和物资，构成犯罪的，依法追究刑事责任；尚不构成犯罪的，给予行政处分。《刑法》第二百七十三条的挪用特定款物罪规定，挪用用于救灾、抢险、防汛款物对直接责任人员，处三年以下有期徒刑或者拘役。第三百八十四条的挪用公款罪规定，国家工作人员利用职务上的便利，挪用用于救灾、抢险、防汛款物归个人使用的，从重处罚。

第二百七十三条 挪用用于救灾、抢险、防汛、优抚、扶贫、移民、救济款物，情节严重，致使国家和人民群众利益遭受重大损害的，对直接责任人员，处三年以下有期徒刑或者拘役；情节特别严重的，处三年以上七年以下有期徒刑。

第三百八十四条 国家工作人员利用职务上的便利，挪用公款归个人使用，进行非法活动的，或者挪用公款数额较大、进行营利活动

---

① 《防洪法》，1997 年 8 月 29 日，第八届全国人民代表大会常务委员会第二十七次会议通过；2009 年 8 月 27 日，第十一届全国人民代表大会常务委员会第十次会议《关于修改部分法律的决定》第一次修正；2015 年 4 月 24 日，第十二届全国人民代表大会常务委员会第十四次会议《关于修改〈中华人民共和国港口法〉等七部法律的决定》第二次修正；2016 年 7 月 2 日，第十二届全国人民代表大会常务委员会第二十一次会议《关于修改〈中华人民共和国节约能源法〉等六部法律的决定》第三次修正。该法分为 8 章、65 条，包括：总则、防洪规划、治理与防护、防洪区和防洪工程设施的管理、防汛抗洪、保障措施、法律责任、附则等。

的，或者挪用公款数额较大、超过三个月未还的，是挪用公款罪，处五年以下有期徒刑或者拘役；情节严重的，处五年以上有期徒刑。挪用公款数额巨大不退还的，处十年以上有期徒刑或者无期徒刑。

挪用用于救灾、抢险、防汛、优抚、扶贫、移民、救济款物归个人使用的，从重处罚。

3. 应急管理设备与物料

在生产生活中，人们通过各种设备、设施、机械、工具、物料、药剂（以下统称设备与物料）进行突发事件的预防、控制和应急处置，实现应急管理的目标。同时，如果不能正确使用设备与物料或者设备与物料本身的不安全状态，也可能引发生产安全事故、生态灾难，或者由于不能有效控制突发事件而使突发事件损失、不良影响扩大。

因此，在突发事件应急管理中，应当尽量淘汰落后的设备与物料，使用先进的、自动化程度较高、应急管理现场需要人员较少的设备与物料，并使使用的设备与物料处于正常状态。此外，使用的设备与物料应该是应急管理人员已经认知的，特别是应急管理实际执行者能够熟练使用和正确操作的。在应急管理相关法律法规中对设备与物料的规定很多。特别是应急管理有关标准对监测、监控设备的要求比较具体，一般都包括监测、控制的基本参数及其阈值，有的还要求了监测的地点（部位）、设备的设置要求等。

概括起来，应急管理相关法律法规和标准对应急管理设备与物料有如下几方面的要求。

（1）设备与物料本身是安全的。在突发事件因素识别与分析、风险监测与评价、应急处置过程中使用的设备与物料不能导致次生（衍生）灾害的发生，即本身是安全的。尽量使用无毒物料替代有毒物料，用毒性较低的物料替代毒性较高的物料，不使用能够引起火灾、爆炸、中毒的危险性物料等。总之，不能由于使用的设备与物料导致次生（衍生）事件的发生或者影响的扩大。这样的要求，应急管理相关法律法规和标准中都提出了明确的要求。

如用于有爆炸危险性场所的监测设备必须是防爆型的，如果使用了非防爆型的监测设备，或者应该使用本安型的防爆设备而使用其他防爆类型的监测设备，从而导致生产安全事故的发生，造成了重大人员伤亡或者财产损失，将追究相关人员的法律责任。

（2）设备与物料处于正常状态。在突发事件应急管理过程中，人员通过各种设备与物料进行突发事件预防、控制和应急处置。任何存在隐患、处于事故状态或其他不能正常工作状态的设备与物料，在应急管理过程中使用都是危险的。除非万不得已的状况下，在应急管理过程中，应使用处于安全状态的设备。

因此，必须做好设备与物料的维护和保养，使设备与物料时刻处于正常状态，用于应急管理过程中能够发挥其作用。关于对应急管理设备与物料维护保养的要求，在应急管理相关法律法规中提出了一些要求。在一些标准中关于应急管理监测、控制、报警和处置设备的正常状态要求的指标是非常具体的，如果没有达到相关标准的要求就构成违规，造成生产安全事故、生态灾难和公共卫生事件等将追究法律责任。

（3）设备与物料能够实现应急管理的目标。使用的设备与物料应能够满足应急管理的要求，能够完成应急管理的任务，能够实现应急管理的目标。如用于生产安全事故应急管理的设备有如下几方面的要求：

①用于危险有害因素识别与分析的设备，应能够识别出生产作业的正常状态、事故状态和其他特殊状态的危险有害因素，分析这些危险有害因素可能造成的生产安全事故；

②用于风险监测与预警的设备，应尽量通过智能化或者通过人工方式，进行生产安全事故和可能生产安全事故的风险监测、风险评价和风险分级，进行风险的监测、监控和预警；

③用于应急处置与救援的设备，应尽量减少人员进入危险场所操作，应尽量实现机械化、自动化和智能化。

4. 应急管理方法

应急管理方法是指应急管理全过程的方法，是广义的方法，包括：应急管理体制机制、法律法规、政策制度、标准规范、规章制度、操作程序和应急管理的科学方法。如果应急管理方法错误或者采用了不当的应急管理方法，可能达不到应急管理目标，违反法律法规或者标准规定，造成重大损失或者重大不良影响，将追究法律责任。在应急管理方法方面特别注意以下几个事项。

（1）应急预案。在应急管理中，为了最大限度地减少人员伤亡、财产损失、环境破坏、不良影响，维护社会秩序，根据发生和可能发生的突发事件，事先研究制订应对计划和方案。《突发事件应对法》第十七条明确规定，国家建立健全突发事件应急预案体系。在《国家突发公共事件总体应急预案》①中明确提出，全国突发公共事件应急预案体系包括：

①突发公共事件总体应急预案。总体应急预案是全国应急预案体系的总纲，是国务院应对特别重大突发公共事件的规范性文件。

②突发公共事件专项应急预案。专项应急预案主要是国务院及其有关部门为应对某一类型或某几种类型突发公共事件而制定的应急预案。

③突发公共事件部门应急预案。部门应急预案是国务院有关部门根据总体应急预案、专项应急预案和部门职责为应对突发公共事件制定的预案。

④突发公共事件地方应急预案。具体包括：省级人民政府的突发公共事件总体应急预案、专项应急预案和部门应急预案；各市（地）、县（市）人民政府及其基层政权组织的突发公共事件应急预案。上述预案在省级人民政府的领导下，按照分类管理、分级负责的原则，由地方人民政府及其有关部门分别制定。

⑤企事业单位根据有关法律法规制定的应急预案。

⑥举办大型会展和文化体育等重大活动，主办单位应当制定应急预案。

---

① 《国家突发公共事件总体应急预案》，2005 年 1 月 26 日，国务院第 79 次常务会议通过，2006 年 1 月 8 日发布并实施。该文件明确提出，国家突发公共事件总体应急预案是全国应急预案体系的总纲，规定了各类突发公共事件分级分类和预案框架体系，包括国务院应对特别重大突发公共事件的组织体系、工作机制等内容。该文件是指导预防和处置各类突发公共事件的规范性文件。

（2）应急管理方法的要求。不适用应急管理执行者，不符合应急管理设备与物料要求，不适应应急管理环境，以及不合理或者错误的应急管理方法，都是十分危险的，都可能难以实现应急管理目标，甚至造成次生（衍生）突发事件、使事件的损失和应急扩大。在我国没有正确使用应急管理方法而导致的次生（衍生）突发事件的案例很多。因此，必须准确掌握、正确使用应急管理方法：

①应急管理方法应该便于掌握，尽量简单、合理、快捷完成操作；

②应急管理操作人员能够正确使用；

③适应工作环境要求；

④能够保护使用方法的作业人员。

5. 应急管理环境

所指的应急管理环境即包括应急管理的社会环境，也包括应急管理的法治环境和工作环境。有适宜的、法治的应急管理环境是做好应急管理工作的关键。我国已经建立了比较完善的应急管理相关法律法规体系，近年来应急管理的法治环境和社会环境有了极大改善，社会越来越重视应急管理工作，越来越依法进行应急管理工作，特别是越来越重视突发事件的预防和突发事件风险的化解。

比如，在安全生产领域，2016 年以来，颁布实施的《地方党政领导干部安全生产责任制规定》（以下简称《地方干部责任制规定》）① 规定了地方党政机关领导干部的安全生产职责，包括应急管理职责；以及《关于推进城市安全发展的意见》② 提出了加强城市安

---

① 《地方党政领导干部安全生产责任制规定》，2018 年 4 月 8 日，《中共中央办公厅国务院办公厅关于印发〈地方党政领导干部安全生产责任制规定〉的通知》（厅字〔2018〕13 号）。实施该《规定》的目的是加强地方各级党委和政府对安全生产工作的领导，健全落实安全生产责任制，树立安全发展理念，实行地方党政领导干部安全生产责任制，坚持党政同责、一岗双责、齐抓共管、失职追责，坚持管行业必须管安全、管业务必须管安全、管生产经营必须管安全。

② 《关于推进城市安全发展的意见》，2016 年 1 月 7 日，中共中央办公厅国务院办公厅印发《关于推进城市安全发展的意见》（中办发〔2018〕1 号）。该《意见》规定，牢固树立安全发展理念，持续增强安全红线意识，完善城市运行管理及相关方面的安全生产责任制，推进智慧城市建设，强化安全风险管控，强化隐患排查治理。

全的要求。两个文件对生产安全事故的应急管理环境改善有很好的促进作用。

《地方干部责任制规定》是第一部专门针对安全生产责任制的法规，也是第一部专门以地方党政领导干部为对象、以安全生产责任制为核心内容的法规。该文件核心内容是紧紧围绕"地方党政领导干部安全生产责任制"这个主题，系统规定了地方党委、地方政府及其主要负责人、分管负责人和其他组成人员针对安全生产工作管什么、怎么管、如何评价管与不管，以及认真管、管的好的给予什么样的奖励，而不认真管、管不好的给予什么样的处罚。

实施《地方干部责任制规定》的目的是"为了加强地方各级党委和政府对安全生产工作的领导"，强调"党委要管大事，发展是大事，安全生产也是大事""真正做到党政同责""人民对美好生活的向往就是我们的奋斗目标"。把"党政一把手是地方安全生产工作的第一责任人""县级以上地方各级政府原则上由担任本级党委常委的政府领导干部分管安全生产工作"确立为两个硬杠杠。

《地方干部责任制规定》适应于县级以上地方各级党委和政府领导班子成员，县级以上地方各级党委工作机关、政府工作部门及相关机构领导干部、乡镇（街道）党政领导干部、各类开发区管理机构党政领导干部参照本规定执行。这样的规定，实际上实现了地方党政机关及其领导干部的全覆盖。

《地方干部责任制规定》用 5 条规定地方各级党委主要负责人、县级以上地方各级政府主要负责人、地方各级党委常务委员会其他成员、分管安全生产工作的领导干部、县级以上地方各级政府其他领导干部等共计 24 项安全生产责任；用 6 条明确考核，同样用一章篇幅 9 条明确责任追究。可以说，安全生产责任明晰，考核明确，责任追究清楚，就是确保对"关键少数"的"党政同责、一岗双责、失职追责"。

第二章　我国应急管理法治发展历程

本章分析总结了中华人民共和国成立后我国应急管理法治发展历程，介绍了应急管理法治方面的主要工作。从应急管理工作方式和方法、建立健全应急管理体制和机制的情况、应急管理相关法律法规体系建立情况，社会对应急管理工作的认知和重视程度，以及人们的应急管理理念和工作方法等，将中华人民共和国成立后我国的应急管理法治历程分为三个阶段，如图 2.1 所示。在每个阶段都开展了应急管理法治建设工作，在每个阶段应急管理法治工作都有一些特点。

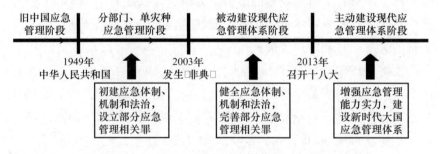

图 2.1　中华人民共和国之后应急管理法治发展历程

第一节　单灾种、分部门应急管理阶段

从中华人民共和国成立到 2003 年"非典"以前，作为应急管理法治建设的一个阶段。总结该阶段应急管理法治的特点，可以称为单一灾种、分部门应急管理为主的法治的阶段（简称单灾种、分部门应

急管理阶段）。

在单灾种、分部门应急管理阶段，自然灾害的威胁相对人为因素造成的事故、事件的威胁更严重，党中央、国务院和各级人民政府及其他各类组织比较重视自然灾害的防治；人们的认识是，虽然受到生产安全事故、生态灾难、突发公共卫生事件和突发社会公共事件的威胁，但表现的并不是十分突出，相对于自然灾害的威胁不够显著。因此，应急管理的法治建设主要针对自然灾害的防灾、减灾、救灾和灾后恢复生产工作，除建立了应对自然灾害和少量的职业卫生的法规、标准以及少量的关于突发社会公共安全事件的法规外，基本没有建立其他方面的法律法规和标准。

一　受自然灾害威胁十分严重

我国地理位置和人口分布决定了自然灾害的特点，自然灾害的种类多、发生频率高、人员伤亡严重、经济损失严重。中华人民共和国成立之初，由于战乱、饥荒，本来不够健全的自然灾害防护设施又严重失修，应对各类自然灾害的能力十分薄弱。甚至直到 20 世纪 80 年代，我国受自然灾害的威胁仍然十分严重，频发的自然灾害，造成了大量的人员伤亡和财产损失。

根据《1963 年海河特大洪水》[1] 介绍，1963 年 8 月，海河流域的暴雨造成海河南系罕见的特大洪水，包括南运河、子牙河、大清河等洪水泛滥，造成巨大的损失。据不完全统计，1963 年的海河特大洪水，淹没耕地 6600 万亩，受灾人口 2200 万人，死亡 5600 人，受伤 46700 人，直接经济损失 60 亿元。仅河北省就有 104 个县（市）受灾、占总县（市）数的 90%，其中：32 县（市）被水淹。水淹村庄 13142 个，被淹农田 5300 多万亩，其中淹没农田中有 3739 万亩绝收，200 多万亩农田被沙压水冲毁坏。估计粮食减产 25 亿 kg，棉花减产 17.5 亿 kg，倒塌房屋 1625 间。水利工程破坏严重，刘家台、东

---

① 《1963 年海河特大洪水》，百度网站，https：//baike. baidu. com/item/1963 年海河特大洪水。

川台、马洒、佐村、乱木等 5 座中型水库因漫坝或超过设计防洪标准
而失事。有 330 座库容 1 万立方米以上的小型水库垮坝失事。漳卫、
子牙、大清三大水系主要堤防决口 2396 处，支流河道决口 4489 处，
滏阳河全长 350km 全部漫溢，溃不成堤。62% 的灌溉工程、90% 的
平原排涝工程被冲毁或淤平。据铁道部门统计，京广、石太、石德铁
路相继冲断，破坏总长度达到 116km，累计中断行车 372 天。工矿企
业遭受了严重破坏和损失，很多厂矿厂房被洪水冲毁和淹没，严重影
响了正常生产和生活。

　　根据《7·28 唐山地震》①介绍，1976 年 7 月 28 日 3 时 42 分
53.8 秒，河北省唐山丰南一带（东经 118.2°，北纬 39.6°）发生了
强度里氏 7.8 级（矩震级 7.5 级）强烈地震，震中烈度 11 度，震源
深度 12km，地震持续约 23s。唐山市几乎被夷成平地，成为一片废
墟；地震中心区域有 682267 间民用建筑，其中有 656136 间倒塌和受
到严重破坏，占全部民用建筑的 96.2%；在这个百万人口的城市，
造成人员死亡 242769 人，重伤 164851 人，轻伤 544000 人，使 4204
个孩子成了孤儿，直接经济损失达 30 亿元人民币以上。听经历过此
次唐山强烈地震的老人回忆，地震时摇晃的程度使人站立不稳，地震
发出的异响震耳欲聋，地震发出的地光就像飞腾的火龙，现场情景令
人毛骨悚然、不寒而栗。

二　按灾种建立应急管理部门

　　中华人民共和国成立以来，党中央为了建立和完善结构合理、人
员精干、灵活高效的党政机关进行过多次不同规模的机构改革和机构
调整。总体而言这一阶段，我国应急管理的组织机构是按照不同灾
种、单独设置的，截止到 2003 年机构改革以前，我国建立了多个负
责应急管理的部门。主要的应急管理部门有国家地震局、民政部、国
家经济贸易委员会、卫生部、地质部、公安部、水利部等。

---

① 《7·28 唐山地震》，百度网站，https://baike.baidu.com/item/7·28 唐山地震。

（一）国家地震局

1971 年 8 月成立，成立之初由中国科学院代管。1975 年 12 月成为国务院直属局。负责管理全国地震工作、经国务院授权承担《中华人民共和国防震减灾法》赋予的行政执法职责，协调防震减灾工作。主要职责是：拟定国家防震减灾发展战略、方针政策、法律法规和行业标准并组织实施；组织编制国家防震减灾规划和国家应急预案，负责国家的地震防灾、减灾和救灾工作等。

（二）民政部

1978 年 3 月第五届全国人民代表大会第一次会议通过决议，设立民政部。民政部是负责救灾的主要部门，设有救济救灾司，以生产救灾、抗灾救灾、社会救济为主要任务，拟订民政事业发展规划和方针政策，起草有关法律法规草案，拟订救灾工作政策，负责组织、协调救灾工作，组织自然灾害救助应急体系建设，负责组织核查并统一发布灾情，管理、分配中央救灾款物并监督使用，组织、指导救灾捐赠，承担国家减灾委员会具体工作；牵头拟订社会救助规划、政策和标准，健全城乡社会救助体系，负责城乡居民最低生活保障、医疗救助、临时救助、生活无着人员救助工作。

（三）国家经济贸易委员会

1956 年 5 月第一届全国人民代表大会第十四次会议决定，设立国家经济委员会。经过多次机构改革，于 1993 年 3 月重建并改名为国家经济贸易委员会。2003 年 3 月第十届全国人民代表大会第一次会议通过国务院机构改革方案，决定撤销国家经济贸易委员会。该部门的应急管理职能是，承担安全生产管理职能，指导全国安全生产，协调处理重特大生产安全事故。

（四）卫生部

1998 年 3 月第九届全国人民代表大会第一次会议通过国务院机构改革方案设立卫生部，2013 年在机构改革中撤销。2003 年卫生部设立卫生应急办公室（突发公共卫生事件应急指挥中心）。卫生部的应急管理职责是，协调公共卫生突发事件的预防、控制和应急处置，组织协调全国的卫生技术力量，协助地方人民政府和有关部门，对重大突发疫情、病情实施紧急处置，防止和控制疫情、疫病的发生和蔓延。

（五）地质部

1952 年 8 月中央人民政府委员会第十七次会议决定设立地质部，2008 年 3 月第十一届全国人民代表大会第一次会议通过国务院机构改革方案撤销地质部，组建国土资源部。该部门的应急管理职责主要是，承担地质灾害预防和治理责任，指导地质灾害的应急处置，组织、协调、指导和监督地质灾害防治工作，制定并组织实施重大地质灾害等国土资源突发事件应急预案。

（六）公安部

公安部是中华人民共和国成立之初设立的部门之一。1949 年 9 月中国人民政治协商会议第一届全体会议通过《中华人民共和国中央人民政府组织法》，根据第十八条规定，于 1949 年 10 月设立公安部。公安部的应急管理职责主要有：一是防范、打击恐怖活动；二是维护社会治安秩序，制止危害社会治安秩序的行为；三是管理交通、消防、危险物品。协调处置重大治安事故和骚乱，指导、监督消防工作、道路交通安全、交通秩序；四是指导、监督公共信息网络的安全监察工作；五是协调处理重特大社会安全事件等。

（七）水利部

水利部是 1949 年设立的部门之一。而后，经过多次机构改革，水利部或与电力工业部分设，或水利部与电力工业部合并，1988 年 7 月重组水利部。水利部的应急管理职责主要有：一是组织编制全国防洪规划；二是依法负责水利行业安全生产工作，组织指导水库、水电站大坝、农村水电站的安全监管；三是负责落实综合防灾减灾规划相关要求，组织编制洪水干旱灾害防治规划和防护标准并指导实施；四是承担水情旱情监测预警工作；五是组织编制重要江河湖泊和重要水利工程的防御洪水旱灾调度及应急水量调度方案；六是承担防御洪水应急抢险的技术支撑工作；七是承担台风防御期间重要水利工程调度工作。

在这一阶段，我国应急管理职能比较分散，除上述 7 个部门外，还有一些部门分别负责本部门职责范围内的应急管理工作。质量技术监督部门，负责技术质量、特种设备突发事件的预防、控制和应急处置。食品药品监督管理部门，负责食品药品突发事件的预防、控制和应急处置。建设部门，负责建筑施工生产安全事故和建筑物突发事件的预防、控制和应急处置。铁道部门，负责铁路运输事故和突发事件的预防、控制和应急处置。此外，负有应急管理职责的部门还有：国防科学技术工业部门、农业部门、林业部门、石油和化学工业部门、海洋部门、环境保护部门、民用航空部门、气象部门、劳动和社会保障部门、外交外事部门、教育部门、交通运输部门和旅游管理部门等。

三　应急管理法治工作和特点

在单灾种、分部门应急管理阶段，我国各方面的应急管理工作都处于起步阶段，应急管理相关法律体系建设和应急管理（监督管理）工作等应急管理法治工作几乎是从零做起。在该阶段，明确了应急管理相关的一些罪，起到了震慑、打击应急管理相关犯罪的作用。

（一）制定并实施了部分应急管理相关法律

1997 年 12 月 29 日，第八届全国人民代表大会常务委员会第二十九次会议审议通过《防震减灾法》，自 1998 年 3 月 1 日起施行。《防震减灾法》确立的防震减灾工作方针为"预防为主、防御与救助相结合"，确立了地震监测预报制度、地震预报发布制度、地震安全性评价制度、应急预案编制制度等。明确要求，编制国家破坏性地震应急预案，可能发生破坏性地震地区的县级以上地方人民政府负责管理地震工作的部门或者机构制定本行政区域内的破坏性地震应急预案。同时规定，对地震监测设施或者地震观测环境造成危害的行为，破坏典型地震遗址、遗迹的行为，构成犯罪的依法追究刑事责任。

从中华人民共和国成立到 2003 年，制定的应急管理相关法律制度主要有：

1. 《集会游行示威法》。1989 年 10 月 31 日第七届全国人民代表大会常务委员会第十次会议通过，1989 年 10 月 31 日中华人民共和国主席令第二十号公布施行，自公布之日起施行。

2.《戒严法》。1996 年 3 月 1 日第八届全国人民代表大会常务委员会第十八次会议通过，1996 年 3 月 1 日中华人民共和国主席令第六十一号公布，自公布之日起施行。

3.《海上交通安全法》。1983 年 9 月 2 日第六届全国人民代表大会常务委员会第二次会议通过，1983 年 9 月 2 日中华人民共和国主席令第七号公布，自 1984 年 1 月 1 日起施行。2016 年 11 月 7 日，全国人民代表大会常务委员会作出修改。

4.《国境卫生检疫法》。1986 年 12 月 2 日第六届全国人民代表大会常务委员会第十八次会议通过，2007 年 12 月 29 日第十届全国人民代表大会常务委员会第三十一次会议通过《关于修改〈中华人民共和国国境卫生检疫法〉的决定》。

5.《传染病防治法》。1989 年 2 月 21 日第七届全国人民代表大会常务委员会第六次会议通过，2004 年 8 月 28 日第十届全国人民代表大会常务委员会第十一次会议第一次修订。

6.《环境保护法》。1989 年 12 月 26 日第七届全国人民代表大会常务委员会第十一次会议通过，2014 年 4 月 24 日第十二届全国人民代表大会常务委员会第八次会议第一次修订。

7.《气象法》。1999 年 10 月 31 日第九届全国人民代表大会常务委员会第十二次会议通过，2009 年 8 月 27 日第十一届全国人民代表大会常务委员会第一次修正通过，2014 年 8 月 31 日第十二届全国人民代表大会常务委员会第二次修正通过，2016 年 11 月 7 日第十二届全国人民代表大会常务委员会第二十四次会议第三次修正通过。

8.《水法》。1988 年 1 月 21 日第六届全国人民代表大会常务委员会第 24 次会议通过，2002 年 8 月 29 日第九届全国人民代表大会常务委员会第二十九次会议修订通过，2009 年 8 月 27 日第十一届全国人民代表大会常务委员会第十次会议修订通过，2016 年 7 月 2 日第十二届全国人民代表大会常务委员会第二十一次会议修订通过。

9.《矿山安全法》。1992 年 11 月 7 日第七届全国人民代表大会常务委员会第二十八次会议通过，1992 年 11 月 7 日中华人民共和国主席令第 65 号公布，自 1993 年 5 月 1 日起施行。

10. 《安全生产法》。2002 年 6 月 29 日第九届全国人民代表大会常务委员会第二十八次会议通过，自 2002 年 11 月 1 日起施行。2014 年 8 月 31 日第十二届全国人民代表大会常务委员会第十次会议修订通过，自 2014 年 12 月 1 日起施行。

（二）规定了部分应急管理相关罪

1997 年《刑法》的危害公共安全罪、破坏社会主义市场经济秩序罪、侵犯公民人身权利民主权利罪、妨害社会管理秩序罪、危害国防利益罪、渎职罪中都包括应急管理相关的犯罪。

1. 危害公共安全罪中应急管理相关罪

在 1997 年《刑法》的危害公共安全罪中，应急管理相关罪有：

（1）组织、领导、参加恐怖组织罪（第一百二十条）；

（2）重大飞行事故罪（第一百三十一条）；

（3）铁路运营安全事故罪（第一百三十二条）；

（4）交通肇事罪（第一百三十三条）；

（5）危险驾驶罪（第一百三十三条）；

（6）重大责任事故罪（第一百三十四条）；

（7）强令违章冒险作业罪（第一百三十四条）；

（8）重大劳动安全事故罪（第一百三十五条）；

（9）大型群众性活动重大安全事故罪（第一百三十五条）；

（10）危险物品肇事罪（第一百三十六条）；

（11）工程重大安全事故罪（第一百三十七条）；

（12）教育设施重大安全事故罪（第一百三十八条）；

（13）消防责任事故罪（第一百三十九条）；

（14）不报、谎报安全事故罪（第一百三十九条）。

2. 破坏社会主义市场经济秩序罪中应急管理相关罪

在 1997 年《刑法》的破坏社会主义市场经济秩序罪中，应急管理相关罪有：

（1）生产、销售假药罪（第一百四十一条）；

（2）生产、销售劣药罪（第一百四十二条）；

（3）生产、销售不符合安全标准的食品罪（第一百四十三条）；

（4）生产、销售有毒、有害食品罪（第一百四十四条）；

（5）国有公司、企业、事业单位人员失职罪，国有公司、企业、事业单位人员滥用职权罪（第一百六十八条）。

3. 侵犯公民人身权利民主权利罪中应急管理相关罪

在 1997 年《刑法》的侵犯公民人身权利民主权利罪中，应急管理相关罪有：

（1）妨害公务罪（第二百四十二条）；

（2）聚众阻碍解救被收买的妇女、儿童罪（第二百四十二条）；

（3）组织未成年人进行违反治安管理活动罪（第二百六十二条）；

（4）聚众哄抢罪（第二百六十八条）。

4. 妨害社会管理秩序罪中应急管理相关罪

在 1997 年《刑法》的妨害社会管理秩序罪中，应急管理相关罪有：

（1）妨害公务罪（第二百七十七条）；

（2）煽动暴力抗拒法律实施罪（第二百七十八条）；

（3）对聚众"打砸抢"行为的处理规定（第二百八十九条）；

（4）聚众扰乱社会秩序罪（第二百九十条）；

（5）聚众冲击国家机关罪（第二百九十条）；

（6）扰乱国家机关工作秩序罪（第二百九十条）；

（7）组织、资助非法聚集罪（第二百九十条）；

（8）聚众扰乱公共场所秩序罪（第二百九十一条）；

（9）交通秩序罪（第二百九十一条）；

（10）投放虚假危险物质罪（第二百九十一条）；

（11）编造、故意传播虚假恐怖信息罪（第二百九十一条）；

（12）非法集会、游行示威罪（第二百九十六条）；

（13）非法携带武器、管制刀具、爆炸物参加集会、游行、示威罪（第二百九十七条）；

（14）破坏集会、游行、示威罪（第二百九十八条）；

（15）妨害传染病防治罪（第三百三十条）；

（16）传染病菌种、毒种扩散罪（第三百三十一条）；

（17）妨害动植物防疫、检疫罪（第三百三十七条）；

（18）污染环境罪（第三百三十八条）；

（19）单位犯破坏环境资源保护罪的处罚规定（第三百四十六条）。

5. 危害国防利益罪中应急管理相关罪

在1997年《刑法》的危害国防利益罪中，应急管理相关罪有：

（1）聚众冲击军事禁区罪（第三百七十一条）；

（2）聚众扰乱军事管理区秩序罪（第三百七十一条）。

6. 渎职罪中应急管理相关罪

在1997年《刑法》的渎职罪中，应急管理相关罪有：

（1）滥用职权罪（第三百九十七条）；

（2）玩忽职守罪（第三百九十七条）；

（3）环境监管失职罪（第四百零八条）；

（4）食品监管渎职罪（第四百零八条）；

（5）传染病防治失职罪（第四百零九条）；

（6）动植物检疫徇私舞弊罪（第四百一十三条）；

（7）动植物检疫失职罪（第四百一十三条）；

（8）放纵制售伪劣商品犯罪行为罪（第四百一十四条）。

（三）开展了应急管理相关法的普法工作

法律是治国安邦的利器，立法的目的在于实施，法律的生命在于实施，而实施的关键在于广大民众知法、懂法和守法。改革开放后，我国开始重视法制宣传教育工作。

1985年8月20日，国务院向全国人民代表大会常务委员会提出了《关于加强法制宣传教育在公民中普及法律常识的决议（草案）》的议案。1985年11月22日，第六届全国人民代表大会常务委员会第十三次会议通过了关于在公民中基本普及法律常识的决议，由此开始了在全国人民群众中普及法律常识、开展法制宣传教育的"一五普法"工程。

经过"二五普法""三五普法""四五普法"，在各级领导干部、执法人员和广大人民群众中宣传宪法和专业法，加强普法教育，不断提高干部群众的遵守法律、依法办事的素质和自觉性，《防震减灾法》《防洪法》《环境保护法》等逐渐被社会认识和重视。

（四）应急管理的主要法治特点

在单灾种、分部门应急管理阶段，我国受到自然灾害的威胁比较严重，加之对自然灾害之外的其他种类的突发事件缺乏足够认识和重视，同时受到经济能力和技术水平的制约，我国应急管理法治工作主要呈现如下特点。

1. 立法工作特点是重视自然灾害立法工作、忽视非自然灾害立法工作

十分重视自然灾害防治的立法工作，制定并实施了针对地震、防洪、气象、传染病防治等方面的法律，建立了相关的配套性法规、行政规章和一些标准。如：1985 年 12 月 18 日国务院办公厅转发国家气象局制定的《基准气候站观测环境保护规定》，1991 年 7 月 2 日国务院令第 86 号公布《防汛条例》，1995 年 2 月 11 日国务院令第 172 号公布《破坏性地震应急条例》，1998 年 12 月 17 日国务院令第 255 号公布《地震预报管理条例》，2001 年 11 月 15 日国务院令第 323 号公布《地震安全性评价管理条例》，2002 年 3 月 13 日国务院第 56 次常务会议通过、2002 年 3 月 19 日国务院令第 348 号公布《人工影响天气管理条例》等。

改革开放后，我国采矿业快速发展，也引起一系列安全问题，生产安全事故频发，重特大生产安全事故高发。因此，针对矿山安全开展了立法工作，1992 年 11 月 7 日第七届全国人民代表大会常务委员会第二十八次会议审议通过《矿山安全法》，1992 年 11 月 7 日中华人民共和国主席令第 65 号公布。但是，基本没有开展针对生产安全事故、突发食品安全事件、突发药品安全事件、突发生态灾难、突发信息安全事件等预防、控制和应急处置方面的立法工作。

2. 监督管理体制特点是应急管理体制为分部门、单灾种的体制

由于该阶段的社会复杂性和突发事件风险的耦合性、快速传播性、传播震荡放大性等不是十分明显，在中华人民共和国成立之初一

段时间内，分部门、单灾种的应急管理体制是适合国情的。各部门依法定职责负责本部门日常的应急管理工作，发生一般性突发事件由本部门组织应对。需要跨部门协调或者发生重特大突发事件需要综合协调时，由设立的综合协调机构组织负责。如：中华人民共和国成立后的1950年6月7日，经政务院批准，成立中央防汛总指挥部；1988年，国务院和中央军委决定成立国家防汛总指挥部（国发〔1988〕34号）；1992年，国务院办公厅发布国发〔1992〕45号文，将国家防汛总指挥部更名为国家防汛抗旱总指挥部。

但是，到20世纪末21世纪初，这种分部门、单灾种的体制逐渐显示出不适应性。在重特大突发事件发生时，虽然有综合协调机构进行协调、调度和指挥，但是由于综合协调机构是议事机构，平时不能有效整合资源，战时各部门之间沟通、协调与配合的体制弊端显现，影响了应急救援的效率。

3. 规定犯罪特点是确立了应急管理相关犯罪结构

在《刑法》中明确，危害公共安全罪、破坏社会主义市场经济秩序罪、侵犯公民人身权利民主权利罪、妨害社会管理秩序罪、危害国防利益罪、渎职罪等都包括应急管理相关犯罪，并规定了明确的量刑依据。

例如，关于重特大安全事故的犯罪，在《刑法》中有重大飞行事故罪、重大责任事故罪、强令违章冒险作业罪、重大劳动安全事故罪、大型群众性活动重大安全事故罪、危险物品肇事罪、工程重大安全事故罪、教育设施重大安全事故罪、消防责任事故罪、不报谎报安全事故罪、事故瞒报谎报罪等。

第一百三十一条 航空人员违反规章制度，致使发生重大飞行事故，造成严重后果的，处三年以下有期徒刑或者拘役；造成飞机坠毁或者人员死亡的，处三年以上七年以下有期徒刑。

第一百三十二条 铁路职工违反规章制度，致使发生铁路运营安全事故，造成严重后果的，处三年以下有期徒刑或者拘役；造成特别严重后果的，处三年以上七年以下有期徒刑。

第一百三十三条　违反交通运输管理法规，因而发生重大事故，致人重伤、死亡或者使公私财产遭受重大损失的，处三年以下有期徒刑或者拘役；交通运输肇事后逃逸或者有其他特别恶劣情节的，处三年以上七年以下有期徒刑；因逃逸致人死亡的，处七年以上有期徒刑。

第一百三十三条之一　在道路上驾驶机动车，有下列情形之一的，处拘役，并处罚金：

（一）追逐竞驶，情节恶劣的；

（二）醉酒驾驶机动车的；

（三）从事校车业务或者旅客运输，严重超过额定乘员载客，或者严重超过规定时速行驶的；

（四）违反危险化学品安全管理规定运输危险化学品，危及公共安全的。

机动车所有人、管理人对前款第三项、第四项行为负有直接责任的，依照前款的规定处罚。

有前两款行为，同时构成其他犯罪的，依照处罚较重的规定定罪处罚。

第一百三十四条　在生产、作业中违反有关安全管理的规定，因而发生重大伤亡事故或者造成其他严重后果的，处三年以下有期徒刑或者拘役；情节特别恶劣的，处三年以上七年以下有期徒刑。

强令他人违章冒险作业，因而发生重大伤亡事故或者造成其他严重后果的，处五年以下有期徒刑或者拘役；情节特别恶劣的，处五年以上有期徒刑。

第一百三十五条　安全生产设施或者安全生产条件不符合国家规定，因而发生重大伤亡事故或者造成其他严重后果的，对直接负责的主管人员和其他直接责任人员，处三年以下有期徒刑或者拘役；情节特别恶劣的，处三年以上七年以下有期徒刑。

第一百三十五条之一　举办大型群众性活动违反安全管理规定，因而发生重大伤亡事故或者造成其他严重后果的，对直接负责的主管人员和其他直接责任人员，处三年以下有期徒刑或者拘役；情节特别恶劣的，处三年以上七年以下有期徒刑。

第一百三十六条 违反爆炸性、易燃性、放射性、毒害性、腐蚀性物品的管理规定，在生产、储存、运输、使用中发生重大事故，造成严重后果的，处三年以下有期徒刑或者拘役；后果特别严重的，处三年以上七年以下有期徒刑。

第一百三十七条 建设单位、设计单位、施工单位、工程监理单位违反国家规定，降低工程质量标准，造成重大安全事故的，对直接责任人员，处五年以下有期徒刑或者拘役，并处罚金；后果特别严重的，处五年以上十年以下有期徒刑，并处罚金。

第一百三十八条 明知校舍或者教育教学设施有危险，而不采取措施或者不及时报告，致使发生重大伤亡事故的，对直接责任人员，处三年以下有期徒刑或者拘役；后果特别严重的，处三年以上七年以下有期徒刑。

第一百三十九条 违反消防管理法规，经消防监督机构通知采取改正措施而拒绝执行，造成严重后果的，对直接责任人员，处三年以下有期徒刑或者拘役；后果特别严重的，处三年以上七年以下有期徒刑。

第一百三十九条之一 在安全事故发生后，负有报告职责的人员不报或者谎报事故情况，贻误事故抢救，情节严重的，处三年以下有期徒刑或者拘役；情节特别严重的，处三年以上七年以下有期徒刑。

总体而言，中华人民共和国成立后的这一阶段，我国应急管理相关的犯罪绝大部分列入了《刑法》，能够做到依法对应急管理相关犯罪分子给予处罚，起到了震慑犯罪分子、惩罚犯罪的作用。

第二节　被动建设现代应急管理体系阶段

2003 年的"非典"，2008 年的汶川大地震，以及一起又一起的特别重大生产安全事故、突发公共卫生事件、突发社会安全事件、突发环境污染事件，给了我们极其深刻的教训。面对各类突发事件多发的严峻形势，人们在不断总结、吸取国内外应急管理工作的教训和经验，认识进入风险社会后突发事件的特点和规律，探讨适应现代社会的应急管理体制、机制、法治等制度体系。按照现代社会的风险特点和应急管理要求，开始建设现代应急管理体系的各方面工作，进入建设现代应急管理体系阶段。但是，应急管理工作是被动地围绕突发事件应对展开的，突发事件推动应急管理工作，促进应急管理发展。在突发事件推动下，不断建设并逐步完善中国特色社会主义应急管理体系，应急管理法律法规体系进一步健全，应急管理法治进程进一步推进。因此，该阶段称为被动建设现代应急管理体系阶段。

一　建设现代应急管理体系之初的法治工作

改革开放以来，我国经济的持续高速发展，以及国内外形势的变化，使得进入 21 世纪以后，我国受到各类突发事件威胁增大，安全形势十分严峻。生产安全事故高发，造成了重大经济损失和极其不良的社会影响；自然灾害、特别是地震和地质灾害时有发生，威胁着人们的正常生产生活；社会各类矛盾集中，社会安全事件时有发生，威胁社会的和谐稳定，造成了极其不良的社会影响；生态环境形势十分严峻，绿水青山受到威胁；特别是突发公共卫生事件的发生，造成了人们的恐慌，严重影响了正常的社会秩序。我国在经济高速发展的同时，不得不面对经济社会发展带来的各类突发事件的威胁。人们深刻认识到，必须建立适应现代社会特点和规律、符合我国国情的应急管理法律体系。

（一）2003 年建设现代应急管理法律法规体系起步之年

1. SARS 事件（简称"非典"）

SARS 事件是进入 21 世纪后一次极其典型、教训极其深刻的突发公共卫生事件。据资料①介绍，SARS 事件是指严重急性呼吸综合征

---

① "SARS 事件"，百度百科，2019 年 5 月 31 日。

（英语：SARS），于 2002 年在中国广东顺德首次发现。而后扩散至东南亚乃至全球，直至 2003 年中期疫情才被逐渐消灭的一次全球性传染病疫情。SARS 事件，引起了社会恐慌，造成包括医务人员在内的 774 名患者死亡，联合国、世界卫生组织和世界各国对病情的处理、疾病的命名、信息的公开给予了极大的关注。

总结 SARS 事件的暴发对社会影响的发展、演化历程，可以看出，SARS 事件的暴发对社会的影响经历了如下几个阶段。

（1）忽视期。SARS 事件暴发初期，仅发生在个别的地区，缺乏对疫情危害性的深刻认识和足够重视。虽然认识到是一种罕见的病情，但是没有引起社会各方的重视。

（2）恐慌期。政府怕引起民众的恐慌，开始一段时间一直不发布相关信息，以致各种媒体（"非典型肺炎"的疫情开始在互联网流传）发布有关的疫情，由于当时不了解病情，相关的评论比较混乱。而后，政府发布了信息，但是不同部门发布的信息不完全一致，特别是有不够确切的疫情发布，信息的混乱，引起了民众的极度恐慌，严重影响了正常的社会秩序。

（3）公开防治期。随着社会各方对 SARS 事件危害性的认识，特别是对新世纪风险社会特点的认识，政府公开"非典"信息，接受各方监督，通力合作进行防治。政府以各种方式、通过各种渠道及时、准确地向社会（国内外）公开信息，向世界卫生组织通报信息。

（4）反思总结期。SARS 事件过后，社会各方深刻反思这次突发传染病疫情的经验和教训。如此严重的传染病疫情，仅造成几百人死亡，特别是在短短几个月的时间里就得到了有效的控制，应该说中国政府的防治措施是成功的，世界各国的重视程度是足够的，但是，为什么造成如此大的社会影响呢？为什么造成如此严重的人类恐慌呢？

截至 2003 年 7 月 11 日，有 31 个国家和地区发现了 SARS 病例或者疑似 SARS 病例，共发现病例 8069 例，其中：死亡 774 人、康复 7453 人。我国（包括香港、澳门和台湾地区）发现病例 7390 例，其中：死亡 694 人、康复 6375 人。

2. SARS 事件（简称"非典"）的教训

SARS 事件的教训是极其深刻的。SARS 事件暴露了我国在应急管理方面存在的一些问题和薄弱环节，特别是应对突发公共卫生事件时法制方面的不足。SARS 事件的教训可以概括为：

（1）防控突发卫生事件风险的意识不强、反应迟缓。由于没有关于突发传染病疫情防治的法律法规，面对 SARS 事件这样的突发重大传染病疫情，社会各方手足无措，反应不够及时或者反应失当。

（2）自下而上的社会应急组织能力相对不足。我国是社会主义国家，具有政治动员能力强的制度优势。但是，由于对风险社会的认识不足，特别是缺乏应对 SARS 事件的思想准备，使得从首例发现的地方基层党政机关及其部门，到地（市）、省（区）党政机关及其部门，到中央相关部门，总体的社会应对突发公共卫生事件的组织能力相对不足。

（3）综合调度、协调能力不够。由于缺乏应对重大突发公共卫生事件的经验和法律法规，在事件发生初期各部门间、上下级党政机关及部门间没有协调和沟通，在事态迅速发展、扩大后，面对灾情不知如何协调指挥。因此，应对 SARS 事件的初期、前期、甚至到中期，不同部门、不同地方缺乏协调，总体针对 SARS 事件这样的突发公共卫生事件的协调能力不够。

（4）社会的信息不对称。由于没有关于重特大突发公共卫生事件的灾情申报、收集、分析研判、决策发布机制，在灾情发生、乃至迅速扩大时，党政机关及其职责部门不知如何获得信息、不知哪些信息需要发布、不知在何时应该发布信息，没有及时向社会发布确切、准确的信息，没有给社会公众以明确的信息指导。然而，各种媒体和各种势力出于各种目的，在没有任何管制和不负任何法律责任的情况下，随意发布、甚至任意捏造 SARS 事件相关信息。使得社会各方掌握的信息不一致，中央与地方、上级与下级、政府与群众、各部门间的信息不对称，信息公开的程度不适应时代要求。

（5）社会应对突发事件的心理极其脆弱。一是社会不了解

SARS 事件，不知道 SARS 的危害，部分群众闻之色变，本身缺乏对 SARS 事件的正确认识，产生恐慌心理；二是政府没有及时让群众了解确切、准备、全面的 SARS 事件信息，部分群众对官方发布信息不信任，产生恐慌心理；三是各种媒体和各种势力出于各种目的，对 SARS 事件的危害性和我国政府应对能力不足的极度渲染，造成部分群众的恐慌心理。在这种社会心理状态的影响下，SARS 事件发生时，群众对 SARS 事件认识不正确，使全社会都处于恐慌状态。

总结应对 SARS 事件的教训，党中央、国务院要求，加强突发事件应急管理的法律法规建设，当务之急是形成从中央到地方、自上而下全覆盖的"一案三制"，即：应急预案以及应急管理体制、机制和法制。

以 2003 年 SARS 事件为标志性事件，我国应急管理进入第二个阶段，从 2003 年到 2007 年，开始建设适应现代风险社会特点和社会治理要求的现代应急管理体系，而重要的工作之一是制定急需的应急管理法律法规、制度规范，即开展适应风险社会的现代应急管理法律法规体系建设。2003 年我国开始了科学化的"一案三制"工作，因此，笔者从应急管理法治的视角，将 2003 年称为我国建设现代应急管理法律法规体系的起步之年。

（二）2004 年为"一案三制"规划、初步构建之年

2004 年党中央国务院对现代应急管理法律法规体系进行总体规划，开始了建设工作，用了一年的时间完成了"一案三制"，开展了大量的法治化建设工作。之所以把 2004 年称为"一案三制"规划、初步构建之年，是因为开展了几个标志性的工作。

1. 国务院部署"一案三制"工作

2004 年 3 月，国务院办公厅在郑州市召开了"部分省（市）及大城市制定完善应急预案工作座谈会"，会议明确围绕"一案三制"，开展应急管理体系建设，将制定突发事件应急预案，建立健全应对突发事件的应急管理体制、机制和法制，作为当年政府工作的重要内容。

2. 以法的形式确立"一案三制"

为了做好全国的"一案三制"工作，在 2004 年 4 月和 5 月期间，国务院办公厅分别印发了《国务院有关部门和单位制定和修订突发公共事件应急预案框架指南》①（简称《部门预案框架指南》）和《省（区、市）人民政府突发公共事件总体应急预案框架指南》②（简称《地方政府预案框架指南》），用于指导全国开展应急管理体系建设和编制应急预案工作。

《部门预案框架指南》共 8 章，对国务院有关部门和单位制定突发公共事件应急预案的内容提出了明确的要求，主要内容包括：总则、组织指挥体系及职责、预警和预防机制、应急响应、后期处置、保障措施等。在关于《〈国务院有关部门和单位制定和修订突发公共事件应急预案框架指南〉的说明》（简称《部门预案框架说明》）中指出，本预案所称突发公共事件分为：

（1）自然灾害。主要包括水旱灾害，台风、冰雹、雪、沙尘暴等气象灾害，火山、地震灾害，山体崩塌、滑坡、泥石流等地质灾害，风暴潮、海啸等海洋灾害，森林草原火灾和重大生物灾害等。

（2）事故灾难。主要包括民航、铁路、公路、水运等重大交通运输事故，工矿企业、建设工程、公共场所及机关、企事业单位发生的各类重特大生产安全事故，造成重大影响和损失的供水、供电、供油和供气等城市生命线事故以及通信、信息网络、特种设备等安全事故，核泄漏与核辐射等核安全事故，重大环境污染和生态破坏事故等。

（3）突发公共卫生事件。主要是指突然发生、造成或可能造成社会公众健康严重损害的重特大突发公共卫生事件。突发公共卫生事件主

---

① 国务院办公厅：《国务院有关部门和单位制定和修订突发公共事件应急预案框架指南》（国办函〔2004〕33 号），发布日期 2004 年 4 月 6 日。中华人民共和国中央人民政府官网（http：//sousuo. gov. cn/），2019 年 6 月 2 日。

② 国务院办公厅：《省（区、市）人民政府突发公共事件总体应急预案框架指南》（国办函〔2004〕39 号），发布日期 2004 年 5 月 22 日。中华人民共和国中央人民政府官网（http：//sousuo. gov. cn/），2019 年 6 月 2 日。

要包括：重大传染病疫情（如鼠疫、霍乱、肺炭疽、O157、传染性非典型肺炎等），突发群体性不明原因疾病，重大食物中毒，突发重大职业中毒，重大动物疫情，以及其他严重影响公众健康的突发事件。

（4）突发社会安全事件。主要包括重大刑事案件、涉外突发事件、恐怖袭击事件、经济安全事件以及规模较大的群体性事件等。

《部门预案框架指南说明》同时要求，各部门、各单位应通过总结分析近年来国内外发生的各类突发公共事件，及其处置过程中的经验、教训，按照全面履行政府职能，加强社会管理的要求，在现有工作基础上，结合本部门实际，制定、修订相应的应急预案。

3. 初步建立"一案三制"

2004 年 9 月，党的十六届四中全会提出了"建立健全社会预警体系，形成统一指挥、功能齐全、反应灵敏、运转高效的应急机制，提高保障公共安全和处置突发公共事件的能力"，这标志着将建立健全社会预警体系、形成适应风险社会的现代应急管理机制和提高应急管理能力正式作为政治任务，极大地推动了现代应急管理法律法规体系建设和应急管理法治的进程。

（三）2005 年为我国现代应急预案体系形成之年

在 2005 年，全国应急预案体系建设取得了重大进展，《国家突发公共事件总体应急预案》作为应急管理法治的重要工作制定并实施。

1. 制定并实施《国家突发公共事件总体应急预案》

2005 年 1 月，国务院召开常务会议审议并原则通过了《国家突发公共事件总体应急预案》（简称《国家总体预案》），这是第一部国家总体应急预案。《国家总体预案》明确提出了应对各类突发公共事件的 6 条工作原则，分别为：

- 以人为本，减少危害；
- 居安思危，预防为主；
- 统一领导，分级负责；
- 依法规范，加强管理；
- 快速反应，协同应对；
- 依靠科技，提高素质。

《国家总体预案》是全国应急预案体系的总纲，明确了各类突发公共事件分级分类和预案框架体系，规定了国务院应对特别重大突发公共事件的组织体系、工作机制等内容，是指导预防和处置各类突发公共事件的规范性文件。

2. 全国应急预案框架体系初步形成

2005 年 2 月，国务委员兼国务院秘书长华建敏同志受国务院总理温家宝同志的委托，向第十届全国人民代表大会常务委员会第十四次会议做《关于突发公共事件应急预案编制工作和安全生产情况的报告》[①]。报告指出，截至 2004 年底，应急预案编制工作基本完成，包括总体预案、25 件专项预案、80 件部门预案，合计 106 件。这些应急预案是在各部门上报应急预案（草案）的基础上，经过多次筛选、整合后确定的，基本覆盖了我国经常发生的突发公共事件的主要方面。省级突发公共事件总体应急预案的编制工作也已完成。许多市、区（县）也制定了应急预案。全国应急预案框架体系已初步形成。

3. 成立国家安全生产应急救援指挥中心

2005 年 5 月，根据《中央机构编制委员会关于印发〈国家安全生产应急救援指挥中心主要职责内设机构和人员编制规定〉的通知》，成立国家安全生产应急救援指挥中心，这是第一个国家安全生产应急指挥专门机构。中共中央、国务院决定，针对生产安全事故应急救援工作，设立一个副部级单位，充分体现了对安全生产工作的高度重视，也突显了安全生产应急救援工作的严峻形势。该中心在国务院安全生产委员会办公室领导下，协调、指挥安全生产事故灾难应急救援工作，主要职责为：负责全国安全生产应急救援体系建设，组织编制和综合管理全国安全生产应急救援预案，负责全国安全生产应急救援资源综合监督管理和信息统计工作，指挥和协调特别重大生产安全事故的应急救援工作，组织、指导全国安全生产应急救援培训工

---

① 国务委员兼国务院秘书长华建敏：《关于突发公共事件应急预案编制工作和安全生产情况的报告》，第十届全国人民代表大会常务委员会第十四次会议的报告，全国人大网，http：//www.npc.gov.cn/，2019 年 6 月 2 日。

作等。

4. 明确应急管理工作原则

2005 年 7 月，国务院在北京召开第一次全国应急管理工作会议，明确了加强应急管理工作要遵循的原则，包括健全体制、明确责任、居安思危、预防为主，强化法制、依靠科技，协同应对、快速反应，加强基层、全民参与。会议要求各地成立应急管理机构。

（四）2006 年、2007 年为我国应急体制机制建设之年

在 2006 年、2007 年，我国各级党政机关在应急管理法治方面做了大量的工作，特别是应急管理法治的基础性工作得到进一步加强，为建设适应现代社会的应急管理体系提供了重要的法律保障。

1. 设立国务院应急管理办公室

根据《国务院办公厅关于设置国务院应急管理办公室（国务院总值班室）的通知》①，国务院办公厅设置国务院应急管理办公室（国务院总值班室），承担国务院应急管理的日常工作和国务院总值班工作，履行值守应急、信息汇总和综合协调职能，发挥运转枢纽作用。主要职责为：

（1）承担国务院总值班工作，及时掌握和报告国内外相关重大情况和动态，办理向国务院报送的紧急重要事项，保证国务院与各省（区、市）人民政府、国务院各部门联络畅通，指导全国政府系统值班工作。

（2）办理国务院有关决定事项，督促落实国务院领导批示、指示，承办国务院应急管理的专题会议、活动和文电等工作。

（3）负责协调和督促检查各省（区、市）人民政府、国务院各部门应急管理工作，协调、组织有关方面研究提出国家应急管理的政策、法规和规划建议。

（4）负责组织编制国家突发公共事件总体应急预案和审核专项应

① 国务院办公厅：《国务院办公厅关于设置国务院应急管理办公室（国务院总值班室）的通知》（国办函〔2006〕32 号），发布日期：2006 年 4 月 10 日。中华人民共和国中央人民政府官网，http：//sousuo.gov.cn/，2019 年 6 月 2 日。

急预案，协调指导应急预案体系和应急体制、机制、法制建设，指导各省（区、市）人民政府、国务院有关部门应急体系、应急信息平台建设等工作。

（5）协助国务院领导处置特别重大突发公共事件，协调指导特别重大和重大突发公共事件的预防预警、应急演练、应急处置、调查评估、信息发布、应急保障和国际救援等工作。

（6）组织开展信息调研和宣传培训工作，协调应急管理方面的国际交流与合作。

2. 应急管理的目标和任务写入《"十一五"规划纲要》

2006年3月，第十届全国人民代表大会第四次会议审议通过《中华人民共和国国民经济和社会发展第十一个五年规划纲要》（《简称"十一五"规划纲要》），明确加强城市综合防灾减灾和应急管理能力建设；建立健全突发公共卫生事件应急机制，提高疾病预防控制和医疗救治能力；建立健全应急管理体系，加强指挥信息系统、应急物资保障、专业救灾抢险队伍、应急标准体系以及运输、现场通信保障等重点领域和重点项目的建设，健全重特大自然灾害发生后的社会动员机制，提高处置突发公共事件能力；建立和完善矛盾排查机制、信息预警机制、应急处置机制和责任追究机制，预防和妥善处置群体性、突发性事件，切实解决群众的合理诉求，依法维护社会稳定。

3. 出台第一部国务院应急管理规章

2006年4月，出台《国务院关于全面加强应急管理工作的意见》[①]，明确加强应急管理关系国家经济社会发展全局和人民群众生命财产安全的大事，是全面落实科学发展观、构建社会主义和谐社会的重要内容。要求以落实和完善应急预案为基础，以提高预防和处置突发公共事件能力为重点，全面加强应急管理工作，最大限度地减少突发公共事件及其造成的人员伤亡和危害，维护国家安全和社会稳定。同时，提出了"十一五"期间的工作任务和工作目标，包括应急预案体系、应急管理体制、应急管理责任制、应急机构及队伍建设、应急管理机制、应急管理法律法规、应急管理保障体系、应急管理工作格局等要求和目标。

4. 第一部应急管理综合性法律进入立法程序

2006 年 5 月，国务院常务会议原则通过《突发事件应对法（草案）》。审议会议指出，为了预防和减少自然灾害、事故灾难、公共卫生事件等突发事件的发生，控制、减轻和消除突发事件引起的严重社会危害，规范突发事件应对活动，保护人民生命财产安全，决定将《突发事件应对法（草案）》提请全国人民代表大会常务委员会审议。这标志着，第一部针对突发事件应急管理的综合性法律，正式进入全国人民代表大会立法议程，进入了审议阶段。

5. 将"完善应急管理体制机制、有效应对各种风险"写入中央全会文件

2006 年 8 月，党的十六届六中全会通过《关于构建社会主义和谐社会若干重大问题的决定》①。《决定》的第六章第五节为"完善应急管理体制机制，有效应对各种风险"，提出了"一案三制"的明确要求，全面论述了突发事件应急管理体系的任务、目标和要求，这是建设应急管理体系正式列入党中央全会文件。《决定》提出，突发事件应急管理体制、应急管理机制、抗风险能力、应急工作原则、应急信息平台、应急救援队伍、应急预案体系、应急管理法律法规、应急管理宣传教育等要求。

6. 发布《"十一五"国家应急体系建设规划》

2006 年，国务院办公厅发布《"十一五"期间国家突发公共事件应急体系建设规划》。2007 年，国务院办公厅发布《关于"十一五"

---

① 《关于构建社会主义和谐社会若干重大问题的决定》，2006 年 10 月 11 日，中国共产党第十六届中央委员会第六次全体会议通过。中华人民共和国中央人民政府官网，http：//sousuo. gov. cn/，2019 年 6 月 2 日。"六、完善社会管理，保持社会安定有序"中"（五）完善应急管理体制机制，有效应对各种风险"，主要内容为：建立健全分类管理、分级负责、条块结合、属地为主的应急管理体制，形成统一指挥、反应灵敏、协调有序、运转高效的应急管理机制，提高危机管理和抗风险能力。按照预防与应急并重、常态与非常态结合的原则，建立统一高效的应急信息平台，建设精干实用的专业应急救援队伍，健全应急预案体系，完善应急管理法律法规，加强应急管理宣传教育，实现社会预警、社会动员、快速反应、应急处置的整体联动。

期间国家突发公共事件应急体系建设规划的实施意见》。而后，各省（自治区、直辖市）、地市、县区和中国红十字会等组织相继发布本行政区域和领域的应急体系建设规划，进一步明确在本地区（领域）应急体系建设的内容和要求。如《福建省"十一五"突发公共事件应急体系建设规划》《宁夏回族自治区"十一五"期间突发公共事件应急体系建设规划》《"十一五"期间浦东新区突发公共事件应急体系建设规划》《中国红十字会"十一五"期间应急体系建设规划》等。

2007 年 6 月 22 日，上海市浦东新区人民政府办公室发布《"十一五"期间浦东新区突发公共事件应急体系建设规划》①。《"十一五"浦东新区应急体系建设规划》提出的总体目标是，到 2010 年，初步形成统一指挥、结构合理、反应灵敏、运转高效、保障有力的突发公共事件应急体系，应急管理综合能力得到显著提高，与新区经济社会发展水平相适应，基本满足突发公共事件监测预警、应急处置和恢复重建的需要，突发公共事件死亡人数下降 6%，突发公共事件直接经济损失占新区生产总值的比重与"十一五"期间相比下降 1 个百分点。

7. 2007 年突发事件应急管理立法取得重大进展

2007 年 8 月，第十届全国人民代表大会常务委员会第二十九次会议通过《突发事件应对法》，于 2007 年 11 月 1 日起施行。第一部针对突发事件应急管理的综合性、专业性、主干性法律正式颁布实施，我国突发事件应急管理在规范化、制度化和法制化的道路上迈出了重大步伐。

---

① 上海市浦东新区人民政府办公室：《"十一五"期间浦东新区突发公共事件应急体系建设规划》（浦府办〔2007〕34 号），2007 年 6 月 22 日，上海市浦东新区人民政府官网，上海浦东，www. pudong. gov. cn，2019 年 6 月 2 日。该《规划》设置自然灾害类目标 9 个，事故灾难类目标 7 个，突发公共卫生事件类目标 4 个；设置了城市安全应急管理组织体系、城市安全社会监测和预警体系、城市安全应急预案体系、城市安全应急队伍保障体系、城市安全应急信息保障体系、城市安全应急通信保障体系、城市安全应急指挥决策技术保障体系、城市安全应急物资储备体系、城市安全社区应急社工队伍支持体系、城市安全民众应急防护体系、恢复重建能力建设、科技支撑体系建设、培训与演练体系建设、"安全世博"应急体系建设等建设主要任务，以及 14 个建设项目。

国务院法制办公室主任曹康泰，在《关于〈中华人民共和国突发事件应对法（草案）〉的说明》[①]中指出，自 2003 年 5 月起，国务院法制办成立起草领导小组，着手本法的研究起草工作，重点研究了美、俄、德、意、日等十多个国家应对突发事件的法律制度，举办了研讨会，开展了调研。会同国务院办公厅应急预案工作小组就草案与应急预案协调、衔接的问题反复进行研究。经过两年多的反复研究、论证，广泛征求意见，数易其稿，形成了《突发事件应对法（草案）》。该法律草案从提出立法需求，研究立法任务和目的，到形成法律草案，广泛吸收了各方面的意见和建议，充分考虑了当时应对突发事件的国情和实际工作的需要，特别是在应急管理体制、机制建设方面的需要。

我国地域广、人口基数大，自然灾害、事故灾难等突发事件较多，各种突发事件的频繁发生给人民群众的生命财产造成了巨大损失。按照"问题导向"的立法原则，《突发事件应对法》主要解决当时在突发事件应对工作中存在的突出问题：

（1）解决应对突发事件的责任不够明确的问题。法律规定建立统一、协调、灵敏的应对体制；

（2）解决一些行政机关应对突发事件的能力不够强，危机意识不够高，依法可以采取的应急处置措施不够充分、有力的问题。法律规定全面加强应对突发事件的能力、意识和各方面措施；

（3）解决突发事件的预防与应急准备、监测与预警、应急处置与救援等制度、机制不够完善的问题。法律规定通过法制化制度、机制建设使突发事件得到有效预防，使得突发事件引起的社会危害及时得到控制；

（4）解决社会广泛参与应对工作的机制还不够健全，公众的自救与互救能力不够强、危机意识有待提高的问题。法律规定社会参与机制，明确公众自救与互救能力和危机意识要求。

---

① 国务院法制办公室主任曹康泰：《关于〈中华人民共和国突发事件应对法（草案）〉的说明》，2006 年 6 月 24 日，第十届全国人民代表大会常务委员会第二十二次会议，全国人大网，http://www.npc.gov.cn/，2019 年 6 月 2 日。

《突发事件应对法》的立法目的是，为了提高社会各方面依法应对突发事件的能力，及时有效控制、减轻和消除突发事件引起的严重社会危害，保护人民生命财产安全，维护国家安全、公共安全、环境安全和社会秩序，为构建社会主义和谐社会提供强有力的法律保障。

《突发事件应对法》的立法总体思路是，赋予政府必要的突发事件应急处置权力，并对政府行使处置权力作出必要的限制和规范，同时要求对公民、法人和其他组织应尽的责任和应当履行的义务做出规定。

《突发事件应对法》规定，人民政府为处置突发事件可以采取各种必要的措施。但是，人民政府采取的处置突发事件的措施应当与突发事件可能造成的社会危害的性质、程度和范围相适应；有多种措施可供选择的，应当选择有利于最大限度地保护公民、法人或者其他组织权益的措施；公民、法人和其他组织有义务参与突发事件应对工作；为应对突发事件征收或者征用公民、法人或者其他组织的财产应当给予合理补偿。

《突发事件应对法》明确：

（1）突发事件应对活动。突发事件应对活动包括：突发事件的预防与应急准备、监测与预警、应急处置与救援、事后恢复与重建；

（2）应急管理体制。国家应急管理体制为统一领导、综合协调、分类管理、分级负责、属地管理为主；

（3）突发事件应对原则。突发事件应对工作原则为预防为主、预防与应急相结合；

（4）突发事件风险评估制度。国家建立重大突发事件风险评估体系，对可能发生的突发事件进行综合性评估，减少重大突发事件的发生，最大限度地减轻重大突发事件的影响；

（5）应急保障预案体系。国家建立健全突发事件应急预案体系、应急通信保障体系、财政支持的巨灾风险保险体系；

（6）应急管理工作制度。建立健全突发事件应急管理培训制度，应急物资储备保障制度，应急救援物资、生活必需品和应急处置装备的储备制度，突发事件监测制度，突发事件预警制度，以及全国统一的突发事件信息系统等。

此外，在 2007 年 7 月，国务院办公厅发布了《关于加强基层应急管理工作的意见》，依法建立"横向到边、纵向到底"的应急预案体系，建立健全基层应急管理组织体系，将应急管理工作纳入干部政绩考核体系；建设"政府统筹协调、群众广泛参与、防范严密到位、处置快捷高效"的基层应急管理工作体制。

二　建立现代应急管理法律法规体系阶段

到 2008 年，我国现代应急管理法律法规体系基本建立，进入健全、完善的新阶段，到 2012 年基本健全了我国现代应急管理法律法规体系。

2008 年是我国多灾多难的一年，汶川大地震、南方冰冻雨雪灾害、拉萨"3.14"暴恐事件、襄汾"9.8"尾矿库特大溃坝事故等，初步建立的应急管理体系经历了一系列重特大突发事件的考验和检验。特别是 2008 年的汶川大地震，是我国初步建立应急管理体系后的一次全面实战，也是对初步建立的应急管理法律法规体系一次系统的检验。

从 2008 年到 2012 年的这段时间里，各级党政机关及其部门以及社会各方面，面对多发、严重的突发事件，不断总结经验、吸取教训，不断推动我国应急管理法治的发展和进步。这一时期，我国突发事件应急管理立法方面的主要工作按照《突发事件应对法》的要求，建立健全《突发事件应对法》的配套法规、行政规章和规范性文件（包括应急预案体系），进一步完善国家应急管理法律法规体系。

（一）修订完成并发布《公路交通突发事件应急预案》①

该预案是在原《公路交通突发公共事件应急预案》的基础上修订完成的，由交通运输部完成修改并发布的。新修订的预案，加入了一些 2008 年以来的应急管理新理念、新做法和新要求，共 6 章，包括总则、应急组织体系、运行机制、应急保障、监督管理和附则等。

---

① 交通运输部：《公路交通突发事件应急预案》（交公路发〔2009〕226 号），百度百科，https：//baike. baidu. com/item/公路交通突发事件应急预案，2009 年 5 月 12 日。

（二）制定并印发《国家综合防灾减灾规划（2011—2015 年）》①

编制《国家综合防灾减灾规划（2011—2015 年）》（简称《国家防减灾规划》）是加强防灾减灾工作决策部署的重要举措，是推进综合防灾减灾事业发展、构建综合防灾减灾体系、全面增强综合防灾减灾能力的迫切需要。编制的目的是为了充分发挥各级政府在防灾减灾工作中的主导作用，积极调动各方力量，全面加强综合防灾减灾能力建设，切实维护人民群众生命财产安全，有力保障经济社会全面协调可持续发展。

《国家防减灾规划》明确的防灾减灾工作原则为：政府主导、社会参与，以人为本、依靠科学，预防为主、综合减灾，统筹谋划、突出重点。《国家防减灾规划》包括：现状与形势，指导思想、基本原则与规划目标，以及 10 项主要任务、8 个重大项目工程、5 个方面保障措施等内容。

（三）修订完成并发布《国家食品安全事故应急预案》②

该预案于 2011 年 10 月 5 日，由国务院办公厅完成修订并发布实施，共 8 章，分别为：总则、组织机构及职责、应急保障、监测预警、报告与评估、应急响应、后期处置、附则等部分。编制目的是为了建立健全应对食品安全事故运行机制，有效预防、积极应对食品安全事故，高效组织应急处置工作，最大限度地减少食品安全事故的危害，保障公众健康与生命安全，维护正常的社会经济秩序。

（四）修订完成并发布《国家森林火灾应急预案》③

该预案于 2012 年 12 月由国务院办公厅制定发布并组织实施，共 7 章，分别为：总则、组织指挥体系、预警和信息报告、应急响应、后期处置、综合保障、附则等部分。编制的目的是为了建立健全森林

---

① 国务院办公厅：《国家综合防灾减灾规划（2011—2015 年）》（国办发〔2011〕55 号），百度百科，https：//baike. baidu. com/item/国家综合防灾减灾规划（2011—2015 年），2011 年 11 月 26 日。

② 国务院办公厅：《国家食品安全事故应急预案》，百度百科，https：//baike. baidu. com/item/国家食品安全事故应急预案，2011 年 11 月 5 日。

③ 国务院办公厅：《国家森林火灾应急预案》，百度百科，https：//baike. baidu. com/item/国家森林火灾应急预案，2011 年 5 月。

火灾应对工作机制，依法有力有序有效实施森林火灾应急，最大程度减少森林火灾及其造成的人员伤亡和财产损失，保护森林资源，维护生态安全。

（五）修订完成并发布《国家地震应急预案》①

该预案是第四次修订，于 2012 年 8 月 28 日，由国务院办公厅完成修订并组织实施，共 11 章，分别为：总则、组织体系、响应机制、监测报告、应急响应、指挥与协调、恢复重建、保障措施、对港澳台地震灾害应急、其他地震及火山事件应急、附则等部分。编制的目的是为了依法科学统一、有力有序有效地实施地震应急，最大程度减少人员伤亡和经济损失，维护社会正常秩序。

三 突发事件应急管理法治特点

在应对突发事件工作中，不断总结教训和经验，应急管理法治不断提升、发展和进步。从 2003 年的"非典"，到 2007 年《突发事件应对法》颁布实施，到 2012 年制定《国家综合防灾减灾规划（2011—2015 年）》并修订多个国家专项预案，我国应急管理法治实现了历史性的跨越。

这一时期，突发事件应急管理法治的主要特点可以概括为：一是突发事件应急管理相关法律法规体系基本形成；二是全社会重视突发事件应急管理法治的氛围正在形成；三是突发事件应急管理中的违法非法行为仍然比较普遍、比较严重；四是依法查处了一大批突发事件应急管理违规违法行为，并给予了相应的处罚；五是突发事件应急管理法治工作是靠突发事件推动的问题导向。

（一）突发事件应急管理相关法律法规体系基本形成

以制定并实施《突发事件应对法》为标志，基本形成了中国特色突发事件应急管理法律法规体系。该法律法规体系以《突发事件应对法》为综合法、主干法，包括《安全生产法》《防震减灾法》《防洪

---

① 国务院办公厅：《国家地震应急预案》，百度百科，https：//baike. baidu. com/item/国家地震应急预案，2012 年 8 月 28 日。

法》《环境保护法》《矿山安全法》等若干部专业部门法,《突发公共卫生事件应急条例》《危险化学品安全管理条例》《生产安全事故报告和调查处理条例》等若干部行政法规,《四川省防震减灾条例》《河北省突发事件应对条例》等若干部地方性法规,以及《突发事件应急预案管理办法》《国家突发公共事件总体应急预案》《最高人民法院关于人民法院预防和处理执行突发事件的若干规定》《北京市实施〈中华人民共和国突发事件应对法〉办法》等大量的规章制度。

(二)全社会重视突发事件应急管理法治的氛围正在形成

如全国防灾减灾日、安全生产月、全国食品安全宣传周、全国法制宣传日等系列活动。这些安全知识、法律知识和意识的宣传活动,促进了全社会重视突发事件应急管理法治氛围的形成。

全国法制宣传日历年的主体为:2009年"加强法制宣传教育,服务经济社会发展",2010年"弘扬法治精神,促进社会和谐",2011年"深入学习宣传宪法,大力弘扬法治精神",2012年"弘扬宪法精神,服务科学发展"。

经国务院批准,自2009年起,将每年5月12日设立为全国防灾减灾日。设立全国防灾减灾日的目的是顺应社会各界对中国防灾减灾关注的诉求,提醒国民前事不忘、后事之师,更加重视防灾减灾,努力减少灾害损失。2009年到2012年全国防灾减灾日主题分别为:首个"减灾防灾日",减灾从社区做起,防灾减灾从我做起,弘扬防灾减灾文化、提高防灾减灾意识。

从2002年开始,我国将安全生产周改为安全生产月。2002年到2012年我国安全生产月的主题分别为:安全责任、重于泰山,实施安全生产法、人人事事保安全,以人为本、安全第一,遵章守法、关爱生命,安全发展、国泰民安,综合治理、保障平安,治理隐患、防范事故,关爱生命、安全发展,安全发展、预防为主,安全责任、重在落实,科学发展、安全发展。历年安全生产月的主题反映出,社会各界对安全生产工作的认识提高、理念的变化,以及安全生产工作的重点任务和目标。

（三）突发事件应急管理中的违法非法行为仍然比较严重

在此期间，应急管理法治的特点之一，就是突发事件违法非法现象还十分普遍和比较严重，突发事件应急管理相关违法非法行为大量发生的态势没有得到有效控制，人为因素引起的突发事件高发的态势没有改变，突发事件风险防控的形势仍然十分严峻。

该期间生产安全事故情况如表 2.1 所示①。在 2008 年到 2012 年的时间内，平均每天发生事故达到 1009 起，日平均死亡人数达到 220人，月平均发生重特大生产安全事故 6.3 起，日平均重特大生产安全事故死亡人数 3.6 人，这充分表明了安全生产形势的极其严峻性。

表 2.1　　　　　　　　2008—2012 年全国生产安全事故情况

年度/生产安全事故情况		2008 年	2009 年	2010 年	2011 年	2012 年	五年平均
生产安全事故发生情况	发生起数（起）	413752	379248	363383	347728	336988	368220
	日均发生起数（起/天）	1134	1039	996	953	923	1009
	死亡人数（人）	91177	83200	79552	75572	71983	80297
	日均死亡人数（人/日）	250	228	218	207	197	220
重特大生产安全事故发生情况	发生起数（起）	96	67	85	72	59	76
	月均发生起数（起/月）	8.0	5.6	7.1	6.0	4.9	6.3
	死亡人数（人）	1973	1127	1438	1113	919	1314
	日均死亡人数（人/日）	5.4	3.1	3.9	3.0	2.5	3.6

（四）依法查处了一大批突发事件应急管理违规违法行为

各级人民政府应急管理（监督管理）部门，加大了针对突发事件违法非法行为的监督管理（监察）力度，查处了大量的违法非法行为和突发事件隐患。据资料介绍①，在安全生产监督管理方面，2009

---

① 张兴凯：《对中国安全生产的几点认识》，中国环境科学出版社 2013 年版。

年全年开展安全生产监督、监察、检查 419 万次，查处各类生产安全事故隐患 274.6 万项；2010 年全年开展安全生产监督、监察、检查 458 万次，查处各类生产安全事故隐患 323.4 万项。

依法依规对突发事件的监督管理，极大地降低了突发事件发生的风险。由表 2.1 的数据可以算出，2009 年比 2008 年生产安全事故起数下降了 8.3%、死亡人数下降了 8.7%，2010 年比 2009 年生产安全事故起数下降了 4.1%、死亡人数下降了 4.4%。比较查处的生产安全事故隐患的下降率与生产安全事故死亡人数的下降率可以看出，生产安全事故死亡人数随着查处的生产安全事故隐患等比例下降，说明加大安全生产监督检查的执法力度，对预防生产安全事故发生的成效是明显的。

（五）突发事件应急管理法治工作是靠突发事件推动的问题导向

发生一次突发事件，会暴露出各个方面存在的一些问题，为了解决这些问题，开展立法、执法和法治宣传教育等工作，即通过突发事件应对中暴露出的问题，推动突发事件应急管理法治建设。总体而言，突发事件应急管理法治工作是被动的，是由突发事件推动的。如 2003 年发生 SARS 事件（"非典"），暴露了一些在应急管理方面的问题，为了解决这些问题，开始了全国的"一案三制"建设工作，特别是逐步健全了全国的突发事件应急预案体系。

2005 年 8 月 25 日，在第十届全国人民代表大会常务委员会第十七次会议上，《全国人民代表大会常务委员会执法检查组关于检查〈中华人民共和国安全生产法〉实施情况的报告》[1] 指出，近年来，煤矿重特大事故接连发生，给人民的生命财产造成了巨大损失，迫切希望采取更加有力的措施加以解决。针对一些地方资源管理部门对煤炭开采布局不合理、标准不科学，对无证开采、超层越界等违法行为制止不力问题，很多事故不是事先没有发现隐患，而是没有严格执法

---

[1]　全国人大常委会副委员长李铁映：《全国人大常委会执法检查组关于检查〈中华人民共和国安全生产法〉实施情况的报告》，第十届全国人民代表大会常务委员会第十七次会议，2005 年 8 月 25 日。全国人大网，http://www.npc.gov.cn/，2019 年 6 月 2 日。

的问题，以及有的事故结案迟缓、责任追究不严的问题，要求加大执法力度，严格执法，有效制止违法行为，坚决遏制瓦斯爆炸事故频发的势头，从根本上解决小煤矿问题。

（六）对违法非法行为严肃追责

在此期间我国经济快速发展，也积累了一些安全问题，各类事故灾难频发，造成了重大人员伤亡和极其不良的社会影响。为了遏制重特大生产安全事故高发的态势，依法查处了生产安全事故中的违法非法行为，对造成生产安全事故的直接责任人员和直接主管的有关责任人员进行了严肃追责。例如，2006 年 11 月 12 日，根据《山西省晋中市灵石县王禹乡南山煤矿"11·12"特别重大火灾事故调查报告》[①] 的资料，该起事故是一起发生在煤矿的、典型的责任事故，造成 34 人死亡，建议依法追究刑事责任 17 人，给予党纪政纪处分 25 人。

第三节　主动建设现代应急管理体系阶段

2012 年 11 月 8 日，中国共产党第十八次全国代表大会胜利召开，由此中国进入建立现代社会治理体系、实现社会治理能力现代化的新时代，我国由被动建设现代应急管理体系进入主动建设现代应急管理体系的新阶段。

2018 年 3 月组建应急管理部，标志着建立适应新时代、为全面建成小康社会保驾护航的应急管理体制，进而健全应急管理法制、理顺应急管理机制、强化应急能力、提升全民安全应急素质，一个适应新时代要求、能够为世界提供成功范例的中国特色大国应急体系已经初见端倪。规划面向未来的中国特色社会主义应急管理法律法规体系，主动构建新时代的应急管理法治环境，主动开始将预防突发事件中违法非法行为作为犯罪列入刑法的研究。

---

① 山西省晋中市灵石县王禹乡南山煤矿"11·12"特别重大火灾事故调查报告，国家安全生产监督管理总局网站，http://www.chinasafety.gov.cn，2014 年 5 月 2 日。

一　加强应急管理相关立法工作

2013 年以来，全面加强了应急管理相关立法工作，及时制定、修订了一批应急管理相关法律法规和部门规章，特别是赋予地方立法权，极大地促进了地方应急管理相关法规的建设。

（1）制定的应急管理相关法律

2013 年以来，全国人民代表大会常务委员会按照科学立法、民主立法的思路，开放立法过程，在制度设计上确保立法的科学性和开放性，从国情和实际出发，以问题导向和目标导向，2013 年 6 月 29 日第十二届全国人民代表大会常务委员会第三次会议通过《特种设备安全法》，自 2014 年 1 月 1 日起施行；2017 年 9 月 1 日第十二届全国人民代表大会常务委员会第二十九次会议通过《核安全法》，自 2018 年 1 月 1 日起施行；2015 年 7 月 1 日，第十二届全国人民代表大会常务委员会第十五次会议通过《国家安全法》，自 2015 年 7 月 1 日；2016 年 11 月 7 日第十二届全国人民代表大会常务委员会第二十四次会议通过《网络安全法》，自 2017 年 6 月 1 日起施行，制定了一批重要的应急管理相关法律。

1.《核安全法》①

（1）制定《核安全法》的重要性和必要性

在《关于〈中华人民共和国核安全法（草案）〉说明》② 中指出，确保核安全是国家应尽的责任，结合中国国情，完善核安全监督管理机制，确保相关工作得到足够投入和支持。制定《核安全法》是我国核能利用应急管理工作的需要，我国核能利用发展到这个阶段，需要社会公众依法了解和支持核安全工作，既要确保核工作的安全、也需要增强对核安全的信心，既要加强政府的监督管理、也需要建立核安全社会文

---

① 《核安全法》，2017 年 9 月 1 日，第十二届全国人民代表大会常务委员会第二十九次会议审议通过，中华人民共和国主席令第 73 号发布，2018 年 1 月 1 日起施行。全国人大网，http：//www.npc.gov.cn/，2018 年 4 月 3 日。

② 全国人大环境与资源委员会副主任委员张云川：《关于〈中华人民共和国核安全法（草案）〉说明》，全国人大网，http：//www.npc.gov.cn/，2017 年 9 月 1 日。

化，既要做好核安全的日常管理、也需要做好核事故的应急准备。

（2）《核安全法》的立法目的

《核安全法》的立法目的，一是安全利用核能，保证核设施、核材料安全；二是预防和应对核事故；三是保护涉核人员和公众的安全与健康；四是保护环境。可以看出，这样的立法目的就是为了预防和应对由核设施、核材料导致的核事故，避免和减轻核事故对人身和环境的危害，降低核事故发生的风险。

（3）《核安全法》的主要内容

《核安全法》共有 8 章、94 条，提出了最严格的核事故预防、控制和应急处置要求。第一条明确规定，保障核安全，预防与应对核事故，安全利用核能，保护公众和从业人员的安全与健康，保护生态环境，促进经济社会可持续发展。第四条提出，从事核事业必须遵循保证安全的方针，核安全工作必须坚持安全第一、预防为主、责任明确、严格管理、纵深防御、独立监管、全面保障的原则。《核安全法》规定了国务院核安全监督管理部门、国务院核工业主管部门、能源主管部门、核设施营运单位、省（自治区、直辖市）人民政府、其他持有核燃料单位的职责，以及生产、储存、运输、后处理乏燃料单位的职责，核废物处理单位的职责，社会公民的核安全义务等。

2.《特种设备安全法》①

（1）特种设备

《特种设备安全法》规定，特种设备是指对人身和财产安全有较大危险性的锅炉、压力容器（含气瓶，下同）、压力管道、电梯、起重机械、客运索道、大型游乐设施和场（厂）内专用机动车辆，以及法律、行政法规规定适用本法的其他特种设备。据资料介绍②，我国特种设备包括：

---

① 《特种设备安全法》，2013 年 6 月 29 日，第十二届全国人民代表大会常务委员会第三次会议审议通过，中华人民共和国主席令第 4 号发布，2014 年 1 月 1 日起施行。全国人大网，http：//www.npc.gov.cn/，2018 年 4 月 3 日。

② "特种设备"百度百科，https：//baike.baidu.com，2019 年 6 月 3 日。

①锅炉。锅炉是指利用各种燃料、电或者其他能源，将所盛装的液体加热到一定的参数，并通过对外输出介质的形式提供热能的设备，其范围规定为设计正常水位容积大于或者等于 30L，且额定蒸汽压力大于或者等于 0.1MPa（表压）的承压蒸汽锅炉；出口水压大于或者等于 0.1MPa（表压），且额定功率大于或者等于 0.1MW 的承压热水锅炉；额定功率大于或者等于 0.1MW 的有机热载体锅炉。

②压力容器。压力容器是指盛装气体或者液体，承载一定压力的密闭设备，其范围规定为最高工作压力大于或者等于 0.1MPa（表压）的气体、液化气体和最高工作温度高于或者等于标准沸点的液体、容积大于或者等于 30L 且内直径大于或等于 150mm 的固定式容器和移动式容器；盛装公称工作压力大于或者等于 0.2MPa（表压），且压力与容积的乘积大于或者等于 1.0MPa·L 的气体、液化气体和标准沸点等于或者低于 60℃液体的气瓶，氧舱。

③压力管道。压力管道是指利用一定的压力，用于输送气体或者液体的管状设备，其范围规定为最高工作压力大于或者等于 0.1MPa（表压），介质为气体、液化气体、蒸汽或者可燃、易爆、有毒、有腐蚀性、最高工作温度高于或者等于标准沸点的液体，且公称直径大于或者等于 50mm 的管道。公称直径小于 150mm，且其最高工作压力小于 1.6MPa（表压）的输送无毒、不可燃、无腐蚀性气体的管道和设备本体所属管道除外。

④电梯。电梯是指动力驱动，利用沿刚性导轨运行的箱体或者沿固定线路运行的梯级（踏步），进行升降或者平行运送人、货物的机电设备，包括载人（货）电梯、自动扶梯、自动人行道等。非公共场所安装且仅供单一家庭使用的电梯除外。

⑤起重机械。起重机械是指用于垂直升降或者垂直升降并水平移动重物的机电设备，其范围规定为额定起重量大于或者等于 0.5t 的升降机；额定起重量大于或者等于 3t（或额定起重力矩大于或者等于 40t·m 的塔式起重机，或生产率大于或者等于 300t/h 的装卸桥），且提升高度大于或者等于 2m 的起重机；层数大于或者等于 2 层的机械式停车设备。

⑥客运索道。客运索道是指动力驱动，利用柔性绳索牵引箱体等运载工具运送人员的机电设备，包括客运架空索道、客运缆车、客运拖牵索道等。

⑦大型游乐设施。大型游乐设施是指用于经营目的，承载乘客游乐的设施，其范围规定为设计最大运行线速度大于或者等于2m/s，或者运行高度距地面高于或者等于2m的载人大型游乐设施。

⑧场（厂）内专用机动车辆。场（厂）内专用机动车辆是指除道路交通、农用车辆以外仅在工厂厂区、旅游景区、游乐场所等特定区域使用的专用机动车辆。

（2）《特种设备安全法》介绍

《特种设备安全法》共有7章、101条。为了加强特种设备安全工作，预防特种设备事故，保障人身和财产安全，《特种设备安全法》对特种设备的设计、制造、安装、改造、修理、经营、使用、检验、监测的全过程监督管理等提出了要求，明确了特种设备的安全责任制度、节能责任制度、相关人员安全教育制度、缺陷召回制度、检查检验记录制度和销售记录制度等各项制度。

在《关于〈中华人民共和国特种设备安全法〉的说明》[1] 中，对制定《特种设备安全法》的必要性以及法的主要内容做了说明。针对特种设备安全形势严峻、安全技术规范缺乏相应的法律地位、企业安全主体责任不落实、相关民事关系不够明确等问题，该法确立了安全第一、预防为主、节能环保、综合治理的特种设备安全工作原则，规定安全技术规程是对特种设备安全技术、安全管理的基本要求和准则，强调要从源头上防止事故，必须落实企业的安全主体责任；规定检验是国家对特种设备的生产、使用实行的技术监督措施，要求企业对生产、经营、使用的特种设备进行检查测试，同时规定国家对监测检验机构实施资质管理。

---

[1] 全国人大财政经济委员会副主任闻世震：《关于〈中华人民共和国特种设备安全法（草案）〉的说明》，全国人大网，http://www.npc.gov.cn/，2013年10月22日。

（二）修订的应急管理相关法律①

2013 年以来，修订了一批应急管理相关的法律。这些法律的修订，标志着应急管理法律法规体系进入全面健全的新时代。修订的应急管理相关法包括：

1.《反恐怖主义法》（2018 年 4 月 27 日，全国人民代表大会常务委员会修正）；

2.《海洋环境保护法》（2017 年 11 月 4 日，全国人民代表大会常务委员会第三次修正）；

3.《海上交通安全法》（2016 年 11 月 7 日，全国人民代表大会常务委员会修正）；

4.《水污染防治法》（2017 年 6 月 27 日，全国人民代表大会常务委员会第二次修正）；

5.《药品管理法》（2015 年 4 月 24 日，全国人民代表大会常务委员会第二次修正）；

6.《国境卫生检疫法》（2018 年 4 月 27 日，全国人民代表大会常务委员会第三次修正）；

7.《大气污染防治法》（2015 年 8 月 29 日，全国人民代表大会常务委员会第二次修订）；

8.《传染病防治法》（2013 年 6 月 29 日，全国人民代表大会常务委员会修正）；

9.《环境保护法》（2014 年 4 月 24 日，全国人民代表大会常务委员会修订）；

10.《固体废物污染环境防治法》（2016 年 11 月 7 日，全国人民代表大会常务委员会第三次修正）；

11.《气象法》（2016 年 11 月 7 日，全国人民代表大会常务委员会第三次修正）；

12.《食品安全法》（2015 年 4 月 24 日，全国人民代表大会常务委员会修正）；

---

① 法律法规信息库，全国人大网，http：//www.npc.gov.cn/，2019 年 6 月 6 日。

13.《动物防疫法》（2015 年 4 月 24 日，全国人民代表大会常务委员会第二次修正）；

14.《防洪法》（2016 年 7 月 2 日，全国人民代表大会常务委员会第三次修正）；

15.《安全生产法》（2014 年 8 月 31 日，全国人民代表大会常务委员会修正）；

16.《国境卫生检疫法》（2018 年 4 月 27 日，全国人民代表大会常务委员会修正）。

（三）制修订的应急管理相关法规

2013 年以来，国务院及各部委、各级地方党政机关加大了应急管理相关法律的配套法规制度建设，制修订了一大批应急管理相关法规、规章、规范性文件和标准。

1. 制修订的应急管理相关行政法规

国务院制修订的应急管理相关行政法规主要有：

（1）《机动车交通事故责任强制保险条例》（2016 年 2 月 6 日）；

（2）《实验动物管理条例》（2017 年 3 月 1 日）；

（3）《海洋石油勘探开发环境保护管理条例》（2017 年 3 月 1 日）；

（4）《民用核设施安全监督管理条例》（2016 年 2 月 6 日）；

（5）《防止拆船污染环境管理条例》（2017 年 3 月 1 日）；

（6）《防治海岸工程建设项目污染损害海洋环境管理条例》（2018 年 3 月 19 日）；

（7）《防治海洋工程建设项目污染损害海洋环境管理条例》（2018 年 3 月 19 日）；

（8）《防治船舶污染海洋环境管理条例》（2018 年 3 月 19 日）；

（9）《畜禽规模养殖污染防治条例》（2013 年 11 月 11 日）；

（10）《城市市容和环境卫生管理条例》（2017 年 3 月 1 日）；

（11）《建设工程质量管理条例》（2017 年 10 月 7 日）；

（12）《城镇排水与污水处理条例》（2013 年 10 月 2 日）；

（13）《公共场所卫生管理条例》（2016 年 2 月 6 日）；

（14）《国境卫生检疫法实施细则》（2016 年 2 月 6 日）；

（15）《煤矿安全监察条例》（2013年7月18日）；

（16）《危险化学品安全管理条例》（2013年12月7日）；

（17）《安全生产许可证条例》（2013年7月18日）；

（18）《易制毒化学品管理条例》（2014年7月29日）；

（19）《国务院关于预防煤矿生产安全事故的特别规定》（2013年7月18日）；

（20）《民用爆炸物品安全管理条例》（2014年7月29日）；

（21）《地震安全性评价管理条例》（2017年3月1日）；

（22）《气象灾害防御条例》（2017年10月7日）；

（23）《气象设施和气象探测环境保护条例》（2016年2月6日）。

2. 制修订的应急管理相关政府规章

（1）安全生产类规章。安全生产类规章是具有安全生产监督管理职能的部委制定的，如国家安监总局、城乡建设部、国家质检总局、国土资源部、交通运输部等。制修订的安全生产类规章，如《〈监控化学品管理条例〉实施细则》（2018年8月1日）、《冶金企业和有色金属企业安全生产规定》（2018年3月3日）、《长江三峡水利枢纽过闸船舶安全检查暂行办法》（2018年2月27日）、《生产安全事故应急预案管理办法》（2016年7月1日）。

（2）生态环境保护类规章。生态环境保护类规章是具有生态环境监督管理职能的部委制定的，如环境保护部、水利部、国土资源部、农业部等。制修订的生态环境保护类规章，如《进口可用作原料的固体废物检验检疫监督管理办法》（2018年2月8日）、《畜禽规模养殖污染防治条例》（2013年11月27日）、《中华人民共和国船舶及其有关作业活动污染海洋环境防治管理规定》（2016年12月13日）。

（3）社会公共安全类规章。社会公共安全类规章是具有社会安全、公共安全、消防等监督管理职责部委制定的，如公安部、交通运输部等。制修订的社会公共安全类规章，如《中国民用航空应急管理规定》（2016年4月29日）、《港口危险货物安全管理规定》（2017年10月9日）、《民用运输机场突发事件应急救援管理规则》（2016年7月12日）、《旅游安全管理办法》（2016年9月27日）。

（4）公共卫生类规章。公共卫生类规章是具有卫生相关监督管理职能的部委制定的，如卫计委、国家检验检疫总局、公安部等。制定的公共卫生类规章，如《出入境特殊物品卫生检疫管理规定》（2016年5月25日）、《院前医疗急救管理办法》（2015年3月6日）、《食品生产企业安全生产监督管理暂行规定》（2015年3月6日）。

（5）其他应急管理规章。其它部委和国务院组成部门等也制订了一些应急管理规章。如《突发环境事件应急管理办法》（2015年8月17日）、《放射性固体废物贮存和处置许可管理办法》（2015年3月6日）、《中国气象局关于修改〈防雷减灾管理办法〉的决定》（2013年7月26日）等。

二 应急管理相关制度建设

在"十二五"期间、"十三五"期间的立法工作中，无论是国家立法，还是地方立法都十分重视制度建设，将成熟的、适应国情的、在实际中能够发挥作用的制度用法的形式确定下来，用于政府监督管理和指导服务企业事业单位开展应急管理工作，用于规范政府的应急管理（监督管理）行为，明确企业事业单位的应急管理责任，用于明示社会组织和公众参与应急管理事务的义务和应尽的社会责任，全面加强应急管理工作。

一部法律对一个领域或者一个方面的工作提出系统性的法的要求，规定的制度具有系统性。选择具有代表性的法律（《核安全法》、代表性的行政法规《突发环境事件应急管理办法》）[①] 以及代表性的

---

① 环境保护部：《突发环境事件应急管理办法》，2015年3月19日由环境保护部部务会议通过，环境保护部令第34号，2015年4月16日发布，2015年6月5日施行。环境保护部官网，http://www.mee.gov.cn/，2016年3月4日。制定该规章的目的是，为了预防和减少突发环境事件的发生，控制、减轻和消除突发环境事件引起的危害，规范突发环境事件应急管理工作，保障公众生命安全、环境安全和财产安全。该办法进一步明确环保部门和企业事业单位在突发环境事件应急管理工作中的职责定位，从风险控制、应急准备、应急处置和事后恢复等4个环节构建全过程突发环境事件应急管理体系，规范工作内容，理顺工作机制，并根据突发事件应急管理的特点和需求，设置了信息公开专章，充分发挥舆论宣传和媒体监督作用。

地方性法规（《天津市安全生产条例》）① 进行规定制度的分析。

（一）《核安全法》规定的制度

2017 年 9 月 1 日，全国人民代表大会常务委员会审议通过《核安全法》。《核安全法》立法的重要指导思想之一就是建立健全严格、系统、规范的核安全管理制度，包括规划制度、标准制度、报告与反馈制度、许可制度、核事故应急准备与响应制度、资质资格管理制度等。这些制度规范了针对核事故预防控制的国家、政府、企业事业单位、其他社会组织的职责和要求。《核安全法》确立的核安全制度主要有：

1. 核设施营运单位的核安全保卫制度（第十二条）；

2. 国家根据核设施的性质和风险程度等因素的核设施分类管理制度（第十四条）；

3. 核设施营运单位的核设施安全评价制度（第十四条）；

4. 核设施营运单位的核从业人员安全教育和技能培训制度（第二十条）；

5. 核设施营运单位的核从业人员职业健康监护制度（第二十条）；

6. 国家核设施安全许可制度（第二十二条）；

7. 核设施营运单位的核安全报告制度（第三十五条）；

8. 国务院有关部门的核安全经验反馈制度（第三十五条）；

9. 核设施营运单位和其他有关单位的核信息保密制度（第三十八条）；

10. 核设施营运单位和其他有关单位的核材料计量制度（第三十八条）；

---

① 《天津市安全生产条例》，2010 年 7 月 22 日天津市第十五届人民代表大会常务委员会第十八次会议通过，2010 年 9 月 1 日实施；2016 年 11 月 18 日，天津市第十六届人民代表大会常务委员会第三十一次会议修订，2017 年 1 月 1 日施行。天津市人民政府官网，http：//www.tj.gov.cn，2018 年 5 月 6 日。该条例共 7 章、70 条。此次修改的重点是，进一步厘清安全生产责任，加强危险化学品监管、突出隐患排查治理，细致、全面的规范安全生产工作。

11. 国家放射性废物管理许可制度（第四十三条）；

12. 国家放射性废物处置设施关闭制度（第四十六条）；

13. 国家核事故应急准备金制度（第五十七条）；

14. 政府、核运营单位的核安全信息公开制度（第六十五条、第六十六条）；

15. 国家核安全监督检查制度（第七十条）；

16. 国家核损害责任制度（第九十条）。

（二）《突发环境事件应急管理办法》规定的制度

在 2015 年 4 月 16 日环境保护部发布的《突发环境事件应急管理办法》中，针对突发环境事件应急管理明确了系统化、完整性的制度，包括：

1. 企业事业单位的突发环境事件风险评估制度（第六条）；

2. 企业事业单位的环境安全隐患排查治理制度（第十条）；

3. 县级以上地方环境保护主管部门的突发环境事件风险评估（第十一条）；

4. 县级以上地方环境保护主管部门的环境应急值守制度（第十八条）；

5. 应急从业人员和管理人员的突发环境事件应急知识和技能培训制度（第十九条、第二十条）；

6. 县级以上地方环境保护主管部门的环境应急物资储备信息管理制度（第二十二条）；

7. 突发环境事件信息公开制度（第三十四条、第三十五条、第三十六条）。

三 《天津市安全生产条例》规定的制度

《天津市安全生产条例》是由天津市人民代表大会常务委员会制定的地方性法规。在 2016 年 11 月 18 日由天津市第十六届人民代表大会常务委员会第三十一次会议修订，2017 年 1 月 1 日施行。作为地方性法规，在遵守其上位法《安全生产法》规定制度的基础上，根据天津市安全生产法治工作成功经验、特点和实际工作的需要，进一步明确、细化了在天津市安全生产工作应该遵循的制度。该条例规定制度有：

（1）生产经营单位的全部工作岗位及从业人员安全生产责任制度（第十四条）；

（2）生产经营单位的安全生产责任制考核制度（第十四条）；

（3）生产经营单位的安全生产管理制度（第十五条）；

（4）生产经营单位的爆破、动火、吊装、建筑物拆除、高空悬挂、土方开挖、管线疏浚、有限空间作业以及国家规定的其他危险作业的危害风险评估制度（第二十七条）；

（5）生产经营单位的爆破、动火、吊装、建筑物拆除、高空悬挂、土方开挖、管线疏浚、有限空间作业以及国家规定其他危险作业的危险作业企业内部审批制度（第二十七条）；

（6）生产经营单位的重大危险源管理制度（第二十九条）；

（7）生产经营单位的事故隐患排查治理制度（第三十条）；

（8）物业服务企业的事故隐患排查治理、公开、报告制度（第三十一条）；

（9）化工园区或者工业园区内化工集中区的园区管理机构的定期整体性安全评价制度（第四十三条）；

（10）对生产安全事故隐患和谎报瞒报事故投诉举报奖励制度（第五十三条）。

第四节　应急管理相关法律的责任主体及其关系

应急管理相关法律具有宪法及宪法相关法律、社会法、经济法和行政法的部分属性，其责任主体及其相关关系具有上述法律部门的共性特征，而其责任主体的主要责任具有上述法律部门所应规定职责的一般性的同时，也具有应急管理主体职责的特殊性。

一 应急管理相关法律的责任主体及其职责关系的模型

运用因素分析法，建立应急管理相关法律的责任主体及其职责关系的概念模型，如图 2.2 所示。

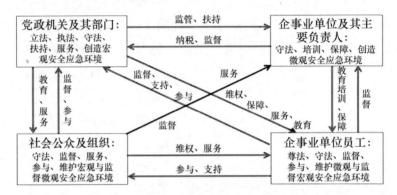

图 2.2 我国应急管理相关法律责任主体及其关系概念模型

分析应急管理相关法律针对应急管理责任主体的规定，可以概括为四类责任主体，这四类责任主体分别为：

1. 党政机关及其部门；

2. 企业事业单位及其主要负责人；

3. 企业事业单位员工；

4. 社会公众及社会组织。

分析应急管理相关法律针对四类责任主体的职责、权力和义务，可以将四类应急管理责任主体的关系概括为：

1. 监督管理关系；

2. 扶持服务关系；

3. 保障维护关系；

4. 支持保护关系；

5. 参与协作关系。

四类主体在应急管理中的地位是不同的。四类责任主体的地位、作用和主次可以概括为：

1. 党政机关及其部门作为应急管理体系的主导者，在应急管理相关法律中起领导、主导作用；

2. 企业事业单位及其主要负责人，作为应急管理体系的被动参加者，在应急管理中被动地接受监督管理；

3. 企业事业单位员工是应急管理直接受益者或者受害者，是应急管理体系的主动参加者，在应急管理中起积极参加的作用，但是由于他们（她们）的参与是受到党政机关及其部门、企业事业单位及其主要负责人制约的，主导的愿望往往难以实现，因此只能发挥部分主导的作用；

4. 社会组织及社会公众是应急管理间接受益者或者受害者，是应急管理体系的主动参加者，在应急管理中起积极参加、监督各方、部分主导作用。

二　应急管理相关法律的四类责任主体

（一）党政机关及其部门

狭义上的党政机关是指中国共产党机关和国家行政机关。广义上的党政机关包括：中国共产党的机关、人大机关、行政机关、政协机关、审判机关、检察机关、纪律检察机关。在应急管理相关法律中涉及的党政机关是广义的党政机关。

1. 中国共产党的机关

按照《中国共产党章程》①的规定，中国共产党的机关有党的中央组织、党的地方组织和党的基层组织。

（1）中国共产党的中央组织。包括：中国共产党的全国代表大会，中国共产党的中央委员会，中国共产党的中央政治局，中国共产党的中央政治局常务委员会，中国共产党的纪律检查委员会。

（2）中国共产党的地方组织。包括：中国共产党的省（自治区、

---

① 《中国共产党章程》，1921 年在上海召开的中国共产党第一次全国代表大会，讨论通过《中国共产党的第一个纲领》。1922 年 7 月在上海召开的中国共产党第二次全国代表大会讨论通过《中国共产党章程》。而后，中国共产党历次全国代表大会都对《中国共产党章程》做了修改。2017 年 10 月 24 日，中国共产党第十九次全国代表大会通过关于《中国共产党章程（修正案）》的决议。中共党史网，http://www.zgdsw.com，2019 年 6 月 6 日。

直辖市）、设区的市和自治州、县（旗）、自治县、不设区的市、市
辖区等的组织，以及中国共产党的人民解放军的连队以上（不含连
队）组织。

（3）中国共产党的基层组织。包括：企业、农村、机关、科研院
所、街道社区、社会组织、人民解放军连队和其他基层单位的中国共
产党组织。中国共产党的基层组织可以设立党的的基层委员会、总支
部委员会、支部委员会。

2. 人大机关

按照《立法法》的规定，全国人民代表大会及其常务委员会具有
制定应急管理相关法律的权力，省（自治区、直辖市）、设区的市和
自治州的人民代表大会及其常务委员会具有制定地方性应急管理相关
法规的权力。

人大机关是指全国人民代表大会和地方各级人民代表大会。
包括：

（1）全国人民代表大会及其常务委员会、各专门委员会。根据全
国人大网的资料①，全国人民代表大会的专门委员会有：民族委员会、
宪法和法律委员会、监察和司法委员会、财政经济委员会、教育科学
文化卫生委员会、外事委员会、华侨委员会、环境与资源保护委员
会、农业与农村委员会、社会建设委员会。全国人民代表大会的工作
机构和办事机构有：办公厅、法制工作委员会、预算工作委员会、香
港特别行政区基本法委员会、澳门特别行政区基本法委员会；

（2）省（自治区、直辖市）、设区的市和自治州、县（旗）、自
治县、不设区的市、市辖区的人民代表大会及其常务委员会、各专门
委员会。

3. 行政机关

行政机关也称国家行政管理机关、国家行政管理机构，是按照宪
法和组织法规定设立的，依法享有并行使国家行政权，负责对国家各

---

① 全国人民代表大会的人大机构，全国人大网，http://www.npc.gov.cn/，2019 年 6
月 8 日。

项行政事务进行组织、管理、监督和指挥的国家机关。行政机关包括：

（1）国务院及其组成部门，以及直属的部分局。如应急管理部属于国务院组成部门，国家气象局属于国务院直属局；

（2）地方行政机关。地方行政机关是指地方各级人民政府及其所属的各工作部门；

（3）民族自治地方行政机关。民族自治地方行政机关是指自治区、自治州、自治旗和自治县的人民政府及其工作部门和民族乡政府。

按照《立法法》《关于国务院机构改革方案的说明》和应急管理相关法律的规定，具有应急管理法规和规章修订权和应急管理相关法律执法权的行政机关及其部门有：

（1）国务院。具有制定应急管理相关行政法规和应急管理执法权。国务院组织制定了系统化的应急管理相关法规。据不完全统计，现有《突发公共卫生事件应急条例》《安全生产许可证条例》《生产安全事故报告和调查处理条例》《矿山安全法实施条例》《公路安全保护条例》《铁路交通事故应急救援和调查处理条例》《铁路安全管理条例》《特种设备安全监察条例》《建筑工程安全生产管理条例》《草原防火条例》《森林防火条例》《地震灾害防治条例》《破坏性地震应急条例》《防汛条例》《水库大坝安全管理条例》《自然灾害救助条例》《气象灾害防御条例》《大型群众性活动安全管理条例》等50多部行政法规。

（2）国务院组成部门和部分直属机构。国务院组成部门和部分直属机构具有应急管理相关行政规章的立法权和应急管理相关法律法规的执法权，按照国务院的各组成部门和直属机构的职责分工依法履行应急监督管理职责。国务院组成部门和直属机构中，具有应急管理行政规章制定权和负责应急管理、监督管理职责的部门主要有：

①应急管理部。负责制修订综合性应急管理相关行政规章和安全生产行政规章、应对自然灾害的行政规章，具有安全生产监督管理执法、自然灾害应急管理相关监督管理执法权；

②自然资源部。负责制修订地质灾害防灾减灾的相关行政规章，

具有地质灾害防治监督管理执法权；

③生态环境部。负责制修订生态环境保护、环境保护方面的应急管理相关行政规章，具有环境突发事件应急救援执法权；

④农业农村部。负责制修订旱灾防灾减灾的相关行政规章，具有旱灾防治监督管理执法权；

⑤国家卫生健康委员会。负责制修订公共卫生突发事件方面的应急管理相关行政规章，具有公共卫生突发事件应急救援执法权；

⑥水利部。负责制修订水灾防灾减灾的相关行政规章，具有水灾防治监督管理执法权；

⑦公安部。负责制修订社会安全突发事件方面的应急管理相关行政规章，具有社会安全突发事件应急救援执法权；

⑧国家市场监督管理总局。负责制修订特种设备突发事件方面的应急管理相关行政规章和市场运行突发事件的相关行政规章，具有市场运行突发事件防治监督管理执法和特种设备突发事件应急救援执法权；

⑨国家林业和草原局。负责制修订森林、草原防火的相关行政规章，具有森林、草原火灾防治监督管理执法权；

⑩交通运输部。负责制修订交通运输突发事件方面的应急管理相关行政规章，具有交通运输突发事件应急救援执法权。

按照"属地监管"的应急管理工作原则，省（自治区、直辖市）、设区的市和自治州的各级人民政府及其应急管理职责部门负责制修定地方应急管理的相关地方性行政规章，依法履行应急管理、监督管理职责。

4. 政协机关

政协机关是指中国人民政治协商会议的全国委员会和地方委员会。包括：

（1）中国人民政治协商会议全国委员会及其常务委员会、各专门委员会。

根据全国政协网的资料①，全国政协的专门委员会有：提案委员会、经济委员会、农业和农村委员会、人口资源环境委员会、教科卫体委员会、社会和法制委员会、民族和宗教委员会、港澳台侨委员会、外事委员会、文化文史和学习委员会；

（2）省（自治区、直辖市）、设区的市和自治州、县（旗）、自治县、不设区的市、市辖区的委员会及其常务委员会。

按照《中国人民政治协商会议章程》，中国人民政治协商会议的全国委员会和地方委员会的主要职能是政治协商、民主监督、参政议政，对应急管理相关法律法规实施监督权、参与权，对应急管理相关法律、法规、规章的制修订提出意见和建议。

5. 审判机关

审判机关是依照法律规定代表国家独立行使审判权的国家机关。在中国，人民法院是国家审判机关。包括：

（1）最高人民法院；

（2）地方各级人民法院和军事法院。各省（自治区、直辖市）设有高级人民法院，以下各级审判机关设立中级人民法院和基层人民法院。

审判机关依法审理应急管理相关案件，行使审判权。

6. 检察机关

检察机关是依照法律规定代表国家依法行使检察权的国家机关。包括：

（1）最高人民检察院；

（2）地方各级人民检察院和军事检察院。各省（自治区、直辖市）设有高级人民检察院，以下各级检察机关设立中级人民检察院和基层人民检察院。

检察机关依法追究应急管理相关刑事责任，提起应急管理相关公诉，对应急管理相关法律法规执行情况实施监督。按照法定职权，各级人民检察机关对突发事件中有关国家公职人员的贪污受贿犯罪、渎

---

① 全国政协的政协机构，全国政协网，http：//www.cppcc.gov.cn/，2019 年 6 月 8 日。

职侵权犯罪进行侦查、起诉、公诉、抗诉。直接介入责任事故调查以及挂牌督办责任事故，是人民检察院的两项职责。

（二）企业事业单位及其主要负责人

企业事业单位从事生产、经营和社会活动，全面负责本单位的应急管理工作和事务。企业事业单位主要负责人是本单位应急管理工作的主要责任人，负责保障本单位应急管理各方面的资源和能力，组织制定应急管理规章制度，组织制定应急救援预案和组织实施应急演练。

《安全生产法》第四条规定，生产经营单位必须遵守本法和其他有关安全生产的法律、法规，加强安全生产管理，建立、健全安全生产责任制和安全生产规章制度，改善安全生产条件，推进安全生产标准化建设，提高安全生产水平，确保安全生产。第五条规定，生产经营单位的主要负责人对本单位的安全生产工作全面负责。同时规定，生产经营单位应当具备本法和有关法律、行政法规和国家标准或者行业标准规定的安全生产条件；不具备安全生产条件的，不得从事生产经营活动。也就是说，不具备安全生产条件生产经营活动属于违法非法行为。

《安全生产法》第十八条明确了生产经营单位主要负责人的职责，规定对本单位安全生产工作应负 7 个方面的职责，分别是：

1. 建立、健全本单位安全生产责任制；

2. 组织制定本单位安全生产规章制度和操作规程；

3. 组织制定并实施本单位安全生产教育和培训计划；

4. 保证本单位安全生产投入的有效实施；

5. 督促、检查本单位的安全生产工作，及时消除生产安全事故隐患；

6. 组织制定并实施本单位的生产安全事故应急救援预案；

7. 及时、如实报告生产安全事故。

（三）企业事业单位员工

企业事业单位员工是在企业或者事业单位从事各种工作的人员，即各种用工形式人员的总称。在我国当前用工制度中，企业事业单位员工包括固定工、合同工、临时工、代训工和实习生。企业事业单位员工是本单位突发事件的直接受害者，也是本单位应急管理的直接受益者，具有参加、监督管理本单位应急管理的权利，也有自觉遵守国家应急管理相关法律法规、标准、制度和本单位应急管理规章制度、纪律的义务，同时具有参与国家、各级地方机关及其部门应急管理相关法律法规制订的权利，监督应急管理法律法规、标准执行情况的权利，以及监督国家和各级地方人民政府各类应急管理资源使用情况的权利。同时，各级党政机关和企业事业单位应该开展员工的应急管理相关法律法规的教育培训，企业事业单位员工具有接受应急管理意识和技能教育培训的义务。

《安全生产法》第二十五条规定，生产经营单位应当对从业人员进行安全生产教育和培训，保证从业人员具备必要的安全生产知识，熟悉有关的安全生产规章制度和安全操作规程，掌握本岗位的安全操作技能，了解事故应急处理措施，知悉自身在安全生产方面的权利和义务。同时，提出了使用劳务派遣人员和实习生的教育培训要求。生产经营单位使用被派遣劳动者的，应当将被派遣劳动者纳入本单位从业人员统一管理，对被派遣劳动者进行岗位安全操作规程和安全操作技能的教育和培训，劳务派遣单位应当对被派遣劳动者进行必要的安全生产教育和培训。生产经营单位接收中等职业学校、高等学校学生实习的，应当对实习学生进行相应的安全生产教育和培训，提供必要的劳动防护用品，学校应当协助生产经营单位对实习学生进行安全生产教育和培训。

（四）社会组织及公众

社会公众和社会组织是企业事业单位突发事件的间接受害者，也是企业事业单位应急管理成效的间接受益者，是突发公共卫生事件、突发社会安全事件、突发环境灾害、突发生态灾难、突发地质灾害、突发气象灾害、地震等突发公共事件的直接受害者，也是这些突发公共事件应急管理成效的直接受益者，法律赋予他们（包括组织和个人）的应急管理权利应该得到保证和保护。

《宪法》规定，中华人民共和国的一切权力属于人民，人民依照法律规定，通过各种途径和形式，管理国家事务，管理经济和文化事业，管理社会事务，任何公民享有宪法和法律规定的权利，国家通过各种途径，创造劳动就业条件，加强劳动保护，改善劳动条件，并在发展生产的基础上，提高劳动报酬和福利待遇。同时规定，公民必须履行宪法和法律规定的义务，必须遵守宪法和法律，保守国家秘密，爱护公共财产，遵守劳动纪律，遵守公共秩序，尊重社会公德。

《突发事件应对法》规定，各级人民政府及其部门应当采取应对突发事件的措施，最大限度地保护公民、法人和其他组织权益的措施，同时公民、法人和其他组织有义务参与突发事件应对工作。《安全生产法》规定，各级人民政府及其有关部门应当采取多种形式，加强对有关安全生产的法律、法规和安全生产知识的宣传，增强全社会的安全生产意识。《防震减灾法》第六条规定，各级人民政府应当加强对防震减灾工作的领导，组织有关部门采取措施，做好防震减灾工作；第八条规定，任何单位和个人都有依法参加防震减灾活动的义务，中国人民解放军、中国人民武装警察部队和民兵应当执行国家赋予的防震减灾任务。这些都是为了最大限度地降低各类突发事件的风险、降低突发事件的损失。

三 应急管理相关法律责任主体的关系

应急管理相关法律责任主体的关系可以概括为：监督管理关系，即监督管理与被监督管理的关系；扶持服务关系，即实施扶持与接受扶持的关系、开展服务与接受服务的关系；权利保障维护关系，即接受监督管理与保障合法权利的关系，实施监督管理与维护合法权利的关系；支持保护关系，即支持保护与接受支持保护的关系；参与协作关系，参与协调与接受协调关系。

（一）党政机关与其他责任主体的关系

党政机关是国家权力部门，具有应急管理相关法律法规、政策文件、强制性标准制修订的主导权，具有确定应急管理体制、机制、法治和工作格局的主导权，为了维护其主导确定的应急管理体制、机制、法治和工作格局，依法对其他应急管理责任主体实施监督管理，具有应急管理相关法律赋予的依法执法权、行政处罚权、经济处罚权、纪律处分权、刑事审判权、刑事责任追究权，负责建立国家的应急管理体系，具有依法分配应急管理相关资源的权力。

同时，党政机关具有开展应急管理相关宣传、教育、培训的职责，应该自觉接受其他责任主体的监督，保护其他责任主体的应急管理合法权利和合理诉求，创造其他责任主体积极参加并能够参加应急管理事务的社会环境、氛围和条件。

此外，党政机关具有依法维护全社会应急管理的秩序、降低突发事件风险和减少突发事件后果的职责和义务，对主导采取的应急管理相关法律法规、政策文件、强制性标准的效果进行评价，并及时向其他责任主体反馈（公布）应急管理法律法规、标准政策的制修订情况、实施情况及其实施效果，及时向其他责任主体公开应急管理的公共资源的使用情况等。

因此，在应急管理相关法律法规中，规定党政机关与其他责任主体的关系较多，主要有：

1. 监督管理与被监督管理关系。党政机关依据应急管理相关法律法规对企业事业单位及其主要负责人、企业事业单位员工、公众与社会组织进行监督管理。党政机关是监督管理者，处于应急管理工作监督管理的主动地位（主导地位），其他责任主体是被监督管理者，处于被动地位，即不论是否愿意，都必须接受监督管理，如果不接受监督管理，党政机关就有权依法进行处罚。

2. 扶持与被扶持关系。党政机关依据应急管理相关法律法规和其他法律法规，对企业事业单位、社会组织的应急管理工作给予扶持。党政机关处于应急管理工作扶持的主动地位，是扶持者；企业事业单位、社会组织接受党政机关应急管理工作的相关扶持，是被扶持者，处于被动地位。当然，不是所有的扶持都是强制性的，即不是被扶持者都必须无条件接受的。比如：我国实施环境公益诉讼的法律援助制度，如果社会组织不愿意接受公益诉讼的法律援助，就可以拒绝。

3. 权利保障维护关系。党政机关依据应急管理相关法律法规和其他法律法规，保障并维护企业事业单位和社会组织的合法经营权利，保障和维护企业事业单位员工和社会公众的参加、参与国家和企业事业单位应急管理事物的权利。党政机关处于应急管理工作权利保障维护的主动地位，是权利的保障维护者；企业事业单位和社会组织、企业事业单位员工和社会公众接受党政机关应急管理权利的保障和维护，是需要保障和维护者，处于被动地位。

4. 支持保护与接受支持保护关系。党政机关依据应急管理相关法律法规和其他法律法规，创造应急管理方面的条件，支持保护其他责任主体的发展。党政机关处于应急管理工作支持保护的主动地位，是支持保护的实施者；其他责任主体在应急管理方面接受党政机关的支持和保护，是接受支持保护者，处于被动地位。理论上，接受支持保护者是受益的，即通过接受支持保护可以加强本组织的应急管理工作，但是由于加强安全生产、环境保护等方面工作未必取得经济效益，即使取得经济效益也可能需要一个较长的过程，因此有时接受支持保护者并不主动接受党政机关提供的支持和保护。

5. 参与协调与接受协调关系。党政机关依据应急管理相关法律法规和其他法律法规，创造合适的环境和氛围，使其他责任主体参与应急管理有关事务的监督和协商，特别应该确保社会公众、企业事业员工代表参加应急管理事务协商和监督的权利。理论而言，作为参与协调的各方具有平等的权利，但是由于党政机关是应急管理规则的制定者，是协商的具体安排者，因此在应急管理事项协调中具有支配性地位，占有主动地位，是协调者；其他责任主体在应急管理事务协调中，受到党政机关制约，需要党政机关创造协调环境和氛围，并在所创造的环境氛围中协调，是接受协调者，处于被动地位。

（二）企业事业单位及其主要负责人与其他责任主体的关系

企业事业单位及其主要负责人应当按照法律法规和国家政策的要求，在生产生活中，建立健全应急管理相关规章制度并确保其得到贯彻执行，建立健全适应本单位实际情况的应急管理体系并确保该体系得到有效运行，严格执行应急管理相关法律法规、政策文件、强制性标准，提供法律法规、标准规定的、合格的生产环境和条件，依法降低本单位和生产产品、提供服务的突发事件风险，合理管理和控制突发事件的危害，保护员工的安全健康，保护周围居民的安全健康，保护消费者的安全健康。

企业事业单位及其主要负责人应当自觉接受来自党政机关、员工和社会的监督。对员工进行教育培训，使他们（她们）具备所从事工作的应急管理素质和能力。按照应急管理法律法规的规定，企业事业单位是本单位应急管理的责任主体，对本单位的应急管理负主体责任。

企业事业单位及其主要负责人有权参与应急管理相关法律法规、政策文件、强制性标准的制修订工作，有权参与确定应急管理体制、机制、法治和工作格局，为了维护对自身有利的应急管理体制、机制、法治和工作格局，依法对党政机关的应急管理工作实施监督。

因此，应急管理相关法律法规规定的企业事业单位及其主要负责人与其他责任主体的关系是比较多的，主要有：

1. 监督管理和被监督管理关系。企业事业单位及其主要负责人对本单位员工的应急管理活动负责，依法监督本单位员工的应急管理活动，在本单位应急管理事务中处于监督管理的主动地位。对于员工而言，企业事业单位及其主要负责人是监督管理者，处于主导地位。本单位员工接受单位的监督管理，是被监督管理者，处于被动地位。

2. 培训和接受培训关系。企业事业单位依据应急管理相关法律法规和其他法律法规，对本企业员工进行应急管理知识和技能的培训。企业事业单位处于本单位应急管理培训工作的主动地位，是培训实施者；员工接受企业事业单位的应急管理培训，是被培训者，处于被动地位。

3. 宣传教育和被宣传教育关系。企业事业单位依据应急管理相关法律法规和其他法律法规，对本企业周边可能受到突发事件危害的社会公众进行应急管理知识和能力的宣传教育。企业事业单位处于应急管理宣传教育工作的主动地位，是宣传教育实施者；周边居民接受企业事业单位的应急管理宣传教育，是被宣传教育者，处于被动地位。

4. 保护和接受保护关系。企业事业单位依据应急管理相关法律法规和其他法律法规，保护本单位员工的合法应急管理权益，为员工提供符合应急管理相关法律法规和标准要求的、安全健康的工作环境和条件。企业事业单位处于应急管理工作保护的主动地位，是保护提供者；企业事业单位员工接受企业事业单位应急管理工作权益的保护，处于被动地位，是接受保护者。同时，企业事业单位依据应急管理相关法律法规和其他法律法规，保护周边居民的合法应急管理权益，为居民提供符合应急管理相关法律法规和标准要求的、安全健康的周边环境和基本安全保护，确保居民的安全和健康。企业事业单位处于应急管理工作保护的主动地位，是保护提供者；企业事业单位周边居民接受企业事业单位应急管理工作权益的保护，是接受保护者，处于被动地位。

5. 权利保障维护与接受维护保障权利关系。企业事业单位依据应急管理相关法律法规和其他法律法规，维护本单位员工和周围居民的合理应急管理权益，保障和维护本单位员工和周围居民对应急管理合理、合法的诉求，保障和维护本单位员工、周围居民参加、参与相关的应急管理事物的权利。企业事业单位处于应急管理工作权利保障和权益维护的主动地位，是权利保障维护者；企业事业单位员工和周边居民接受企业事业单位应急管理的权利保障和权益维护，是接受保障维护者，处于被动地位。

6. 参与协调与接受协调关系。企业事业单位依据应急管理相关法律法规和其他法律法规，应该创造合适的环境和条件，使本单位员工、周边居民和社会组织参与本单位应急管理有关事务的协调、协商，特别应该确保员工和周边居民对应急管理事务的知情权。在对本单位应急管理事项协调中，企业事业单位及其主要负责人处于主动地位，是协调者；员工、周边居民和社会组织在企业事业单位应急管理事务协调中，受到企业事业单位的制约，是接受协调者，处于被动地位。

（三）企业事业单位员工与其他责任主体的关系

企业事业单位员工在应急管理过程中，参与相关应急管理体系建设，有权参与应急管理相关法律法规、政策文件、强制性标准的制修订工作，有权参与确定应急管理的体制、机制、法治和工作格局建设，为了保护自身的安全健康权益，依法对党政机关、企业事业单位、社会组织的应急管理工作进行监督；应按照法律法规和国家政策的要求，在生产经营活动中，参与企业事业单位建立健全应急管理相关规章制度并监督贯彻执行情况。

同时，企业事业单位员工应当自觉执行应急管理相关法律法规、政策文件、强制性标准，自觉维护法律法规要求的、合格的生产环境和条件，参与本单位和生产产品、提供服务的突发事件风险控制活动，参与突发事件应对，自觉接受应急管理教育培训，主动提高应急管理素质和能力，以便使自己具备所从事岗位应急管理和突发事件应对的意识和能力。

总体而言，企业事业单位员工是本单位突发事件危害的直接受害者，也是本单位应急管理成效的直接受益者，无论是在国家应急管理事务中，还是在本单位应急管理事务中，尽管可以主动积极参加，但其参加事务的机会和参加的过程都会受党政机关、企业事业单位的制约，几乎在所有应急管理事务中都处于被动地位，是被动的参加者。但是，应急管理相关法律保护的首要对象之一就是企业事业单位员工，因此，应急管理相关法律法规，应该明确规定企业事业单位员工参与应急管理事务管理、决策的权利，包括：参与的具体应急管理事务、参与的过程和时机、参与形式和方式（可以个人参与，还是选出代表参与）、参与的内容，以及党政机关和企业事业单位采纳提出意见和建议的形式、应急管理信息公开的要求等。

应急管理相关法律法规规定的企业事业员工与其他责任主体的关系主要有：

1. 监督和被监督关系。企业事业单位员工具有保护本单位合法利益的义务，在接受社会公众监督过程中，应从维护本单位利益的视角，向社会公众依法、实事求是地说明（证明）本单位的应急管理活动、事务和工作绩效。在接受社会公众和社会组织对本单位应急管理事务的监督过程中，虽然是被监督者，但处于主动地位。

2. 教育培训和被教育培训关系。企业事业单位员工自觉接受党政机关、企业事业单位的应急管理知识和技能的教育培训，处于被动地位，是接受教育培训者。企业事业单位员工具有接受应急管理知识和技能教育培训的义务，自觉接受教育培训，掌握从事本岗位工作的应急管理知识和能力，不仅对自己的安全是十分重要的，对组织和其他相关人员（包括自己的家庭成员）也是十分重要的。

3. 保护和被保护关系。企业事业单位员工应该要求党政机关和企业事业单位，提供应急管理法律法规和标准规定的、能够确保安全健康的应急管理环境、条件和氛围，监督党政机关和企业事业单位保护自身应急管理合法权益的情况。虽然处于被动地位、是被保护者，但应主动要求党政机关和企业事业单位保护自身应急管理的合法权益，依法拒绝不满足应急管理相关法律法规要求、不安全健康的工作环境和氛围。

4. 参与协调与接受协调关系。企业事业单位员工具有参与党政机关和企业事业单位相关应急管理事务的权利，在与党政机关和企业事业单位就相关应急管理事务协调过程中处于被动地位，是接受协调者。在针对本单位应急管理事务与周边居民、社会组织的协调中，应从维护本单位利益的视角，向周边居民、社会组织依法、实事求是地说明（证明）本单位的应急管理活动、事务和工作绩效。在参与周边和社会组织对本单位应急管理事务协调的过程中，虽然是被协调者，但处于主动地位。

（四）社会组织和社会公众与其他责任主体的关系

社会组织和社会公众在应急管理过程中，参与公共应急管理体系建设，有权参与应急管理相关法律法规、政策文件、强制性标准的制修订工作，有权参与确定公共应急管理体制、机制、法治和工作格局，为了保护自身的安全健康权益，依法对党政机关、企业事业单位、社会组织的应急管理工作进行监督；按照法律法规、国家政策、强制性标准和党政机关、企业事业单位应急管理的承诺，监督公共应急管理体系的建设情况、运行情况及其运行成效，监督党政部门的应急管理相关法律法规、政策文件、强制性标准的建设情况、执行情况、实施情况和实际效果，监督企业事业单位贯彻执行应急管理相关法律法规、政策文件、强制性标准的情况，监督企业事业单位应急管理体系建设、运行情况及其运行成效，监督企业事业单位应急管理相关规章制度建设情况、执行情况、实施情况和实际效果。

同时，社会组织和社会公众应当自觉执行应急管理相关法律法规、政策文件、强制性标准，自觉维护法律法规要求的、合格的公共应急管理环境和条件，参与突发事件防灾、减灾、救灾和灾后恢复以及突发事件风险的监测、评估、预警预报和风险消减，积极参加应急管理教育培训，主动提高应急管理素质和能力，使自己成为合格的应急管理和突发事件应对的组织和公民。

总体而言，社会组织和社会公众是突发公共事件危害的直接受害者，也是公共应急管理成效的直接受益者。社会组织及公众是企业事业单位突发事件危害的间接受害者，也是企业事业单位应急管理成效的间接受益者。无论是在国家应急管理事务中，还是在企业事业单位应急管理事务中，尽管可以主动积极参加，但其参加事务的机会和参加过程都会受党政机关、企业事业单位的制约，几乎在所有应急管理事务中都处于被动地位，是被动的参加者。但是，社会公众是公共应急管理相关法律首要保护的对象和事故灾难类应急管理相关法律首要保护的对象之一，应急管理相关法律法规，应该明确规定社会公众参与应急管理事务的权利，包括：参与的具体应急管理事务、参与的过程和时机、参与形式和方式（以个人参与，还是选出代表参与）、参与的内容，以及党政机关和企业事业单位采纳提出意见和建议的形式、应急管理信息公开的要求等。

第三章 应急管理相关法律
分析评价方法

　　一部全面、适应、有效的综合性的应急管理相关法律，应该包括对该法律所针对一类事件的应急管理全过程并包括各相关方、在各个应急管理过程的主要职责、权力和义务，应该符合我国政体和国情，应该明确规定主要的违法非法行为及其处罚。本章根据应急管理相关法律分析评估的需要，首先分析了应急管理过程及其主要工作，在此基础上，结合第二章分析的应急管理相关责任主体及其关系，提出了应急管理相关法律分析评价的一级评价指标，进而分解为二级评价指标，进一步分解为三级评价指标，构建出应急管理相关法律分析评价指标体系。针对突发事件的危害识别、风险监测、风险评价、危机预警与干预、事件应急响应与处置、事后恢复等6个过程以及总则和法律责任等两个方面，涉及突发事件应急管理的党政机关、企业事业单位、社会组织和社会公众等4类责任主体的评价指标，采用给每个一级评价指标或者每个三级评价指标平均赋值的方法，确定应急管理相关法律系统性和完整性分析评估的主要内容及其阈值，建立了一种半定量的综合性应急管理相关法律分析评估方法。

第一节 应急管理过程及其主要工作

　　分析各类突发事件发生、发展过程可知，尽管不同类别突发事件的责任主体、基本前提、党政机关职责定位、适应法律法规以及预测、预报、预警的准确性等有所不同，但是针对突发事件的防灾、减灾、救灾和灾后恢复及其风险的监测、评估研判、预警预报和风险消减的过程是基本相同的。从对应急管理相关法律评估分析的需要，将突发事件应急管理过程及其工作概括为：突发事件危险因素识别监测、突发事件风险评估研判、突发事件预警预报、突发事件应急处置、突发事件灾后恢复以及应急监督管理等，如图 3.1 所示。

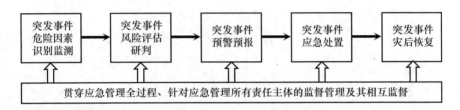

图 3.1 应急管理过程及其工作概念模型

一 突发事件危险因素

系统安全理论告诉我们，进行突发事件危险因素（风险因子）识别是开展突发事件风险管理的前提。也就是说，没有突发事件危险因素的识别，就不可能有效开展突发事件风险管理。因此，在突发事件相关法律中，应该对突发事件危险因素识别提出要求，包括：突发事件危险因素的构成（组成）、由谁进行风险因素的识别、怎么识别风险因素以及开展风险因素识别的过程和要求等。

（一）危险因素的类别

突发事件危险因素有多种分类方法，这些分类方法为制定应急管理相关法律及其执法提供了便利，为分析突发事件相关犯罪及其量刑提供了便利，也为建立应急管理相关法律评估分析模型提供了思路。

1. 事故灾难的危险因素

针对事故灾难，最常用的危险因素分类方法是按照突发事件危险因素的载体性质不同的分类方法。该方法将突发事件危险因素分为物的不安全状态、人的不安全行为、环境（场所）的不安全因素和管理缺陷。

2. 自然灾害的危险因素

针对地震、气象灾害、滑坡、泥石流、洪水等自然灾害，除人类活动影响自然灾害风险大小外，自然灾害本身的产生、发展过程和发生时的强度也是决定自然灾害风险的主要因素，因此自然灾害危险因素可以分为自然灾害发生、物的不安全状态、人的不安全行为、环境（场所）的不安全因素和管理缺陷。

3. 生态环境类事件突发事件的危险因素

针对生态环境类突发事件，人类活动对其风险的影响比较复杂，即有人类活动的长期影响，也有人类生产生活活动的短期影响。但是，无论是人类活动的长期影响的积累，还是人类的生产生活活动短期影响的突然致灾，都是人类活动的影响。因此，可以概括为物的不安全状态、人的不安全行为、环境（场所）的不安全因素和管理缺陷。

4. 突发公共卫生事件的危险因素

针对突发公共卫生事件，即有人类活动影响造成的，也有自然因素导致的。

（1）人的因素造成的突发公共卫生事件。如重特大食物中毒突发事件就是人类活动造成的。再如由于某类病菌管理不善，造成疫情暴发，也是人类活动造成的。这种情况，就可以将突发公共卫生事件危险因素分为物的不安全状态、人的不安全行为、环境（场所）的不安全因素和管理缺陷。

（2）非人的因素造成突发公共卫生事件。非人的疏忽或者人类活动造成的疫情，但疫情的暴发与人类环境密切相关，如"非典"的大流行就是这种情况。这时可以将突发公共卫生事件危险因素分为疫情发生与物的不安全状态、人的不安全行为、环境（场所）的不安全因素和管理缺陷。

5. 突发社会安全事件的危险因素

突发社会安全事件是社会因素引发的各类突发事件，是人的因素造成的突发事件，是社会中的危险的人造成的。事件的扩大及其影响，是由人的因素决定的。但是，事件的影响与物的状态密切相关，物的安全状态越好，事件的危害（损失）就越小，反之，就越大。同时，发生在不同的环境（场所），事件的影响也是不一样的。因此，突发社会安全事件危险因素可以分为危险的人与物的不安全状态、人的不安全行为、环境（场所）的不安全因素和管理缺陷。

综上所述，从应急管理相关法律及其犯罪的角度，突发事件危险因素可以分为突然发生的事件与物的不安全状态、人的不安全行为、环境（场所）的不安全因素和管理缺陷。

（二）突然发生的事件

突然发生的事件不同于突发事件。突发事件是突然发生并已经产生了人们不希望后果的事件，不希望的后果可以是人的死亡和受伤、财产损失、环境污染、生态破坏、不良社会影响或者其他不良影响。突然发生的事件是突然发生的，但未必产生了人们不希望后果，在这样的事件发生时，产生的后果受到人的因素的影响。目前，包括《突发事件应对法》在内，应急管理相关法律都是针对突然发生的事件制定的，在这些法律中规定的突发事件的防灾、减灾、应急和灾后恢复都是针对人的行为的。人类遇到或者曾经发生过的突发事件主要有：

1. 火灾、爆炸（物理性爆炸、化学性爆炸和混合型爆炸）、坍塌、交通事故（陆上交通事故、水上交通事故、空中交通事故）、物体打击、物体撞击、淹水、溃坝等生产生活事故类突发事件；

2. 因为自然现象的异常对人的生存带来危害或者破坏人类正常的生产生活活动的自然现象的水灾、旱灾、滑坡、泥石流、风暴潮、雷雨电、海啸、地震、火山爆发等自然灾害类突发事件；

3. 对人类的生活环境造成破坏或者对生态环境损坏的大气污染、海洋污染、河流污染、湖泊污染、土壤污染、噪声污染和草场功能退化、森林病虫害、海水温度异常等生态环境损害类突发事件；

4. 造成人类、动物的大量异常疾病、伤害或者死亡的人类传染病疫情、陆生生物传染病疫情、各种鸟类传染病疫情、水生生物传染病疫情等突发公共卫生类突发事件；

5. 由于人民内部矛盾的积累、激发的以暴力手段实施对社会的破坏性的恐怖袭击、阻塞交通、聚众闹事、群体上访、非法集会、非法围堵、静坐请愿，与党政机关、社会组织、企业事业单位形成对峙等社会安全类突发事件。

（三）人的不安全行为

在不同的行业、从不同视角看，对人的不安全行为的理解和认识不同。关于安全管理的不安全行为，前人已经有很多论述，对人的不安全行为的概念和具体的人的不安全行为都进行了说明。在总结前人论述的基础上，从应急管理相关法律的立法、执法和刑罚的需要，以及建立应急管理相关法律分析评估模型的需要，对人的不安全行为做出进一步解释和分析归类。

1. 人的不安全行为的解释

人的不安全行为，首先是人的行为，其次是不安全的行为。此处的人是指法律的行为人，即做出法律某种行为的人。而不安全是相对危险的，不安全的行为就是危险的行为。同时，这样的人的不安全行为，是违反法律法规、标准或者惯例的行为，没有按照或者没有完全按照法律法规、标准的规定，或者没有按照惯例做出的行为。因此，从应急管理相关法律的立法、执法和刑罚以及应急管理相关法律分析评估的视角，对人的不安全行为可作如下说明：

（1）人的不安全行为是应急管理相关法律中的行为人的行为。应急管理相关法律法规明确法律行为人，当然不同的应急管理相关法律法规中的行为人是不同的。如《安全生产法》明确的行为人主要有：

①各级人民政府及其部门涉及安全生产工作的人；

②生产经营单位的主要负责人、负责人、各岗位的责任人员、安全生产管理人员、从业人员和其他安全生产工作相关人员；

③建设项目安全设施的设计人、审查部门的审查人员；

④安全生产监督管理部门和其他负有安全生产监督管理职责的部门的监督检查人员、工作人员和其他涉及安全生产监督管理的人员；

⑤安全评价、认证、检测、检验机构的相关工作人员；

⑥新闻、出版、广播、电影、电视等单位进行安全生产公益宣传教育工作的相关人员等。

（2）人的不安全行为是可能导致或者已经导致突发事件发生、可能引起或者已经引起突发事件危害增大的行为。不安全是相对于安全而言的，没有绝对的安全。在应急管理相关法律的立法、执法和处罚中，必须明确不安全。简单说，不安全等同于危险。即所谓不安全行为，就是人的行为导致发生突发事件或者引起突发事件危害增大的后果可能性超过了人们的承受能力。所以不安全行为包括：

①导致或者可能导致突发事件发生的人的行为。如人的误操作可能造成生产安全事故，人的误操作是不安全行为；

②引起或者可能引起突发事件危害扩大的行为。如人从防洪堤取土可能引起洪水时期的决堤、造成洪水泛滥，人从防洪堤取土的行为是人的不安全行为。

（3）人的不安全行为是违反应急管理相关法律的行为。从应急管理相关法律分析评估的需要，人的不安全行为必须是在应急管理相关法律法规中对行为人有要求，但行为人没有按照要求去做的人的行为。这里的应急管理相关法律法规包括：应急管理相关法律、行政法规、地方性法规、部门规章和标准，以及其它应急管理相关规范性文件和政策等。也就是说，在应急管理相关法律法规中，对应急管理工作提出了要求，但是法律中的行为人违反了法律法规的规定，做出的行为不能达到、不能满足或者违反要求。如《安全生产法》规定，生产经营单位的安全生产管理人员检查本单位的安全生产状况，及时排查生产安全事故隐患，提出改进安全生产管理的建议。因此，按照《安全生产法》对生产经营单位安全生产检查人员的要求，安全生产管理人员的下列行为属于人的不安全行为：

①没有履行安全检查职责的行为；

②检查中应该发现问题而没有发现问题的行为；

③做出错误的安全检查的行为；

④编造安全生产检查记录的行为；

⑤做出错误的安全生产检查记录的行为；

⑥没有如实做安全生产检查记录的行为等。

2. 人的不安全行为的表现形式

人的行为是在各种内外部刺激影响下做出的。管理心理学认为，人的行为有六个特点，即行为具有的目的性、能动性、预见性、程序性、多样性和可测性。目的性就是指行为是一种有意识的、自觉的、有计划的、有目标的、可以加以组织的活动，是自觉的意志行动。能动性是指人的行为动机是客观世界作用于人的感官，经过大脑思维所作出的一种能动反映，并且人的行为不是消极地适应外部世界，而是一个能动地改造世界的过程。预见性是指人的行为方式和行为结果等是可以预见的，因为人的行为具有共同的规律。多样性是指人的行为有性质不同、时间长短不同、难易程度不同等的区别。可测性是指人的行为通过各种手段可进行计划、控制、组织和测度。据此，人的不安全行为主要包括以下行为：

（1）引起或可能引起生产安全事故发生或危害扩大的人的不安全行为。生产安全事故可能是人为因素造成的，也可能是自然灾害次生（衍生）造成的。但从应急管理相关法律的角度，关注的主要是生产安全事故中的人为因素。该类人的不安全行为包括：

①直接引起或可能直接引起生产安全事故发生的人的行为。如不按照操作规程开动、关停、移动机器，在具有爆炸危险的区域进行无任何防护的动火作业；

②间接引起或者可能间接引起生产安全事故发生的人的行为。如随意移动安全标志的位置，没有按照规定进行安全教育培训；

③直接引起或者可能直接引起生产安全事故危害扩大的人的行为。如不穿戴任何防护装置和不佩戴任何防护设备的人，进入密闭场所对中毒窒息人员实施救助的行为；

④间接引起或者可能间接引起生产安全事故危害扩大的人的行为。如在生产安全事故应急处置过程中的瞎指挥，强令没有防护的人员进入危险场所救人或者抢险作业的行为等。

（2）可能引起自然灾害危害扩大的人的不安全行为。自然灾害是指因为自然因素造成的人类生存危害。传统安全理论认为，自然灾害是自然因素造成的人类危害，其发生与人类活动无关。但是，现代安全理论认为，自然灾害的发生与人类活动（包括短期和长期的人类活动）有关。然而，从应急管理相关法律及其犯罪的角度，还无法界定人类活动在引起自然灾害发生时的犯罪。因此，该类的人的不安全行为主要包括：

①直接引起或者可能直接引起自然灾害危害扩大的人的行为。如在龙卷风经过的水域扑鱼，在没有任何防护设施的情况下消防人员进入火焰龙卷风中救人，浓雾环境中在高速公路快速驾车行驶等；

②间接引起或者可能间接引起自然灾害危害扩大的人的行为。如在接到台风预警后没有采取任何防台风措施，在泄洪道内建设建筑物阻塞泄洪道，在应该发布冰雹预警时没有发出预警等。

（3）引起或可能引起突发公共卫生事件或危害扩大的人的不安全行为。突发公共卫生事件即包括人的因素引起的突发公共卫生事件，也包括非人的因素引起的突发公共卫生事件。前者，如突发食物中毒，突发药物中毒，突发食品不安全事件，突发药品不安全事件，突发职业中毒，突发职业病事件，由于传染病原体管理不善造成意外传染病流行或者社会恐慌事件，重大饮用水污染等。后者，主要是指各类传染病，如"非典"、鼠疫、新冠肺炎等。在重大自然灾害、重大生产安全事故、重大生态环境事件发生后，特别容易次生（衍生）突发公共卫生事件，这也是应急管理相关法律与刑事处罚研究的重要内容。该类人的不安全行为包括：

①直接引起或者可能直接引起突发公共卫生事件发生的人的行为；

②间接引起或者可能间接引起突发公共卫生事件发生的人的行为；

③直接引起或者可能直接引起突发公共卫生事件危害扩大的人的行为；

④间接引起或者可能间接引起突发公共卫生事件危害扩大的人的行为。

（4）引起或可能引起突发社会事件或危害扩大的人的不安全行为。

突发社会安全事件是指因人民内部矛盾而引发，或因人民内部矛盾处理不当而积累、激发，由部分公众参与，有一定组织和目的，采取围堵党政机关、静坐请愿、阻塞交通、集会、聚众闹事、群体上访等行为，并对政府管理和社会秩序造成影响，甚至使社会在一定范围内陷入一定强度对峙状态的群体性事件。该类人的不安全行为包括：

①直接引起或者可能直接引起突发社会安全事件发生的人的行为；

②间接引起或者可能间接引起突发社会安全事件发生的人的行为；

③直接引起或者可能直接引起突发社会安全事件危害扩大的人的行为；

④间接引起或者可能间接引起突发社会安全事件危害扩大的人的行为。

（5）引起或可能引起生态环境破坏事件或危害扩大的人的不安全行为。

生态环境破坏事件是指由于污染物排放或自然灾害、生产安全事故等因素，导致污染物或放射性物质等有毒有害物质进入大气、水体、土壤等环境介质，突然造成或可能造成环境质量下降，危及公众身体健康和财产安全，或造成生态环境破坏，或造成重大社会影响，需要采取紧急措施予以应对的事件，主要包括大气污染、水体污染、土壤污染等突发性环境污染事件，以及核污染事件。生态环境破坏事件可能是人为因素造成的，也可能是自然灾害次生（衍生）造成的。但从应急管理相关法律的角度，关注的主要是生态环境破坏事件中的人为因素。该类人的不安全行为包括：

①直接引起或者可能直接引起生态环境事件发生的人的行为。如将可以致鱼类死亡的剧毒危险物质大量倒入河流，向土地中排放大量可致使土地污染的危险废弃物；

②间接引起或者可能间接引起生态环境事件发生的人的行为。如有环境污染危险的矿物尾矿库防渗设计不达标或者施工存在质量问题，存在污水向尾矿库下部或者周边渗流的危险；

③直接引起或者可能直接引起生态环境事件危害扩大的人的行为。如在有毒尾矿库溃坝发生时，采取了不当的处置措施，致使溃坝的尾矿造成二次污染事件的发生；

④间接引起或者可能间接引起生态环境事件危害扩大的人的行为。如在生态环境破坏事件发生后，作为处置的领导者做出错误决策，制定了可能造成二次污染的应急处置方案的行为。

（四）物的不安全状态

对于人的应急管理过程而言，物的状态有两种，即安全状态和不安全状态。物的安全状态和物的不安全状态都是相对的，不安全状态是相对于安全状态的，而安全状态是相对于不安全状态的。因此，在不同的时代和不同的经济社会发展水平，人们对物的不安全状态的认识是不同的。

1. 物的不安全状态的解释

从应急管理相关法律分析评估的视角，所谓物的不安全状态是指，在一定的经济社会发展阶段，按照社会对突发事件发生、发展、扩大以及事后处理的接受水平和能力，人们认为物的存在形式导致、可能导致突发事件发生或危害扩大而使得突发事件造成的后果无法接受的物的状态。

2. 物的不安全状态的表现形式

对于导致、可能导致突发事件发生或危害扩大的物的不安全状态，可以有如下几类形态。

（1）物本身存在缺陷。自然界中存在的物本身就存在缺陷，这样的缺陷可能是生成物时就存在的，也可能是岁月的流逝逐渐形成的。如刹车制动装置设计不当或者没有刹车制动装置的汽车本身就存在刹车失灵的危险，这样的危险是在制造该汽车时就形成的。山体经过长年的风蚀存在山体滑坡的危险，这样的危险是自然因素的长期作用的结果。

（2）人为因素的作用致使物以不安全状态存在。由于人为因素的长期、短期的作用，或者物的一部分被拆除、被破坏，致使物由本来的安全状态转变为不安全状态。如山体本身不存在滑坡的危险，但由于人在山体下部开采砂石料，增加了山体滑坡的风险，随时处于可能发生山体滑坡的状态，山体成为不安全的山体。将重物放置在没有防护的高处，致使物处于高处坠落的状态。

（3）自然因素的作用致使物以不安全状态存在。由于自然因素的长期、短期作用，改变了物本身的形态或状态，致使物由本来的安全状态转变为不安全状态。如山体本身不存在滑坡的危险，但由于风雨等自然因素的长年侵蚀，使山体变得陡峭，使山体滑坡的风险增大，山体成为不安全的山体。

（4）外部环境的改变致使物以不安全状态存在。物在原来的环境条件下是安全的，但是由于外部环境条件的变化，致使物由本来的安全状态转变为不安全状态。如按照地震烈度为 7 度设计的建筑物，平时是安全的，但是在该地区预报地震烈度可能在 7 度以上时，该类建筑物就成了危险建筑物。再如受控的危险物品、放置在受控的场所是处于安全状态的物，而非受控的危险物品、放置在非受控的场所就是处于不安全状态的物。

（五）环境（场所）的不安全因素

人和物都是存在于环境（场所）的，将安全的物和能够做出安全行为的人，放置在不安全的环境（场所）中，就可能导致突发事件的发生。对于人的应急管理过程而言，环境（场所）的不安全因素是以人的不安全行为、物的不安全状态或者管理的缺陷等形式表现出来的。

按照系统安全理论，应急管理系统是一个宏观的复杂系统。该系统由人、物及其相关关系构成。在环境（场所）的人做出不安全行为，就使该环境（场所）成为不安全的环境（场所）；物存在不安全的状态，也使该环境（场所）成为不安全的环境（场所）；人与人的联系和关系、人与物的联系和关系、物与物的联系和关系是需要管理来实现的。如果管理存在缺陷，就可能将上述的联系或者关系由安全状态转变为不安全状态，从而形成环境（场所）的不安全因素。

1. 组成环境（场所）的因素是不安全因素。概括而言，就是环境（场所）中存在不安全因素，该因素可能是做出不安全行为的人，也可能是存在不安全状态的物。如导致或者可能导致生产安全事故发生的环境（场所）的不安全因素有：环境（场所）的照度不良、行人通道宽度不够、存在爆炸性气体等，这些都属于物的不安全状态，照度不良是照明设备的不安全状态，行人通道宽度不够是行人通道的不安全状态，存在爆炸性气体是气体本身的不安全状态。

2. 环境（场所）因素的联系或者关系是不安全因素。构成环境（场所）的因素的联系或关系不合适、中断等都是不安全因素。

（1）构成环境（场所）的因素的联系或关系不合适包括：应该有的联系或关系没有建立，应该没有的联系或关系建立了，应该简单的联系或关系过于复杂等。

（2）管理缺陷就是环境（场所）的不安全因素。如无规章制度、无安全措施、无管理体系以及安全教育培训不够、安全检查不够、安全制度不落实等，都可能导致生产安全事故的发生，这些都是管理缺陷，是环境（场所）的不安全因素。

二　突发事件风险识别监测、评估、预警和预报

突发事件风险的监测、评估、预警和预报是应急管理的重要过程，也是防控突发事件风险的主要工作。在应急管理相关法律中，应该对这些重要过程及其主要工作内容作出明确规定。建立应急管理相关法律分析评估模型，就是要分析评估应急管理相关法律中是否对这些重要过程及其主要工作内容作出规定，以及规定是否明确、具体、合理和可行。

（一）突发事件风险监测及其主要工作

突发事件风险监测是应急管理重要的一环，是在突发事件危险因素识别的基础上进行的，没有突发事件危险因素识别，就无法开展突发事件风险监测；而风险监测工作又是突发事件风险评价的基础，没有风险监测工作就无法开展突发事件风险评价。因此，作为系统性、完整性的应急管理相关法律，应对突发事件风险监测做出规定，对重要的、重大的突发事件风险管理应提出明确的要求。

1. 关于突发事件风险监测

（1）监测。监测是应用非常广泛的一个汉语词语，具有测试、测量、监视、检测、监听等意思。我们通过不同渠道可以听说、了解和认识的监测形式也很多。如煤矿瓦斯监测、网络舆情监测、风暴潮监测、台风监测、山体滑坡监测、尾矿库溃坝监测、石化装置火灾爆炸监测、建筑物火情监测、地震烈度监测、环境监测、建筑变形监测、大气污染监测、水质污染监测、土壤污染监测、生物污染监测等，都是针对某类事情或活动的监测。

（2）突发事件风险监测。突发事件风险监测就是对突发事件的风险进行测试、测量、监视、检测、监听等。突发事件形式是多样的，针对突发事件风险监测因突发事件不同而异。如生产安全事故风险监测就是对生产安全事故风险的测量，生态环境突发事件风险监测就是对生态环境突发事件风险的检测，台风监测就是对台风是否经过以及经过时可能的强度的测量与监视，突发公共安全事件风险监测是对突发公共安全事件风险的监视、监听。

（3）突发事件风险监测程序。突发事件风险监测的程序一般包括：根据突发事件危险因素识别的结果选定监测指标（即监测什么）、确定监测方法（用什么手段和方法监测）、设定监测阈值（即选择监测范围）、实施监测。

（4）突发事件风险监测方法。针对不同的突发事件风险有不同的监测方法。在选择突发事件风险监测方法时，应根据突发事件及其风险监测指标特点和要求，确定适应的监测方法。关于重要的风险监测的监测方法的选择，在应急管理相关法律中应该有所规定。即使在应急管理相关法律中没有明确突发事件风险监测方法的规定，但是只要在法律中明确提出了风险监测要求，就应该在应急管理相关法规、规范性文件或者技术标准中有确切的规定。

2. 突发事件风险监测内容

突发事件风险监测是通过监测突发事件的关键指标来实现的。表征突发事件风险关键指标，即表征突发事件是否发生和发生的危害程度的关键指标，因突发事件种类而异，具有很强的技术性、专业性。前人在归纳各类突发事件风险表征关键指标的基础上，提出了突发事件风险表达式：

$$R = f\,(F,\ C)$$

式中：R—突发事件风险；

F—突发事件发生的可能性；

C—突发事件发生后果的严重性。

在针对突发事件风险的监测中，需要选择合适的监测指标。如煤矿瓦斯爆炸风险监测，需要检测煤矿各作业场所、生产场所的瓦斯浓度，监视各作业场所的火源，如果检测到某个地点的瓦斯浓度超过瓦斯限制浓度就是瓦斯浓度超标，违反了相关法规或标准；如果检测到某个地点瓦斯浓度达到或超过瓦斯爆炸极限，遇到火源就会发生瓦斯爆炸，所以要监视作业场所的火源，以确保该作业场所没有火源，只有这样才能避免瓦斯爆炸事故的发生。

如通过风云监测可以监测风暴潮风险。2016 年我国发射的风云四号 A 星搭载了多通道扫描成像辐射计、干涉式大气垂直探测仪、闪电成像仪、空间天气监测仪等仪器设备，可以监测大气温度、湿度的三维结构和高时空分辨率图像，实现空间分辨率达 500m 的台风、暴雨、寒潮、暴雪、冰雹等灾害性天气风险的监测。2017 年我国发射的风云三号 D 星搭载了红外高光谱大气探测仪等 10 台先进的探测仪器设备，对台风、暴雨、寒潮、暴雪、冰雹等灾害性天气风险的监测空间分辨率有了很大程度的提高。

再如，为了预防山体滑坡，对山体滑坡风险进行监测，监测的指标是山体若干个点位的位移量。在采用固定点监测方法时，监测工作包括：（1）测点埋设。在地表下沉的纵向和横向影响范围内选择监测点埋设监测传感器；（2）观测位移量。通过自动监测设备或手工读数的方式获得若干个点位的位移量；（3）进行数据处理分析；（4）将分析结果与经验阈值进行对比，判断存在山体滑坡的风险。

3. 突发事件风险监测的法律问题

突发事件风险监测的法律问题是人类进入风险社会以后出现的问题。随着人们对突发事件风险认识的提高和自身安全健康保护观念的增强，特别是人为因素引起的各类突发事件风险不断增多，以及这些风险对人类安全健康威胁越来越大，使人们逐渐认识到，突发事件风险监测的极其重要性，必须以法的形式对突发事件风险监测做出明确的规定。突发事件风险监测的法律问题主要是，解决突发事件风险监测是否必须用法的形式规定的问题；如果做出规定，由谁进行监测、怎么监测和监测数据的使用问题；由谁对监测结果负责的问题；以及监测发现的问题如何追究法律责任的问题等。

（1）突发事件风险监测是否必须用法的形式规定的问题。这个看似非常简单的问题，但在现实立法过程中是非常复杂的问题，因为一旦法律规定对某类突发事件风险做出监测的规定，就必然涉及到监测什么、怎么监测、由谁监测、谁对监测结果负责、监测结果是否公开和怎么公开、监测结果如何使用等一系列问题。近年来，我国对是否以法的形式规定突发事件风险监测的问题，进行了立法实践。

在 2014 年 8 月 31 日第十二届全国人民代表大会常务委员会第十次会议修改通过、自 2014 年 12 月 1 日起施行的《安全生产法》中，没有提出生产安全事故风险监测的要求，仅在第三条中规定"安全生产工作应当以人为本，坚持安全发展，坚持安全第一、预防为主、综合治理的方针"，在第四条中规定生产经营单位必须推进安全生产标准化建设。按照系统安全理论，"综合治理""建设安全生产标准化"包括了生产安全事故风险监测。但是，这样的规定，还是不明确的。

在 2015 年 4 月 24 日第十二届全国人民代表大会常务委员会第十四次会议修订通过，自 2015 年 10 月 1 日起施行的《食品安全法》①中，对食品安全风险监测做出了明确的规定。第五条规定，国务院卫生行政部门依照本法和国务院规定的职责组织开展食品安全风险监测；第十四条规定，国家建立食品安全风险监测制度，对食源性疾病、食品污染以及食品中的有害因素进行监测。对有关部门通报的食品安全风险信息以及医疗机构报告的食源性疾病等有关疾病信息，国务院卫生行政部门应当会同国务院有关部门分析研究，认为必要的，及时调整国家食品安全风险监测计划。

---

① 《食品安全法》，2009 年 2 月 28 日第十一届全国人民代表大会常务委员会第七次会议通过，2015 年 4 月 24 日第十二届全国人民代表大会常务委员会第十四次会议修订通过。全国人大网，http：//www.npc.gov.cn/，2019 年 6 月 7 日。

第五条 ……国务院卫生行政部门依照本法和国务院规定的职责，组织开展食品安全风险监测和风险评估……

第十四条 国家建立食品安全风险监测制度，对食源性疾病、食品污染以及食品中的有害因素进行监测。国务院卫生行政部门会同国务院食品药品监督管理、质量监督等部门，制定、实施国家食品安全风险监测计划。

国务院食品药品监督管理部门和其他有关部门获知有关食品安全风险信息后，应当立即核实并向国务院卫生行政部门通报。对有关部门通报的食品安全风险信息以及医疗机构报告的食源性疾病等有关疾病信息，国务院卫生行政部门应当会同国务院有关部门分析研究，认为必要的，及时调整国家食品安全风险监测计划……

当然，进行食品安全风险监测是为了确保食品安全，加强突发食品安全事件应急管理仅是其目的之一。通过食品安全风险监测，系统和持续地收集食源性疾病、食品污染以及食品中的有害因素的监测数据及相关信息，进行综合分析研判，以便应对食品安全的挑战。

（2）突发事件风险监测什么、怎么监测、由谁监测、谁对监测结果负责等问题。这方面的问题涉及社会发展水平和经济能力以及突发事件风险监测的科技水平和能力。从突发事件风险应急管理的视角，监测的突发事件风险指标越多、越详细、越全面越好。但是，突发事件风险监测要付出成本，因为不仅监测本身需要监测仪器设备投入、需要使用工时、需要资金投入，而且监测必将与生产加工产生冲突，从而影响生产效率。此外，如果突发事件风险监测科技水平和能力不够，还可能发生监测数据失真，不能获得科学、有效、准确的监测数据和信息，从而影响突发事件的应急管理。

《食品安全法》对食品安全风险监测什么、怎么监测、由谁监测、谁对监测结果负责等问题进行了立法实践。关于由谁监测和谁对监测结果负责的问题，第十五条规定，"承担食品安全风险监测工作的技术机构应当根据食品安全风险监测计划和监测方案开展监测工作，保证监测数据真实、准确，并按照食品安全风险监测计划和监测方案的要求报送监测数据和分析结果"。明确了食品安全风险监测由具备能力并满足要求的食品安全风险监测技术机构承担，并对监测结果负责。关于监测结果的法律效力和使用的问题，第十六条规定"食品安全风险监测结果表明可能存在食品安全隐患的，县级以上人民政府卫生行政部门应当及时将相关信息通报同级食品药品监督管理等部门，并报告本级人民政府和上级人民政府卫生行政部门。食品药品监督管理等部门应当组织开展进一步调查"。明确了食品安全风险监测结果具有法律效力，供本级人民政府和上级人民政府卫生行政部门、食品药品监督管理部门等部门使用。

（二）突发事件风险评价及其主要工作

风险评价也称为安全评价，在很多的文献资料[1][2][3]中都有论述。突发事件风险评价可能在突发事件发生前进行、发生时的应急处置过程中进行，也可能在发生后进行。进行突发事件风险评价的目的是为了确定突发事件风险，以便预防突发事件的发生或者减少突发事件的损失。

1. 关于突发事件风险评价

一些文献资料和法规标准中，对突发事件风险评价做出了解释或者说明。在《安全评价通则》[4] 中，将安全评价定义为，安全评价是指以实现安全为目的，应用安全系统工程原理和方法，辨识与分析工程、系统、生产经营活动中的危险、有害因素，做出评价结论的活动。安全评价可针对一个特定的对象（项目、工程、设备、设施），也可针对一定区域范围。

《安全评价通则》将安全评价分为三类，分别为安全预评价、安全验收评价、安全现状评价。安全预评价是指，在建设项目可行性研

---

[1] 孙华山编著：《安全生产风险管理》，化学工业出版社 2006 年版。

[2] 李美庆主编：《安全评价员实用手册》，化学工业出版社 2007 年版。

[3] 国家安全生产监督管理局（国家煤矿安全监察局）编：《安全评价通则》（安监管技装字〔2003〕37 号），煤炭工业出版社 2004 年版。

[4] 《安全评价通则》（AQ8001－2007），安全生产行业标准，于 2007 年 1 月 4 日由国家安全生产监督管理总局发布，2007 年 4 月 1 日实施。

究阶段、工业园区规划阶段或生产经营活动组织实施之前，根据相关的基础资料，辨识与分析建设项目、工业园区、生产经营活动潜在的危险、有害因素，确定其与安全生产法律法规、标准、行政规章、规范的符合性，预测发生事故的可能性及其严重程度，提出科学、合理、可行的安全对策措施建议，做出安全评价结论的活动。安全现状评价是指，针对生产经营活动中、工业园区的事故风险、安全管理等情况，辨识与分析其存在的危险、有害因素，审查确定其与安全生产法律法规、规章、标准、规范要求的符合性，做出安全现状评价结论的活动。显然，从上述的安全评价定义和说明分析，所谓的安全评价是针对工程、系统、生产经营活动的，安全评价的是生产安全事故风险。

食品安全风险评估是指，针对食品中造成或者可能造成人体健康危害的风险进行的风险评价。《食品安全风险评估管理规定（试行）》① 第五条明确规定，食品安全风险评估以食品安全风险监测和监督管理信息、科学数据以及其他有关信息为基础，遵循科学、透明和个案处理的原则进行。《食品安全法》第十八条规定，有下列情形之一的应当进行食品安全风险评估，这些情形分别是：

（1）通过食品安全风险监测或者接到举报发现食品、食品添加剂、食品相关产品可能存在安全隐患的；

（2）为制定或者修订食品安全国家标准提供科学依据需要进行风险评估的；

（3）为确定监督管理的重点领域、重点品种需要进行风险评估的；

（4）发现新的可能危害食品安全因素的；

（5）需要判断某一因素是否构成食品安全隐患的；

（6）国务院卫生行政部门认为需要进行风险评估的其他情形。

---

① 卫生部、工业和信息化部、农业部、商务部、工商总局、质检总局、国家食品药品监管局：《食品安全风险评估管理规定（试行）》（卫监督发〔2010〕8号），发布日期：2010年1月21日，实施日期：2010年1月21日。

　　食品安全风险评估针对的是食品，风险评估的是食品安全事故的风险。

　　《气象法》[①] 对气象灾害评估提出了要求，明确各级气象主管机构应当组织对重大灾害性天气的跨地区、跨部门的联合监测、预报工作，对重大气象灾害作出评估，为本级人民政府组织防御气象灾害提供决策依据。《甘肃省气象灾害风险评估管理办法》[②] 中定义了气象灾害风险评估，第三条规定"本办法所称气象灾害风险评估，是指对本行政区域内可能发生的，对人民生命财产安全、经济社会发展产生重大影响的气象灾害，以及与气象条件密切相关的城乡规划、重点领域或者区域发展建设规划和建设项目进行气候可行性、气象灾害风险性等分析、评估的活动"。气象灾害风险评估针对的是干旱、大风、沙尘暴、暴雨（雪）、冰雹、雷电、高温、霜冻、干热风、寒潮、低温冻害、结（积）冰、连阴雨、大雾等灾害性天气气候，风险评估的是灾害性天气气候事件的风险。

　　2. 突发事件风险评价内容、过程和要求

　　虽然不同类别的突发事件风险评价的内容、过程和要求有所差异，但可以概括为确定评价对象和范围、分析评价对象、明确评价要求、选择评价方法、给出评价条件、进行评价、分析评价结果、发布评价结果等基本程序。

　　（1）确定评价对象和范围。按照应急管理的要求，确定所要评价的突发事件及其在什么范围内的突发事件。评价对象应该是明确的、确切的突发事件，不能是含糊不清的。评价的范围应该是可以定量、定性描述的，不应该是不确定的。如果评价对象不确定、评价范围模糊，就难以选择适应性的评价方法，不仅评价工作量很大，也可能出

---

　　① 《气象法》，1999 年 10 月 31 日第九届全国人民代表大会常务委员会第十二次会议通过，实 2000 年 1 月 1 日起施行；2009 年 8 月 27 日第十一届全国人民代表大会常务委员会第一次修正；2014 年 8 月 31 日第十二届全国人民代表大会常务委员会第二次修正；2016 年 11 月 7 日第十二届全国人民代表大会常务委员会第二十四次会议第三次修正。

　　② 《甘肃省气象灾害风险评估管理办法》，2015 年 1 月 16 日甘肃省人民政府第 68 次常务会议讨论通过，2015 年 1 月 23 日甘肃省人民政府令第 113 号公布。该《办法》共 18 条，自 2015 年 5 月 1 日起施行。

现评价结果失真。

（2）分析评价对象。在评价对象和范围确定之后，就要进行评价对象分析。收集分析以往评价范围内、评价范围外的同类评价对象突发事件发生的情况、危害形式、后果严重性，比较此次评价对象与以往同类评价对象的相同点和不同点。

（3）明确评价要求。按照应急管理的要求，确定明确的风险评价要求。如突发事件可能危害的范围，可能造成的人员伤亡、财产损失、生态破坏或其他危害的情况等。有时，还需要提出社会舆情、可能次生（衍生）突发事件风险等方面的要求。

（4）选择评价方法。不同类别的突发事件风险评价方法不同，评价结果可信的首要前提是选择适应突发事件的风险评价方法。应该按照评价对象的形式和特点，选择适应的评价对象、能够获得期望的风险评价结果的评价方法。科技发展到今天，已经有了很多风险评价方法，从法律的角度选择任何一种适应的风险评价方法都是不违法的，但在现实中选择适应的风险评价方法具有很强的技术性。前人对众多的风险评价方法进行了分类，以供在实际风险评价时选用。

（5）给出评价条件。按照风险评价对象所在的气象环境、地理地形条件以及评价对象的形式、评价目的和要求等，确定评价的初始条件和边界条件。没有明确、确切的初始条件和边界条件，就不能进行风险评价，但现实中给出明确、确切的初始条件和边界条件往往比较困难。特别是风险评价的初始条件和边界条件往往是十分复杂的，而且评价结果受到初始条件和边界条件的影响很大，甚至不同的初始条件和边界条件下计算出的评价结果可能是完全不同的。因此，在选择、确定和处理初始条件和边界条件时应该坚持科学性的原则。

（6）进行风险评价。有时风险评价过程是十分复杂的，计算过程烦琐，计算量很大。特别是当风险评价的初始条件和边界条件比较复杂、评价对象复杂时，给出准确、可信的风险评价结果，需要海量的计算。如对台风风险评价，准确无误的计算给出其路径、强度、登陆时间、影响程度以及损失评估都是比较困难的。

（7）分析评价结果与发布。突发事件风险评价的目的，就是预防突发事件的发生和减轻突发事件的危害。因此，应该进行风险评价结果的分析，并将风险评价结果以适当方式、在适当时候、向适当人群发布。

3. 突发事件风险评价的法律问题

突发事件风险评价涉及众多复杂的法律问题。针对公共类突发事件，包括自然灾害、突发公共卫生事件、突发公共安全事件、突发社会安全事件、突发生态安全事件、突发公共生产安全事故等，公众认为政府应该履行风险评价的责任，进行正确的风险评价，并及时发布风险评价结果，以确保公众的安全健康，减少公众共有财富（公共财产）的损失。对于非公共类突发事件，即没有直接危害公众生命财产安全的突发事件，如发生在场内的生产安全事故，政府为了保护从业人员（法律上的弱势群体），要求生产经营单位作出风险评价。无论是否是公共突发事件，其风险评价，都存在在应急管理相关法律中如何作出规定、规定哪些突发事件风险需要评价、由谁进行评价、怎么评价和评价结果是否公开发布的问题，由谁对评价结果发布负责的问题，以及依法判断风险评价结果失真和如何追究评价结果失真的法律责任的问题等。

《安全生产法》第二十九条规定，矿山、金属冶炼建设项目和用于生产、储存、装卸危险物品的建设项目，应当按照国家有关规定进行安全评价。第六十九条规定，承担安全评价的机构应当具备国家规定的资质条件，并对其作出的安全评价的结果负责。第八十九条规定，承担安全评价的机构，出具虚假证明的，没收违法所得；违法所得在十万元以上的，并处违法所得二倍以上五倍以下的罚款；没有违法所得或者违法所得不足十万元的，单处或者并处十万元以上二十万元以下的罚款；对其直接负责的主管人员和其他直接责任人员处二万元以上五万元以下的罚款；给他人造成损害的，与生产经营单位承担连带赔偿责任；构成犯罪的，依照刑法有关规定追究刑事责任。

没有按照法律法规的规定进行风险评价或者没有做好风险评价，都可能成为犯罪的行为。江苏省苏州市中级人民法院刑事裁定书

（2016）苏 05 刑终 281 号针对"姚某某犯玩忽职守罪二审刑事裁定书"①，就是特别重大生产安全事故直接负责的人员构成犯罪，依照刑法追究刑事责任的例子。2014 年 8 月 2 日，中荣公司员工在 4 号厂房进行抛光作业时发生特别重大铝粉尘爆炸事故，造成 146 人死亡、114 人受伤、直接经济损失 3.51 亿元。姚某某为原昆山市环境保护局综合管理科科长、污染防治科科长。法庭认定：

（1）2003 年至 2010 年期间，被告人姚某某担任昆山市环境保护局综合管理科科长，负责该市范围内建设项目环境保护"三同时"（同时设计、同时施工、同时投产使用）的跟踪管理和竣工验收工作。

（2）2004 年至 2005 年期间，中荣公司抛光二车间未按规定履行环境影响评价程序即开工建设，未按规定履行建设项目环境保护设施竣工验收程序即投产运行。

（3）2009 年 4 月，昆山市环境保护局受苏州市环境保护局委托，对中荣公司含抛光车间在内的改扩建项目进行环保验收。被告人姚某某作为验收组组长，在验收过程中，不认真履行验收管理职责，未按规定组织项目建设单位、设计单位、施工单位等参与验收；遗漏对抛光车间内除尘系统的验收。

（4）2009 年 6 月，被告人姚某某在中荣公司已超过法定试生产期后，仍未出具书面验收意见，也未提出责令停产或使用的纠正意见并上报备案，埋下了重大的事故隐患。

（5）被告人姚某某身为国家机关工作人员，严重不负责任，不认真履行职责，致使公共财产、国家和人民利益遭受重大损失，情节特别严重，其行为已构成玩忽职守罪。被告人姚某某归案后如实供述自己罪行，系坦白，依法可以从轻处罚。依照《中华人民共和国刑法》第三百九十七条第一款、第六十七条第三款的规定，以玩忽职守罪判

---

① 江苏省苏州市中级人民法院刑事裁定书（2016）苏 05 刑终 281 号"姚某某犯玩忽职守罪二审刑事裁定书"，发布日期：2016 年 12 月 31 日，中国裁判文书网，http：//wenshu. court. gov. cn/.

处被告人姚某有期徒刑三年六个月。

（三）突发事件危机预警与预报

突发事件危机预警与预报是应急管理的重要工作之一。在识别出突发事件危险因素、进行突发事件风险评价之后，就要进行突发事件危机预警与预报，包括建立突发事件危机预警指标，并及时研判和预报可能的突发事件危机，以便做好应急救援、应急处置的准备。突发事件危机预警与预报涉及众多法律问题，这些法律问题是应急管理的重要研究内容，解决和科学界定这些法律问题，是做好突发事件应急管理的关键。

1. 突发事件危机与危机预警

危机预警与风险干预的理论、方法研究和应用首先在国家政权安全领域开展，尽管没有专门的论述，但实践中当国家政权安全受到威胁、出现政权安全危机时，统治者会用各种手段进行干预。现代意义上的危机预警与风险干预是在第一次经济危机发生时提出的，用于观测宏观经济综合运行状况、并发出宏观经济预警。而后，危机理论的研究和实践逐渐发展到其他领域。针对突发事件的危机预警与风险干预是 20 世纪进入风险社会后逐渐提上议事议程的。

（1）突发事件危机。从应急管理的角度，突发事件危机阶段是突发事件转机与恶化的关键阶段，在出现了明显的突发事件发生的征兆而没有发生的状态，如果干预不当或没有干预，就会发生突发事件，如果采取适应的干预措施，就可以避免突发事件的发生。对于人为因素引起的突发事件，可以干预引起突发事件的人为因素，以避免突发事件的发生，或者降低突发事件造成的危害。对于非人为因素的突发事件，干预突发事件本身往往难以避免其发生，但可以降低其危害。无论是否是人为因素引起的突发事件，干预受到突发事件危害的人员和环境，都可以适当降低突发事件的危害。因此，在对应急管理相关违法非法行为人的判定、量刑时，应考虑其是否积极主动地对突发事件进行人为干预。

（2）突发事件危机预警。进行突发事件风险评价的重要工作就是进行突发事件风险分析，以研判是否进入了突发事件危机状态，当进入突发事件危机状态时，应及时发出突发事件危机预警。所谓突发事件危机预警是指，根据突发事件所在的应急管理系统的外部环境和内部条件发生变化的情况，对于系统可能的突发事件及其风险的预测和报警。突发事件危机预警的范围，可能是一个国家、一个行政区域、一个地区，也可能是一个行业、一个企业、一个生产系统、一套装置、一个（件）设备、一个部件。

2. 突发事件危机预警的法律问题

科学、实事求是地确定突发事件危机预警范围，及时、准确地发出危机预警是应急管理的重要工作之一，涉及十分复杂的法学问题。进入风险社会以后，各类突发事件的危机预警成为社会治理的重要内容，社会公众要求健全突发公共事件危机预警机制。但突发事件即将发生、可能发生或者已经发生时，社会公众如何应对，需要政府给出明确的指引，即建立的危机预警系统具有警报功能、干预功能和"免疫"功能，并形成应急管理系统的有机组成部分。

然而，现实的情况是，研判危机并及时发出预警是十分困难的。突发事件是否发生、何时发生以及发生后的危害强度等，需要用科学手段和方法监测、跟踪可能突发事件危险因素和风险，需要做出正确的风险评价和风险分析，需要以法的形式确立预警信息报告制度、研判分析程序、危机发布制度等。很多情况下，由于不能做出准确的突发事件风险评价，不能及时进行突发事件危机预警，而使相关应急管理人员受到处罚、甚至是刑事处罚，也使社会遭受巨大损失。

2011 年 3 月 11 日，日本发生 9.0 大地震，导致福岛核电站发生爆炸，核辐射开始向外辐射，形成了海洋的核污染，引发我国部分地区发生抢购食盐事件（以下称"抢盐事件"）。这涉及十分复杂的应急管理相关法律问题和社会问题，是极其典型的自然灾害次生（衍生）社会公共安全事件的案例。

（1）抢盐事件的始末。2011 年 3 月 11 日，日本东海岸发生 9.0 级强烈地震，地震造成日本福岛第一核电站 1—4 号机组发生核泄漏事故，核泄漏污染了海洋。在我国，食用盐大部分为海盐，在网络舆情的错误引导下，从 3 月 16 日开始，我国部分地区开始疯狂抢购食盐，许多地区的食盐在一天之内被抢光，其间更有商家趁机抬价，引发食盐市场秩序混乱。之所以引起"抢盐事件"，是因为网上两条消息，一是食盐中的碘可以防核辐射，二是受日本核辐射影响我国国内盐产量将出现短缺。3 月 17 日午间，国家发改委发出紧急通知强调，我国食用盐库存充裕，供应完全有保障，希望广大消费者理性消费，合理购买，不信谣、不传谣、不抢购。同时，媒体解释人的食盐用量和核污染与海盐污染的关系。国务院及时协调各部门多方组织货源，保障食用盐等商品的市场供应。18 日，各地食盐供求逐渐恢复正常，谣言告破。

（2）暴露出突发事件应对的法律问题。发生"抢盐事件"说明，一是部分公众对食盐缺乏基本的认识、缺乏防辐射的基本知识、对核泄漏污染缺乏基本的认识；二是各类媒体出于不同目的舆论错误引导；三是部分公众对巨灾的巨大恐慌。该事件暴露的应急管理相关法律方面问题是极其复杂的，也是在应急管理相关法律的立法、执法、尊法、守法等法治过程中需要认真研究并加以解决的问题。

在现代信息化社会，信息传播很快。突发事件风险借助现代信息手段快速传播，同时在传播过程中震荡放大，影响显著增强。正确、及时的信息发布就是突发事件危机干预的重要、有效手段，而错误的舆情信息，或者不及时、不正确的信息发布，不仅不能干预危机，还会引发突发事件危害扩大，甚至次生（衍生）其他类别的突发事件。因此，对突发事件危机信息需要依法管理，就是以法的形式规范突发事件危机信息发布的问题。有人认为这是非常简单的应急管理相关法律问题，实际并非如此：

①法律如何赋予突发事件危机信息发布权问题。即应急管理相关法律需要法定突发事件危机信息发布权，该权是赋予政府或政府指定的权威机构，还是赋予所有知情人。如果只赋予政府或政府指定的权威机构，而政府或者指定机构个别发布者的不作为，就可能会使突发事件危机信息得不到及时发布，从而造成突发事件发生或者危害扩大，这就产生了由谁对突发事件发生或者危害扩大负责的法律问题。同时，剥夺知情人的突发事件危机发布权，可能使得突发事件危机信

息得不到及时发布。如果法律赋予所有知情人突发事件危机信息发布权，如何界定谁是知情人，以及社会公众如何甄别所发布的突发事件危机信息的问题。以及法律赋予哪个或者哪些突发事件应急管理部门的突发事件危机信息发布权，这个或这些部门如何行使突发事件危机信息发布权等问题。

②法律如何界定突发事件信息是善意的、还是恶意的。我国地方人民政府出台了多方面的重大风险隐患投诉、奖励政策和相应的文件。如环境保护举报设立了四种途径，一是全国统一的环境保护举报热线电话 12369，二是"12369 环保举报"微信公众号，三是 12369 网络环境保护举报平台网站，四是环境保护部门官方微博。再如，各级人民政府出台的重大安全生产事故隐患举报奖励制度，《国家安全监管总局财政部关于印发安全生产领域举报奖励办法的通知》《天津市安全生产举报奖励实施办法（试行）》《青云谱区安全生产领域举报奖励实施办法》等。社会公众发现重大突发事件风险和隐患有权向相关部门举报，但是如果发现这样的重大风险或隐患处于突发事件危机状态，当发现的公众向可能受到突发事件危害的广大社会公众发布危机预警信息时，如何甄别这样的预警信息是否可信，以及如何甄别发布者是否出于善意。

③法律如何赋予强力机关管控各类突发事件危机预警信息的问题。在当今的信息化时代，信息高度共享，信息快速传递，信息影响范围迅速扩大，信息爆炸，信息大量涌入，不少人缺乏对信息的甄别。"三人成虎"，即使有人对这一事件的信息保持清醒理智的态度，但是既然那么多人都在抢购食盐，我也囤点又何妨，不怕一万，只怕万一，这样的羊群效应心理，提出了突发事件危机信息管理必要性和重要性问题。当代信息化社会，既要保证公民的言论自由，又必须使人对自己的言论负责，使谣言散布者得到应有的处罚。因此，必须对突发事件信息进行有效管理。关于这一法律问题，涉及法律赋予哪个或者哪些强力部门管控那类或者哪些突发事件危机预警信息权，这个或者这些部门如何行使管控各类突发事件危机预警信息权，因为这涉及公民、企业事业单位或其他组织的权利，包括隐私权、名誉权、知

情权等。如针对抢盐事件，2011 年 3 月 21 日杭州市公安局西湖分局发布消息称，已查到"谣盐"信息源头，对始作俑者"渔翁"作出行政拘留 10 天、罚款 500 元的处罚。显然，这样的处罚与社会付出的巨大代价相比是极其不对称的，造谣者没有受到应有的处罚。

三 突发事件应急响应和灾后恢复

突发事件应急响应和灾后恢复是最后两道防线，是降低突发事件危害的关键。在突发事件发生时，及时做出正确、有效的应急响应，是避免突发事件扩大的最后一道防线，也是避免次生（衍生）突发事件发生的一道关键防线。突发事件发生后，及时做出科学、实事求是、适用有效的灾后恢复，是避免次生（衍生）突发事件的最后一道防线。基于传统的安全观，应急管理最核心的工作是突发事件应急处置和灾后恢复，也基于这两方面工作在应急管理过程中的极其重要性，几乎在所有应急管理相关法律中对这两方面都做出了规定。但是，进入当今风险社会以后，突发事件应急管理出现了很多新特点、新矛盾和新问题，突发事件应急响应置和灾后恢复也出现了很多新的法律问题，需要研究和解决。

（一）突发事件应急响应

突发事件应急响应（有些法律法规、文献资料中也称为应急处置）包括对突发事件作出应急反应、采取各种紧急处置和开展应急救援等工作。

1. 突发事件应急响应

突发事件发生时，根据已经获得的突发事件信息和掌握的应急资源情况，第一时间对突发事件进行报警与情况通报，启动应急预案，部署并开始抢险，实施现场警戒和交通管制，部署并开始抢救被困人员，部署并开始疏散突发事件危害区域和可能影响区域的人员，部署并开始提供现场伤残人员急救和转送医疗，评估突发事件影响和发生态势等。同时，应向社会公众通报突发事件情况和发展态势。突发事件应急响应的目标是，第一时间抢救受到突发事件危害的人员，防止突发事件危害扩大，防止次生（衍生）突发事件发生，保护受到威胁的人员和其他应该得到保护的目标，消除并控制突发事件危害和影响。

2. 突发事件应急预案

做好突发事件应急响应的关键准备工作之一就是制定突发事件应急预案，并在突发事件发生时及时启动应急预案。各国对突发事件应急预案制定、评估等工作都十分重视，并根据国情建立了国家应急预案体系。

我国适应现代风险社会的国家应急预案体系是从 2003 年开始全面建设的，目前已经建立了包括中央及其各部门、各级地方党政机关及其部门、企业事业单位、各类组织的各类突发事件的应急预案体系。制定了《国家突发公共事件总体应急预案》，以及针对某类突发事件的《国家地震应急预案》《公路交通突发事件应急预案》《国家食品安全事故应急预案》等专项预案。

此外，还制定了很多关于突发事件应急预案制修订的法规和标准。如《天津市生产安全事故应急预案管理实施办法》①（简称《天津市预案管理办法》）。在《天津市预案管理办法》的发布通知中明确，发布本办法的目的是为了规范天津市生产安全事故应急预案的管理，完善应急预案体系建设。该规范性文件内容包括：安全生产应急预案的管理，应急预案的编制，应急预案的评估、论证、评审，应急预案的备案登记，应急预案的实施。

美国联邦机构应急预案②明确，美国联邦应急预案是建立在国家应急响应框架的基础上的，是直接针对联邦机构的应急响应，是一个全灾种的应急预案。该预案规定了美国联邦政府在应急过程中如何保护和救助生命、保护财产、保护环境，如何在紧急状态下和灾难发生后为人们提供基本生存保障。该预案提出的、需要建设的核

---

① 天津市安全生产监督管理局安全生产应急指挥中心：《天津市生产安全事故应急预案管理实施办法》（津安监管急〔2009〕72 号），2009 年 11 月 16 日发布，2009 年 11 月 16 日实施。天津市安全生产局网站，http：//www.tjsafety.gov.cn，2018 年 2 月 5 日。

② 中国安全生产科学研究院：《美国国家应急装备工作研究分析报告》（资料），2018 年 8 月。

心能力为：

（1）规划；

（2）公众信息与预警；

（3）协调行动；

（4）关键运输；

（5）环境应急响应和安全与健康；

（6）死亡人员管理服务；

（7）火灾管理与扑救；

（8）基础设施系统管理；

（9）物流与供应链管理；

（10）公众防护服务；

（11）大众搜救行动；

（12）现场警戒、保护与执法；

（13）行动通信；

（14）公共卫生、医疗保健与紧急医疗服务；

（15）事态评估。

3. 突发事件应急处置能力

灾难性突发事件应急响应代表着一个国家的应急管理能力，对地区（区域）可能造成重大影响的突发事件应急响应考验着地方人民政府的应急管理水平和应急能力，对企业造成重大影响的突发事件应急响应考验着企业的应急管理水平和应急能力。在《国家综合防灾减灾规划（2016—2020 年）》① 中，明确加强灾害应急处置与恢复重建能力建设的主要任务：

（1）完善自然灾害救助政策，加快推动各地区制定本地区受灾人员救助标准，切实保障受灾人员基本生活。加强救灾应急专业队伍建设，完善以军队、武警部队为突击力量，以公安消防等专业队伍为骨

---

① 国务院办公厅：《关于印发国家综合防灾减灾规划（2016—2020 年）的通知》（国办发〔2016〕104 号），发布日期：2017 年 1 月 13 日。中国政府网，www.gov.cn，2018 年5 月 4 日。

干力量，以地方和基层应急救援队伍、社会应急救援队伍为辅助力量，以专家智库为决策支撑的灾害应急处置力量体系；

（2）健全救灾物资储备体系，完善救灾物资储备管理制度、运行机制和储备模式，科学规划、稳步推进各级救灾物资储备库（点）建设和应急商品数据库建设，加强救灾物资储备体系与应急物流体系衔接，提升物资储备调运信息化管理水平。加快推进救灾应急装备设备研发与产业化推广，推进救灾物资装备生产能力储备建设，加强地方各级应急装备设备的储备、管理和使用，优先为多灾易灾地区配备应急装备设备。

（3）进一步完善中央统筹指导、地方作为主体、群众广泛参与的灾后重建工作机制。坚持科学重建、民生优先，统筹做好恢复重建规划编制、技术指导、政策支持等工作。将城乡居民住房恢复重建摆在突出和优先位置，加快恢复完善公共服务体系，大力推广绿色建筑标准和节能节材环保技术，加大恢复重建质量监督和监管力度，把灾区建设得更安全、更美好。

（二）突发事件事后恢复

事后恢复是指突发事件发生、危害得到初步控制后，为尽快使生产、生活、生态环境和社会秩序恢复到正常状态所开展的各项善后工作。需要说明的是，从现代社会治理的视角，应急管理相关法律应该明确规定，突发事件事后恢复工作应该在突发事件发生后立即开展，使突发事件造成的非正常状态先恢复到相对安全的状态，尔后逐渐恢复到正常状态。

突发事件事后恢复工作主要包括：

1. 评估突发事件造成人员伤亡、财产损失、生态环境破坏以及其他损失；

2. 进行原因调查和分析；

3. 清理现场。特别需要说明的是，清理现场时应注意用于分析突发事件原因的证据的保留和收集、整理；

4. 提供突发事件保险赔付；

5. 评估应急救援工作得失；

6. 制定突发事件事后恢复重建方案。制定灾后重建方案时应该考虑各方的利益和诉求，考虑长远防灾、减灾的需要；

7. 提出修改完善应急管理体系的建议等。

在《"十二五"国家应急体系建设规划实施效果评估研究》① 中，从两个方面对我国"十二五"国家突发事件事后恢复重建能力进行了评估。在加强突发事件损失快速评估能力建设方面，我国加强了突发事件损失与生态环境影响能力建设，完善了评估指标体系和标准规范，完善了灾后建（构）筑物及其公共设施受损状况快速评估机制，提高了灾区恢复重建的科学性和规范性；同时，依托有关部门和科研院所，充分发挥应急专家和技术人员的优势，为灾情调查与评估提供了专业技术支撑。在加强生命线形态恢复和生产生活保障能力建设方面，加强了供水、供气、供热、电力、交通、通信等生命线系统快速抢险能力建设；加强了废弃物、污染物和病死牲畜清理与无害化处理能力建设；加强了重要通信与广播电视网络、信息系统的灾后备份、紧急恢复和后背备电系统建设；加强了城乡应急净水设施建设；合理规划建设了过渡性安置场所和临时商业服务网点，增强了机动餐厨设备和机动厕所设备的储备；加强了基层社区医疗救护、康复保健、心理救助、卫生防疫、环境卫生等方面的公众服务能力建设。我国突发事件事后恢复重建能力显著增强。

（三）突发事件应急响应和灾后恢复案例分析

虽然针对突发事件应急响应和灾后恢复的立法较早，并制定了众多相关的法律，但是由于社会的进步，特别是社会应急意识、法律意识的不断增强，出现了很多新的涉及突发事件应急响应和灾后恢复的法律问题。在这些问题中，突出问题之一就是应急管理失职渎职法律责任追究的问题。比如，2016 年 3 月我国发生山东非法疫苗案（以下简称山东非法疫苗案）②。2018 年 7 月我国发生长春长生疫苗事件

---

① 中国安全生产科学研究院：《"十二五"国家应急体系建设规划实施效果评估研究》（研究报告），2016 年 12 月。

② "山东非法疫苗案"，百度百科，https：//baike.baidu.com/item/山东非法疫苗案，2018 年 10 月 2 日。

（以下简称长春长生疫苗事件）①。无论两个事件的应急响应，还是两个事件的责任追究力度，都显示出很多不同之处。下面从事件经过、应急响应、严格追责以及提出的法律问题等四个方面，对长春长生疫苗事件进行分析。

1. 事件基本情况

（1）发现问题。2017年11月，长春长生生物科技有限公司（以下简称长春长生）生产的一批次百白破疫苗效价指标不符合标准规定，被国家食药监总局责令企业查明流向，并要求立即停止使用不合格产品。

（2）问题追踪检查。2018年7月15日，国家药品监督管理局通告称，近日国家药监局对长春长生现场例行检查发现，该公司在冻干人用狂犬病疫苗生产过程中存在记录造假，责成吉林省食药监局收回长春长生相关《药品GMP证书》。2018年7月18日，山东疾控中心发布信息，宣布山东省已全面停用长春长生生物科技有限责任公司生产的人用狂犬病疫苗。

（3）发布检查结果。2018年7月20日，吉林省食药监局发布行政处罚公示，长春长生生产的"吸附无细胞白百破联合疫苗"（批号：201605014-01）经中国食品药品检定研究院检验，检验结果（效价测定）项不符合规定，按劣药论处。2018年7月21日，长生生物2017年被发现25万支"吸附无细胞百白破联合疫苗"检验不符合规定，这25万支疫苗几乎已经全部销售到山东，库存中仅剩186支。

2. 应急响应

此次事件的应急响应从降低事件损失、减轻事件影响等方面展开。

（1）高层响应。2018年7月22日，李克强总理就疫苗事件作出批示：此次疫苗事件突破人的道德底线，必须给全国人民一个明明白

① "长春长生疫苗事件"，百度百科，https://baike.baidu.com/item/长春长生疫苗事件，2018年10月2日查询结果。

白的交代。要求国务院立刻派出调查组，对所有疫苗生产、销售等全流程全链条进行彻查，尽快查清事实真相，不论涉及哪些企业、哪些人都坚决严惩不贷、绝不姑息。对一切危害人民生命安全的违法犯罪行为坚决重拳打击，对不法分子坚决依法严惩，对监管失职渎职行为坚决严厉问责。尽早还人民群众一个安全、放心、可信任的生活环境。

2018 年 7 月 23 日，中共中央总书记、国家主席、中央军委主席习近平对长春长生事件作出重要指示，长春长生违法违规生产疫苗行为，性质恶劣，令人触目惊心。有关地方和部门要高度重视，立即调查事实真相，一查到底，严肃问责，依法从严处理。要及时公布调查进展，切实回应群众关切。习近平总书记强调，确保药品安全是各级党委和政府义不容辞之责，要始终把人民群众的身体健康放在首位，以猛药去疴、刮骨疗毒的决心，完善我国疫苗管理体制，坚决守住安全底线，全力保障群众切身利益和社会安全稳定大局。

2018 年 7 月 24 日，国务院调查组组长、市场监管总局党组书记、副局长毕井泉主持召开调查组第一次全体会议，传达学习习近平总书记、李克强总理等中央领导同志重要指示批示精神，要求调查组深入学习领会习近平总书记重要指示精神，坚决贯彻落实李克强总理重要批示要求，牢固树立以人民为中心的发展思想，提高政治站位，贯彻落实"四个最严"要求，切实做好案件调查、违法惩处及后续处置工作，坚决守住安全底线，维护社会安全稳定大局。

（2）降低事件损失。2018 年 7 月 22 日，从山东省疾控中心获悉，长春长生生产的流入山东的 252600 支不合格百白破疫苗（批号：201605014－01），流向已全部查明，涉及儿童未发现疑似预防接种异常反应增高。山东省委、省政府针对长春长生不合格百白破疫苗流入山东事件的关注，立即责成省卫生计生委和省疾病预防控制中心，对不合格疫苗的采购、使用等情况进行严肃、认真、细致、一个环节不漏地排查。山东省委、省政府要求，对于接种过不合格百白破疫苗的儿童，要以高度负责的态度一个不落地进行补种，坚决维护人民群众的生命安全。

2018 年 7 月 28 日，根据山东省卫计委和山东省食药局《山东省百白破疫苗补种工作实施方案》，从 7 月下旬开始，山东省相关地区的百白破疫苗补种工作已陆续集中展开。2018 年 8 月 7 日，国家卫健委办公厅、国家药监局办公室联合发布了《接种长春长生公司狂犬病疫苗续种补种方案》。同日，国家卫健委发出通知，要求各地卫生计生行政部门和有关医疗卫生机构，做好长春长生公司狂犬病疫苗接种者跟踪观察和咨询服务相关工作，维护人民群众身体健康和生命安全，保护接种者合法权益。

（3）减轻事件影响。2018 年 7 月 23 日，国家药监局召开党组扩大会议，会议决定，一是在前期工作基础上，进一步增加人员，充实案件查处工作领导小组力量，全力配合国务院调查组工作。二是对长春长生所有疫苗生产、销售全流程、全链条进行彻查，尽快查清事实真相，锁定证据线索。三是坚持重拳出击，对不法分子严惩不贷、以儆效尤；对失职渎职的，从严处理、严肃问责。四是针对人民群众关切的热点问题，做好解疑释惑工作。五是举一反三，对全国疫苗生产企业全面开展飞行检查，严查严控风险隐患。六是对疫苗全生命周期监管制度进行系统分析，逐一解剖问题症结，研究完善我国疫苗管理体制。

3. 严格责任追究

（1）2018 年 7 月 23 日，因涉嫌信息披露违法违规，中国证监会对深交所上市公司长生生物立案调查。该公司发布公告表示，如果公司被监管部门最终认定存在重大违法行为或移送公安机关，根据有关规定，公司股票可能存在被实施退市风险警示、暂停上市或终止上市风险。

（2）2018 年 7 月 23 日，长春市长春新区公安分局依据吉林省食药监局《涉嫌犯罪案件移送书》，对长春长生生产冻干人用狂犬病疫苗涉嫌违法犯罪案件迅速立案调查，将主要涉案人员公司董事长高某芳（女）和 4 名公司高管带至公安机关依法审查。

（3）2018 年 7 月 24 日，长春长生生物科技有限责任公司董事长高某芳等 15 名涉案人员因涉嫌刑事犯罪，被长春新区公安分局依法采取刑事拘留强制措施。2018 年 7 月 29 日，依据《刑事诉讼法》第 79 条规定，长春新区公安分局以涉嫌生产、销售劣药罪，对长春长生董事长高某芳等 18 名犯罪嫌疑人向检察机关提请批准逮捕。

（4）2018 年 8 月 16 日，中共中央政治局常务委员会召开会议，会议决定对吉林省副省长金育辉予以免职，对吉林省政协副主席李晋修责令辞职，要求长春市市长刘长龙引咎辞职，要求市场监管总局党组书记、副局长毕井泉引咎辞职，要求吉林省委常委、延边朝鲜族自治州委书记姜治莹作出深刻检查；对 35 名非中管干部进行问责；决定中央纪委国家监委对原食品药品监管总局副局长吴浈进行立案审查调查。

4. 事件法律问题分析

梳理长春长生疫苗事件应急响应过程，可以归纳出如下应急管理相关法律问题。

（1）如何科学、准确、快速确定疫苗生产非法的问题。从 2017 年 11 月发现长春长生百白破疫苗效价指标不符合标准，到 2018 年 7 月确定狂犬病疫苗记录造假，对全部产品有效控制，历时 9 个月。如何科学、准确、快速的获得企业生产、销售环节的非法违法证据需要进一步研究。

（2）如何进行责任追究的法律问题。此次事件给受害者造成了损失，对产业造成的损失是巨大的。有 6 名省部级官员受处分，1 人被中纪委调查，另对 35 名非中管干部进行问责。但是，此次事件涉及生产、转运、销售、使用和质量检查、安全评估、生产体系管理等多个环节的众多人员，这些人员直接或间接与本事件相关，对这些人员如何进行责任追究很值得研究。

（3）如何对直接责任人进行量刑处罚的问题。此次事件给受害者造成的后果是极其严重的，违法违规生产疫苗行为性质恶劣，令人触目惊心，涉及众多人的生命安全和健康。法律是否对直接责任人的这样处罚做出了明确的规定，以及如何执行这些规定，仍需要探讨。

（4）如何对受害人的危害程度做出评价的法律问题。在此次事件中，很多人接受了疫苗的注射，接受疫苗注射的人是否受到影响仍需要做出科学评价，影响可能是短时的、也可能持续一定的时间，可能是致命的、也可能是轻微的，当然也可能没有任何影响。需要有权威部门做出经得起历史检验的、科学的评价，而评价工作的核心就是要提出法定评价指标。

第二节　应急管理相关法律分析
评价指标体系

应急管理相关法律分析评价，具有法律分析评价的一般性，也有应急管理的特殊性，既有法律分析评价的一般性指标，也有应急管理的特殊指标。通过应急管理过程及其主要工作要求，可以建立应急管理相关法律分析评价的特殊指标，与法律分析评价一般指标共同构成应急管理相关法律分析评价指标体系。

一　应急管理相关法律分析评价原则

应急管理相关法律分析评价指标体系是由表征应急管理相关法律各个方面要求及其相互联系的多层次的多指标体系，各方面的指标具有内在的联系，形成系统性的整体。建立应急管理相关法律分析评价指标是在对应急管理过程进行系统分析基础之上的（这方面的工作已经在本章第一节完成）。首先，任何法律都必须符合《宪法》，包括应急管理相关法律；其次，一部好的应急管理相关法律应适应时代、适应我国基本国情；最后，应急管理相关法律应针对我国应急管理所要解决的各类法律问题。因此，在建立应急管理相关法律分析评价指标体系时，应该坚持如下原则。

（一）合法性原则

1. 应急管理相关法律必须符合《宪法》

《宪法》是国家的根本大法，是治国安邦的总章程，适用于国家全体公民，规定国家的根本任务和根本制度，规定拥有最高法律效力。在应急管理过程中的任何组织和个人都必须遵守《宪法》。任何应急管理相关法律都必须符合《宪法》精神和规定。《宪法》的规定，确立了合法性原则的内容：

（1）任何应急管理相关法律法规不得与《宪法》相抵触；

（2）各级党政机关和武装力量、各政党和各社会团体、各企业事业组织都有做好相关应急管理工作的义务；

（3）一切违反应急管理相关法律的行为都将予以追究；

（4）在应急管理过程中可以依照法律规定对公民的私有财产实行征收或者征用；

（5）在应急管理过程中依照法律规定征收或者征用的公民私有财产应该给予补偿；

（6）人民武装力量具有参加应急抢险的职责；

（7）国家应该对具有法定参加应急管理的人员进行培训；

（8）国家和各级党政机关应该进行应急管理宣传教育，增加公民的应急救援能力；

（9）国家应鼓励各方面开展应急管理科学研究等。

2. 上位法效力优先与适用优先

应急管理法律法规体系由法律、法规、规章等构成，按照上位法效力优先与适用优先的要求，在建立应急管理相关法律评价指标时应该考虑：

（1）应急管理相关法规不得与应急管理相关法律相抵触。即任何应急管理相关法规必须遵守应急管理相关法律确定的应急管理方针、工作原则、体制和机制，不得与应急管理相关法律相抵触。

（2）地方应急管理相关法规不得与中央应急管理相关法规相抵触。即当中央应急管理相关立法与地方应急管理相关立法有冲突时，中央应急管理相关立法处于优位、上位，地方应急管理相关立法无效。在法律效力等级问题上，中央应急管理相关立法构成上位法，地方应急管理相关立法构成下位法。

（3）同级行政机关应急管理相关立法不得与同级人大机关应急管理相关立法相抵触。即当同级的人民代表大会及其常务委员会应急管理相关立法与行政机关应急管理相关立法发生冲突时，人民代表大会及其常务委员会的立法处于上位、优位，同级行政机关的立法无效。

具体就是，全国人民代表大会及其常务委员会制定的应急管理相关法律高于国务院制定的应急管理相关行政法规，法律属于上位法，行政法规则属于下位法；省、自治区、直辖市人民代表大会及其常务委员会制定的地方性应急管理相关法规高于省、自治区、直辖市人民政府制定的应急管理相关规章；较大的市人民代表大会及其常务委员会制定的地方性应急管理相关法规高于较大的市人民政府制定的应急管理相关规章。

（二）系统性原则

突发事件应急管理是复杂的系统工程，包括突发事件的危害识别、风险监测、风险评价、危机预警与干预、事件应急响应与处置、事后恢复等过程，应急管理相关法律分析评价指标应该对全过程的主要工作提出要求、做出规定；突发事件应急管理涉及生产、生活、经济、社会等方方面面，应急管理相关法律分析评价指标应该对涉及的生产、生活、经济、社会等各方面提出要求、做出规定；突发事件应急管理需要企业事业单位、社会组织、公民等全社会参与，应急管理相关法律分析评价指标应该对党政机关、企业事业单位、应急管理服务机构、各类人员的应急管理权力、职责、义务提出要求、做出规定。

系统性原则要求，建立的应急管理相关法律分析评价指标之间有一定的逻辑关系，各指标之间要相互独立，又要彼此联系，共同构成有机统一体。应急管理相关法律分析评价指标构建具有一定的层级性，由第一级指标到第二级指标，逐级层层分解，一个一级指标包括一个或者几个二级指标，一级指标具有综合性，二级指标具有针对性、可操作性，共同构成应急管理相关法律分析评价指标体系。

（三）科学性原则

应急管理相关法律分析评价指标体系的设计及其分析评价指标的建立应坚持科学性原则。建立应急管理相关法律分析评价指标必须有科学依据，分析评价指标不是凭空想象出来的。每个应急管理相关法律分析评价指标都应经得起科学论证、实践检验，能够客观反映应急管理相关法律的立法实际情况。各应急管理相关法律分析评价指标应该具有代表性、不能过多过细，如果指标能够反映立法情况就越少越好。同时，用指标分析评价的结果应该是客观、真实的。

在建立应急管理相关法律分析评价指标时，应该坚持可比性、可操作性原则。如果没有可比性、可操作性也就失去了应急管理相关法律分析评价的意义，更谈不上科学评价了。

科学性原则的另一个方面就是要有针对性。即要适用综合类应急管理相关法律，也要适用不同类别突发事件应急管理相关法律的分析评价。所以，建立的应急管理相关法律分析评价指标，既要能够反映综合类应急管理相关法律的立法情况、实施情况和实施成效，用于综合类应急管理相关法律的分析评价，也要反映专业应急管理相关法律的立法情况、实施情况和实施成效，用于专业应急管理相关法律的分析评价。

二　建立应急管理相关法律分析评价指标

对于一部法律可以从不同的视角进行分析评价，也可以进行全面的分析评价。不同视角的分析评价，可以针对不同的法律制修订和实施阶段、不同的法律责任主体、不同的法律责任要求以及法律本身的情况。对法律全面的分析评价是相对的，可以是法律本身的全面系统分析评价、所有法律责任主体及其责任的分析评价和法律实施全过程绩效的分析评价。

（一）建立评价指标的方法

需要指出的是，建立的应急管理相关法律分析评价方法，是针对法律本身的全面分析评价。因此，建立的应急管理相关法律分析评价指标应该包括所有法律责任主体及其职责、责任、权利和义务，力图通过评估分析反映应急管理相关法律本身的科学性、完整性、系统性和实用性，找出法律本身存在的缺陷以及需要修订的内容。该方法可以在立法中使用，也可以对法律实施效果绩效进行分析评价，还可以对法律修订需求进行分析评价。

制定和实施应急管理相关法律的目的就是规范人们突发事件应急管理行为，综合性的应急管理法律应将突发事件应急管理全过程纳入法律规范的范围。根据系统安全理论，突发事件应急管理过程包括：

危害识别、危险监测、风险评价、危机预警与干预、事件应急响应与处置、事后恢复等。一部完整的、综合性的应急管理法律，应对上述突发事件应急管理的 6 个方面做出明确的规定。当然一部完整的法律，还应包括总则和法律责任等两方面的内容。突发事件应急管理责任主体有党政机关及其部门、企业事业单位、社会其他组织和公众等 4 类，每一类主体都应承担相应的突发事件应急管理职责和义务。每一类主体、在每一个过程都应有明确的职责和义务，即有一款或者多款职责和义务在法律中得到规定。以应急管理相关法律的 8 方面、针对应急管理 4 类责任主体建立应急管理相关法律分析评价指标体系，一级分析评价指标分别为：综合类指标、危害识别指标、危险监测指标、风险评价指标、危机预警与干预指标、事件应急响应与处置指标、事后恢复指标和法律责任指标。

（二）评价指标表示的说明

为了方便，确定下列评价指标表示规则：

1. 一级综合类指标用 An 表示，其中 n 为一级评价指标序号，n 的编号从 1 开始。一级评价指标共有 8 个，则 N = 8。A1 为综合类指标，A2 为危险因素识别指标，A3 为危险监测指标，A4 为风险评价指标，A5 为危机预警与干预指标，A6 为事件应急响应与处置指标，A7 为事后恢复指标，A8 为法律责任指标。

2. 二级综合性指标用 Anm 表示，其中 m 为二级评价指标序号，m 的编号从 1 开始。如果第 n 个一级指标有 M 个二级指标，则评价指标的编号依次为 An1—AnM。

3. 三级综合性指标用 Anm－k 表示，其中 k 为三级评价指标序号，k 的编号从 1 开始。如果第 m 个二级指标有 K 个三级指标，则评价指标的编号依次为 Anm－1—Anm－K。

（三）建立评价指标

1. 综合性指标

综合性指标是指涉及应急管理相关法律总体性、原则性、一般性、综合性的指标，包括立法目的、适应范围、工作方针、工作原则、体制、机制、总体要求、综合规定等方面的指标，如表 3.1 所示。

表 3.1   综合性指标 A1

编号		名称	说明
二级	三级		
A11		立法目的	立法要达到的目的，即为什么制定本部法律
	A11 – 1	立法任务	立法核心任务，是否符合宪法总体要求
	A11 – 2	优先保护人民安全健康	是否符合优先保护人民安全健康的宪法精神
	A11 – 3	维护社会稳定	维护社会稳定是应急管理相关法律的重要立法目的之一
	A11 – 4	保护人民财产安全	宪法规定人民财产神圣不可侵犯，保护财产安全是应急管理相关法律的重要立法目的之一
	A11 – 5	保护生态环境	宪法规定保护生态环境，综合类应急管理相关法应作为立法目的之一，生态环境类法律作为主要立法目的，事故类法律应作为立法目的之一
A12		适应范围	法律应有明确、确切的适应范围，规范具体对象
	A12 – 1	适应生产生活活动	适应的生产经营活动、生活活动以及行业领域等
	A12 – 2	与其他法律的关系	法律适应的边界，应对适应的和不适应的做出规定
A13		工作方针、原则、机制	立法应明确行业领域工作的方针、工作原则、工作机制
	A13 – 1	工作方针	具有明确的、符合宪法精神的方针
	A13 – 2	工作原则	明确行业领域工作的原则，以便尊法、守法和执法工作
	A13 – 3	工作机制	明确行业领域工作的机制，以便尊法、守法和执法工作
A14		一般性规定（要求）	一般性的综合性规定，也是立法总体性要求
	A14 – 1	基本要求	总体性、普遍适应的基本要求
	A14 – 2	责任主体	明确涉及生产经营、社会活动的（全面）责任主体

续表

编号		名称	说明
二级	三级		
	A14-3	各方权力	所有各方的权力，包括监察、监督权力
	A14-4	各方义务	所有各方的义务，包括应急管理全社会的义务
A15		规划	应急管理是经济社会建设的主要内容，应包括在规划中
	A15-1	总体规划要求	对国民经济和社会发展总体规划的要求
	A15-2	专项规划规定	各类突发事件的应急管理需要制定专门的规划
	A15-3	专项规划要求	对专项规划提出要求，包括做到哪一级政府、主要内容等
	A15-4	与其它规划关系	规定与其他专项规划的衔接和关系
A16		职责分工	对法律涉及各方职责进行规定
	A16-1	中央监督管理部门	国家监督管理部门及其分工
	A16-2	地方监督管理部门	地方监督管理部门及其分工
	A16-3	技术部门	应急管理是技术性工作，需要设立专家委员会、技术委员会
	A16-4	议事协调部门	应急管理涉及多个部门，需要设立议事协调机构（部门）
	A16-5	第三方机构	应急管理过程中需要第三方技术、咨询机构参与
A17		宣传教育培训	应急管理需要各方加强宣传教育培训工作
	A17-1	宣传教育部门	规定负责相关知识、社会环境宣传教育的部门
	A17-2	宣传教育参与部门	各类媒体、社会组织都有宣传安全应急知识的义务
	A17-3	培训主要职责	负责对重要安全应急人员培训的职责部门
	A17-4	培训一般性要求	培训安全应急管理知识、技能的一般性要求

续表

编号		名称	说明
二级	三级		
A18		科学研究与技术应用	对开展科学研究、推进安全应急科技进步作出规定
	A18 – 1	科学研究的政策	明确科学研究的政策，包括鼓励、奖励政策
	A18 – 2	使用新技术的政策	明确推广应用新技术、新方法、新材料的政策，包括鼓励、奖励政策，以及金融、税收政策等
A19	A19 – 1	重要名词术语	对重要的名词术语做出必要的解释或者说明

2. 危险因素识别指标

危险因素识别是应急管理的基础性工作。构建现代应急管理体系，需要全面参与，党政机关及其部门、企业事业单位及主要责任人、企业事业单位员工、社会组织和公民都应参与应急管理，但他们的职责、权力（权利）和义务不同。根据第二章和本章第一节的论述，建立危险因素识别指标，如表3.2所示。

表3.2　　　　　　　　危险因素识别指标 A2

编号		名称	说明
二级	三级		
A21		基本要求	对危险因素识别基本要求，包括人员、设备、管理、环境等
	A21 – 1	国家基本要求	国家应尽的责任
	A21 – 2	各级政府基本要求	各级人民政府的责任
	A21 – 3	主要监管部门基本要求	主要监管部门的责任
	A21 – 4	其他相关部门基本要求	其他相关部门的责任
	A21 – 5	企业事业单位基本要求	企业事业单位的责任
	A21 – 6	企业事业单位主要负责人基本要求	企业事业单位主要负责人的职责，包括从业资格和条件

续表

编号		名称	说明
二级	三级		
	A21 - 7	企业事业单位其他负责人员基本要求	企业事业单位其他负责人员的职责
	A21 - 8	企业事业单位专业管理人员基本要求	企业事业单位专业管理人员的职责，包括从业资格
	A21 - 9	企业事业单位员工的基本要求	企业事业单位员工的职责，包括从业条件
	A21 - 10	企业事业单位员工的义务	企业事业单位员工应有的权利、权益和应尽的义务
	A21 - 11	企业事业单位基本要求	主要是指设备、设施、投入、环境等基本条件
	A21 - 12	设备设施基本要求	设备、设施、工艺、系统的基本要求和基本条件
	A21 - 13	环境（场所）基本要求	作业场所、工作和生活环境的基本要求和基本条件
	A21 - 14	企业事业单位管理基本要求	企业事业单位针对危险因素识别管理的基本条件和基本要求
A22		危险因素识别准备	在识别前应开展的各方面准备工作
	A22 - 1	政府识别准备	政府识别准备的责任、具体工作和任务
	A22 - 2	专门监管部门准备	专门监管部门识别准备的责任、具体工作和任务
	A22 - 3	其他相关政府部门准备	其他相关部门识别准备的责任、具体工作和任务
	A22 - 4	企业事业单位准备	企业事业单位识别准备的责任、具体工作和任务
	A22 - 5	企业事业单位专业负责人准备	企业事业单位专业负责人员识别准备的职责、具体工作和任务
	A22 - 6	企业事业单位相关人员准备	企业事业单位相关人员识别准备的职责、具体工作和任务
	A22 - 7	社会组织识别准备	相关社会组织及其人员识别准备的职责、具体工作和任务
	A22 - 8	公民准备权利和义务	在识别准备工作中的公民权利和义务

编号		名称	说明
二级	三级		
A23		危险因素识别	各方如何开展危险识别工作
	A23 – 1	政府识别	政府识别和组织识别的责任、具体工作和任务
	A23 – 2	专门监管部门识别	专门监管部门识别和组织识别的责任、具体工作和任务
	A23 – 3	其他相关政府部门识别	其他相关部门识别和组织识别的责任、具体工作和任务
	A23 – 4	企业事业单位识别	企业事业单位识别的责任、具体工作和任务
	A23 – 5	企业事业单位专业负责人识别	企业事业单位专业负责人员识别和组织识别的职责、具体工作和任务
	A23 – 6	企业事业单位相关人员识别	企业事业单位相关人员识别的职责、具体工作和任务
	A23 – 7	社会组织识别	相关社会组织及其人员识别的职责、具体工作和任务
	A23 – 8	公民识别权利和义务	在识别工作中的公民权利和义务
A24		危险因素识别结果	识别结果的确认、公布和使用等
	A24 – 1	识别结果的记录与确认	识别结果记录、确认的人员及其职责
	A24 – 2	识别结果的发布与公开	识别结果发布、公开的人员及其职责
	A24 – 3	识别问题处理	识别发现问题跟踪处理、整改人员及其职责
	A24 – 4	识别问题监督管理	识别发现问题监督管理、处理人员及其职责

3. 危险监测指标

危险监测是应急管理承上启下的工作。应急管理危险监测需要付出成本。这项工作是主要责任组织的工作。首先，具体的生产安全事故、生态环境事件、食品药品安全事故的危险监测应该是企业事业单位的责任；其次，政府出于监督管理的需要也可以进行危险监测；最后，政府为了进行宏观的风险预警，也具有宏观危险监测的责任。各类自然灾害、社会安全事件、传染病疫情等突发公共事件的危险监测应该是政府的职责。根据第二章和本章第一节的论述，建立危险监测指标，如表3.3所示。

表3.3　　　　　　　　　　　危险监测指标 A3

编号		名称	说明
二级	三级		
A31		基本要求	对危险监测的基本要求，包括人员、设备、管理、环境等
	A31-1	国家基本要求	国家应尽的责任
	A31-2	各级政府基本要求	各级人民政府的责任
	A31-3	主要监管部门基本要求	主要监管部门的责任
	A31-4	其他部门基本要求	其他相关部门的责任
	A31-5	企业事业单位基本要求	企业事业单位的责任
	A31-6	企业事业单位主要负责人基本要求	企业事业单位主要负责人的职责，包括从业资格和条件
	A31-7	企业事业单位其他负责人员基本要求	企业事业单位其他负责人员的职责
	A31-8	企业事业单位专业管理人员基本要求	企业事业单位专业管理人员的职责，包括从业资格
	A31-9	企业事业单位员工的基本要求	企业事业单位员工的职责，包括从业条件
	A31-10	企业事业单位员工的义务	企业事业单位员工应有的权利、权益和义务
	A31-11	企业事业单位物的总基本要求	主要是指设备、设施、投入、环境等一般性的基本要求和基本条件
	A31-12	设备设施基本要求	设备、设施、工艺、系统的基本要求和基本条件
	A31-13	环境（场所）基本要求	作业场所、工作和生活环境的基本要求和基本条件
	A31-14	企业事业单位管理基本要求	企业事业单位针对危险因素监测管理的基本条件和基本要求

续表

编号		名称	说明
二级	三级		
A32		危险监测准备	在监测前应开展的各方面准备工作
	A32－1	监测制度	国家要求的危险监测制度、方法
	A32－2	政府监测要求	政府进行危险监测的要求
	A32－3	企业事业单位监测要求	企业事业单位危险监测的要求
	A32－4	社会监测要求	社会包括公民参与危险监测的要求
	A32－5	监测指标	针对性的危险监测指标（阈值）
	A32－6	危险监测标准	针对性的危险监测标准，包括标准制修订、使用和内容
	A32－7	危险监测设备	危险监测的设备及其要求
	A32－8	企业事业单位相关人员要求	企业事业单位相关人员监测的职责、具体工作和任务
A33		危险监测	各方面如何进行危险监测工作
	A33－1	政府监测	政府开展监测和组织监测的责任、具体工作和任务
	A33－2	专门监管部门监测	专门监管部门开展和组织监测的责任、具体工作和任务
	A33－3	其他相关政府部门监测	其他相关部门开展和组织监测的责任、具体工作和任务
	A33－4	企业事业单位监测	企业事业单位监测的责任、具体工作和任务
	A33－5	社会组织监测	相关社会组织及其人员参加监测的职责、具体工作和任务
A34		危险监测结果	监测结果的确认、发布和使用等
	A34－1	监测结果的记录与确认	监测结果记录、确认的人员及其职责
	A34－2	监测结果的发布与公开	监测结果发布、公开的人员及其职责
	A34－3	监测问题处理	监测发现问题跟踪处理、整改人员及其职责
	A34－4	监测问题监督管理	监测发现问题监督管理、处理人员及其职责
	A34－5	监测结果法律地位	监测结果的法律地位和法律有效性

4. 风险评价指标

风险评价是应急管理的重要工作之一，没有风险评价就不能实施科学、有效的应急管理工作。突发事件风险评价是一项技术性很强的工作，需要付出成本，这项工作是主要职责组织的必须工作。生产安全事故、生态环境事件、食品药品安全事件、中毒的风险评价应该是企业事业单位的责任。企业事业单位如果没有能力进行风险评价，可以委托具有能力的中介机构进行。如果中介机构开展风险评价工作，应具备政府设定的条件和能力，取得相应的资质。各类自然灾害、社会安全事件、传染病疫情等突发公共事件风险评价是政府的职责，政府也可以委托中介机构开展风险评价工作。根据第二章和本章第一节的论述，建立风险评价指标，如表3.4所示。

表3.4　　　　　　　　　　风险评价指标 A4

编号		名称	说明
二级	三级		
A41		基本要求	对风险评价的基本要求，包括人员、设备、管理、环境等
	A41－1	国家基本要求	国家应尽的责任
	A41－2	各级政府基本要求	各级人民政府的责任
	A41－3	主要监管部门基本要求	主要监管部门的责任
	A41－4	其他部门基本要求	其他相关部门的责任
	A41－5	企业事业单位基本要求	企业事业单位的责任
	A41－6	企业事业单位主要负责人基本要求	企业事业单位主要负责人的职责，包括从业资格和条件
	A41－7	企业事业单位其他负责人员基本要求	企业事业单位其他负责人员的职责
	A41－8	企业事业单位专业管理人员基本要求	企业事业单位专业管理人员的职责，包括从业资格
	A41－9	企业事业单位员工的基本要求	企业事业单位员工的职责，包括从业条件

续表

编号		名称	说明
二级	三级		
	A41－10	企业事业单位员工的义务	企业事业单位员工应有的权利和权益
	A41－11	企业事业单位物的一般性基本要求	主要是指设备、设施、投入、环境等一般性基本要求和基本条件
	A41－12	设备设施基本要求	设备、设施、工艺、系统的基本要求和基本条件
	A41－13	环境（场所）基本要求	作业场所、工作和生活环境的基本要求和基本条件
	A41－14	企业事业单位管理基本要求	企业事业单位针对风险评价管理的基本条件和基本要求
A42		风险评价准备	在风险评价前应开展的各方面准备工作
	A42－1	风险评价制度	国家要求的风险评价制度、方法等
	A42－2	政府风险评价要求	政府进行风险评价的要求
	A42－3	企业事业单位评价要求	企业事业单位风险评价的要求
	A42－4	社会评价要求	社会包括公民参与风险评价的要求
	A42－5	风险评价方法	针对性的风险评价指标及方法
	A42－6	风险分级要求	风险分级的指标和要求
	A42－7	风险评价标准	针对性的风险评价，包括标准制修订、使用和内容
	A42－8	风险评价设备	风险评价的设备及其要求
	A42－9	企业事业单位相关人员要求	企业事业单位相关人员风险评价的职责、具体工作和任务
A43		风险评价	各方面如何进行风险评价工作
	A43－1	政府风险评价	政府开展评价和组织评价的责任、具体工作和任务
	A43－2	专门监管部门评价	专门监管部门开展和组织评价的责任、具体工作和任务
	A43－3	其他相关政府部门评价	其他相关部门开展和组织评价的责任、具体工作和任务

续表

编号		名称	说明
二级	三级		
	A43－4	企业事业单位评价	企业事业单位评价的责任、具体工作和任务
	A43－5	社会组织评价	相关社会组织及其人员参加评价的职责、具体工作和任务
	A43－6	职工风险评价	企业事业单位职工风险评价的责任、具体工作和任务
A44		风险评价结果	风险评价结果的确认、发布和使用等
	A44－1	评价结果的记录与确认	风险评价结果记录、确认的人员及其职责
	A44－2	评价结果的发布与公开	风险评价结果发布、公开的人员及其职责
	A44－3	评价问题处理	风险评价发现问题跟踪处理、整改人员及其职责
	A44－4	评价问题监督管理	风险评价发现问题监督管理、处理人员及其职责
	A44－5	评价结果法律地位	风险评价结果的法律地位和法律适应性

5. 危机预警与干预指标

危机预警与干预是应急管理的工作之一。当监测发现危机，经过风险评价，达到预警级别，需要发出预警时应该及时发出危机预警。同时，为了避免突发事件的发生和减轻危害，应该进行适当的危机干预。危机干预是避免突发事件发生的最后一道防线，通过有效的危机干预，即使不能避免突发事件发生，也可以减少突发事件造成的损失，减轻突发事件的危害。突发事件危机预警与风险干预是一项法律性很强的工作，不适当的危机预警不仅起不到作用，还可能造成生产、生活秩序的混乱。发生在企业事业单位的危机，应由企业事业单位主要负责人决定，是否进行危机预警和采取风险干预措施。可能影响社会生产、生活秩序的危机，无论是生产安全事故、生态环境事件、食品药品安全事件的危机，还是各类自然灾害、社会安全事件、传染病疫情等突发公共事件的危机，决定是否发出危机预警是政府的责任，同时政府应对如何进行干预、需要哪些组织和人员参加干预做出说明。根据第二章和本章第一节的论述，建立危机预警与干预指标，如表 3.5 所示。

表 3.5　　　　　　　　　危机预警与干预指标 A5

编号（二级）	编号（三级）	名称	说明
A51		基本要求	对危机预警与干预的基本要求，包括人员、设备、管理、环境等
	A51 - 1	国家基本要求	国家的责任
	A51 - 2	各级政府基本要求	各级人民政府的责任
	A51 - 3	主要监管部门基本要求	主要监管部门的责任
	A51 - 4	其他部门基本要求	其他相关部门的责任
	A51 - 5	企业事业单位基本要求	企业事业单位的责任
	A51 - 6	企业事业单位主要负责人基本要求	企业事业单位主要负责人的职责，包括从业资格和条件
	A51 - 7	企业事业单位其他负责人员基本要求	企业事业单位其他负责人员的职责
	A51 - 8	企业事业单位专业管理人员基本要求	企业事业单位专业管理人员的职责，包括从业资格
	A51 - 9	企业事业单位员工的基本要求	企业事业单位员工的职责和义务，包括从业条件
	A51 - 10	社会组织基本要求	对社会组织的基本要求
	A51 - 11	公民基本要求	公民的基本要求
	A51 - 12	国家预警分级及标准	国家危机预警分级及其分级的要求
A52		危机预警	危机预警应开展的各方面工作
	A52 - 1	危机研判	判断是否有必要进入危机状态
	A52 - 2	发布危机预警	发布危机预警的各方面工作
	A52 - 3	危机相应要求	发出危机预警后各方响应的总要求
	A52 - 4	跟踪预警后状态	跟踪预警后的态势变化

续表

编号		名称	说明
二级	三级		
A53		危机干预	各方面如何进行危机干预工作
	A53-1	政府危机干预	政府开展和组织危机干预的责任、具体工作和任务
	A53-2	专门监管部门干预	专门监管部门开展和组织干预的责任、具体工作和任务
	A53-3	其他相关政府部门干预	其他相关部门开展和组织干预的责任、具体工作和任务
	A53-4	企业事业单位干预	企业事业单位干预的责任、具体工作和任务
	A53-5	社会组织干预	相关社会组织及其人员参加干预的职责、具体工作和任务
	A53-6	职工干预	企业事业单位职工危机干预的责任、具体工作和任务
A54		危机预警与干预结果	风险评价结果的确认、公布和使用等
	A54-1	预警与干预结果的记录与确认	危机预警与干预结果的记录、确认的人员及其职责
	A54-2	危机消除要求	危机消除判别的人员职责

6. 事件应急响应与处置指标

突发事件应急响应与处置是避免事件危害扩大、减轻损失的最后一道防线。在突发事件发生后，最重要的工作是减少人员的伤亡。第一时间做出有效的应急响应，可以最大限度地减少人员的伤亡。我国实施"分级响应、属地为主"的应急响应与处置原则，当然当突发事件扩大超出事发组织或者地方政府的应急能力时，事发组织或者地方政府应该及时发出请求，接到请求的组织或者部门应该及时做出响应，参与突发事件应急响应与处置。在突发事件发生时，为了维护社会生产、生活秩序，事发组织或者地方政府应该及时发布突发事件响应与处置情况，同时无论是生产安全事故、生态环境事件、食品药品安全事件，还是各类自然灾害、社会安全事件、传染病疫情等突发公共事件的危机，公众都有了解事态及其发展态势的权利，同时为了控制事态，必须根据事态发展及时做出应急响应。根据第二章和本章第一节的论述，建立突发事件应急响应与处置指标，如表3.6所示。

表3.6   突发事件应急响应与处置指标 A6

编号		名称	说明
二级	三级		
A61		基本要求	对应急响应与处置的基本要求，包括人员、设备、管理、环境等
	A61 - 1	国家基本要求	国家的责任
	A61 - 2	各级政府基本要求	各级人民政府的责任
	A61 - 3	主要监管部门基本要求	主要监管部门的责任
	A61 - 4	其他部门基本要求	其他相关部门的责任
	A61 - 5	企业事业单位基本要求	企业事业单位的责任
	A61 - 6	企业事业单位主要负责人基本要求	企业事业单位主要负责人的职责，包括从业资格和条件
	A61 - 7	企业事业单位其他负责人员基本要求	企业事业单位其他负责人员的职责
	A61 - 8	企业事业单位专业管理人员基本要求	企业事业单位专业管理人员的职责，包括从业资格
	A61 - 9	企业事业单位员工的基本要求	企业事业单位员工的职责，包括从业条件
	A61 - 10	社会组织基本要求	对社会组织的基本要求
	A61 - 11	公民基本要求	公民的基本要求
	A61 - 12	国家应急响应分级	国家应急响应分级及其分级指标
	A61 - 13	应急规划和响应条件	应急规划中应设立的响应条件及其要求
A62		应急管理体制	应急管理体制及其要求
	A62 - 1	国家应急管理体制要求	国家应急管理体制及其要求
	A62 - 2	地方政府应急管理体制要求	地方政府应急管理体制及其要求
	A62 - 3	企业事业单位应急管理体制要求	企业事业单位应急管理体制的要求

续表

编号		名称	说明
二级	三级		
A63	A63 - 1	应急管理机制	应急管理机制及其要求
A64	A64 - 1	应急管理法制	应急管理法制及其要求
A65		应急预案	应急预案及其要求
	A65 - 1	国家应急预案	国家应急预案及其要求
	A65 - 2	各部门应急预案	各部门应急预案及其要求
	A65 - 3	地方政府应急预案	地方政府应急预案及其要求
	A65 - 4	企业事业单位应急预案	企业事业单位应急预案及其要求
	A65 - 5	各类组织应急预案	各类组织应急预案及其要求
	A65 - 6	特殊活动应急预案	特殊活动应急预案及其要求
A66		应急设备（装备）	应急设备（装备）及其要求
	A66 - 1	国家应急设备	国家应急设备（装备）及其要求
	A66 - 2	各级地方政府应急设备	各级地方政府应急设备（装备）及其要求
	A66 - 3	企业事业单位应急设备	企业事业单位应急设备（装备）及其要求
	A66 - 4	各类组织应急设备	各类组织应急设备（装备）及其要求
A67		应急演练	应急演练及其要求
	A67 - 1	国家应急演练	国家应急演练及其要求
	A67 - 2	各部门（机构）应急演练	各部门（机构）应急演练及其要求
	A67 - 3	各级地方政府应急演练	各级地方政府应急演练及其要求
	A67 - 4	企业事业单位应急演练	企业事业单位应急演练及其要求
	A67 - 5	各类组织应急演练	各类组织应急演练及其要求
	A67 - 6	特殊活动应急演练	特殊活动应急演练及其要求
	A67 - 7	公民应急演练	公民参与应急演练及其要求
A68		应急响应	应急响应及其要求
	A68 - 1	国家应急响应	国家应急响应及其要求
	A68 - 2	各部门（机构）应急响应	各部门（机构）应急响应及其要求
	A68 - 3	各级地方政府应急响应	各级地方政府应急响应及其要求
	A68 - 4	企业事业单位应急响应	企业事业单位应急响应及其要求

编号		名称	说明
二级	三级		
	A68－5	各类组织应急响应	各类组织应急响应及其要求
	A68－6	公众应急响应	公众参与应急响应及其要求
A69		应急救援	应急救援及其要求
	A69－1	国家应急救援	国家应急救援及其要求
	A69－2	各部门（机构）应急救援	各部门（机构）应急救援及其要求
	A69－3	各级地方政府应急救援	各级地方政府应急救援及其要求
	A69－4	企业事业单位应急救援	企业事业单位应急救援及其要求
	A69－5	各类组织应急救援	各类组织应急救援及其要求
	A69－6	公众应急救援	公众参与应急救援及其要求
A610		应急响应与处置结果	应急响应与处置结果的评估、确认和公布等
	A610－1	结果记录	应急响应与处置结果记录的人员及其职责
	A610－2	结果确认	应急响应与处置结果确认的程序、人员及其职责
	A610－3	结果发布与公开	应急响应与处置结果发布制度、公开的人员及其职责
	A610－4	应急状态结束	宣布结束应急状态的时机、组织及其要求

7. 事后恢复指标

突发事件事后恢复是应急管理必不可少的一项工作。做事后恢复工作的目的，一是评估突发事件危害程度，采取有效措施尽快恢复生产、生活秩序；二是总结突发事件发生及其应急管理过程的成败得失，避免同类突发事件再次发生；三是调查分析总结突发事件应急响应与处置的过程，提出制修订应急管理相关法律法规、政策、标准的建议。做突发事件调查分析必须遵循一定的原则。如生产安全事故调查的"四不放过"处理原则，事故原因未调查清楚不放过，事故责任人未接受处理不放过，事故责任人和相关人员没有接受教训不放过，未采取防范措施不放过。根据第二章和本章第一节的论述，建立突发事件事后恢复指标，如表 3.7 所示。

表 3.7   **突发事件事后恢复指标 A7**

编号		名称	说明
二级	三级		
A71		基本要求	对事后恢复的基本要求，包括人员、设备、管理、环境等
	A71 – 1	国家基本要求	国家的责任
	A71 – 2	各级政府基本要求	各级人民政府的责任
	A71 – 3	主要监管部门基本要求	主要监管部门的责任
	A71 – 4	其他部门基本要求	其他相关部门的责任
	A71 – 5	企业事业单位基本要求	企业事业单位的责任
	A71 – 6	社会组织基本要求	对社会组织的基本要求
	A71 – 7	公民基本要求	对公民的基本要求
A72	A72 – 1	调查评估分析	对突发事件进行调查评估分析的要求
A73	A73 – 1	制定重建计划	制定重建计划的责任部门及其要求
A74	A74 – 1	企业事业单位生产恢复	企业事业单位恢复生产的条件、程序和要求

8. 法律责任指标

应急管理相关法律的法律责任是指违反应急管理相关法律的行为人对其违法非法行为所承担的责任。该责任是法律意义上的责任，是强制性的责任，由国家强制力保证执行，由国家授权的机关依法追究。法律责任分为刑事法律责任、民事法律责任、行政法律责任、经济法律责任、违宪法律责任等。刑法对突发事件相关违法非法行为的刑事法律责任作出了规定，涉及《刑法（十）》的多个条款。涉及的罪行和罪名主要在《刑法（十）》的第二编分则的第一章危害国家安全罪、第二章危害公共安全罪、第四章侵犯公民人身权利、民主权利罪、第六章妨害社会管理秩序罪和第九章渎职罪。在应急管理相关法律中一般对行政法律责任、经济法律责任规定比较详细，对民事法律责任做出一般性规定，但不对刑事法律责任做出具体规定。因此，在建立应急管理相关法律的法律责任指标时，主要考虑行政法律责任、经济法律责任对应的评价指标。通过这些指标主要评价如下几个方面：

（1）法律责任与违法非法行为的对应性。即每一个违法非法行为都对应有法律责任。

（2）法律责任与违法非法行为后果的对应性。非自然灾害类突发事件的发生、扩大往往与非法违法行为有关，其危害后果的严重程度应该与追究法律责任的程度相对应。

（3）法律责任体现预防为主。一些违法非法行为没有造成突发事件发生，但造成了很大的潜在风险，为了预防突发事件的发生，按照预防为主的要求，对这类违法非法行为也应该追究法律责任。

根据第二章和本章第一节的论述，建立突发事件法律责任指标，如表3.8所示。

表 3.8　　　　　　　　　　突发事件法律责任指标 A8

编号		名称	说明
二级	三级		
A81		设立原则	设立违法非法行为法律责任的原则
	A81 – 1	预案为主原则	按照预防为主原则设立法律责任
	A81 – 2	社会适应性原则	按照对突发事件建立社会共识设立法律责任
	A81 – 3	经济适应性原则	按照经济发展水平设立法律责任
	A81 – 4	公平性原则	按照社会公认的公平性设立法律责任
	A81 – 5	公正性原则	按照社会公认的公正性设立法律责任
	A81 – 6	非歧视性原则	按照无性别歧视、无组织性质歧视、无职务歧视、无从业岗位歧视设立法律责任
	A81 – 7	保护弱势原则	按照保护弱势群体原则设立法律责任
A82		违法非法行为	所有违法非法行为都有对应的法律责任，这样的法律责任因不同应急管理相关法律不同，评价指标不同。应该有多个评价指标，需要根据具体法律做出分析。可概括为七类指标
	A82 – 1	危险因素识别法律责任	危险因素识别的违法非法行为的法律责任
	A82 – 2	危险监测法律责任	危险监测的违法非法行为的法律责任

续表

编号		名称	说明
二级	三级		
	A82 - 3	风险评价法律责任	风险评价的违法非法行为的法律责任
	A82 - 4	危机预警与干预法律责任	危机预警与干预的违法非法行为的法律责任
	A82 - 5	应急响应与处置法律责任	应急响应与处置的违法非法行为的法律责任
	A82 - 6	事后恢复法律责任	事后恢复的违法非法行为的法律责任
	A82 - 7	一般性规定法律责任	一般性规定的违法非法行为的法律责任
A83	A83 - 1	经济法律责任分级	经济法律责任分级设置
A84	A84 - 1	行政法律责任分级	行政法律责任分级设置
A85	A85 - 1	刑事责任	追究刑事法律责任的违法非法行为
A86	A86 - 1	民事责任	追究民事法律责任的违法非法行为
A87	A87 - 1	直接责任人法律责任	追究直接责任人的违法非法行为
A88	A88 - 1	直接主管人员法律责任	追究直接主管人员的违法非法行为

第三节　应急管理相关法律分析评价方法

法律的生命力在于实施，法律的权威也在于实施。一部法律能否得到有效的实施，既在于法律本身，也在于法律实施社会人文环境。对于法律本身而言，能否有效实施取决于其完整性、适应性、可行性和系统性。对于一部应急管理相关法律的分析评估有四种形式，或者说有四种分析评价，一是对法律本身的分析评价，即对法律本身完整性和系统性的分析评价；二是对法律实施情况的分析评价，即分析评价法律要达到的有限目的是否在实施过程中得以实现；三是对法律实施效果的分析评价，即分析评价通过实施法律后的相关法治环境的改善情况；四是对法律的综合分析评价，即前三种情况的任何两种或者三种形式组合的综合分析评价。

无论是哪种形式的法律分析评价，建立分析评价模型都需要做如下几方面的工作。一是建立评价指标；二是确定评价指标的权重；三是建立每个评价指标的阈值并确定评价依据，即建立每个评价指标的评价分值范围，并确定选择不同分值的评价依据。一般情况下是将评价分值范围分为几个评价级别，提出每个级别对应的评价依据，这样在评价时就可以根据评价依据选取对应的评价分值（评价级别）；四是形成分析评价模型。

建立应急管理相关法律评价指标的工作在本章第二节已经完成。当然，这样的评价指标是针对应急管理相关法律的一般性和普遍性的指标。不同类型的突发事件应急管理相关法律，必须针对突发事件应急管理的特点，适应突发事件应急管理的需要。如生产安全事故的特点是，生产经营单位必须具备必要的生产条件（也称为安全生产准入条件）才能确保不发生生产安全事故，这样的条件包括人员、机械和设备、材料、环境、管理等方面。此外，生产安全事故往往是人的不安全行为、物的不安全状态、不良工作环境和管理不到位造成的。针对生产安全事故的安全生产法律应对安全生产准入条件做出规定，对生产经营活动中的人的安全行为、物的安全状态、工作环境和管理提出要求并作出规定。因此，在针对具体一部应急管理相关法律建立分析评价模型时，应对评价指标做出必要的调整。

一　建立应急管理相关法律评价指标权重

应急管理相关法律评价指标的建立有多种方式，可以采用统计分析方式、专家打分方式、模糊计算方式、指标平均赋值方式等。根据作者掌握的资料，以及应急管理相关法律分析评价实际工作的需要，对下列建立应急管理指标权重法作出说明。根据本章第二节的应急管理相关法律评价指标分析结果，评价指标权重直接赋值法有三种，一是给 8 个一级评价指标平均赋值，直接给出 8 个一级评价指标的权重值，再平均分配到每个二级评价指标权重值；二是给每个二级评价指标平均赋值，再计算出 8 个一级评价指标的权重值；三是给每个三级评价指标平均赋值，计算出每个二级评价指标的权重值，再计算出 8 个一级评价指标的权重值。

（一）给 8 个一级评价指标权重平均赋值法

1. 给一级评价指标权重平均赋值

按照 100 制，给 8 个一级评价指标平均赋值，每个评价指标权重值为：

$$Ri = 100/8 = 12.5 \qquad (3-1)$$

式中：i——级评价指标编号，$i = 1$，2，…，8；

R——评价指标权重。

2. 计算二级评价指标权重值

按照本章第二节的分析，每个一级评价指标对应的二级评价指标数量如表 3.9 所示，用二级评价指标数量除以相应一级评价指标权重值，得到每个二级评价指标权重值 Rij（其中 j 表示该评价指标为第 i 个二级评价指标的第 j 个三级指标），结果如表 3.9 所示。

表 3.9 二级评价指标权重计算结果

序号	一级评价指标名称	评价指标编号	二级评价指标数量	一级评价指标权重	二级评价指标平均权重
1	综合类指标	A1	9	12.5	1.389
2	危险因素识别指标	A2	4	12.5	3.125
3	危险监测指标	A3	4	12.5	3.125
4	风险评价指标	A4	4	12.5	3.125
5	危机干预与预警指标	A5	4	12.5	3.125
6	应急响应与处置指标	A6	10	12.5	1.250
7	突发事件事后恢复指标	A7	4	12.5	3.125
8	突发事件法律责任指标	A8	8	12.5	1.563

3. 计算三级评价指标权重

用每个二级评价指标下的三级评价指标数量除以二级评价指标权重，得到每个三级评价指标权重。由于三级指标较多，因此计算出的三级评价指标权重比较小，如表 3.10 所示。

表 3.10   三级评价指标权重计算结果

一级评价指标名称	二级评价指标			三级评价指标	
	名称	编号	权重	个数	平均权重
综合类指标	立法目的	A11	1.389	5	0.278
	适应范围	A12	1.389	2	0.695
	工作方针、原则、机制	A13	1.389	3	0.463
	一般性规定（要求）	A14	1.389	4	0.347
	规划	A15	1.389	4	0.347
	职责分工	A16	1.389	5	0.278
	宣传教育培训	A17	1.389	4	0.347
	科学研究与技术应用	A18	1.389	2	0.695
	主要名词术语	A19	1.389	1	1.389
危险因素识别指标	基本要求	A21	3.125	14	0.223
	危险因素识别准备	A22	3.125	8	0.391
	危险因素识别	A23	3.125	8	0.391
	危险因素识别结果	A24	3.125	4	0.781
危险监测指标	基本要求	A31	3.125	14	0.223
	危险监测准备	A32	3.125	8	0.391
	危险监测	A33	3.125	5	0.625
	危险监测结果	A34	3.125	5	0.625
风险评价指标	基本要求	A41	3.125	14	0.223
	风险评价准备	A42	3.125	9	0.347
	风险评价	A43	3.125	6	0.521
	风险评价结果	A44	3.125	5	0.625
危机预警与干预指标	基本要求	A51	3.125	12	0.260
	危机预警	A52	3.125	4	0.781
	危机干预	A53	3.125	6	0.521
	危机预警与干预结果	A54	3.125	2	1.563
事件应急响应与处置指标	基本要求	A61	1.250	13	0.096
	应急管理体制	A62	1.250	3	0.417
	应急管理机制	A63	1.250	1	1.250
	应急管理法治	A64	1.250	1	1.250

续表

一级评价 指标名称	二级评价指标			三级评价指标	
	名称	编号	权重	个数	平均权重
	应急预案	A65	1.250	6	0.208
	应急设备（装备）	A66	1.250	4	0.313
	应急演练	A67	1.250	7	0.179
	应急响应	A68	1.250	6	0.208
	应急救援	A69	1.250	6	0.208
	应急响应与处置结果	A610	1.250	4	0.313
突发事件 事后恢复 指标	基本要求	A71	3.125	7	0.446
	调查评估分析	A72	3.125	1	3.125
	制定重建计划	A73	3.125	1	3.125
	企业事业单位生产恢复	A74	3.125	1	3.125
突发事件 法律责任 指标	设立原则	A81	1.563	7	0.223
	违法非法行为	A82	1.563	7	0.223
	经济法律责任分级	A83	1.563	5	0.313
	行政法律责任	A84	1.563	7	0.223
	刑事责任	A85	1.563	5	0.313
	民事责任	A86	1.563	5	0.313
	直接责任人员法律责任	A87	1.563	1	1.563
	直接主管人员法律责任	A88	1.563	1	1.563

一级评价指标权重平均赋值法是基于一级评价指标的重要度相同的假设条件给出的，没有考虑由于一级中二级评价指标以及二级评价指标中三级评价指标的多少，即忽略了一级评价指标中二级评价指标的多少对一级评价指标权重的影响和二级评价指标中三级评价指标的多少对二级评价指标权重的影响。显然，在对一部法律的完整性和系统性评价中，一级评价指标权重的大小与二级评价指标个数和三级评价指标个数有关。

（二）按照每个三级评价指标平均赋值法

1. 给三级评价指标权重平均赋值

按照每个三级评价指标权重相同的原则，给每个三级评价指标平均赋值。为了计算方便，设每个三级评价指标权重为 5（设定为 5 主要是为了分析评价的需要）。

　　2. 计算二级评价指标权重值

　　每个二级评价指标权重应为三级评价指标数量乘以三级评价指标权重值，计算结果如表 3.11 所示。

表 3.11　　　　　　　　二级评价指标权重计算结果

一级评价指标名称	二级评价指标		三级评价指标个数	二级评价指标权重
	名称	编号		
综合类指标	立法目的	A11	5	25
	适应范围	A12	2	10
	工作方针、原则、机制	A13	3	15
	一般性规定（要求）	A14	4	20
	规划	A15	4	20
	职责分工	A16	5	25
	宣传教育培训	A17	4	20
	科学研究与技术应用	A18	2	10
	主要名词术语	A19	1	5
危险因素识别指标	基本要求	A21	14	70
	危险因素识别准备	A22	8	40
	危险因素识别	A23	8	40
	危险因素识别结果	A24	4	20
危险监测指标	基本要求	A31	14	70
	危险监测准备	A32	8	40
	危险监测	A33	5	25
	危险监测结果	A34	5	25
风险评价指标	基本要求	A41	14	70
	风险评价准备	A42	9	45
	风险评价	A43	6	30
	风险评价结果	A44	5	25

续表

一级评价 指标名称	二级评价指标		三级评价 指标个数	二级评价 指标权重
	名称	编号		
危机预警与 干预指标	基本要求	A51	12	60
	危机预警	A52	4	20
	危机干预	A53	6	30
	危机预警与干预结果	A54	2	10
事件应急 响应与处 置指标	基本要求	A61	13	65
	应急管理体制	A62	3	15
	应急管理机制	A63	1	5
	应急管理法治	A64	1	5
	应急预案	A65	6	30
	应急设备（装备）	A66	4	20
	应急演练	A67	7	35
	应急响应	A68	6	30
	应急救援	A69	6	30
	应急响应与处置结果	A610	4	20
突发事件 事后恢复 指标	基本要求	A71	7	35
	调查评估分析	A72	1	5
	制定重建计划	A73	1	5
	企业事业单位生产恢复	A74	1	5
突发事件 法律责任 指标	设立原则	A81	7	35
	违法非法行为	A82	7	35
	经济法律责任分级	A83	5	25
	行政法律责任	A84	7	35
	刑事责任	A85	5	25
	民事责任	A86	5	25
	直接责任人员法律责任	A87	1	5
	直接主管人员法律责任	A88	1	5

3. 计算一级评价指标权重分值

一级评价指标权重值应为一级评价指标中包括的所有二级评价指

标权重值之和，计算结果如表 3.12 所示。

表 3.12　　　　　　　　　一级评价指标权重计算结果

一级评价指标名称	二级评价指标		二级评价指标权重	一级评价指标权重
	名称	编号		
综合类指标	立法目的	A11	25	150
	适应范围	A12	10	
	工作方针、原则、机制	A13	15	
	一般性规定（要求）	A14	20	
	规划	A15	20	
	职责分工	A16	25	
	宣传教育培训	A17	20	
	科学研究与技术应用	A18	10	
	主要名词术语	A19	5	
危险因素识别指标	基本要求	A21	70	170
	危险因素识别准备	A22	40	
	危险因素识别	A23	40	
	危险因素识别结果	A24	20	
危险监测指标	基本要求	A31	70	160
	危险监测准备	A32	40	
	危险监测	A33	25	
	危险监测结果	A34	25	
风险评价指标	基本要求	A41	70	170
	风险评价准备	A42	45	
	风险评价	A43	30	
	风险评价结果	A44	25	
危机预警与干预指标	基本要求	A51	60	120
	危机预警	A52	20	
	危机干预	A53	30	
	危机预警与干预结果	A54	10	

续表

一级评价 指标名称	二级评价指标		二级评价 指标权重	一级评价 指标权重
	名称	编号		
事件应急 响应与处 置指标	基本要求	A61	65	255
	应急管理体制	A62	15	
	应急管理机制	A63	5	
	应急管理法治	A64	5	
	应急预案	A65	30	
	应急设备（装备）	A66	20	
	应急演练	A67	35	
	应急响应	A68	30	
	应急救援	A69	30	
	应急响应与处置结果	A610	20	
突发事件 事后恢复 指标	基本要求	A71	35	50
	调查评估分析	A72	5	
	制定重建计划	A73	5	
	企业事业单位生产恢复	A74	5	
突发事件 法律责任 指标	设立原则	A81	35	190
	违法非法行为	A82	35	
	经济法律责任分级	A83	25	
	行政法律责任	A84	35	
	刑事责任	A85	25	
	民事责任	A86	25	
	直接责任人员法律责任	A87	5	
	直接主管人员法律责任	A88	5	

4. 换算为 100 制时各评价指标权重

为了直观地显示评价指标的重要度，用 100 制核算各个一级评价指标、各个二级评价指标的权重。

100 制时一级评价指标权重，用式（3-2）计算：

$$Ri = 100Rti/RT \qquad (3-2)$$

式中：Ri——第 i 个一级评价指标 100 制时权重；

    RT—每个三级评价指标平均赋值时所有评价指标总权重；

    Rti—每个三级评价指标平均赋值时第 i 个一级评价指标权重。

    用式（3-2）可计算出 100 制时每个一级评价指标权重，同样可以计算出 100 制时每个二级评价指标权重，结果如表 3.13 所示。每个三级评价指标平均赋值时，所有评价指标权重之和为 1265。换算为 100 制时，一级评价指标权重由大到小的顺序依次为事件应急响应与处置指标、突发事件法律责任指标、危险因素识别指标和风险评价指标、危险监测指标、综合类指标、危机预警与干预指标、突发事件事后恢复指标。该种赋值法的三级评价指标权重是相同的，即用所有三级评价指标权重之和除以 1 个三级评价指标设定权重值。

表 3.13   **换算为 100 分制时一级评价指标、**

二级评价指标权重计算结果

一级评价指标				二级评价指标			
名称	编号	赋值时权重	100 制时权重	名称	编号	赋值时权重	100 制时权重
综合类指标	A1	150	11.9	立法目的	A11	25	1.976
				适应范围	A12	10	0.791
				工作方针、原则、机制	A13	15	1.186
				一般性规定（要求）	A14	20	1.581
				规划	A15	20	1.581
				职责分工	A16	25	1.976
				宣传教育培训	A17	20	1.581
				科学研究与技术应用	A18	10	0.791
				主要名词术语	A19	5	0.395
危险因素识别指标	A2	170	13.4	基本要求	A21	70	5.534
				危险因素识别准备	A22	40	3.162
				危险因素识别	A23	40	3.162
				危险因素识别结果	A24	20	1.581

续表

一级评价指标				二级评价指标			
名称	编号	赋值时权重	100制时权重	名称	编号	赋值时权重	100制时权重
危险监测指标	A3	160	12.6	基本要求	A31	70	5.534
				危险监测准备	A32	40	3.162
				危险监测	A33	25	1.976
				危险监测结果	A34	25	1.976
风险评价指标	A4	170	13.4	基本要求	A41	70	5.534
				风险评价准备	A42	45	3.557
				风险评价	A43	30	2.372
				风险评价结果	A44	25	1.976
危机预警与干预指标	A5	120	9.5	基本要求	A51	60	4.743
				危机预警	A52	20	1.581
				危机干预	A53	30	2.372
				危机预警与干预结果	A54	10	0.791
事件应急响应与处置指标	A6	255	20.2	基本要求	A61	65	5.138
				应急管理体制	A62	15	1.186
				应急管理机制	A63	5	0.395
				应急管理法治	A64	5	0.395
				应急预案	A65	30	2.372
				应急设备（装备）	A66	20	1.581
				应急演练	A67	35	2.767
				应急响应	A68	30	2.372
				应急救援	A69	30	2.372
				应急响应与处置结果	A610	20	1.581
突发事件事后恢复指标	A7	50	4.0	基本要求	A71	35	2.767
				调查评估分析	A72	5	0.395
				制定重建计划	A73	5	0.395
				企业事业单位生产恢复	A74	5	0.395

续表

一级评价指标				二级评价指标			
名称	编号	赋值时权重	100制时权重	名称	编号	赋值时权重	100制时权重
突发事件法律责任指标	A8	190	15.0	设立原则	A81	35	2.767
				违法非法行为	A82	35	2.767
				经济法律责任分级	A83	25	1.976
				行政法律责任	A84	35	2.767
				刑事责任	A85	25	1.976
				民事责任	A86	25	1.976
				直接责任人员法律责任	A87	5	0.395
				直接主管人员法律责任	A88	5	0.395

该种赋值法的三级评价指标权重是相同的，用所有三级评价指标权重之和除以1个三级评价指标设定权重，其计算结果为0.395，即每个三级评价指标的权重为0.395。每个三级评价指标权重平均赋值法是基于每个三级评价指标的重要度相同的假设条件给出的，充分考虑了由于一级评价指标中二级评价指标的多少和二级评价指标中三级评价指标的多少，即只是基于三级评价指标的多少计算二级评价指标的权重、基于二级评价指标的多少计算一级评价指标的权重。显然，在对一部法律的完整性和系统性评价时，并非所有的三级评价指标的重要度都是相同的。

二 建立应急管理相关法律分析评价模型

法律分析评价可以分为法律制定前的法治环境分析评价、法律本身系统性和完整性分析评价、法律实施效果分析评价、法律实施的适应性分析评价、法律修改需求分析评价等多种类型。本节内容仅讨论应急管理相关法律本身系统性和完整性分析评价模型。

应急管理相关法律的系统性和完整性分析评价是对法律本身而言的。一部具有较好系统性和完整性的应急管理相关法律，应该包括本章第一节提出的所有评价指标，从规范对象所在的系统而言的，即对法律规范对象所在系统的要素完整性和要素规定内容的系统性，也就是法律规范的管理对象全面性、针对的管理过程全面性、规定内容的全面性及其内容的系统性。因此，建立针对应急管理相关法律本身全面的分析评价方法，需要从应急管理相关法律的应急管理对象入手。这些内容在前面各章节中已经做了分析论述。

（一）建立三级评价指标的评价标准

对于应急管理相关法律的系统性和完整性分析评价，应评价法律中的规定和要求是否与各个三级评价指标相对应，应从如下两个方面进行分析评价：

1. 法律中是否有与三级评价指标对应的规定。

2. 法律中相应的与三级评价指标对应的规定是否明确。

根据上述两个方面，建立三级评价指标分析评价标准，设立 5 个等级，分别为：

1 等：评价指标系统性和完整性很好。标准值为 5 分。应急管理相关法律中有与三级评价指标对应的规定，相应的规定十分明确、有很好的对应性，具有很强的可操作性，立法质量很好。

2 等：评价指标系统性和完整性较好。标准值为 3 分。应急管理相关法律中有与三级评价指标对应的规定，相应的规定比较明确、有对应性，具有较好的可操作性，立法质量较好。

3 等：评价指标系统性和完整性一般。标准值为 2 分。应急管理相关法律中有与三级评价指标对应的规定，相应规定的对应性不够明确，但是基本对应了相关评价指标的要求，具有一定的可操作性，立法质量一般。

4 等：评价指标系统性和完整性较差。标准分值为 1 分。应急管理相关法律中似乎有与三级指标对应的规定，但是相应的规定的对应性不明确，或者似乎没有对应三级指标的要求，可操作性较差，立法质量较差。

5 等：评价指标系统性和完整性很差。标准值为 0 分。应急管理相关法律中没有与三级评价指标对应的规定，或者似乎没有对应三级评价指标的要求，规定很不明确、可操作性很差，立法质量很差。

以上 5 个等级中，等级由高到低依次为 1 等、2 等、3 等、4 等和 5 等，对应的三级评价指标的评价标准的应得分分别为 5 分、3 分、2 分、1 分和 0 分。

(二) 计算评价指标的实际得分

根据三级评价指标的评价标准，由一位或者多位法律专家、应急管理专家、应急管理执法人员和应急管理参与者组成的分析评价组进行评分，计算出每个三级评价指标的评价实际得分。而后，根据二级评价指标权重分值，可以计算二级评价指标的评价得分。进而，根据一级评价指标权重，可以计算一级评价指标的评价实际得分。由此，构建应急管理相关法律系统性和完整性分析评价模型。

1. 三级指评价标指评价实际得分

当由多位人员组成评价组，进行应急管理相关法律分析评价时，三级评价指标的实际得分，用下式计算：

$$Fthi = \frac{1}{J} \sum_{j=1}^{J} Fthij \qquad (3-3)$$

式中：$Fthi$—第 i 个三级评价指标的平均实际得分，分；

$Fthij$—第 i 个三级评价指标的第 j 个评价人员的实际评分，分·人；

J—参加第 i 个三级评价指标的评价人数，人。

2. 二级评价指标的实际得分

一个二级评价指标包括 1 个以上的三级评价指标，当所有三级评价指标都计算出实际平均评分后，可以计算对应的二级评价指标的实际得分：

$$Ftk = \sum_{i=1}^{I} (Fthi \cdot Rthi) \text{ 或 } Ftk = Rtk \cdot \sum_{i=1}^{I} (Fthi) \qquad (3-4)$$

式中：Ftk—第 k 个二级评价指标的实际得分，分；

$Rthi$—第 k 个二级评价指标中第 i 个三级评价指标的权重；

Rtk—第 k 个二级评价指标权重；

I—第 k 个二级评价指标中的三级评价指标个数。

3. 一级评价指标的实际得分

一个一级评价指标包括 1 个以上的二级评价指标，当所有二级评价指标都计算出实际得分后，可以计算对应的一级评价指标的实际得分：

$$Ft = \sum_{k=1}^{K} (Ftk) \qquad (3-5)$$

式中：Ft—第 t 个一级评价指标的实际得分，分；

K—第 t 个一级评价指标中的二级评价指标个数。

（三）计算应急管理相关法律的实际得分并对计算结果做出解释

应急管理相关法律评价的一级评价指标设立了 8 个，当每个一级评价指标的实际得分都计算出来以后，就可以计算法律的实际得分。用下式计算应急管理相关法律的实际得分：

$$F = \sum_{t=1}^{8} (Ft) \qquad (3-6)$$

式中：F—应急管理相关法律的实际得分，分。

以上的应急管理相关法律的实际得分是经过一定程序，由一位或者多位法律专家、应急管理专家、应急管理执法人员和应急管理参与者组成的分析评价组，对一部应急管理相关法律评价的实际得分。如何评价整部法律的系统性和完整性，就需要通过该部法律应得分与实际得分比例关系来反映。

1. 计算法律的系统性和完整性分析评价应得分

应急管理相关法律分析评价应得分，用下式计算：

$$FY = Fthm \cdot \sum_{n=1}^{N} (Rthn) \qquad (3-7)$$

式中：FY—应急管理相关法律分析评价应得分，分；

Fthm—三级评价指标设定最高等级对应分值，分；

Rthn—第 n 个三级评价指标权重；

N—所有三级评价指标的个数。

如在上述的评价指标分析中，当使用每个三级评价指标平均赋值法时，三级评价指标权重为 0.395，即 $Rthn = 0.395$，是相同的。同时，三级评价指标设定的最高等级对应分值也是相同的，为 5 分，即 $Fthm = 5$。共有三级评价指标 253 个。则应急管理相关法律分析评价的应得分为：

$$FY = 253 \times 5 \times 0.395 = 500 \ 分$$

可用下式计算一级评价指标或者二级评价指标的应得分：

$$FYi = Ri \cdot Fthmn \qquad\qquad (3-8)$$

式中：FYi——第 i 个一级评价指标或者第 i 个二级评价指标分析的应得分，分；

　　　$Fthm$——三级评价指标设定最高等级对应分值，分；

　　　Ri——第 i 个一级评价指标或者第 i 个二级评价指标的权重。

例如，计算综合类指标（第一个一级评价指标，标号 A1）的应得分，三级评价指标设定的最高等级对应分值为 5 分。当采用一级评价指标权重平均赋值法时，综合类指标权重为 12.5，则综合类指标的分析评价的应得分为：

$$TFi = 12.5 \times 5 = 62.5 \ 分$$

当采用每个三级评价指标平均赋值法时，综合类指标权重值为 11.9，则综合类指标的分析评价的应得分为：

$$TFi = 11.9 \times 5 = 59.5 \ 分$$

2. 计算法律的系统性和完整性实际得分

应急管理相关法律的实际得分，用下式计算：

$$FS = \sum_{n=1}^{N} (Fths \cdot Rthn) \qquad\qquad (3-9)$$

式中：FS——应急管理相关法律的实际得分，分；

　　　$Fths$——在分析评价时第 n 个三级评价指标的实际得分，分。

用式（3-9）可以计算一级评价指标或者二级评价指标分析评价的实际得分，在计算时 N 应该是所计算的一级评价指标或者二级评价指标中的所有三级评价指标的个数。

3. 应急管理相关法律系统性和完整性分析评价

用应急管理相关法律分析评价的实际得分与应得分之比作为其系

统性和完整性的评价指标，即应急管理相关法律评价指标 SY 为：

$$SY = \frac{100FS}{FY} \qquad\qquad (3-10)$$

根据应急管理相关法律评价指标 SY 的大小，将分析评价结果分为五个等级，分别为：

一等：应急管理相关法律系统性和完整性很好。评价指标 $SY >$ 90—100。表明：应急管理相关法律的规定与几乎所有三级评价指标相对应，相应的规定十分明确、有很好的对应性，具有很强的可操作性，立法质量很好。

二等：应急管理相关法律系统性和完整性较好。评价指标 $SY >$ 75—90。表明：应急管理相关法律的规定与几乎所有二级评价指标相对应，与大部分三级评价指标相对应，相应的规定比较明确、有对应性，具有较好的可操作性，立法质量较好。

三等：应急管理相关法律系统性和完整性一般。评价指标 $SY >$ 60—75。表明：应急管理相关法律的规定与几乎所有一级评价指标相对应，与大部分二级评价指标相对应，与部分三级评价指标相对应，相应规定的对应性不够明确，但是基本对应了相关评价指标的要求，具有一定的可操作性，立法质量一般。

四等：应急管理相关法律系统性和完整性较差。评价指标 $SY >$ 40—60。表明：应急管理相关法律的规定与大部分一级评价指标相对应，与部分二级评价指标相对应，似乎没有与三级评价指标对应，或者即使有与三级评价指标对应、但对应的规定不明确，或者似乎没有对应三级指标的要求，可操作性较差，立法质量较差。

五等：应急管理相关法律系统性和完整性很差。评价指标 $SY \leqslant$ 40。表明：应急管理相关法律的规定与大部分一级评价指标不对应，几乎没有与二级评价指标对应，没有与三级评价指标对应的规定，或者似乎没有对应三级评价指标的要求，规定很不明确，可操作性很差，立法质量很差。

第四节 《突发事件应对法》系统性和
完整性分析评价

作为所建立的应急管理相关法律系统性和完整性分析评价模型的一个应用实例，对《突发事件应对法》的系统性和完整性进行分析评价。当然，分析评价的过程和结果是基于笔者对应急管理国内外情况、知识的了解和对《突发事件应对法》的认识和理解做出的，可能存在一定的偏差。

一 《突发事件应对法》的立法背景和主要内容

（一）立法背景

法律是时代的产物，必将带着时代的烙印。进入新世纪，人类经济社会及其发展正在加速变革，最为明显的特点之一就是风险社会的特征更加凸显，人类所面临的各类风险耦合作用增强，突发事件威胁越来越大。针对突发事件的防灾、减灾、救灾以及针对突发事件风险的监测、评估、预报与预警的问题，人民群众在突发事件应对中，总结的好的经验做法、有效的对策措施以及成功的制度，应对突发事件的体制和机制，应对突发事件的责任，以及全社会的危机意识等，都需要用法的形式予以明确和提出要求。全社会迫切希望应对突发事件的制度化、程序化、规范化，针对突发事件立法已经成为全社会共识。

在这样的背景下，于2007年8月30日，第十届全国人民代表大会常务委员会第二十九次会议审议通过《突发事件应对法》，同日中华人民共和国主席令第六十九号予以颁布，自2007年11月1日起施行。

（二）立法思路①

1. 法律调整范围

在国务院法制办主任曹康泰同志所作的关于《突发事件应对法》

---

① 曹康泰：《〈中华人民共和国突发事件应对法（草案）〉作说明》，http://www.npc.gov.cn，第十届全国人民代表大会常务委员会第二十二次会议，2006年6月24日。

立法的说明中，概括了《突发事件应对法》的调整范围：

一是解决我国在突发事件应对活动中存在的突出问题。通过对各类突发事件的应对行为加以规范，明确应对工作的体制、机制、制度，以提高全社会应对各类突发事件的能力；

二是对突发事件的发生、演变过程的工作提出要求，即对突发事件的预防与应急准备、监测与预警、应急处置与救援等作出规定，以便从制度上预防突发事件的发生，或者防止一般突发事件演变为需要实行紧急状态予以处置的重大、特别重大的事件，减少突发事件造成的危害和损失。

2. 立法总体思路

突发事件的发生往往具有社会危害性。为了及时有效处置突发事件，控制、减轻和消除突发事件引起的严重社会危害，需要充分发挥政府的主导作用，由政府组织、动员各种资源加以应对。这就需要赋予政府必要的处置权力。

但是，由于这项权力由政府集中行使，存在着某些行政机关及其工作人员滥用权力、侵犯公民、法人和其他组织权利的可能性，必须对政府行使处置权力作出必要的限制和规范。

同时，在发生或者可能发生危及公民人身和生命财产安全的突发事件时，有关的社会公众也负有义不容辞的应对义务，这就需要对公民、法人和其他组织应当履行的义务作出规定。

按照上述思路，《突发事件应对法》规定了政府为处置突发事件可以采取的各种必要措施，并规定政府采取的处置突发事件的措施应当与突发事件可能造成的社会危害的性质、程度和范围相适应，有多种措施可供选择的，应当选择有利于最大限度地保护公民、法人或者其他组织权益的措施；公民、法人和其他组织有义务参与突发事件应对工作；为应对突发事件征收或者征用公民、法人或者其他组织的财产应当给予合理补偿。

3. 主要内容

《突发事件应对法》共有 7 章、70 条。7 章分别为，第一章总则，第二章预防与应急准备，第三章监测与预警，第四章应急处置与救援，第五章事后恢复与重建，第六章法律责任，第七章附则。该法明确了突发事件应急管理体制、过程管理的要求，明确了突发事件应急管理的一般性制度。

（1）突发事件应急管理体制

《突发事件应对法》第四条规定，国家建立统一领导、综合协调、分类管理、分级负责、属地管理为主的突发事件管理体制。之所以明确这样的突发事件应急管理体制，就是要提高应对突发事件的快速反应能力、划分各级政府的应急职责、有效整合各种资源、及时高效开展应急救援工作。为了实施统一领导、分级负责的管理体制，明确各级政府应对突发事件的责任，将自然灾害、事故灾难、公共卫生事件分为特别重大、重大、较大和一般四级。同时规定：

①县级人民政府对本行政区域内突发事件的应对工作负责，突发事件发生后，发生地县级人民政府应当立即进行先期处置；

②一般和较大自然灾害、事故灾难、公共卫生事件的应急处置工作分别由县级和设区的市级政府统一领导；

③重大和特别重大的自然灾害、事故灾难、公共卫生事件的应急处置工作由发生地省级人民政府统一领导，其中影响全国、跨省级行政区域或者超出省级政府处置能力的特别重大的自然灾害、事故灾难、公共卫生事件的应急处置工作由国务院统一领导；

④社会安全事件由发生地县级人民政府组织处置，必要时上级人民政府可以直接组织处置。

（2）突发事件的预防和应急准备

针对突发事件的预防和应急准备，《突发事件应对法》做出了如下规定：

①各级政府和政府有关部门应当制定、适时修订并严格执行应急预案；城乡规划应当符合预防、处置突发事件的需要；县级政府应当加强对本行政区域内危险源、危险区域的监控；所有组织应当建立健全安全管理制度，配备报警装置，及时消除隐患。

②县级以上人民政府应当对政府及其部门有关工作人员进行应急管理知识和法律法规的培训，整合应急资源，建立健全综合、专业、

专职与兼职、志愿者等应急救援队伍体系并加强培训和演练；中国人民解放军、中国人民武装警察部队和民兵组织应当有计划地组织开展应急救援知识和技能的专门训练。

③县级人民政府及其有关部门、乡级人民政府、街道办事处和基层群众自治组织、有关单位应当组织开展应急知识的宣传普及活动和必要的应急演练，新闻媒体应当无偿开展应急知识的公益宣传；各级各类学校和其他教育机构应当将应急知识教育作为学生素质教育的重要内容。

④县级以上人民政府应当保障突发事件应对工作所需经费；国家建立健全重要应急物资的监管、生产、储备、调拨和紧急配送体系，完善应急物资储备保障制度和应急通信保障体系；县级以上人民政府及其有关部门应当做好应对突发事件的经费和物资准备，组织做好应急救援物资生产能力的储备，扶持相关科学研究和危机管理专门人才的培养。

（3）突发事件的监测和预警

突发事件的早发现、早报告、早预警，是及时做好应急准备、有效处置突发事件、减少人员伤亡和财产损失的前提。《突发事件应对法》规定，国务院建立全国统一的突发事件信息系统，县级以上地方人民政府应当建立或者确定本地区统一的突发事件信息系统；县级以上人民政府及其有关部门应当建立健全有关突发事件的监测制度和监测网络；采取多种方式收集、及时分析处理并报告有关信息；县级以上地方政府应当及时决定并发布警报、宣布预警期，并及时上报；发布警报的人民政府应当根据事态发展适时调整预警级别并重新发布，有事实证明不可能发生突发事件或者危险已经解除的，应当立即宣布解除警报、终止预警期并解除已采取的有关措施。

（4）突发事件的应急处置与救援

突发事件发生后，政府必须在第一时间组织各方面力量，依法及时采取有力措施控制事态发展，开展应急救援工作，避免其发展为特别严重的事件，努力减轻和消除其对人民生命财产造成的损害。《突发事件应对法》规定的必要措施如下：

①突发事件发生后，有关人民政府应当针对其性质、特点和危害程度，依法律、法规采取应急处置措施。

②自然灾害、事故灾难或者公共卫生事件发生后，除预警期内已采取的措施外，有关人民政府可以有针对性地采取人员救助、事态控制、公共设施和公众基本生活保障等方面的措施。

③社会安全事件发生后，有关人民政府应当立即组织有关部门依法采取强制隔离发生冲突的双方当事人、封锁有关场所和道路、控制有关区域和设施、加强对核心机关和单位的警卫等措施；发生严重危害社会治安秩序的情况时，公安机关可以根据现场情况依法采取相应的强制性措施。

④发生严重影响国民经济正常运行的事件后，国务院或确定有关主管部门可以采取经济、金融、税收等措施，确保有利于突发事件应对工作。

（5）事后恢复与重建

突发事件的威胁和危害基本得到控制或者消除后，要及时组织开展事后恢复与重建工作，减轻突发事件造成的损失和影响，尽快恢复生产、生活、工作和社会秩序，妥善解决处置突发事件过程中引发的矛盾和纠纷。《突发事件应对法》规定：履行统一领导职责的人民政府应当及时停止执行本法规定的相关应急处置措施，同时采取或者继续实施防止发生次生、衍生事件的必要措施；立即组织对突发事件造成的损失进行评估，组织受影响的地区尽快恢复生产、生活、工作和社会秩序，制定恢复重建计划，修复被损坏的公共设施；上级人民政府应当根据受影响地区遭受的损失和实际情况，提供资金、物资支持和技术指导，组织其他地区提供资金、物资和人力支援；国务院制定扶持有关行业发展的优惠政策；受影响地区的人民政府应当组织制定并实施善后工作计划；及时总结应急处置工作的经验教训，评估突发事件应对工作，并向上一级政府和本级人大常委会报告应急处置工作情况。

（二）《突发事件应对法》三级评价指标评分

基于笔者对《突发事件应对法》的理解和认识，对该法系统性和完整性的各个三级评价指标进行评分，结果如表3.14—表3.21所示。

表 3.14　　　　　　　　　综合类指标 A1 评分结果

编号		名称	评价等级	实际得分	对应条款	评价依据
二级	三级					
A11		立法目的				
	A11-1	立法任务	1	5	第1条	核心任务明确，符合宪法总体要求
	A11-2	优先保护人民安全健康	1	5	第1条	保护人民安全健康作为优先内容
	A11-3	维护社会稳定	1	5	第1条	维护社会稳定作为重要立法目的
	A11-4	保护财产安全	1	5	第1条	保护财产安全作为重要立法目的
	A11-5	保护生态环境	1	5	第1条	保护生态环境作为立法目的
A12		适应范围				
	A12-1	适应生产生活活动	1	4	第2条、第3条	确定适应范围，但没有点明适应的生产经营活动、生活活动
	A12-2	与其他法律的关系	1	5	第3条第2款	对法的适应、不适应边界做出规定
A13		工作方针、原则、机制				
	A13-1	工作方针	1	4	第5条	明确工作原则，原则包括了方针
	A13-2	工作原则	1	5	第5条	明确工作的原则
	A13-3	工作机制	2	3	第4条	明确工作机制，但在法中作为管理体制提出
A14		一般性规定（要求）				
	A14-1	基本要求	1	5	第5条、第6条	明确了总体性、普遍性适应的基本要求
	A14-2	全面责任主体	3	2	第7条	明确政府责任主体，未明确其他责任主体

续表

编号 二级	编号 三级	名称	评价等级	实际得分	对应条款	评价依据
	A14－3	各方权力	3	2	第7条、第8条、第9条、第10条	明确政府权力，未明确其它方权力
	A14－4	各方义务	4	3	第11条	规定了大部分相关方义务
A15		规划				
	A15－1	总体规划要求	5	0		未提出国民经济和社会发展总体规划的相关要求
	A15－2	专项规划规定	5	0		未提出专项规划
	A15－3	专项规划要求	5	0		未提出专项规划要求
	A15－4	与其他规划关系	1	4	第19条	提出城乡规划衔接要求
A16		职责分工				
	A16－1	中央监督管理部门	2	3	第8条	明确了部分职责，但没有涉及部门分工
	A16－2	地方监督管理部门	1	4	第7条、第8条、第9条、第10条、第14条、第17条	规定地方政府分工，没有提出地方监督管理部门及其分工
	A16－3	技术部门	5	0		未提出设立专家委员会或技术委员会
	A16－4	议事协调部门	1	5	第8条、第9条	设立了协调机构（部门）
	A16－5	第三方机构	5	0		未明确第三方技术、咨询机构参与职责
A17		宣传教育培训				
	A17－1	宣传教育主体部门	1	4	第30条第2款	规定了教育主管部门的职责，未规定其他宣教部门职责

续表

编号		名称	评价等级	实际得分	对应条款	评价依据
二级	三级					
	A17-2	宣传教育参与部门	1	5	第29条第3款	规定了各类媒体的义务
	A17-3	培训主要职责	1	5	第25条	明确对应急管理人员培训的责任部门
	A17-4	培训一般性要求	1	4	第25条、第26条	提出了培训应急管理知识、技能的一般性要求
A18		科学研究与技术应用				
	A18-1	科学研究政策	1	5	第36条	明确了科研鼓励、奖励
	A18-2	使用新技术政策	1	4	第36条	明确了推广应用新技术新方法新材料
A19	A19-1	重要名词术语	1	5	第3条、第69条	对重要的名词术语做出了解释或说明

表 3.15　　　　　危险因素识别指标 A2 评价结果

编号		名称	评价等级	实际得分	对应条款	评价依据
二级	三级					
A21		基本要求				
	A21-1	国家基本要求	1	5	第5条	明确了国家建立风险评估体系
	A21-2	各级政府基本要求	1	4	第20条	提出了地方政府检查要求
	A21-3	主要监管部门基本要求	2	3	第5条	规定国家建立风险评估体系，包括主要监管部门的责任
	A21-4	其他部门基本要求	2	3	第5条	规定国家建立风险评估体系，包括其他相关部门的责任

编号		名称	评价等级	实际得分	对应条款	评价依据
二级	三级					
	A21 – 5	企业事业单位基本要求	1	4	第 22 条、第 23 条、第 24 条	规定了企业事业单位隐患排查职责
	A21 – 6	企业事业单位主要负责人基本要求	2	3	第 5 条	规定国家建立风险评估体系，包括单位主要负责人的职责，包括从业资格和条件
	A21 – 7	企业事业单位其他负责人员基本要求	2	3	第 5 条	规定国家建立风险评估体系，包括单位其他负责人员的职责
	A21 – 8	企业事业单位专业管理人员基本要求	2	3	第 5 条	规定国家建立风险评估体系，包括单位专业管理人员的职责，包括从业资格
	A21 – 9	企业事业单位员工的基本要求	2	3	第 5 条	未明确企业事业单位员工的职责
	A21 – 10	企业事业单位员工的义务	2	3	第 5 条	规定国家建立风险评估体系，包括单位员工应有的权利和权益
	A21 – 11	企业事业单位物的一般性基本要求	5	0		未明确有关单位基本条件和基本要求
	A21 – 12	设备设施基本要求	3	2	第 24 条第 2 款	仅明确设备、设施、工艺、系统的基本条件和基本要求
	A21 – 13	环境（场所）基本条件	3	2	第 24 条第 1 款	仅明确交通场所基本条件和基本要求
	A21 – 14	企业事业单位管理基本要求	5	0		未明确企业事业单位针对危险因素识别管理的基本条件和基本要求

续表

编号		名称	评价等级	实际得分	对应条款	评价依据
二级	三级					
A22		危险因素识别准备				
	A22 – 1	政府识别准备	1	4	第 17 条、第 18 条	明确政府危险源识别准备的责任、具体工作和任务
	A22 – 2	专门监管部门准备	2	3	第 17 条第 3 款	仅明确相关部门识别准备的责任、具体工作和任务
	A22 – 3	其他相关政府部门准备	2	3	第 17 条第 3 款	未明确其他相关部门识别准备的责任、具体工作和任务
	A22 – 4	企业事业单位准备	1	4	第 22 条	明确企业单位识别准备的责任、具体工作和任务
	A22 – 5	企业事业单位专业负责人准备	2	3	第 22 条	明确单位的责任，包括单位专业负责人员识别准备职责、具体工作和任务
	A22 – 6	企业事业单位相关人员准备	2	3	第 22 条	明确单位的责任，包括相关人员识别准备职责、具体工作和任务
	A22 – 7	社会组织识别准备	3	2	第 11 条第 2 款	提出参与的权利和义务
	A22 – 8	公民准备权利和义务	3	2	第 11 条第 2 款	提出参与的权利和义务
A23		危险因素识别				
	A23 – 1	政府识别	1	5	第 20 条、第 21 条	明确政府识别开展和组织识别的责任、具体工作和任务
	A23 – 2	专门监管部门识别	2	3	第 21 条	提出有关部门识别和组织识别的责任、具体工作和任务
	A23 – 3	其他相关政府部门识别	2	3	第 21 条	提出其他相关部门识别和组织识别的责任、具体工作和任务

编号		名称	评价等级	实际得分	对应条款	评价依据
二级	三级					
	A23-4	企业事业单位识别	1	4	第 22 条、第 23 条、第 24 条	提出企业事业单位识别的责任、具体工作和任务
	A23-5	企业事业单位专业负责人识别	2	3	第 22 条、第 23 条、第 24 条	提出单位的责任，包括单位专业负责人员识别和组织识别职责、具体工作和任务
	A23-6	企业事业单位相关人员识别	2	3	第 22 条、第 23 条、第 24 条	提出单位的责任，包括单位相关人员识别职责、具体工作和任务
	A23-7	社会组织识别	3	2	第 11 条第 2 款	提出参与的权利和义务
	A23-8	公民识别权利和义务	3	2	第 11 条第 2 款	提出参与的权利和义务
A24		危险因素识别结果				
	A24-1	识别结果的记录与确认	1	4	第 20 条—第 24 条	规定识别结果记录的要求
	A24-2	识别结果的发布与公开	1	4	第 20 条—第 24 条	规定识别结果发布的要求
	A24-3	识别问题处理	1	4	第 20 条—第 24 条	规定识别发现问题跟踪处理的要求
	A24-4	识别问题监督管理	1	4	第 20 条—第 24 条	规定识别发现问题监督管理的要求

表 3.16   危险监测指标 A3 评价结果

编号		名称	评价等级	实际得分	对应条款	评价依据
二级	三级					
A31		基本要求				
	A31-1	国家基本要求	1	5	第41条	国家建立健全突发事件监测制度
	A31-2	各级政府基本要求	1	5	第20条、第41条第2款	明确了各级人民政府的责任
	A31-3	主要监管部门基本要求	1	5	第41条第2款	明确了主要监管部门的责任
	A31-4	其他部门基本要求	1	5	第41条第2款	明确了相关部门的责任
	A31-5	企业事业单位基本要求	1	4	第22条、第23条、第24条第2款	提出了企业事业单位的责任
	A31-6	企业事业单位主要负责人基本要求	3	2	第11条第2款	提出参与的权利和义务
	A31-7	企业事业单位其他负责人员基本要求	3	2	第11条第2款	提出参与的权利和义务
	A31-8	企业事业单位专业管理人员基本要求	3	2	第11条第2款	提出参与的权利和义务
	A31-9	企业事业单位员工的基本要求	3	2	第11条第2款	提出参与的权利和义务

编号		名称	评价等级	实际得分	对应条款	评价依据
二级	三级					
	A31－10	企业事业单位员工的义务	3	2	第 11 条第 2 款	提出参与的权利和义务
	A31－11	企业事业单位物的一般性基本要求	2	3	第 22 条	基本明确基本要求
	A31－12	设备设施基本要求	1	4	第 24 条第 2 款	提出了设备、设施、工艺、系统的基本条件
	A31－13	环境（场所）基本条件	2	3	第 23 条、第 24 条	提出了高危场所的环境基本条件
	A31－14	企业事业单位管理基本要求	1	4	第 22 条、第 23 条、第 24 条	提出了企业事业单位针对危险因素监测管理的基本条件和基本要求
A32		危险监测准备				
	A32－1	监测制度	1	5	第 37 条、第 41 条	明确了国家的危险监测制度
	A32－2	政府监测要求	1	5	第 37 条、第 39 条、第 41 条	明确了政府危险监测的要求
	A32－3	企业事业单位监测要求	1	4	第 22 条、第 23 条、第 24 条第 2 款	提出了企业事业单位危险监测要求
	A32－4	社会监测要求	2	3	第 38 条	提出了社会包括公民参与危险监测要求
	A32－5	监测指标	2	3	第 39 条	基本明确了危险监测指标要求
	A32－6	危险监测标准	5	0		未明确针对性的危险监测标准，包括标准制修订、使用和内容

续表

编号		名称	评价等级	实际得分	对应条款	评价依据
二级	三级					
	A32－7	危险监测设备	1	4	第24条第2款	明确了监测的设备及其要求
	A32－8	企业事业单位相关人员要求	1	4	第26条第2款	基本明确相关人员监测的职责、具体工作和任务
A33		危险监测				
	A33－1	政府监测	1	5	第41条第2款	明确了政府开展监测和组织监测的责任、具体工作和任务
	A33－2	专门监管部门监测	2	3	第37条第2款、第39条	基本明确了专门监管部门开展和组织监测的责任、具体工作和任务
	A33－3	其他相关政府部门监测	2	3	第37条第2款	基本明确了其他相关部门开展和组织监测的责任、具体工作和任务
	A33－4	企业事业单位监测	1	4	第22条、第23条、第24条第2款、第29条第2款	明确了企业事业单位监测的责任、具体工作和任务
	A33－5	社会组织监测	2	3	第38条第3款	提出了相关社会组织及其人员参加监测职责、具体工作和任务
A34		危险监测结果				
	A34－1	监测结果的记录与确认	1	4	第37条、第38条、第39条、第40条	提出了监测结果记录、确认的要求
	A34－2	监测结果的发布与公开	2	3	第44条、第45条、第46条	提出了监测结果发布、公开的要求

编号		名称	评价等级	实际得分	对应条款	评价依据
二级	三级					
	A34-3	监测问题处理	1	4	第47条	提出了监测发现问题跟踪处理、整改人员及其职责
	A34-4	监测问题监督管理	1	4	第47条	提出了监测发现问题监督管理、处理人员及其职责
	A34-5	监测结果法律地位	5	0		未明确监测结果的法律地位和法律权限

表 3.17 **风险评价指标 A4 评价结果**

编号		名称	评价等级	实际得分	对应条款	评价依据
二级	三级					
A41		基本要求				
	A41-1	国家基本要求	1	5	第5条	明确国家建立评估体系，进行评估
	A41-2	各级政府基本要求	1	5	第11条、第18条、第20条	明确各级人民政府的责任
	A41-3	主要监管部门基本要求	1	5	第11条、第17条第2款、第20条	提出了主要监管部门的责任
	A41-4	其他部门基本要求	1	5	第11条、第17条第2款、第20条	提出了相关部门的责任
	A41-5	企业事业单位基本要求	1	5	第22条、第23条、第24条	提出了高危行业单位的职责
	A41-6	企业事业单位主要负责人基本要求	2	3	第11条第2款	提出参与的权利和义务

编号		名称	评价等级	实际得分	对应条款	评价依据
二级	三级					
	A41-7	企业事业单位其他负责人员基本要求	2	3	第11条第2款	提出参与的权利和义务
	A41-8	企业事业单位专业管理人员基本要求	2	3	第11条第2款	提出参与的权利和义务
	A41-9	企业事业单位员工的基本要求	2	3	第11条第2款	提出参与的权利和义务
	A41-10	企业事业单位员工的义务	2	3	第11条第2款	提出参与的权利和义务
	A41-11	企业事业单位的一般性基本要求	1	4	第22条	提出基本条件和基本要求
	A41-12	设备设施基本要求	2	3	第24条第2款	提出了基本条件
	A41-13	环境（场所）基本要求	1	4	第23条、第24条	提出了基本条件和基本要求
	A41-14	企业事业单位管理基本要求	1	4	第22条、第23条、第24条	提出了基本条件和基本要求
A42		风险评价准备				
	A42-1	风险评价制度	1	5	第5条	明确提出国家风险评价制度
	A42-2	政府风险评价要求	1	4	第17条、第20条	明确要求按照其他法律执行，其他法规有关于政府风险评估规定
	A42-3	企业事业单位评价要求	1	4	第22条	明确要求建立健全安全管理制度，制度包括风险评估制度

编号		名称	评价等级	实际得分	对应条款	评价依据
二级	三级					
	A42-4	社会评价要求	3	2	第 11 条第 2 款	提出参与的权利和义务
	A42-5	风险评价方法	5	0		未明确提出风险评价指标及方法
	A42-6	风险分级要求	1	4	第 3 条第 2 款、第 42 条第 2 款	提出了风险分级的要求
	A42-7	风险评价标准	1	4	第 3 条第 2 款、第 42 条第 2 款	明确了制定标准的职责
	A42-8	风险评价设备	5	0		未明确风险评价的设备及其要求
	A42-9	企业事业单位相关人员要求	3	2	第 11 条第 2 款	提出参与的权利和义务
A43		风险评价				
	A43-1	政府风险评价	1	5	第 5 条	提出建立国家风险评估体系
	A43-2	专门监管部门评价	3	2	第 5 条	国家风险评估体系应有相关部门的责任
	A43-3	其他相关政府部门评价	3	2	第 5 条	国家风险评估体系应有相关部门的责任
	A43-4	企业事业单位评价	3	2	第 5 条	国家风险评估体系应有单位的责任
	A43-5	社会组织评价	3	2	第 5 条	国家风险评估体系应有各类组织职责
	A43-6	职工风险评价	3	2	第 5 条	国家风险评估体系应有职工的职责
A44		风险评价结果				
	A44-1	评价结果的记录与确认	1	4	第 20 条	提出政府风险评价结果的记录、确认要求

续表

编号		名称	评价等级	实际得分	对应条款	评价依据
二级	三级					
	A44－2	评价结果的发布与公开	1	4	第20条	提出政府风险评价结果的发布、公开要求
	A44－3	评价问题处理	1	4	第 20 条、第 21 条、第 22 条、第23条	提出风险评价发现问题跟踪处理、整改要求
	A44－4	评价问题监督管理	1	4	第 20 条、第 21 条、第 22 条、第23条	提出风险评价发现问题监督管理、处理要求
	A44－5	评价结果法律地位	5	0		未明确风险评价结果的法律地位和法律权限

表 3.18　　　　　　**危机预警与干预指标 A5 评价结果**

编号		名称	评价等级	实际得分	对应条款	评价依据
二级	三级					
A51		基本要求				
	A51－1	国家基本要求	1	4	第 41 条、第 42 条	明确国家建立监测、预警制度
	A51－2	各级政府基本要求	1	5	第 43 条、第 44 条、第 45 条、第46条	明确规定了各级人民的责任
	A51－3	主要监管部门基本要求	3	2	第 11 条第2 款	提出参与的权利和义务
	A51－4	其他部门基本要求	3	2	第 11 条第2 款	提出参与的权利和义务
	A51－5	企业事业单位基本要求	3	2	第 11 条第2 款	提出参与的权利和义务

续表

编号		名称	评价等级	实际得分	对应条款	评价依据
二级	三级					
	A51-6	企业事业单位主要负责人基本要求	3	2	第11条第2款	提出参与的权利和义务
	A51-7	企业事业单位其它负责人员基本要求	3	2	第11条第2款	提出参与的权利和义务
	A51-8	企业事业单位专业管理人员基本要求	3	2	第11条第2款	提出参与的权利和义务
	A51-9	企业事业单位员工的基本要求	3	2	第11条第2款	提出参与的权利和义务
	A51-10	社会组织基本要求	3	2	第11条第2款	提出参与的权利和义务
	A51-11	公民基本要求	3	2	第11条第2款	提出参与的权利和义务
	A51-12	国家预警分级及标准	1	5	第3条第3款、第42条第3款	明确规定国家危机预警分级及其分级要求
A52		危机预警				
	A52-1	危机研判	1	4	第43条	提出了分析研判要求
	A52-2	发布危机预警	1	5	第43条	明确规定了发布危机预警
	A52-3	危机相应要求	1	5	第43条、第44条、第45条、第46条	明确提出预警后各方响应总要求
	A52-4	跟踪预警后状态	1	5	第47条	明确提出跟踪预警后的态势变化

续表

编号		名称	评价等级	实际得分	对应条款	评价依据
二级	三级					
A53		危机干预				
	A53 – 1	政府危机干预	1	5	第 43 条、第 44 条、第 45 条、第 46 条	明确提出了政府开展和组织危机干预的责任、具体工作和任务
	A53 – 2	专门监管部门干预	3	2	第 11 条第 2 款	提出参与的权利和义务
	A53 – 3	其他相关政府部门干预	3	2	第 11 条第 2 款	提出参与的权利和义务
	A53 – 4	企业事业单位干预	3	2	第 11 条第 2 款	提出参与的权利和义务
	A53 – 5	社会组织干预	3	2	第 11 条第 2 款	提出参与的权利和义务
	A53 – 6	职工干预	3	2	第 11 条第 2 款	提出参与的权利和义务
A54		危机预警与干预结果				
	A54 – 1	预警与干预结果的记录与确认	2	3	第 47 条	提出了调整和解除要求
	A54 – 2	危机消除要求	1	4	第 47 条	提出了危机解除的要求

表 3.19　　**突发事件应急响应与处置指标 A6 评价结果**

编号		名称	评价等级	实际得分	对应条款	评价依据
二级	三级					
A61		基本要求				
	A61 – 1	国家基本要求	1	5	第 51 条	明确国务院或其授权部门的责任

编号		名称	评价等级	实际得分	对应条款	评价依据
二级	三级					
	A61-2	各级政府基本要求	1	5	第 48 条、第 49 条、第 50 条、第 52 条	明确规定了各级人民的责任
	A61-3	主要监管部门基本要求	1	5	第 48 条、第 49 条、第 50 条、第 52 条	明确规定了主要监管部门的责任
	A61-4	其他部门基本要求	1	5	第 48 条、第 49 条、第 50 条、第 52 条	明确规定了其他相关部门的责任
	A61-5	企业事业单位基本要求	1	5	第 56 条	明确规定了企业事业单位的责任
	A61-6	企业事业单位主要负责人基本要求	1	4	第 56 条	提出了企业事业单位主要负责人的职责，包括从业资格和条件
	A61-7	企业事业单位其他负责人员基本要求	1	4	第 56 条	提出了企业事业单位其他负责人员的职责
	A61-8	企业事业单位专业管理人员基本要求	1	4	第 56 条	提出了企业事业单位专业管理人员的职责，包括从业资格
	A61-9	企业事业单位员工的基本要求	1	4	第 56 条	提出了企业事业单位员工的职责，包括从业条件
	A61-10	社会组织基本要求	1	5	第 54 条、第 57 条	提出了对社会组织的基本要求
	A61-11	公民基本要求	1	5	第 54 条、第 57 条	提出了公民的基本要求

续表

编号		名称	评价等级	实际得分	对应条款	评价依据
二级	三级					
	A61－12	国家应急响应分级	1	5	第 41 条、第 42 条	明确了国家应急响应分级及其分级指标
	A61－13	应急规划	5	0		未提出应急规划及其要求
A62		应急管理体制				
	A62－1	国家应急管理体制要求	1	5	第4条、第6 条、第 8 条、第9条	明确了国家应急管理体制及其要求
	A62－2	地方政府应急管理体制要求	1	5	第7条、第 8 条第2与 3 款、第 9 条	明确了地方政府应急管理体制及其要求
	A62－3	企业事业单位应急管理体制要求	5	0		未提出企业事业单位应急管理体制要求
A63	A63－1	应急管理机制	1	5	第4条、第 5 条	明确了应急管理机制及其要求
A64	A64－1	应急管理法制	5	0		未提出应急管理法制及其要求
A65		应急预案				
	A65－1	国家应急预案	1	5	第17条	明确了国家应急预案及其要求
	A65－2	各部门应急预案	1	5	第17条	明确了各部门应急预案及其要求
	A65－3	地方政府应急预案	1	5	第 17 条、第18条	明确了地方政府应急预案及其要求
	A65－4	企业事业单位应急预案	3	2	第17 条第 3 款	提出了企业事业单位应急预案及其要求
	A65－5	各类组织应急预案	3	2	第17 条第 3 款	提出了各类组织应急预案及其要求
	A65－6	特殊活动应急预案	3	2	第 17 条第 3 款	提出了特殊活动应急预案及其要求

编号		名称	评价等级	实际得分	对应条款	评价依据
二级	三级					
A66		应急设备（装备）				
	A66－1	国家应急设备	1	4	第31条、第32条	提出了国家应急物质储备制度
	A66－2	各级地方政府应急设备	1	4	第31条、第32条	提出了建立各级地方政府应急物质储备制度
	A66－3	企业事业单位应急设备	1	4	第24条第2款	提出了企业事业单位应急设备（装备）及其要求
	A66－4	各类组织应急设备	1	4	第24条第2款	提出了各类组织应急设备（装备）及其要求
A67		应急演练				
	A67－1	国家应急演练	1	4	第26条第3款	提出了国家应急演练及其要求
	A67－2	各部门（机构）应急演练	1	4	第26条第3款、第28条	提出了各部门（机构）应急演练及其要求
	A67－3	各级地方政府应急演练	1	4	第26条第3款、第29条	提出了各级地方政府应急演练及其要求
	A67－4	企业事业单位应急演练	1	4	第29条第2款	提出了企业事业单位应急演练及其要求
	A67－5	各类组织应急演练	1	4	第26条第3款、第29条第2款	提出了各类组织应急演练及其要求
	A67－6	特殊活动应急演练	5	0		未提出特殊活动应急演练及其要求
	A67－7	公民应急演练	3	2	第26条第3款	提出了兼职队伍应急演练要求

续表

编号		名称	评价等级	实际得分	对应条款	评价依据
二级	三级					
A68		应急响应				
	A68－1	国家应急响应	1	5	第43条、第48条、第49条、第51条	明确了国家应急响应及其要求
	A68－2	各部门（机构）应急响应	1	4	第46条、第51条	提出了各部门（机构）应急响应及其要求
	A68－3	各级地方政府应急响应	1	5	第43条、第44条、第45条、第46条、第48条、第49条、第50条、第53条	明确了各级地方政府应急响应及其要求
	A68－4	企业事业单位应急响应	1	5	第56条、第57条	明确了企业事业单位应急响应及其要求
	A68－5	各类组织应急响应	1	5	第55条、第56条、第57条	明确了各类组织应急响应及其要求
	A68－6	公众应急响应	1	5	第54条、第55条	明确了公众参与应急响应及其要求
A69		应急救援				
	A69－1	国家应急救援	1	5	第48条、第49条、第51条	明确了国家应急救援及其要求
	A69－2	各部门（机构）应急救援	1	4	第51条	明确了各部门（机构）应急救援及其要求
	A69－3	各级地方政府应急救援	1	5	第48条、第49条、第50条、第53条	明确了各级地方政府应急救援及其要求

续表

编号		名称	评价等级	实际得分	对应条款	评价依据
二级	三级					
	A69-4	企业事业单位应急救援	1	5	第 56 条、第 57 条	明确了企业事业单位应急救援及其要求
	A69-5	各类组织应急救援	1	5	第 55 条、第 56 条、第 57 条	明确了各类组织应急救援及其要求
	A69-6	公众应急救援	1	5	第 54 条、第 55 条	明确了公众参与应急救援及其要求
A610		应急响应与处置结果				
	A610-1	结果记录	3	2	第 62 条	提出了应急处置工作经验教训上报的要求
	A610-2	结果确认	3	2	第 62 条	提出了应急处置工作经验教训上报的要求
	A610-3	结果发布与公开	3	2	第 62 条	提出了应急处置工作经验教训上报的要求
	A610-4	应急状态结束	3	2	第 62 条	提出了应急处置工作经验教训上报的要求

表 3.20 **突发事件事后恢复指标 A7 评价结果**

编号		名称	评价等级	实际得分	对应条款	评价依据
二级	三级					
A71		基本要求				
	A71-1	国家基本要求	1	5	第 57 条、第 61 条	明确了国家的责任
	A71-2	各级政府基本要求	1	5	第 57 条、第 58 条、第 59 条、第 60 条、第 61 条、第 62 条	明确了各级人民政府的责任

续表

编号		名称	评价等级	实际得分	对应条款	评价依据
二级	三级					
	A71-3	主要监管部门基本要求	1	5	第59条第2款	明确了主要监管部门的责任
	A71-4	其他部门基本要求	1	5	第59条第2款	明确了其他相关部门的责任
	A71-5	企业事业单位基本要求	3	2	第11条第2款	提出了参与的权利和义务
	A71-6	社会组织基本要求	3	2	第11条第2款	提出了参与的权利和义务
	A71-7	公民基本要求	1	5	第61条第3款	明确了公民的基本要求
A72	A72-1	调查评估分析	1	5	第59条	明确了对突发事件进行调查评估分析的要求
A73	A73-1	制定重建计划	1	5	第59条	明确了制定重建计划的职责部门及其要求
A74	A7-41	企业事业单位生产恢复	5	0		未提出企业事业单位恢复生产的条件、程序和要求

表3.21   **突发事件法律责任指标 A8 评价结果**

编号		名称	评价等级	实际得分	对应条款	评价依据
二级	三级					
A81		设立原则				
	A81-1	预案为主原则	1	5	第5条	体现了预防为主原则
	A81-2	社会适应性原则	1	5	第3条第2款、第6条、第12条、第13条、第27条、第34条、第35条、第48条、第55条	体现了按突发事件社会共识设立法律责任

编号		名称	评价等级	实际得分	对应条款	评价依据
二级	三级					
	A81-3	经济适应性原则	1	5	第3条第2款、第6条、第12条、第13条、第27条、第34条、第35条、第48条、第55条	体现了按照经济发展水平设立法律责任
	A81-4	公平性原则	1	5	第6条等	体现了社会公认的公平性设立法律责任
	A81-5	公正性原则	1	5	第12条等	体现了社会公认的公正性设立法律责任
	A81-6	非歧视原则	1	5	第11条、第13条等	体现了无性别歧视、无企业事业性质歧视、无职务歧视、无从业岗位歧视设立法律责任
	A81-7	保护弱势原则	1	5	第13条等	体现了保护弱势群体原则设立法律责任
A82		违法非法行为				
	A82-1	危险因素识别法律责任	2	3	第64条	仅明确了有关单位危险因素识别的违法非法行为的法律责任
	A82-2	危险监测法律责任	2	3	第64条、第66条	仅明确了有关单位危险监测的违法非法行为的法律责任
	A82-3	风险评价法律责任	2	3	第64条、第66条	仅明确了有关单位风险监测的违法非法行为的法律责任
	A82-4	危机预警与干预法律责任	1	5	第63条、第64条	明确了危机预警与干预的违法非法行为的法律责任
	A82-5	应急响应与处置法律责任	1	5	第63条、第64条	明确了应急响应与处置的违法非法行为的法律责任

编号		名称	评价等级	实际得分	对应条款	评价依据
二级	三级					
	A82 – 6	事后恢复法律责任	1	5	第 63 条、第 64 条	明确了事后恢复的违法非法行为的法律责任
	A82 – 7	一般性规定法律责任	1	5	第 65 条	明确了一般性规定的违法非法行为的法律责任
A83	A83 – 1	经济法律责任分级	2	10	第 64 条	明确了相关单位经济法律责任，但未进行责任分级设置
A84	A84 – 1	行政法律责任分级	2	10	第 65 条、第 66 条	明确了行政法律责任，但未进行分级设置
A85	A85 – 1	刑事责任	1	15	第 68 条	明确了追究刑事法律责任的违法非法行为
A86	A86 – 1	民事责任	1	15	第 67 条	明确了追究民事法律责任的违法非法行为
A87	A87 – 1	直接责任人员法律责任	1	5	第 63 条	明确了追究直接责任人的违法非法行为
A88	A88 – 1	直接主管人员法律责任	1	5	第 63 条	明确了追究直接主管人员的违法非法行为

（三）《突发事件应对法》系统性和完整性评价结果计算

根据本节第二部分的各个三级评价指标的评价实际得分，用本章第二节提出的应急管理相关法律分析评价计算模型，计算《突发事件应对法》系统性和完整性评价实际得分，结果如表 3.22 所示。

表 3.22　《突发事件应对法》的系统性和完整性评价结果

评价指标		每个三级评价指标		总分数为 100 分		单个评价指标100 制的评价指标得分
编号	名称	应得分	实际得分	应得分	实际得分	
A1	综合类指标	150	106	11.86	8.38	70.7
A11	立法目的	25	25	1.98	1.98	100.0

评价指标		每个三级评价指标		总分数为100分		单个评价指标100制的评价指标得分
编号	名称	应得分	实际得分	应得分	实际得分	
A12	适应范围	10	9	0.79	0.71	90.0
A13	工作方针、原则、机制	15	12	1.19	0.95	80.0
A14	一般性规定（要求）	20	12	1.58	0.95	60.0
A15	规划	20	4	1.58	0.32	20.0
A16	职责分工	25	12	1.98	0.95	48.0
A17	宣传教育培训	20	18	1.58	1.42	90.0
A18	科学研究与技术应用	10	9	0.79	0.71	90.0
A19	重要名词术语	5	5	0.40	0.40	100.0
A2	危险因素识别指标	170	103	13.44	8.14	60.6
A21	基本要求	70	38	5.53	3.00	54.3
A22	危险因素识别准备	40	24	3.16	1.90	60.0
A23	危险因素识别	40	25	3.16	1.98	62.5
A24	危险因素识别结果	20	16	1.58	1.26	80.0
A3	危险监测指标	160	109	12.65	8.62	68.1
A31	基本要求	70	48	5.53	3.79	68.6
A32	危险监测准备	40	28	3.16	2.21	70.0
A33	危险监测	25	18	1.98	1.42	72.0
A24	危险监测结果	25	15	1.98	1.19	60.0
A4	风险评价指标	170	111	13.44	8.77	65.3
A41	基本要求	70	55	5.53	4.35	78.6
A42	风险评价准备	45	25	3.56	1.98	55.6
A43	风险评价	30	15	2.37	1.19	50.0
A44	风险评价结果	25	16	1.98	1.26	64.0
A5	危机干预与预警指标	120	73	9.49	5.77	60.8
A51	基本要求	60	32	4.74	2.53	53.3
A52	危机预警	20	19	1.58	1.50	95.0
A53	危机干预	30	15	2.37	1.19	50.0
A54	危机预警与干预结果	10	7	0.79	0.55	70.0

评价指标		每个三级评价指标		总分数为100分		单个评价指标100制的评价指标得分
编号	名称	应得分	实际得分	应得分	实际得分	
A6	应急响应与处置指标	255	192	20.16	15.18	75.3
A61	基本要求	65	56	5.14	4.43	86.2
A62	应急管理体制	15	10	1.19	0.79	66.7
A63	应急管理机制	5	5	0.40	0.40	100.0
A64	应急管理法制	5	0	0.40	0.00	0.0
A65	应急预案	30	21	2.37	1.66	70.0
A66	应急设备（装备）	20	12	1.58	0.95	60.0
A67	应急演练	35	22	2.77	1.74	62.9
A68	应急响应	30	29	2.37	2.29	96.7
A69	应急救援	30	29	2.37	2.29	96.7
A610	应急响应与处置结果	20	8	1.58	0.63	40.0
A7	突发事件事后恢复指标	50	39	3.95	3.08	78.0
A71	基本要求	35	29	2.77	2.29	82.9
A72	调查评估分析	5	5	0.40	0.40	100.0
A73	制定重建计划	5	5	0.40	0.40	100.0
A74	企业事业单位生产恢复	5	0	0.40	0.00	0.0
A8	突发事件法律责任指标	190	134	15.02	10.59	70.5
A81	设立原则	35	35	2.77	2.77	100.0
A82	违法非法行为	35	29	2.77	2.29	82.9
A83	经济法律责任分级	25	15	1.98	1.19	60.0
A84	行政法律责任分级	35	15	2.77	1.19	42.9
A85	刑事责任	25	15	1.98	1.19	60.0
A86	民事责任	25	15	1.98	1.19	60.0
A87	直接责任人员法律责任	5	5	0.40	0.40	100.0
A88	直接主管人员法律责任	5	5	0.40	0.40	100.0
系统性和完整性评价结果		1265	867	100.0	68.5	68.5

（四）《突发事件应对法》系统性和完整性评价结果分析

根据表 3.22 给出的《突发事件应对法》系统性和完整性评价结果，可对《突发事件应对法》的系统性和完整性做如下分析。

1. 《突发事件应对法》的系统性和完整性分析评价实际得分为 68.5 分，分析评价等级为三等，即应急管理相关法律的系统性和完整性一般。

评价结果表明：《突发事件应对法》的规定与几乎所有一级评价指标相对应，与大部分二级评价指标相对应，与部分三级评价指标相对应，相应规定的对应性不够明确，但是基本对应了相关指标的要求，具有一定的可操作性，立法质量一般。

《突发事件应对法》是 2007 年 8 月 30 日由第十届全国人民代表大会常务委员会第二十九次会议审议通过的，到 2020 年已经过去了13 年，在此期间没有做过修订。在 13 年多的时间，我国经济社会发生了很大变化，特别是党的十八大以来，中国进入了新时代，对突发事件的应急管理提出了很多新要求。分析评价结果基本反映了经济社会现状以及突发事件应急管理的现实需求，基本反映了社会各层面对突发事件应对法治的要求。从分析评价结果看，很多内容已经不再适应我国突发事件应对的要求，应该尽快做出修订。

2. 应急响应与处置指标的分析评价实际得分为 75.3 分。该指标分析评价等级为二等，即该评价指标的系统性和完整性较好。

评价结果表明：该评价指标的规定与几乎所有二级评价指标相对应，与大部分三级评价指标相对应，相应的规定比较明确、有对应性，具有较好的可操作性，立法质量较好。

这样的分析评价结果反映了 2007 年《突发事件应对法》的立法现状。当时，针对突发事件的应急管理，社会关注的是如何依法进行应急响应与应急处置工作，所以在这方面的考虑比较系统和比较完整，即使过去了 13 年的时间，也能较好地适应社会对突发事件应对的需要。

3. 突发事件事后与恢复指标的分析评价实际得分为 78.0 分。该指标分析评价等级为二等，即该评价指标的系统性和完整性较好。

评价结果表明：该评价指标的规定与几乎所有二级评价指标相对

应，与大部分三级评价指标相对应，相应的规定比较明确、有对应性，具有较好的可操作性，立法质量较好。

这样的分析评价结果反映了 2007 年《突发事件应对法》的立法现状。当时，针对突发事件的应急管理，社会关注的是如何依法做好突发事件事后处理和恢复工作，所以在这方面考虑比较系统和比较完整。

4. 综合类指标、危险因素识别指标、危险监测指标、风险评价指标、危机干预与预警指标、突发事件法律责任指标的分析评价实际得分都在 60—75 分。这些指标分析评价等级均为三等，即评价指标的系统性和完整性一般。

评价结果表明：这些指标的规定与几乎所有一级评价指标相对应，与大部分二级评价指标相对应，与部分三级评价指标相对应，相应规定的对应性不够明确，但是基本对应了相关指标的要求，具有一定的可操作性，立法质量一般。

这样的分析评价结果基本反映了 2007 年《突发事件应对法》的立法现状。当时面对严峻的突发事件应对形势，社会对突发事件预防和法治工作没有引起足够的重视，虽然提出了一些突发事件预防工作和法律责任的要求，但这些要求比较笼统、操作性不强。

5. 关于《突发事件应对法》修订的建议。

根据《突发事件应对法》的系统性和完整性评价结果及其分析可以看出，应对《突发事件应对法》做出必要的修订，修订的重点内容包括：

（1）应进一步明确并加强突发事件预防方面的内容，明确突发事件预防的各方责任和要求、预防手段和方法、预防结果的确认和评价、预防信息和公开以及预防相关信息的法律地位等；

（2）应进一步明确并加强企业事业单位的突发事件应对的职责方面内容，包括如何进行突发事件风险的监测、评价、预警、干预等；

（3）应进一步明确并加强关于突发事件违法非法行为的法律责任的规定。特别是对没有产生后果、但存在重大隐患、而对风险缺乏防范措施和手段的应该列入处罚的范围，对可能造成严重后果、而发现后不进行整改的应该考虑列入刑事责任的处罚范围。

第四章　应急管理相关法

2018 年 4 月 16 日组建中华人民共和国应急管理部，标志着我国的应急管理工作进入了一个新阶段，中国特色社会主义应急管理法律法规体系建设也进入了一个新阶段。应急管理法律法规事关所有公民（包括合法公民和非法公民）、所有组织（包括各级党政机关，各级人大、政协，企业事业单位和各类组织）的权力、责任、义务，应急管理法律法规体系十分复杂。本章以一位法律工作者的视角，探讨我国应急管理法律法规体系的若干问题，包括：应急管理法律法规体系应该是一个独立的法律部门的问题，应急管理法律法规体系的分类及其主要法律法规的问题，制定《应急管理法》的目的、意义，以及《应急管理法》应明确应急管理工作方针（原则）和应规定的重要制度等。

第一节　应急管理法是一个法律部门

法律部门又称为部门法，所指的为同类的法律。目前，很多专家学者和一些权威的法律文件，将中国特色社会主义法律体系分为 7 个法律部门，分别为宪法及宪法相关法、民商法、行政法、经济法、社会法、刑法、诉讼与非诉讼程序法等。每个法律部门具有不同于其他法律部门的自己的特征，是相对独立的。之所以将应急管理法作为一个独立的法律部门，是因为应急管理法既具有多个法律部门的特征，也具有应急管理法独有的特征。

一　应急管理法具有多个法律部门的特征

分析《突发事件应对法》《防震减灾法》《安全生产法》《消防法》《戒严法》《交通安全法》等应急管理法，可以看出，应急管理法具有行政法、社会法、经济法的一些特征。

（一）具有行政法的特征

行政法是中国特色社会主义法律体系的一个法律部门。行政法是调整各级各类行政组织及其职权，以及行使职权的方式、程序和对行使行政职权的监督等行政关系的法律规范，其调整的对象是行政关系和监督行政关系。

行政法规定国家行政管理的基本原则、方针、政策，明确国家机关及其负责人的地位、职责、权力和法律责任。应急管理法调整应急管理事务中的基本原则、方针、政策，明确应急管理事务中各级党政机关以及人大、政协及其工作人员的地位、职责、权力和法律责任。从事应急管理的各级机关属于国家机关，应急管理机关的工作人员属于国家机关工作人员。因此，应急管理法具有行政法的特征。

1. 应急管理法规定的应急管理事务行政主体在行使应急管理职权过程中，与企业事业单位、各类组织、公民等相对关系人之间发生的各种关系属于行政管理关系。

如《突发事件应对法》第四条规定，"国家建立统一领导、综合协调、分类管理、分级负责、属地管理为主的应急管理体制"。这是规定国家机关应急管理行政关系的。第六条规定，"国家建立有效的社会动员机制，增强全民的公共安全和防范风险的意识，提高全社会的避险救助能力"。这是明确国家与公民、各类社会组织行政关系的。

2. 应急管理法规定的应急管理过程中的强制措施和处罚等都属于行政主体的行政行为。

如《安全生产法》第六十七条第一款规定，"负有安全生产监督管理职责的部门依法对存在重大事故隐患的生产经营单位作出停产停业、停止施工、停止使用相关设施或者设备的决定，生产经营单位应当依法执行，及时消除事故隐患。生产经营单位拒不执行，有发生生产安全事故的现实危险的，在保证安全的前提下，经本部门主要负责人批准，负有安全生产监督管理职责的部门可以采取通知有关单位停止供电、停止供应民用爆炸物品等措施，强制生产经营单位履行决定。通知应当采用书面形式，有关单位应当予以配合。负有安全生产监督管理职责的部门依照前款规定采取停止供电措施，除有危及生产安全的紧急情形外，应当提前二十四小时通知生产经营单位。生产经营单位依法履行行政决定、采取相应措施消除事故隐患的，负有安全生产监督管理职责的部门应当及时解除前款规定的措施"。首先，"经本部门主要负责人批准"的"本部门"是指应急管理行政部门，当然"本部门主要负责人"是应急管理行政部门的主要负责人；其次，本款规定，安全生产监督管理部门可以责令有关单位对生产经营单位采取停止供电、停止供应民用爆炸物品是指措施，这样的措施属于行政机关采取的行政措施。

3. 应急管理法规定的应急管理过程中的征用、用后补偿等属于行政主体的行政行为。

如《突发事件应对法》第十二条规定，"有关人民政府及其部门为应对突发事件，可以征用单位和个人的财产。被征用的财产在使用完毕或者突发事件应急处置工作结束后，应当及时返还。财产被征用或者征用后毁损、灭失的，应当给予补偿"。该条中的"有关人民政府及其部门"都属于行政部门，而在应急处置过程中征用单位和个人财产的行为属于行政征用（征收）行为，被征用财产的用后返还或者损失补偿属于行政补偿。

4. 应急管理法规定的应急管理过程中上级对下级的监督属于行政主体间发生的监督。

我国煤矿安全实行由中央到地方的垂直监察，在中央层面设立国家煤矿安全监察局，在省（自治区、直辖市）层面设立省级煤矿安全监察局，省级煤矿安全监察局下设立区域或者地方煤矿安全监察局。在煤矿安全监察体制内，各煤矿安全监察主体间发生的内部关系，包括：上级煤矿安全监察局对下级煤矿安全监察局及其工作人员依法进行的监督，省级与省级煤矿安全监察局、地方与地方煤矿安全监察局等平行机关之间的监督等，都属于行政主体内部的监督，属于行政监督。再如，《国家突发公共事件总体应急预案》规定其适用范围时明确，本预案适用于涉及跨省级行政区划的，或超出事发地省级人民政府处置能力的特别重大突发公共事件应对工作，指导全国的突发公共事件应对工作。就是规定在国家突发公共事件总体应急预案启动时，国务院与各级地方行政部门的关系。

（二）具有社会法的特征

社会法是中国特色社会主义法律体系的一个法律部门。顾名思义，社会法是中国特色社会主义制度下的法律体系，具有明显的中国特色社会主义特性。社会法调节人们生产生活中的社会问题，在缓解社会矛盾、维护社会稳定等方面发挥积极作用，是社会治理依据的重要法律部门。

中国特色社会主义总体布局是经济建设、政治建设、文化建设、社会建设和生态文明建设"五位一体"，社会建设是重要的组成部分，"五位一体"总体布局离不开应急管理法治的保障。应急管理法是中国特色社会主义法律体系的一部分，自然具有中国特色社会主义的属性，必然具有社会法的特征。甚至，有一些学者将《安全生产法》《矿山安全法》等归入社会法部门。

1. 应急管理法是中国特色社会主义法律体系的一部分，自然具有社会法的特征。

我国的法律体系是中国特色社会主义法律体系，这也是社会法的本质特征。《宪法》规定了国家的根本制度和根本任务，是国家的根本法，具有最高的法律效力。《宪法》第一章第一条明确规定，"中华人民共和国是工人阶级领导的、以工农联盟为基础的人民民主专政的社会主义国家。社会主义制度是中华人民共和国的根本制度。中国共产党领导是中国特色社会主义最本质的特征。禁止任何组织或者个人破坏社会主义制度"。我国应急管理法律法规体系是中国特色社会主义法律体系的一部分，而社会法是适应我国经济社会发展、构建社会主义和谐社会的法律门类。因此，应急管理法自然具有社会法的特征。

2. 应急管理法调整对象是应急管理事务的所有相关方，强调保护弱势群体的利益，保护公民平等参与社会事务的权利。

应急管理法调整应急管理事务中社会的所有相关方，包括党政机关、企业事业单位、各类社会组织和所有公民，特别强调保护弱势群体的利益，强调所有社会公民具有平等参与应急管理事务的权利和义务，这些都是社会法的特征。在企业事业单位的生产过程中，最容易、直接受到伤害的是一线作业人员，他们（她们）相对于具有管理权力的企业事业单位领导（管理层）是弱势群体，因此在《安全生产法》中，用一章的篇幅强调一线从业人员的权利和义务，即第三章从业人员的安全生产权利和义务。如《防震减灾法》第七十三条规定，"地震灾区的地方各级人民政府应当组织做好救助、救治、康复、补偿、抚恤、抚恤、安置、心理援助、法律服务、公共文化服务等工作"。地震是自然灾害，但是各级人民政府必须做好受灾群众的救助、救治、康复、补偿、抚慰、抚恤、安置、心理援助、法律服务、公共文化服务等工作，在此强调的就是保护好受灾的每个人，特别是在地震中受到伤害的人。

3. 应急管理法的立法宗旨就是预防、控制由于各类突发事件的发生破坏社会的平衡状态，强调使突发事件造成的非平衡社会状态尽快恢复到平衡的社会状态，也就是常说的"非常态"到"常态"，这本身就是社会法的特征。

应急管理法的立法宗旨就是预防、控制由于各类突发事件的发生引起的社会非正常状态，即引起的非常态，并尽量减少由于突发事件造成的损失，尽快恢复到社会正常状态，即恢复到常态。这样的立法宗旨体现出社会法的重要特征，即社会法的重要作用是保护所有社会成员（包括群体和个体）有序、平等参与社会事务，维护社会的和谐和稳定。《防震减灾法》第十三条规定"编制防震减灾规划，应当遵循统筹安排、突出重点、合理布局、全面预防的原则，以震情和震害预测结果为依据，并充分考虑人民生命和财产安全及经济社会发展、资源环境保护等需要"。而第四章用一章的篇幅规定"地震灾害预防"，就是为了预防地震破坏正常的社会秩序。第五十条规定，地震灾害发生后，抗震救灾指挥机构应当立即组织有关部门和单位迅速查清受灾情况，提出地震应急救援力量的配置方案，采取紧急措施，采取维持社会秩序、维护社会治安的必要措施。该条的规定是为了尽快将地震造成的社会无序状态（"非常态"）恢复到社会有序状态（"常态"）。

（三）具有经济法的属性

在中国特色社会主义制度下，经济法作为调整商品经济关系的法律部门。在现阶段，主要调整经济社会生产和再生产过程中各个经济主体的经济管理关系和一定范围的经营协调关系。经济法包括国家从整体经济发展的角度，对具有社会公共性的经济活动进行干预、管理和调控的所有法律规范。

为了达到预防、控制突发事件以及降低突发事件发生风险，国家需要从整体上分配经济主体的利益、分类社会共有的资源，需要适当干预经济，即适当干预经济主体在经济活动中的行为，通过经济政策来调整国家经济，创造经济可持续的应急管理环境，这就使得应急管理法具有经济法的部分特征。

1. 为了提高经济主体的本质安全水平，限定生产经营单位的准入条件的应急管理法律法规，体现了经济法宏观调控特征。

如《安全生产法》第二十九条规定，"矿山、金属冶炼建设项目和用于生产、储存、装卸危险物品的建设项目，应当按照国家有关规定进行安全评价"。第三十条规定"矿山、金属冶炼建设项目和用于生产、储存、装卸危险物品的建设项目的安全设施设计应当按照国家有关规定报经有关部门审查，审查部门及其负责审查的人员对审查结果负责"。第三十一条规定"矿山、金属冶炼建设项目和用于生产、储存、装卸危险物品的建设项目的施工单位必须按照批准的安全设施设计施工，并对安全设施的工程质量负责"。都属于为了保证高危险行业（领域）的生产经营单位的生产安全，提高了这类（这些）生产经营单位的准入条件，以调控经济的手段来实现预防突发事件发生、降低突发事件风险的目的。

2. 为了保证经济主体的安全运行，规定经济主体必须足够的安全投入，体现了经济法的国家干预经济的特征。

很多的应急管理法都规定了经济主体需要足够的应急管理人力、物力和资金的投入，以确保经济主体的应急管理有效实施，这是国家干预经济主体的经济活动，体现的是经济法的国家干预特征。如《安全生产法》的第二十条、第二十一条、第二十八条等规定，体现的是国家通过干预企业的生产经营活动，以使企业规范安全生产行为，确保安全生产。

二　应急管理法不属于其他法律部门

应急管理法是在应急管理过程中各应急管理相关方之间发生的各种关系，以及应急管理责任主体内部发生的各种关系的法律规范。具有不同于其它法律部门的调整对象、规范目标、规范时期和立法目的。按照目前中国特色社会主义法律体系关于法律部门的分类，分为宪法及宪法相关法、民法商法、行政法、经济法、社会法、刑法、诉讼与非诉讼程序法等七个法律部门，应急管理法具有行政法、经济法、社会法的一些属性，但不能作为行政法、经济法、社会法等任何一个法律部门的子部门。应急管理法不能归入现有的七个法律部门的任何一个法律部门。

（一）应急管理法是根据宪法及宪法相关法制定的

宪法是国家根本大法，宪法的规定拥有最高法律效力。中国特色社会主义法律体系，是以宪法为基石构建的。应急管理法规定的是应急管理事务及其相关方进行应急管理事务时发生的关系。应急管理法与宪法及宪法相关法的地位、作用、内容不同。

1. 应急管理法与宪法及宪法相关法的地位不同。

宪法规定国家政治制度，确立国家政权存在的合法地位，是凝聚国家的意识形态、体现国家国民意识和价值追求、规定经济制度和社会制度等各项法律制度的基础，国家法律体系是以宪法为基础构建的。

而应急管理法是根据宪法构建的，是有关应急管理事务及其相关方关系的法律体系。宪法是应急管理法的母法，应急管理法必须根据宪法制定，应急管理法的立法目的、法治原则和规定的应急管理社会治理不得与宪法相抵触。

2. 应急管理法与宪法及宪法相关法的内容不同。

宪法及宪法相关法为国家政权、国体规定一套根本性的组织和运行框架，包括：国家的政体、国家的结构、选举制度、行政管理制度、司法制度、监察制度、地方制度（包括民族制度）、权力保障制度、公民权利、自治制度等，确立政党、政府和公民的权力、责任和义务，以及公民对政治的参与和监督，政党、政府对公民的权力、责任和义务等。

应急管理法规定应急管理的体制、机制，以及政府、企业事业单位、公民及其各类组织的应急管理权力、责任和义务及其相关监督的关系。应急管理法规定的应急管理体制、机制根据宪法及宪法相关法提出，应急管理法的内容不得与宪法及宪法相关法的内容相抵触。

（二）应急管理法不同于行政法

行政法是调整行政关系的法律规范的总称。应急管理法是调整应急管理事务及其关系的法律规范的总称。应急管理法与行政法的规范主体、规范关系和规定内容不同。

1. 应急管理法与行政法的规范主体不同。

行政法针对的是行政主体及其相对人，理论上没有行政职能的组织和个人以及相对人不能成为行政法的规范主体，但是，在现代我国社会治理体系中，政党、政府具有广泛的行政职能，而任何公民都是接受行政职权的相对人。

应急管理法针对的是应急管理责任主体，没有应急管理职责、权利和义务的个人和组织不能成为应急管理规范主体。按照我国的政体和国体，应急管理法规定的责任主体是具有应急管理职责、权力和义务的党政机关、企业事业单位、公民和各类社会组织。总体而言，应急管理法规范的行政主体是具有应急管理行政监督管理职责、权力的行政主体，应急管理法中涉及的组织是具有应急管理职责和义务的企业事业单位和各类社会组织，应急管理法中涉及的公民是具有应急管理义务的公民。

2. 应急管理法与行政法的规范关系不同。

行政法规范的行政关系和监督行政管辖，即是行政主体在行使行政职权、接受行政法治监督过程中，与接受行政职权的行政相对人、行政法治监督主体之间发生的关系，以及行政主体之间发生的关系。

应急管理法规范的是应急管理关系，即是各应急管理责任主体之间发生的实际应急管理事务的关系。

3. 应急管理法与行政法的规定内容不同。

行政法规定国家行政管理的基本原则、方针，行使行政权力的国家机关及其责任人的地位、职责，国家机关工作人员的任免、考核、评定和奖惩。

应急管理法规定国家应急管理的工作原则、方针，应急管理体制、机制，党政机关、企业事业单位、公民和各类社会组织的应急管理职责、权力和义务，以及党政机关、企业事业单位、公民和各类社会组织没有履行职责或者没有按照应急管理法律法规和其他法律法规的要求履行职责，造成突发事件或者重大突发事件隐患时的处罚。

（三）应急管理法不同于社会法

社会法是与社会主义制度最为契合的法。社会法的立法宗旨和目的是缓和社会矛盾、维护社会稳定，调节经济社会发展的各种社会问题，保障公民的社会权利，特别是在保障社会特殊群体和弱势群体的权益发挥作用。社会法的规范性法律文件有《社会保险法》《劳动法》《劳动合同法》《工会法》《老年人权益保障法》《未成年保护法》《老年人权益保障法》《妇女权益保障法》《残疾人保障法》《红十字会法》《公益事业捐赠法》等。

应急管理法虽然具有维护社会稳定、保障公民的社会权利的作用，但是应急管理法还具有维护生产生活秩序的作用，以及保护社会公有、私有财富不受突发事件威胁和损害的作用。应急管理法的规范性法律文件有《突发事件应对法》《消防法》《防震减灾法》《安全生产法》《戒严法》《海上交通安全法》《传染病防治法》《固体废物污染环境防治法》《道路交通安全法》《治安管理处罚法》《食品安全法》《网络安全法》《核安全法》《动物防疫法》《防洪法》《农产品质量安全法》《石油天然气管道保护法》等。

《社会保险法》① 是社会法代表性的规范性法律文件。《社会法》第一条规定的立法宗旨和目的为，"为了规范社会保险关系，维护公民参加社会保险和享受社会保险待遇的合法权益，使公民共享发展成果，促进社会和谐稳定，根据宪法，制定本法"。

《安全生产法》② 是应急管理法代表性的规范性法律文件。《安全生产法》第一条规定的立法宗旨和目的为，"为了加强安全生产工作，防止和减少生产安全事故，保障人民群众生命和财产安全，促进经济社会持续健康发展，制定本法"。

分析《社会保险法》和《安全生产法》可以看出，两部法的立法宗旨、目的、规范对象和内容存在差异，如表4.1所示。

表4.1　　　　《社会保险法》与《安全生产法》的比较

序号	安全生产法	社会保险法	比较说明		
			安全生产法	社会保险法	是否相同
1	依据宪法，制定本法	依据宪法，制定本法	依据宪法制定	依据宪法制定	立法依据相同
2	为了加强安全生产工作	为了规范社会保险关系	经济社会稳定	社会稳定	立法目的不同
3	防止和减少生产安全事故，保障人民群众生命和财产安全	维护公民参加社会保险和享受社会保险待遇的合法权益，使公民共享发展成果	维护经济社会稳定有序	维护社会稳定有效	法的作用不同

---

① 《中华人民共和国社会保险法》，第十一届全国人民代表大会常务委员会第十七次会议于2010年10月28日通过，2010年10月28日中华人民共和国主席令第三十五号公布，自2011年7月1日起施行。https://baike.baidu.com/，百度百科，2018年12月24日。

② 《中华人民共和国安全生产法》，中华人民共和国第九届全国人民代表大会常务委员会第二十八次会议于2002年6月29日通过，同日中华人民共和国主席令第十三号公布，自2002年11月1日起施行。https://baike.baidu.com/，百度百科，2018年12月24日。

序号	安全生产法	社会保险法	比较说明		
			安全生产法	社会保险法	是否相同
4	促进经济社会持续健康发展	促进社会和谐稳定	维护经济社会发展	维护社会和谐稳定	法的作用不同
5	政府及部门、用人单位、员工、社会组织	政府及部门、用人单位、个人	安全生产责任主体	社会保险责任主体	责任主体不同

对社会法和应急管理法分析可以看出，两个法律部门有不同的立法目的、规范主体和内容。显然，应急管理法与社会法是不同的法律部门，应急管理法不能归属于社会法。

（四）应急管理法不同于经济法

经济法是对社会主义商品经济关系进行整体、系统、全面、综合调整的一个法律部门，主要调整社会生产和再生产过程中以各类组织为基本主体所参加的经济管理关系和一定范围的经营协调关系。比较应急管理法与经济法有如下不同。

1. 应急管理法是国家干预应急管理事务的法，经济法是国家干预经济的法。

应急管理法以国家强制的手段，对应急管理提出明确的要求，确保应急管理事务有序开展，以维护国家经济社会的持续健康发展。概括地说，应急管理法治就是为经济社会可持续健康发展提供安全应急的保障。

经济法以国家强制的手段，对经济社会发展中经济主体依法开展经济活动，保证经济关系的正确确立和有序地进行，构建经济可持续发展的经济环境和经济秩序。概括地说，经济法治是构建经济可持续发展的经济环境和秩序。

2. 应急管理法是"安全责任本位法"，经济法是"社会责任本位法"。

应急管理法以落实安全主体责任为出发点和落脚点，无论是国家机关，还是企业事业单位、公民或者各类社会组织，都必须负起"本位"的安全责任，减少突发事件的发生和降低突发事件的损失，应急管理法是"安全责任本位法"。

经济法以经济利益为出发点和落脚点，无论是国家机关，还是企业事业单位、公民和各类社会组织，都必须负起"本位"的社会责任，处理和协调好相互之间的经济关系，经济法是"社会责任本位法"。

3. 应急管理法是进入风险社会的法，经济法是商品经济发达的法。

应急管理法是伴随人类社会进入"风险社会"而产生的法律。即社会人口高度集中、社会财富高度集中、信息化发达，人类社会面临的自然和人为的灾难风险越来越大，任何时候、任何情况下失控的重大风险转化为突发事件，都可能造成人类难以承受的重大损失，社会迫切需要立法来管理突发事件及其风险，在这样的背景下产生了应急管理法。

经济法是在商品经济成为社会的主导，伴随着生产力的发展，社会经济活动成为社会的重要活动和人类生产生活的必要组成部分的背景下产生的，即是商品经济高度发展的产物。经济法始终调整经济关系，调整的目的就是使社会的整体经济能持续、稳定的发展，提高社会生产力水平。

三　应急管理法的内涵和基本原则

应急管理法作为一个独立的法律部门具有其属于本法律部门的内涵、基本原则、调整的对象及其关系以及主要特征。

（一）应急管理法的内涵

1. 应急管理法的内涵

所谓应急管理法，是指应急管理责任主体在应急管理职权行使和进行应急事务管理的过程中，应急管理职权的执行人与执行的相对人发生的各种关系，以及各应急管理职权执行主体之间发生的各种关系的法律规范的总称。应急管理法是调整各种应急管理关系的法律规范的总称。

概括地说就是，应急管理法调整所有应急管理相关方及其职权，以及行使应急管理职权、落实应急管理职责的方式、程序和监督管理等应急管理关系的法律规范的总称，是在应急管理过程中各应急管理责任主体方之间发生的各种关系，以及应急管理责任主体内部发生的各种关系的法律规范。

2. 应急管理法调整的应急管理关系

应急管理法调整如下应急管理主体间的关系：

（1）调整党政机关监督管理与企业事业单位的应急管理关系。党政机关是应急管理监督管理的主体，企业事业单位是本单位应急管理的责任主体，党政机关对企业事业单位实施行政监督管理，形成监督管理与被监督管理的应急管理关系。

（2）调整党政机关监督管理社会组织的应急管理关系。社会组织对本单位的应急管理负主体责任。党政机关对社会组织进行监督管理，形成监督管理与被监督管理的应急管理关系。

（3）调整党政机关内部监督的应急管理关系。相同行业（领域）的中央与地方党政机关形成上级与下级，同一级党政机关的不同部门负有相应的监督职责，形成上级对下级、同一级不同部门相互监督的应急管理关系。

（4）调整企业事业单位、社会组织内部相互监督的应急管理关系。企业事业单位内部、社会组织内部的不同职能部门负有相应的应急管理职责，存在相互监督的应急管理关系。

3. 应急管理调整的应急管理关系

应急管理法调整对象是针对突发事件的应急管理关系，包括突发事件的防灾、抗灾、减灾和救灾以及突发事件风险的监测、评价、分析研判、预警和消减的应急管理关系。应急管理调整如下几方面的应急管理关系。

（1）调整应急行政管理关系

应急行政管理关系是指法律授权的具有应急行政管理的行政机关，在行使应急行政管理权力的过程中，与具有应急管理职责和义务的企业事业单位、公民、其他组织等应急行政管理相对人之间发生的各种关系。包括如下关系：

①根据应急管理法律法规的规定进行行政许可时，与企业事业单位、人员发生的关系；

②根据应急管理法律法规的规定进行经济处罚时，与企业事业单位、人员发生的关系；

③根据应急管理法律法规的规定进行行政处罚时，与企业事业单位、人员发生的关系；

④根据应急管理法律法规的规定进行行政强制时，与企业事业单位、人员发生的关系；

⑤根据应急管理法律法规的规定进行民事调解时，与企业事业单位、人员发生的关系。

（2）应急管理监督关系

应急管理监督关系是指法律授权的应急管理机关及其公务人员在进行应急管理监督、监察执法时发生的各种关系。宪法、应急管理法以及其他法律授权的具有应急管理监督、监察执法权的机关是应急管理监督、监察的执法主体。应急管理部是国家应急管理机关，是代表国家进行应急管理监督、监察的责任主体。

按照 2018 年 3 月 13 日，王勇国务委员在第十三届全国人民代表大会第一次会议上所做的《关于国务院机构改革方案的说明》，组建应急管理部。为防范化解重特大安全风险，健全公共安全体系，整合优化应急力量和资源，推动形成统一指挥、专常兼备、反应灵敏、上下联动、平战结合的中国特色应急管理体制，提高防灾减灾救灾能力，确保人民群众生命财产安全和社会稳定，将国家安全生产监督管理总局的职责，国务院办公厅的应急管理职责，公安部的消防管理职责，民政部的救灾职责，国土资源部的地质灾害防治、水利部的水旱灾害防治、农业部的草原防火、国家林业局的森林防火相关职责，中国地震局的震灾应急救援职责以及国家防汛抗旱总指挥部、国家减灾委员会、国务院抗震救灾指挥部、国家森林防火指挥部的职责整合，组建应急管理部，作为国务院组成部门。应急管理部主要职责是，组织编制国家应急总体预案和规划，指导各地区各部门应对突发事件工作，推动应急预案体系建设和预案演练。建立灾情报告系统并统一发布灾情，统筹应急力量建设和物资储备并在救灾时统一调度，组织灾害救助体系建设，指导安全生产类、自然灾害类应急救援，承担国家应对特别重大灾害指挥部工作。指导火灾、水旱灾害、地质灾害等防治。负责安全生产综合监督管理和工矿商贸行业安全生产监督管理等。

（3）应急管理扶持关系

应急管理扶持关系即依法授权的应急管理机关，在应急管理事务中，对应急管理弱势组织和弱势人群进行扶持，与被扶持对象发生的关系。在应急管理事务中，部分企业事业单位、社会组织和公民缺乏有效履行应急管理职责的能力，或者不能胜任应急管理工作。因此。这部分企业事业单位、社会组织和公民相对于其他企业事业单位、社会组织和公民在发展竞争中处于劣势，属于应急管理的弱势群体。法律授权的应急管理机关对这部分企业事业单位、社会组织和公民进行应急管理事务的扶持，增强他们履行应急管理职责的能力，以便在生产经营活动中免受突发事件的危害或者降低突发事件的危害程度。法律授权的应急管理机关主要采取如下方式进行扶持：

①开展应急管理法律法规、政策标准的咨询服务；

②开展应急管理法律法规、政策标准、管理知识的教育培训；

③放宽应急管理的行政许可条件或者降低应急管理行政许可标准。

如《安全生产法》第二十一条规定，"矿山、金属冶炼、建筑施工、道路运输单位和危险物品的生产、经营、储存单位，应当设置安全生产管理机构或者配备专职安全生产管理人员。前款规定以外的其他生产经营单位，从业人员超过一百人的，应当设置安全生产管理机构或者配备专职安全生产管理人员；从业人员在一百人以下的，应当配备专职或者兼职的安全生产管理人员"。《安全生产法》对不同规模生产经营单位的安全生产管理机构和人员的要求不同，就是对小微生产经营单位的扶持。从业人员一百人以下的生产经营单位规模较小，在安全生产能力方面相对于从业人员一百人以上的生产经营单位是弱势群体，所以放宽了对安全生产机构和人员的要求，仅要求配备专职或者兼职的安全生产管理人员，可以不设立安全生产管理机构或者不配备专职安全生产管理人员。

（4）灾害救助关系

灾害救助关系即依法授权的应急管理机关，在应急管理事务中，对受到灾害（包括各种自然灾害和人为因素形成的各种灾害）危害的组织和个人进行救助，与被救助对象发生的关系。

各类灾害造成了部分企业事业单位、社会组织和公民的损害，包括经济损失、财产损失、人员伤亡和心理健康危害等，依法授权的应急管理机关对遭受灾害损害的组织和公民进行救助，以便尽快恢复生产、生活和社会秩序，减少灾害造成的损失，这样依法授权实施救助的应急管理机关与接受救助的组织和个人发生了救助关系。

法律授权的国家应急管理机关采取救助的方式主要有：

①国家灾害救助。这是灾害救助的重要方式。对于巨大灾害，只有国家才有能力整合大量的社会资源，进行及时、有效的救助。我国中央政府一直设有专项救灾基金，对遭受巨大灾害影响的组织和个人进行救助；

②地方政府救助。在应急管理法中，规定了各级地方政府进行灾害救助的职责。各级地方政府一般设立灾害救助基金，对本行政区域内遭受灾害影响的组织和个人实施救助；

③自助互救和社会救助。在发生灾害时，社会救助组织可以对受灾的组织和个人进行救助。同时，社会可以自发地开展救助活动，对遭受灾害影响的组织和个人进行救助。

（二）应急管理法的规范目标

应急管理法的规范目标是降低发生突发事件的风险、降低突发事件造成的损失。当短期的经济利益（经济发展要求）与这样的目标出现矛盾时，应优先满足实现应急管理目标的需要。同时，作为中国特色社会主义法律体系重要组成部分的应急管理法，还强调保护经济发展成果，维持经济的可持续健康发展。应急管理法的规范目标决定了其特殊的立法宗旨、工作方针和适应对象。

1. 特殊的立法宗旨

应急管理法立法的宗旨就是护人民生命和财产安全，促进经济社会的可持续发展。这样的立法目的、宗旨与其他法律的立法目的、宗旨是不同的。

如《防震减灾法》第一条明确，为了防御和减轻地震灾害，保护人民生命和财产安全，促进经济社会的可持续发展，制定本法。《防震减灾法》的立法的目的是"为了防御和减轻地震灾害"，立法宗旨是"保护人民生命和财产安全，促进经济社会的可持续发展"。《传染病防治法》第一条规定，为了预防、控制和消除传染病的发生与流行，保障人体健康和公共卫生，制定本法。《传染病防治法》的立法目的是"为了预防、控制和消除传染病的发生与流行"，立法宗旨是"保障人体健康和公共卫生"。《劳动法》属于社会法部门。《劳动法》第一条规定，为了保护劳动者的合法权益，调整劳动关系，建立和维护适应社会主义市场经济的劳动制度，促进经济发展和社会进步，根据宪法，制定本法。《劳动法》的立法目的是"为了保护劳动者的合法权益，调整劳动关系"，立法宗旨是"建立和维护适应社会主义市场经济的劳动制度，促进经济发展和社会进步"。

显而易见，属于应急管理法部门的《防震减灾法》与《传染病防治法》的立法目的是基本相同的；而与属于社会法部门的《劳动法》的立法目的是不同的。

2. 特殊的工作方针

通过应急管理法立法，明确应急管理的工作方针，这样的工作方针是适应应急管理工作的，是与其他法律部门的法律不同的。应急管理工作方针强调预防为主，强调安全第一，强调综合治理，即强调在应急管理过程中，把预防放在防灾、减灾、抗灾、救灾的重要位置，强调当应急管理工作与其他事务相矛盾时，优先考虑应急管理事务，优先实现应急管理目标。

如《防震减灾法》第三条明确，防震减灾工作实行预防为主、防御与救助相结合的方针。《传染病防治法》第二条规定，国家对传染病防治实行预防为主的方针，防治结合、分类管理、依靠科学、依靠群众。《放射性污染防治法》第三条明确，国家对放射性污染的防治，实行预防为主、防治结合、严格管理、安全第一的方针等。

3. 特殊的适应对象

应急管理法适应的突发事件的管理，包括突发事件的防灾、减灾、抗灾、救灾及其风险的监测、分析、研判、预测、预警和消减的全过程。这样的管理对象和这样的管理过程是与其他任何法律部门的法都不同的。

如《防震减灾法》关于适应范围的第二条指出，在中华人民共和国领域和中华人民共和国管辖的其他海域从事地震监测预报、地震灾害预防、地震应急救援、地震灾后过渡性安置和恢复重建等防震减灾活动，适用本法。即《防震减灾法》针对对象是"地震"，适应"地震监测预报、地震灾害预防、地震应急救援、地震灾后过渡性安置和恢复重建"等地震应急管理的全过程。《突发事件应对法》第二条明确，突发事件的预防与应急准备、监测与预警、应急处置与救援、事后恢复与重建等应对活动，适用本法。即《突发事件应对法》针对对象是"突发事件"，适应"突发事件的预防与应急准备、监测与预警、应急处置与救援、事后恢复与重建"等突发事件应急管理全过程。

（三）应急管理法的规范时期

应急管理法规范的是特殊时期的事务和相关方的关系，即突发事件可能发生的预防、即将发生的危机处置、发生后的应急处置和灾后恢复等各时期的事务以及相关方的关系。这样的规范时期是应急管理法所特有的。

1. 规范突发事件没有发生、但可能发生的正常生产生活时期的应急管理关系

应急管理法规范的重要应急管理事项及其关系，就是突发事件没有发生、但可能发生时期的预防事务以及各相关方的应急管理关系，即正常状态（所谓"常态"）下的应急管理事务以及相关方的关系。在发出突发事件预警之前的所有工作都属于"常态"下的工作，在"常态"下的应急管理事务包括突发事件预防的所有阶段和所有工作，即突发事件风险的监测、分析、研判、预警的事务以及相关方的关系。在经过分析、研判确定突发事件即将发生或者已经发生，但没

有发出预警进入应急处置状态时的一段时间，也是其他法律部门的法没有涉及的。

2. 规范突发事件发生时应急处置时期的应急管理关系

在突发事件发生或者即将发生，进入预警期后的这一时期的应急管理事务以及相关方关系，是应急管理法规范的重要内容。针对这样的特殊阶段的管理关系是其他法律部门的法没有调节的。

如针对突发事件发生或者即将发生的应急管理关系，《突发事件应对法》用了一章的篇幅进行了规定，即第四章应急处置与救援。

3. 规范突发事件应急处置后、恢复生产生活时期的应急管理关系

在突发事件发生过后，结束以及救援时期，即进入恢复重建时期。应急管理法规范的恢复重建时期的应急管理事务以及相关方关系。针对这样的特殊阶段的管理关系是其他法律部门的法没有调节的。

如关于恢复生产生活时期的应急管理关系，《突发事件应对法》用一章的篇幅进行了规定，即第五章事后恢复与重建。

第二节　应急管理法律法规体系

应急管理法律法规体系作为独立的法律部门，具有属于自身的法律体系的结构，它由若干个应急管理法的子法律部门组成。我国的应急管理法律法规体系是中国特色社会主义法律体系，与中国特色的政体、国体及其组织体制密切相关，同时也受到应急管理分类、职责分工的影响。概括而言，目前形成的中国特色社会主义应急管理法律法规体系的结构，存在三种形式：一是基于《突发事件应对法》的突发事件分类形成的应急管理法律法规体系的结构；二是与中央部委应急管理职责分工对应的应急管理法律法规体系的结构；三是按照事故与灾害类别划分的应急管理法律法规体系的结构。同时，我国应急管理法确立了适合国情、解决问题、行之有效的一些重大应急管理制度。

一　基于《突发事件应对法》的应急管理法律法规体系的结构

第十届全国人民代表大会常务委员会第二十九次会议，于 2007 年 8 月 30 日审议通过《突发事件应对法》，自 2007 年 11 月 1 日起施行。自《突发事件应对法》发布实施以来，按照该法规定的突发事件分类，逐渐构建了我国的应急管理体系，相应也形成了应急管理法律法规体系的结构。

（一）应急管理法律法规体系的结构

《突发事件应对法》第二条规定，突发事件的预防与应急准备、监测与预警、应急处置与救援、事后恢复与重建等应对活动，适用本法。第三条规定，本法所称突发事件，是指突然发生，造成或者可能造成严重社会危害，需要采取应急处置措施予以应对的自然灾害、事故灾难、公共卫生事件和社会安全事件。按照这样的规定，逐渐形成了与自然灾害、事故灾难、公共卫生事件和社会安全事件等四大类事件对应的应急管理法律法规体系的结构，如图 4.1 所示。

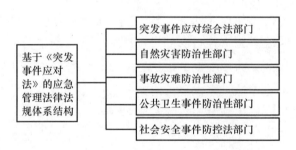

图 4.1　基于《突发事件应对法》的突发事件
分类的应急管理法律法规体系结构

图 4.1 清晰地表明了基于《突发事件应对法》的突发事件分类的应急管理法律法规体系的结构。该结构构成包括：

1. 突发事件应对综合法部门。针对各类突发事件的预防与应急准备、监测与预警、应急处置与救援、事后恢复与重建的综合类法律法规子部门，简称突发事件应对综合法部门。该子部门包括：针对所有突发事件的法律法规，如《突发事件应对法》，以及针对所有突发事件的某一时期的法律法规，如针对所有突发事件的伤亡和损失补偿的法律法规。

2. 自然灾害防治法部门。针对自然灾害的防灾、减灾、救灾和恢复的法律法规子部门，简称自然灾害防治法部门。

3. 事故灾难防治法部门。针对事故灾难的预防、控制、应急救援和事后处置的法律法规子部门，简称事故灾难防治法部门。

4. 公共卫生事件防治法部门。针对公共卫生事件的预防、控制、应对和事后处置的法律法规子部门，简称公共卫生事件防治法部门。

5. 社会安全事件防控法部门。针对社会安全事件的预防、应对和事后处置的法律法规子部门，简称社会安全事件防控法部门。

（二）应急管理法律法规子部门

1. 突发事件应对综合法

我国针对突发事件应对综合法的立法起步较晚，直到 2007 年才颁布实施《突发事件应对法》，总体而言突发事件应对综合法不够健全。下列法律法规属于突发事件应对综合法部门：

（1）《突发事件应对法》。为了预防和减少突发事件的发生，控制、减轻和消除突发事件引起的严重社会危害，规范突发事件应对活动，保护人民生命财产安全，维护国家安全、公共安全、环境安全和社会秩序，制定本法。突发事件的预防与应急准备、监测与预警、应急处置与救援、事后恢复与重建等应对活动，适用本法。

（2）《国家安全法》。于 2015 年 7 月 1 日，第十二届全国人民代表大会常务委员会第十五次会议通过，中华人民共和国主席令第 29 号公布，自 2015 年 7 月 1 日施行。该法共 7 章、84 条，内容包括：总则、维护国家安全的任务、维护国家安全的职责、国家安全制度、国家安全保障以及公民、组织的义务和权利等。第一条明确，为了维护国家安全，保卫人民民主专政的政权和中国特色社会主义制度，保护人民的根本利益，保障改革开放和社会主义现代化建设的顺利进行，实现中华民族伟大复兴，根据宪法，制定本法。第二条规定，国家安全是指国家政权、主权、统一和领土完整、人民福祉、经济社会可持续发展和国家其他重大利益相对处于没有危险和不受内外威胁的状态，以及保障持续安全状态的能力。根据《国家安全法》的规定，威胁人民的根本利益，影响改革开放和社会主义现代化建设的顺利进行，损害实现中华民族伟大复兴的重大、特别重大的自然灾害、事故灾难、公共卫生事件和社会安全事件的应对，应当遵守《国家安全法》。

（3）《残疾预防和残疾人康复条例》。于 2017 年 1 月 11 日，国务院第 161 次常务会议通过，中华人民共和国国务院令第 675 号公布，自 2017 年 7 月 1 日起施行。该条例第十二条规定，公安、安全生产监督管理、食品安全监督管理、药品监督管理、生态环境、防灾减灾救灾等部门在开展交通安全、生产安全、食品安全、药品安全、生态环境保护、防灾减灾救灾等工作时，应当针对事故、环境污染、灾害等致残因素，采取相应措施，减少残疾的发生。显然，各类突发事件应对时的人员残疾预防以及在应对过程中致残人员康复应当遵守该条例。

2. 自然灾害防治法

在应急管理法律法规体系中，自然灾害防治法的立法工作相对其他子部门立法工作起步较早，法律法规体系也比较健全。在自然灾害防治法的立法中，防汛防洪是立法工作起步最早的。在中华人民共和国成立之初，水利部就开始研究制定水利法的问题。党的十一届三中全会以后，首先制定了《河道堤防工程管理通则》《水闸工程管理通则》《水库工程管理通则》《灌区管理暂行办法》《水利电力工程管理条例》等一批法律制度。于 1988 年 6 月 10 日，国务院令第 3 号，公布《河道管理条例》。于 1991 年 7 月 2 日，国务院令第 86 号，发布《防汛条例》。于 1991 年 6 月 29 日，中华人民共和国主席令第 49 号公布《水土保持法》。于 1997 年 8 月 29 日，中华人民共和国主席令第 88 号公布《防洪法》。于 2002 年 8 月 29 日，中华人民共和国主席令第 74 号公布《水法》等。

自然灾害防治法部门有多部法律，并按照自然灾害的类别形成了相应的法律法规子部门。例如，针对水旱灾害的防汛抗旱类法律法规，针对地震的防震减灾类法律法规，以及针对气象灾害的气象类法律法规。

（1）《防震减灾法》。于 1997 年 12 月 29 日，第八届全国人民代表大会常务委员会第二十九次会议通过《防震减灾法》，自 1998 年 3 月 1 日起施行。于 2008 年 12 月 27 日，第十一届全国人民代表大会常务委员会第六次会议修订通过，自 2009 年 5 月 1 日起施行。修订后的《防震减灾法》共 9 章、99 条，主要内容包括：总则、防震减灾规划、地震监测预报、地震灾害预防、地震应急救援、地震灾后过渡性安置和恢复重建、监督管理、法律责任和附则。第一条明确，为了防御和减轻地震灾害，保护人民生命和财产安全，促进经济社会的可持续发展，制定本法。第二条规定，在中华人民共和国领域和中华人民共和国管辖的其他海域从事地震监测预报、地震灾害预防、地震应急救援、地震灾后过渡性安置和恢复重建等防震减灾活动，适用本法。第三条规定，防震减灾工作，实行预防为主、防御与救助相结合的方针。

（2）《防洪法》。于 1997 年 11 月 1 日，第八届全国人民代表大会常务委员会第二十八次会议通过《防洪法》，自 1998 年 1 月 1 日起实施。于 2007 年 10 月 28 日，第十届全国人民代表大会常务委员会第三十次会议修订通过。于 2016 年 7 月 2 日第十二届全国人民代表大会常务委员会第二十一次会议修订通过。新修订的《防洪法》共 8 章、65 条。主要内容包括：总则、防洪规划、治理与防护、防洪区和防洪工程设施的管理、防汛抗洪、保障措施、法律责任和附则。第一条明确，为了防治洪水，防御、减轻洪涝灾害，维护人民的生命和财产安全，保障社会主义现代化建设顺利进行，制定本法。第二条规定，防洪工作实行全面规划、统筹兼顾、预防为主、综合治理、局部利益服从全局利益的原则。

3. 事故灾难防治法

我国政府历来高度重视事故灾难的防治工作。针对事故灾难的立法开展得比较早，中华人民共和国成立之初的立法主要是针对人的安全与健康的，而后随着人们对环境生态保护工作认识的提高，开始针对环境生态保护开展立法工作。经济的发展、社会的进步，出现了设备设施安全问题，为了保护设备设施的安全，开始针对性的立法工作，如《石油天然气管道保护法》和《特种设备安全法》等。

事故灾难防治法部门有多部法律，并按照行业（领域）形成了法律法规子部门，更加严格地说是按照中央政府各部委职责分工形成了相应的法律法规子部门。例如，与原国家安全生产监督管理总局职责分工对应的安全生产法律法规，与原国家质量监督检验检疫总局职责分工对应的特种设备安全法律法规，与原环境保护部职责分工对应的环境保护法律法规，与原国家能源局职责分工对应的石油天然气保护法律法规和核安全法律法规，与公安部职责对应的消防法律法规，与原交通运输部职责分工对应的道理安全法律法规，与原国家海洋局职责分工对应的海上交通安全法律法规等。事故灾难防治法部门的法律法规很多，目前已经形成了较完善的法律法规体系。

4. 公共卫生事件防治法

《突发事件应对法》中的公共卫生事件是指突然发生，造成或者可能造成社会公众健康严重损害的重大传染病疫情、群体性不明原因疾病、重大食物和职业中毒以及其他严重影响公众健康的事件。随着人们对突发事件认识的提高以及对动物保护意识的增加，很多国家将突发动物疫情纳入公共卫生事件的范畴。

目前，我国的公共卫生事件法律法规是按照公共卫生事件的类别进行分类的。针对公共卫生事件的综合类法律法规基本具备，但专门的法律法规缺失较多，公共卫生法律法规体系不够完善，不能适应公共卫生事件应对的需要。

（1）《突发公共卫生事件应急条例》。于2003年5月7日，国务院第7次常务会议通过，2003年5月9日国务院令第376号公布，自公布之日起施行。于2010年12月29日，国务院第138次常务会议通过修订，于2011年1月8日公布并实施。第一条明确，为了有效预防、及时控制和消除突发公共卫生事件的危害，保障公众身体健康与生命安全，维护正常的社会秩序，制定本条例。第五条规定，突发公共卫生事件应急工作，应当遵循预防为主、常备不懈的方针，贯彻统一领导、分级负责、反应及时、措施果断、依靠科学、加强合作的原则。

（2）《传染病防治法》。于 1989 年 2 月 21 日第七届全国人民代表大会常务委员会第六次会议通过，2004 年 8 月 28 日第十届全国人民代表大会常务委员会第十一次会议修订，2013 年 6 月 29 日第十二届全国人民代表大会常务委员会第三次会议修订。修订后的《传染病防治法》共 9 章、80 条。主要内容为：第一章总则，第二章传染病预防，第三章疫情报告、通报和公布，第四章疫情控制，第五章医疗救治，第六章监督管理，第七章保护措施，第八章法律责任，第九章附则。第一条明确，为了预防、控制和消除传染病的发生与流行，保障人体健康和公共卫生，制定本法。第二条规定，国家对传染病防治实行预防为主的方针，防治结合、分类管理、依靠科学、依靠群众。

（3）《动物防疫法》。于 1997 年 7 月 3 日，第八届全国人民代表大会常务委员会第二十六次会议通过，中华人民共和国主席令第八十七号公布，自 1998 年 1 月 1 日起施行。于 2007 年 8 月 30 日，第十届全国人民代表大会常务委员会第二十九次会议修订，自 2008 年 1 月 1 日起施行。于 2013 年 6 月 29 日，第十二届全国人民代表大会常务委员会第三次会议通过修改。修改后的《动物防疫法》共 10 章、85 条。主要内容分别为：第一章总则，第二章动物疫病的预防，第三章动物疫情的报告、通报和公布，第四章动物疫病的控制和扑灭，第五章动物和动物产品的检疫，第六章动物诊疗，第七章监督管理，第八章保障措施，第九章法律责任，第十章附则。第一条明确，为了加强对动物防疫活动的管理，预防、控制和扑灭动物疫病，促进养殖业发展，保护人体健康，维护公共卫生安全，制定本法。

5. 社会安全事件防控法

社会安全事件一般包括：重大刑事案件、重特大火灾事件、恐怖袭击事件、涉外突发事件、金融安全事件、规模较大的群体性事件、民族宗教突发群体事件、学校安全事件以及其他社会影响严重的突发性社会安全事件。应对社会安全事件的法律法规统称为社会安全事件防控法。社会安全事件防控方面的法律法规法规较多，法律法规体系基本健全。

（1）法律。涉及社会安全事件应对的法律有：《集会游行示威法》《戒严法》《反恐怖主义法》《人民警察法》《网络安全法》《境外非政府组织境内活动管理法》《人民调解法》。

（2）行政法规及文件。涉及社会安全事件应对的行政法规及文件有：《反间谍法实施细则》《长江三峡水利枢纽安全保卫条例》《放射性废物安全管理条例》《监控化学品管理条例》《水库大坝安全管理条例》《计算机信息网络国际联网安全保护管理办法》《电力设施保护条例》《娱乐场所管理条例》《企业事业单位内部治安保卫条例》《公安机关维护民警执法权威工作规定》《公安机关互联网安全监督检查规定》《拘留所条例实施办法》等。

（三）应急管理法律法规体系的结构特点分析

《突发事件应对法》是 2003 年发生"非典"后，开始启动立法工作的。2007 年 8 月完成立法工作。在起草过程中，研究了美、俄、德、意、日等十多个国家应对突发事件的法律制度，基于国务院和地方人民政府制定的有关自然灾害、事故灾难、公共卫生事件和社会安全事件的应急预案。因此，很好地解决了那时突发事件应对的一些重大法律问题。但是，随着经济社会的发展进步，也暴露出了很多需要修订内容以及需要增加的规定。

1. 结构特点分析

按照《突发事件应对法》提出的突发事件分类的应急管理法律法规体系的结构是具有时代性的，按照当前的应急管理法治思维，具有如下特点。

（1）具有很强的针对性

《突发事件应对法》很好地解决了突发事件的分类问题。按照这样的分类开展立法工作，形成针对一类突发事件的法律，对应一部专门性法律健全行政法规、地方性法规和政府规章，形成针对一类突发事件的应急管理法律法规体系。例如，针对地震灾害的防治工作，制定了《防震减灾法》，以《防震减灾法》为主（基）干法，制定了配套的防震减灾行政法规、地方性法规和政府规章，形成了较完善的防震减灾法律法规体系。

（2）各法律子部门间界限分明

针对一类突发事件形成的、针对性的应急管理法律法规子体系，在此子体系与彼子体系间形成了明显的界限，使得各子体系是相对独立的。例如，以《防震减灾法》为主（基）干法形成了防震减灾法律法规体系，以《安全生产法》为主（基）干法形成了安全生产法律法规体系，防震减灾法律法规体系与安全生产法律法规体系具有明显的界限。

2. 结构优缺点分析

基于《突发事件应对法》提出的突发事件分类的应急管理法律法规体系结构不可避免地形成了如下的优缺点。

（1）便于主管（监督管理）部门开展针对性的法律宣传普及。主管（监督管理）部门可以针对一类突发事件开展针对性的宣传普法工作，这类突发事件有哪些法律制度，当发生该类突发事件时执行哪些法律制度；

（2）便于公众理解法律、知法懂法。大部分公众对突发事件的认识是基于分类的，如公众认识地震、台风、泥石流等，而不是认识自然灾害，所以针对性的法律便于公众理解、认识；

（3）便于执法人员执法。执法人员不需要掌握很多综合性法律制度，可以针对一类突发事件了解法律知识、掌握执法要求、开展执法工作。同时，针对一类突发事件执法便于公众接受。因此，便于执法人员执法。

（4）立法工作量大。人类已经基本认识的突发事件种类很多，还有大量突发事件种类人类没有认识。因此，针对所有种类的突发事件健全应急管理法律法规体系是不可能的。即使针对人类已经认识的、比较重要的突发事件种类健全应急管理法律法规体系也需要大量的立法工作、长期的立法时间，立法工作量很大。

（5）很多法律法规难以准确归类。由于是按照突发事件种类健全应急管理法律法规子部门的，使得一些既不是综合类的应急管理法律法规，也不针对某类突发事件的应急管理法律法规不宜明确划归到某个子体系。例如，关于危险物品的应急管理法律法规有很多，这些法律法规即针对事故灾难的防治，也针对公共卫生事件的防治，还可能针对社会安全事件的防控，很难明确界定是属于事故灾难应急管理法律法规体系，还是公共卫生事件应急管理法律法规体系，或者是社会安全事件应急管理法律法规体系。

（6）容易产生法的交叉与执法"真空"。基于突发事件种类的立法必然带有部门立法的特点，部门立法又是面向部门职能开展的立法，这就不可避免地产生法的交叉与执法"真空"。所谓法的交叉是指两部或者两部以上的法律法规涉及相同的事项或者事项的相同过程。所谓执法"真空"是指对于生产生活的某事项或者某环节没有执法主体，或者有多个执法主体，但没有落实执法责任。在此所谓的法的交叉与执法"真空"就是指两部或者两部以上的法律法规涉及相同的事项或者相同过程，但没有落实执法责任。例如：涉及高校、研究院所实验室危险物品的法规有《安全生产法》《危险化学品管理条例》《易制毒化学品管理条例》《新化学物质环境管理办法》等多部法律法规，但高校、研究院所的实验室的化学品如何监督管理、谁是监督管理主体并不明确，或者说监督管理主体责任没有落实。

二　基于行业领域的应急管理法律法规体系的结构

应急管理法律法规的专业性比较强，专业人员在立法过程中发挥着重要作用，因此不可避免地带有较强的行业领域管理（监督管理）部门立法的特点，即应急管理法律法规一般是由行业领域的主管部门起草的。在这样的立法模式下，自然而然地形成了基于行业领域行政部门的应急管理法律法规体系的结构。

（一）应急管理法律法规体系的结构

改革开放以来，我国各方面法律法规体系逐渐健全。特别是2003年"非典"发生以来，我国加快了应急管理法律法规的立法工作。从2003年到2017年，我国的应急管理政体是不断健全的，但各行业领域部门的应急管理职能没有较大的调整。在这样的应急管理政体结构下，形成了目前按照行业领域划分比较清新的、中国特色社会主义应急管理法律法规体系的结构。虽然，2018 年进行了党政机构改革，组建了应急管理部，重新划分了各部委的应急管理职能，政体结构的变化必然带来应急管理法律法规体系结构的变化，但是形成与政体结构完全对应的结构尚需要一定的时间。

经过分析梳理，结合我国政体的结构，按照执法主体进行归纳，给出按照行业领域分类的应急管理法律法规体系的结构，如图4.2所示。需要说明的是，图4.2并未列出所有的应急管理法律法规子体系，由此可以看出按照行业领域部门管理（监督管理）职责划分的应急管理法律法规体系的结构是比较复杂性。此外，图4.2列出的应急管理法律法规体系的子体系，有的还没有建立健全，但是该方面应急管理工作已经有了管理（监督管理）部门。

（二）几个应急管理法律法规子体系分析

在图4.2列出的应急管理法律法规子体系中，有的经过多年的立法实践，已经基本健全，形成了包括法律、行政法规、地方性法规和部门规章构成的较完善的法律法规体系。

1. 安全生产法律法规体系

安全生产法律法规体系以《安全生产法》为主（基）干法、综合法，颁布实施了《矿山安全法》和《生产安全事故报告和调查处理条例》、《关于特大安全事故行政责任追究的规定》、《危险化学品安全管理条例》、《烟花爆竹安全管理条例》、《建筑施工安全生产条例》等大量的行政法规，配套《安全生产法》的地方性法规、政府规章和规范性文件比较健全。如《湖北省安全生产条例》《内蒙古自治区安全生产条例》《北京市安全生产条例》《河北省安全生产事故报告和调查处理办法》《天津市工会参加生产安全事故事故调查处理的暂行规定》《上海市化学事故应急救援办法》《大连市生产安全事故报告制度》《杭州市安全生产责任制规定》等地方性法规，《矿山救援队资质认定管理规定》《安全生产行政复议规定》《关于推进城市安全发展的意见》《关于纪检监察机关加强安全生产领域监督执纪问责规章的通知》《安全生产事故应急条例》等政府规章和规范性文件。形成了比较健全的安全生产法律法规体系。

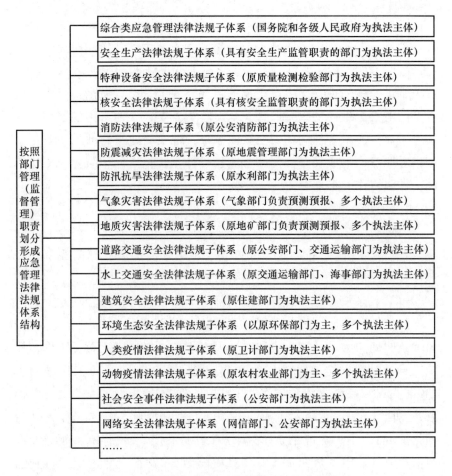

综合类应急管理法律法规子体系（国务院和各级人民政府为执法主体）

安全生产法律法规子体系（具有安全生产监管职责的部门为执法主体）

特种设备安全法律法规子体系（原质量检测检验部门为执法主体）

核安全法律法规子体系（具有核安全监管职责的部门为执法主体）

消防法律法规子体系（原公安消防部门为执法主体）

防震减灾法律法规子体系（原地震管理部门为执法主体）

防汛抗旱法律法规子体系（原水利部门为执法主体）

气象灾害法律法规子体系（气象部门负责预测预报、多个执法主体）

地质灾害法律法规子体系（原地矿部门负责预测预报、多个执法主体）

道路交通安全法律法规子体系（原公安部门、交通运输部门为执法主体）

水上交通安全法律法规子体系（原交通运输部门、海事部门为执法主体）

建筑安全法律法规子体系（原住建部门为执法主体）

环境生态安全法律法规子体系（以原环保部门为主，多个执法主体）

人类疫情法律法规子体系（原卫计部门为执法主体）

动物疫情法律法规子体系（原农村农业部门为主、多个执法主体）

社会安全事件法律法规子体系（公安部门为执法主体）

网络安全法律法规子体系（网信部门、公安部门为执法主体）

……

按照部门管理（监督管理）职责划分形成应急管理法律法规体系结构

图 4.2　按照部门管理（监督管理）职责划分的
应急管理法律法规体系的结构

《安全生产法》第三条规定，安全生产工作应当以人为本，坚持安全发展，坚持安全第一、预防为主、综合治理的方针。安全生产方针是对安全生产工作总要求。"安全第一"要求，当安全生产与其他工作发生冲突时，应优先考虑安全生产问题，确保安全生产工作，特别是当与经济发展不一致时，确保"发展决不能以牺牲人的生命为代价"这个底线。"预防为主"要求，在开展安全生产工作时，主要、重点工作应放在预防生产安全事故方面，而不是等着生产安全事故发生后去处理，强调预防生产安全事故的工作应做在前头。"综合治理"要求，各部门、各责任方要齐抓共管安全生产工作。对此，很多《安全生产法》配套法规、规范性文件进行了强调和说明。如《国务院关于进一步加强安全生产工作的通知》中指出，"强化安全生产监管部门对安全生产的综合监管，全面落实公安、交通、国土资源、建筑、工商、质检等部门的安全生产监督管理及工业主管部门的安全生产指导职责，形成安全生产综合监管与行业监管指导相结合的工作机制，加强协作，形成合力。"

2. 消防法律法规体系

消防法律法规体系以《消防法》为主（基）干法、综合法。围绕《消防法》制定了大量的行政法规、地方性法规和部门规章、规范性文件，形成了较为完善的消防法律法规体系。

（1）《消防法》。《消防法》明确了消防工作的目的，确立了消防工作的方针、体制、机制，规定了消防各相关方的责任和工作要求。第一条明确，为了预防火灾和减少火灾危害，加强应急救援工作，保护人身、财产安全，维护公共安全，制定本法。即消防工作是为了"预防火灾和减少火灾危害"，目的是"保护人身、财产安全，维护公共安全"。第二条规定了消防工作的方针和原则。消防工作方针为"贯彻预防为主、防消结合"。消防工作原则为"政府统一领导、部门依法监管、单位全面负责、公民积极参与"。在立法说明中特别强调了消防工作原则的意义，一是进一步明确了地方人民政府在火灾预防、灭火救援等方面的职责；二是进一步明确了政府有关部门、团体在消防安全教育、消防安全检查等方面的职责；三是赋予公安派出所消防管理职责；四是进一步强化了社会组织在保障消防安全方面的具体义务，并规定公众聚集场所以及高火险企业应当参加火灾公众责任保险。

（2）形成了较完善《消防法》配套法规、规范性文件。围绕《消防法》制定了大量配套法规、规范性文件。由公安部制定的法规、规范性文件，如《注册消防工程师管理规定》《社会消防技术服务管理规定》《消防产品监督管理规定》《建设工程消防监督管理规定》《消防监督检查规定》《火灾事故调查规定》《社会消防安全教育培训规定》。《消防安全责任制实施办法》规定，按照政府统一领导、部门依法监管、单位全面负责、公民积极参与的原则，坚持党政同责、一岗双责、齐抓共管、失职追责，按照管行业必须管安全、管业务必须管安全、管生产经营必须管安全的要求，各级人民政府及其部门在各自职责范围内依法依规做好本行业、本系统的消防安全工作；坚持安全自查、隐患自除、责任自负，机关、团体、企业事业单位等是消防安全的责任主体，对本单位、本场所的消防安全全面负责。

3. 防震减灾法律法规体系

《防震减灾法》是防震减灾法律法规体系的主（基）干法、综合法。围绕《防震减灾法》制定了大量的行政法规、地方性法规和部门规章、规范性文件，形成了较为完善的防震减灾法律法规体系。

（1）《防震减灾法》。《防震减灾法》是为了防御和减轻地震灾害，保护人民生命和财产安全，促进经济社会的可持续发展而制定的一部法律，提出了防震减灾的总要求，系统规定防震减灾规划、地震监测预报、地震灾害预防、地震应急救援、地震灾后过渡性安置与恢复重建以及监督管理的要求、职责和法律责任。

（2）形成了系统性的法规。围绕《防震减灾法》制定了系统性的行政法规，如《地震安全性评价管理条例》《破坏性地震应急条例》《地震预报管理条例》《地震监测管理条例》等。各级地方人民政府制定了地方性法规，如《青海省防震减灾条例》《山西省建设工程抗震设防条例》《北京市实施〈中华人民共和国防震减灾法〉规定》《河北省实施〈中华人民共和国防震减灾法〉办法》《唐山市防震减灾管理条例》《长春市地震安全性评价管理条例》《山东省地震监测设施与地震观测环境保护条例》等。

（3）形成了系统性的规章和规范性文件。如由中国地震局发布的规章包括：《水库地震监测管理办法》《地震安全性评价资质管理办法》《建设工程抗震设防要求管理规定》《地震行政规章制定程序规定》《地震行政法制监督规定》《地震行政执法规定》《震后地震趋势判定公告规定》《中国地震局政府信息保密审查办法（试行）》《地震信息网络管理暂行规定》等。

（三）应急管理法律法规体系的结构特点分析

1. 结构特点分析

一般情况下，除综合性应急管理法律外，应急管理法律由行业领域主管（监督管理）部门起草，由国务院立法部门审议并协调其他相关部门的意见，提交全国人民代表大会后，由全国人民代表大会专门委员会继续审议，就重大法律问题协调各方意见，经全国人民代表大会常务委员会审议通过。应急管理行政法规由行业领域主管（监督管理）部门起草，由国务院立法部门协调其他相关部门的意见并审议后，提交总理办公会议审议通过。应急管理政府规章由行业领域主管（监督管理）部门的立法局起草，协调其他相关部门的意见后，提交行业领域主管（监督管理）部门部长办公会议审议通过。这样的法律法规、规章的立法过程决定，形成的应急管理法律法规体系的结构与行政体制的结构具有比较强的对应性。这样的立法工作模式，使得其法律结构具有如下特点：

（1）针对部门主要职责立法并形成一部综合法。例如，原国家安全生产监督管理总局是国务院的安全生产综合监督管理的直属机构，其主要职责是负责综合监督管理全国安全生产工作和依法行使国家安全生产综合监督管理职权。因此，围绕国家安全生产监督管理总局的职责，制定了《安全生产法》。《安全生产法》是安全生产行业领域的一部综合法、主（基）干法。再如，中国地震局是国务院直属局（2018年国务院机构改革后，划由应急管理部管理），主要职责是负责管理全国地震救援等工作。因此，围绕中国地震局的职责，制定了《防震减灾法》。《防震减灾法》是地震行业领域的一部综合法、主（基）干法。

（2）行业领域综合性管理（监督管理）部门，针对主要职责制定综合法并形成法律法规体系。对于具有行业领域综合管理（监督管理）职责的部门，制定行业领域综合法，并形成系统的法律法规体系。如原国家安全生产监督管理总局是国务院主管安全生产综合监督管理的部门，针对国家安全生产监督管理总局的职责制定了《安全生产法》，并形成了安全生产法律法规体系。再如，围绕中国地震局的职责制定了《防震减灾法》，中国地震局制定了《防震减灾法》配套的防震减灾行政法规、规范性文件，地方人民政府制定了防震减灾的地方性法规，形成了较完善的防震减灾法律法规体系。

（3）非行业领域综合性管理（监督管理）部门，针对部分相关职责、围绕综合法制定配套法规。对于没有行业领域综合管理（监督管理）职责的部门，负责某一方面的管理（监督管理）职责，则根据本部门的职责，配套本行业领域综合法和本部门行业领域管理（监督管理）综合法，制定行政法规和规范性文件。如原城乡建设部没有安全生产综合监督管理职责，负责全国建设施工的安全监督管理，本行业领域的综合法是《建筑法》，部分职责行业领域的综合法是《安全生产法》，因此根据《建筑法》和《安全生产法》制定了《建筑工程安全生产管理条例》。

（4）法律具有很强的针对性。政府职责部门针对部门主要职责开展立法工作，使得所立的法律法规具有很强的针对性。如《防洪法》是针对洪涝灾害工作，目的是防治洪水，防御、减轻洪涝灾害，而不是针对旱灾等其他灾害。《防震减灾法》是针对地震工作，目的是防御和减轻地震灾害，而不是针对气象灾害等其他灾害。《校车安全管理条例》是针对校车安全，目的是加强校车安全管理、保障乘坐校车学生的人身安全，而不是针对教师等其他人员的人身安全。

2. 结构优缺点分析

以行业领域职能部门主导的立法工作，形成的按照行业领域的应急管理法律法规体系的结构，不可避免地具有如下的优缺点。

（1）便于行业领域法律法规体系建设。行业领域综合管理（监督管理）部门主导本行业领域的应急管理综合法制定，是为了在本行业领域较好地履行应急管理（监督管理）职责，推动本行业领域的应急管理工作。本行业领域的立法工作人员了解本行业领域的应急管理工作情况和立法需求，立法符合应急管理（监督管理）的工作需要。通过立法推动本行业领域的应急管理工作，也通过立法过程宣传本行业领域的应急管理法律法规和专业安全应急知识，有利于推动应急管理法律法规体系建设。

（2）便于行业领域依法管理（监督管理）和执法。在立法过程中，需要开展大量的立法前期工作，需要本行业领域各方面人员（包括监督管理人员、管理人员、企业各方面人员、社会各方面人员等）参与，这就是对所立法律法规统一思想认识、普及法内容的过程。在立法过程中，行业领域管理（监督管理）人员就认识了法律、熟悉了法律，并很好地宣传了法律，有利于所立法律法规的执行，有利于行业领域管理（监督管理）执法。

（3）便于落实普法责任制。于 2017 年 5 月 17 日，中共中央办公厅、国务院办公厅印发并实施《关于实行国家机关"谁执法谁普法"普法责任制的意见》，明确要求，建立普法责任制。主导应急管理法律法规的制定者就是执法者，在制定过程中就考虑了法律法规的执行，将普法纳入本部门工作总体布局，做到法律普及与业务工作同部署、同检查、同落实，有利于普法责任制的落实。

（4）容易产生"依法"保护部门利益。行业领域管理（监督管理）部门主导立法工作的最大弊端就是，在立法过程中考虑部门利益，立法工作受到保护本部门利益的影响。第一，由于行业领域管理（监督管理）部门的立法人员长期在一个行业领域工作，往往视野具有局限性，不能站在全局、从全面的视角考虑立法工作；第二，立法人员出于对本行业领域工作的热爱、对本行业领域事业发展的关心以及对本行业领域人员的爱护，不愿意在立法中触及本行业领域的利益；第三，以行业领域管理（监督管理）部门主导立法工作，首先要在行业领域内达成广泛共识，如果触及行业领域的利益，就很难过行业领域这一关。因此，立法必然考虑本行业领域管理（监督管理）部门的利益，法律法规颁布实施后，可以堂而皇之地"依法"保护本行业领域部门的利益。

（5）立法协调困难。很多应急管理法律法规是协调多个部门的工作，供多个部门管理（监督管理）使用，因此在立法过程中需要协调所有的相关部门。但是，由于各部门有各部门的工作，各部门有各部门的职责，如果立法任务不是某部门的工作，就会对所立法律法规不太关注、没有意见，使得立法协调空有虚名、不起作用。特别是当法律法规内容触及被协调部门的利益时，往往被协调部门提出较强烈的反对意见，使立法无法继续进行。

（6）容易产生立法"真空"。所谓立法"真空"是指对于生产生活的某事项或者某环节没有法律，或者责任主体不明确。我国政体的特点之一就是"三定方案"确定各部门职责。第一，"三定方案"规定的部门职责是比较笼统的，往往所有部门职责合起来并不能覆盖应急管理所有工作，使得按照"部门职责立法"出现立法"真空"；第二，"三定方案"规定的各部门职责中有相互包含、交叉重复的，如果按照"部门职责立法"时各部门都不考虑这部分职责，也会出现立法"真空"；第三，有些工作是部门不愿意触及的、不愿意接受的，可能在立法中故意或者不故意地使这部分内容成为立法"真空"。

三　新时代应急管理法律法规体系的结构探讨

党的十八大以后，中国进入新时代，应急管理法律法规体系的结构必须适应新时代。特别是 2018 年组建应急管理部，重新划定了各部门的应急管理职责，在当前部门主导立法工作的背景下，必然带来应急管理法律法规体系结构的改变。同时，随着新时代的发展，中国特色社会主义大国应急管理的体制、机制和法治将逐渐定型，必将形成新时代中国特色的应急管理法律法规体系的结构。下面，从一位法律工作者的视角，探讨新时代中国应急管理法律法规体系的结构。

（一）构建新时代应急管理法律法规体系的结构需要处理好的关系

构建的应急管理法律法规体系的结构是具有中国特色社会主义的大国应急管理法律法规体系的结构，在构建时必须处理好问题导向与面向未来的关系、适应当前国家体制与未来机构体制改革的关系、部门主导立法与开放立法的关系以及基于现有法律制度与构建未来法律制度的关系。

1. 处理好问题导向与面向未来的关系

构建新时代应急管理法律法规体系的结构，是为了解决当前存在的问题，是为了解决未来可能发生的问题。如果只着眼解决当前应急管理工作的法律问题，构建的应急管理法律法规体系的机构可能是落后的，因为法律是时代经济社会发展的产物，法律往往是落后于时代的。如果只着眼未来应急管理工作的法律问题，构建的应急管理法律法规体系的结构，又可能不适应于当前应急管理法治工作的需要，因为法律是服务于当前的经济社会工作的，需要调节当前的应急管理工作。因此，必须处理好问题导向与面向未来的关系。

（1）识别出当前应急管理法律法规体系的问题，抓住主要问题，构建解决当前主要问题的应急管理法律法规体系的结构。当前，应急管理法律法规体系的结构问题在上节已经做了分析；

（2）识别未来可能出现的应急管理法律法规体系问题，找准关键问题，构建解决未来关键问题的应急管理法律法规体系的结构。未来应急管理法律法规体系面临的问题可能是：

①进入新世纪，社会风险的特点越来越明显，应急管理法律法规体系需要适应风险社会、特别是高后果风险社会的问题；

②应急管理法律具有技术法律的属性，未来社会分工越来越细，应急管理法律法规体系需要适应行业领域细分化、工作分工细分化、责任细分化而导致的应急管理法律责任细分化的问题；

③应急管理法律具有社会法的属性，未来社会是健全的法治社会，应急管理法律法规体系需要适应未来社会应急管理法治的问题。

2. 处理好适应当前政体与构建未来应急管理体制的关系

2018 年进行了机构改革，随着机构改革方案的落地，各部委"三定方案"相继发布，当前应急管理政体基本确定，构建的应急管理法律法规体系的结构必须适应当前各部委工作的需要。同时，改革没有终点，永远是进行时。2018 年应急管理机构的改革，一些问题还需要探索，一些机制、体系还需要摸索，构建的应急管理法律法规体系的结构必须适应未来应急管理体制和机制。

2018 年的应急管理体制改革，在中央和省级层面已经落地。构建的应急管理法律法规体系的结构必须适应当前管理政体的立法需要。比如，在部门主导立法现状下，安全生产监督管理职责属于多个部门。应急管理部负责安全生产综合监督管理，主导安全生产综合性法律法规的立法工作。住房和城乡建设部负责建筑施工安全生产监督管理，主导建筑施工安全生产法律法规的立法工作。国家能源局负责核安全生产监督管理，主导核安全法律法规的立法工作。

2018 年的机构改革，是为了建立适应未来、适应风险社会、具有中国特色的大国应急管理体系，是为了建立确保中华民族伟大复兴的新时代大国应急管理体系。这样的体系，从开始建设，到基本成型，到健全定型，需要一个过程。即使改革后体制基本定型，新的机制形成还需要一个过程。随着机构改革的深入，同一类自然灾害的应急管理属于多个部门的现状必将改变。比如，地质灾害的监测、评估、预警和治理职责属于自然资源部，而灾害发生后的应急救援职责属于应急管理部。再比如，水灾风险的监测、评估和预警职责属于水利部，而灾害发生后的应急救援职责属于应急管理部。

3. 处理好部门主导立法与立法部门主导立法的关系

部门主导立法是适应国情的，特别是应急管理法律法规具有较强的技术性，需要部门主导立法。部门主导立法有很多优点，也存在一些不足。由全国人民代表大会常务委员会（全国人民代表大会专门委员会）或者国务院专门立法部门主导的立法，可以避免部门立法的一些不足，但也存在一些问题。

专门立法部门主导的立法，最大的优点是很好地实现了开门立法，调动多方面的积极性、主动性参与立法，便于协调各方面的关系，能够充分考虑各方面的法律诉求，避免产生"依法"保护部门利益。专门立法部门主导的立法，最大的不足是缺少行业领域专业性立法人才，不利于将行业领域法律诉求写入法律，从而造成部分法律内容不适应行业领域管理（监督管理）的要求。特别是技术性、专业性很强的应急管理法律法规，没有应急管理专业人员参与立法，不能调动应急管理立法人员的积极性、主动性，所制定的法律法规就可能存在部分内容不适应行业领域应急管理工作的情况。

因此，构建应急管理法律法规体系的结构，必须处理好部门主导立法与立法部门主导立法的关系，发挥好三方面的积极性。一是涉及体制机制、行政组织的综合性法律法规应由专门立法部门主导立法；二是涉及行业领域技术性较强的专业性法律法规应由部门主导立法；三是立法过程应该是"开放的"，即"开门立法"。

4. 处理好基于现有体系与构建未来应急管理法律法规体系的关系

现有应急管理法律法规体系及其结构是改革开放以来，几十年立法工作形成的，是基本适应国情的。在这样的法律法规体系及其结构下，颁布实施了针对不同灾种的法律法规，形成了中国特色的应急管理法律法规体系。建立的未来应急管理法律法规体系及其结构是在现有体系及其结构上的发展进步、创新。只有基于现有的应急管理法律法规体系的结构构建新的体系结构，才能加快立法进度、保证立法质量。

应急管理体制改革的目的，就是使应急管理工作适应时代的要求，为实现中华民族伟大复兴提供强有力的保障。应急管理体制的定型必须有法律的保证，需要构建与未来应急管理体制相适应的应急管理法律法规体系，按照到 2035 年"法治国家、法治政府、法治社会基本建成"[1] 的目标，应急管理法律法规体系的结构应能够促进而不是阻碍科学立法、严格执法、公正司法和全民守法。中国越来越走向世界舞台的中央，以负责任大国形象参与国际事务，就必须构建中国特色的应急管理法律法规体系。

总之，基于现有的应急管理法律法规体系及其结构，构建为实现"两个一百年"目标和实现中华民族伟大复兴提供保障的未来的应急管理法律法规体系及其结构，必须处理好基于现有法律法规体系及其结构与构建未来应急管理法律法规体系及其结构的关系，有利于应急管理的立法工作，既要加快立法进度，又能保证立法质量。

———

[1] 习近平：《决胜全面建成小康社会 夺取新时代中国特色社会主义伟大胜利——在中国共产党第十九次全国代表大会上的报告》，2017 年 10 月 18 日，中国共产党新闻网，ht-tp：//www.cpc.people.com.cn，2019 年 6 月 12 日。

（二）新时代应急管理法律法规体系的结构的探讨

在处理好各方面应急管理立法关系的前提下，按照适应应急管理的基本国情、尊重改革开放应急管理法治历史、适应风险社会的应急管理、促进应急管理法治工作和具有前瞻性等原则和要求，构建新时代应急管理法律法规体系的结构，体系的结构框架如图4.3所示。

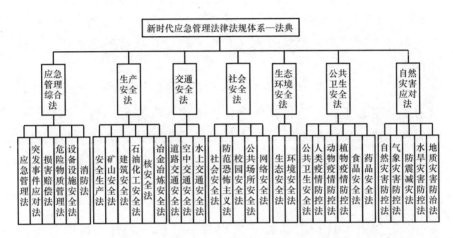

图4.3 新时代应急管理法律法规体系结构

图4.3所示的新时代应急管理法律法规体系的结构也是未来应急管理法典的结构。新时代应急管理法律法规体系由七个子体系（子法律部门）组成，分别为：应急管理综合法、生产安全法、社会安全法、交通安全法、生态环境安全法、公共卫生安全法和自然灾害应对法。每个子体系都包括该子体系（子法律部门）的综合性法律和专门法律以及配套的行政法规、政府规章等。

（三）新时代应急管理法律法规体系说明

构建的新时代应急管理法律法规体系的七个子体系，既有现行的应急管理法律法规，也有为了适应新时代要求需要制定的应急管理法律法规，同时也包括为了建立大国应急管理体系需要修订的应急管理法律法规。

1. 应急管理综合法

应急管理综合法是由应急管理的综合性、总体性法律法规组成的应急管理法律法规体系（部门）的子体系（子部门）。涉及多灾种和多个管理（监督管理）部门职责，或者涉及多个管理（监督管理）部门职责、难于归入应急管理综合法以外的其他子体系的法律法规，应该归入应急管理综合法子体系。应急管理综合法子体系包括一部主（基）干法和若干部综合性法律、行政法规、地方性法规、政府规章和规范性文件。该子体系的主（基）干法也是应急管理法律法规体系的主（基）干法。

（1）主（基）干法为应急管理法。目前应急管理法律法规体系没有主（基）干法，应急管理综合法子体系没有主（基）干法。应急管理法律法规体系主（基）干法是应急管理法，该法明确应急管理法的立法目的、作用和目标，确立应急管理工作方针、原则以及组织体制、工作机制和责任分工，提出应急管理工作的总体要求和综合性规定。

（2）突发事件应对法是应对突发事件的专门法。按照目前的《突发事件应对法》的立法宗旨和思路，该法属于针对突发事件应对的专门法。按照尊重应急管理立法历史的原则，对现行《突发事件应对法》进行修改完善，增加新的突发事件以及突发事件应急的新要求，加大突发事件应急违法非法行为的处罚力度。

（3）灾害事故损害赔偿法。目前，我国没有针对灾害事故本身损失赔偿和灾害事故应急管理损害赔偿的专门法律。现行《社会保险法》规范的是社会保险关系，明确了工伤保险、失业保险等制度，涉及部分灾害事故损害赔（补）偿的内容。现行《国家赔偿法》明确了保障公民、法人和其他组织享有依法取得国家赔偿的权利，但没有涉及灾害事故损害赔（补）偿的内容。其他如现行《突发事件应对法》《安全生产法》《防震减灾法》等也涉及一些灾害事故损害赔（补）偿的内容，但不够完整和系统。未来制定的《灾害事故损害赔偿法》的立法目的是，规范灾害事故损害国家赔（补）偿行为，保障公民、法人和其他组织在应急管理过程依法取得国家赔（补）

偿的权利。

（4）其他综合性专门法。其它综合性专门法是难于归入应急管理综合法以外的其他子体系的法律法规。其它综合性专门法主要有：设备设施安全法、危险物质安全法、消防法、城市安全法等。现行《消防法》是为了预防火灾和减少火灾危害，加强应急救援工作，保护人身、财产安全，维护公共安全而制定的法律。该法所指的火灾，包括公民、法人和其他组织故意放火的火灾，因工作过失或者其他失误引起的非故意放火的火灾，以及自燃、雷电、环境高温等自然因素引发的火灾，所以《消防法》应归入综合性专门法。现行《特种设备安全法》《石油天然气管道保护法》属于设备设施安全法。现行《危险化学品安全管理条例》《民用爆炸物品安全管理条例》《新化学物质环境管理办法》《剧毒化学品管理条例》等属于危险物质管理法的范畴。

2. 生产安全法

生产安全法是由生产经营活动安全、防治生产安全事故法律法规组成的应急管理法律法规体系（部门）的子体系（子部门）。生产经营活动是指投入资金、人力、物力和其他资源，按照供产销的方式，进行的各种活动。生产安全事故是指在生产经营活动中发生的造成人身伤亡、经济损失、环境损害或者其他损失的事故。现行的安全生产法律法规体系与生产安全法律法规子体系是有所不同的。很多学者和政府文件，将现行的安全生产法律法规体系定义的比较宽泛，如将属于设备设施安全的《特种设备安全法》、属于应急管理综合法的《消防法》、属于社会安全法的《校车安全管理条例》都归入现行的安全生产法律法规体系。生产安全法律法规子体系包括一部主（基）干法和若干部行业领域生产安全法律、行政法规、地方性法规、政府规章和规范性文件。

（1）主（基）干法为《安全生产法》。现行《安全生产法》是2002年制定的，并于2014年修订。2014年对《安全生产法》修改的内容比较多，新增15条，由97条增加至112条；对57条、103款作了修改，修改条数占总条数的59%。随着应急管理体制改革的深化，需要对《安全生产法》进行必要的修改，以适应新时代安全生产工作的要求。

（2）行业领域生产安全法。行业领域生产安全法是针对一个行业领域的生产安全工作制定的法律以及与其配套的行政法规、地方性法规、政府规章和规范性文件的总称等。

①现行法律有《矿山安全法》和《核安全法》以及一些法规。《矿山安全法》于1992年11月7日，第七届全国人民代表大会常务委员会第二十八次会议审议通过，自1993年5月1日起施行，实施以来没有做过大的修改。《矿山安全法》共8章、50条，如果不包括立法目的和附则中的条款共47条，这47条中与现行《安全生产法》、《劳动法》、《突发事件应对法》、《职业病防治法》、《工会法》、《深海资源法》和《特种设备安全法》等的全部或者部分内容重复规定的有20条，有冲突或者不一致的有12条，所以有些学者将该法称为"僵尸法"，因此《矿山安全法》需要做大的修改。《核安全法》于2017年9月1日第十二届全国人民代表大会常务委员会第二十九次会议审议通过，自2018年1月1日起施行，是制定不久的一部保障核安全的法律，立法目的和内容都具有新时代的特征。

②行业领域生产安全专门技术法缺失较多，需要制定的法律较多。生产安全具有行业领域的特点，生产安全行业领域法是技术性的专门法。我国人口众多，很多行业领域从业人数众多，需要保护的从业人员多，绝大部分行业领域没有制定专门的生产安全法律，需要制定的行业领域生产安全法较多。例如，需要在现行行政法规《建筑施工安全生产管理条例》的基础上，制定建筑安全法，明确建筑物的安全管理和监督管理以及建筑施工的安全生产。再如，需要根据石油化工行业领域的生产安全特点制定石油化工生产安全法，根据冶金冶炼行业领域的生产安全特点制定冶金冶炼安全法等。

3. 社会安全法

社会安全法是关于防控恐怖袭击、民族宗教事件、经济安全事件、群体性事件、网络安全事件等社会安全事件的应急管理法律法规体系（部门）的子体系（子部门）。现行的法律有《反恐怖主义法》、

《戒严法》、《网络安全法》和部分行政法规，总体而言，没有形成完善的社会安全法律法规体系。

（1）主（基）干法为社会安全法。社会安全法的立法目的是，为了保障社会安全，加强社会安全工作，防止和减少社会安全事件，维护国家安全和社会安全，保障人民群众生命和财产安全，维护社会公共利益和保护公民、法人和其他组织的合法权益，促进经济社会持续健康发展。社会安全法是社会安全法律法规子体系的主（基）干法，该法明确社会安全法的立法目的、作用和目标，确立社会安全治理工作方针、原则以及组织体制、工作机制和责任分工，提出社会安全工作的总体要求和综合性规定。

（2）《网络安全法》。《网络安全法》于 2016 年 11 月 7 日，第十二届全国人民代表大会常务委员会第二十四次会议审议通过，自 2017 年 6 月 1 日起施行。该法共 7 章、79 条，是我国第一部全面规范网络空间安全管理方面问题的基础性法律，立法的目的是为了保障网络安全，维护网络空间主权和国家安全、社会公共利益，保护公民、法人和其他组织的合法权益，促进经济社会信息化健康发展。《网络安全法》体现了维护网络空间主权、网络安全与信息化发展并重、网络环境共同治理等原则，提出了制定网络安全战略的要求，明确了网络空间治理目标、网络管理体制机制和各部门职责，要求强化网络运行安全、重点保护关键信息基础设施，将网络安全监测预警与应急处置措施制度化。

（3）需要制定的社会安全法。社会发展到风险社会阶段，各种风险对人类的生存和发展构成了严重的威胁，应对风险社会必须构建现代社会治理体系和强化治理现代社会的能力，需要健全社会安全法律法规体系，保障现代社会治理体系和依法治理现代社会，需要制定适应新时代的社会安全专门法。由于自然或者人为因素，公共场所、车站、商场、医院等人员集聚公共场所的安全受到严重威胁，为了依法治理公共场所，保障公共场所安全，需要制定公共场所安全法。校园作为特殊的公共场所，需要严格防控各类突发事件，需要制定校园安全法。

4. 交通安全法

交通安全法是关于保障交通安全、防治交通安全事故和事件的应急管理法律法规体系（部门）的子体系（子部门）。现行交通安全法律法规体系按照路上安全、水上安全和空中安全划分，分类清晰，立法思路明确、合理，分别制定了相应的法律法规，但是现行的《道路交通安全法》《海上交通安全法》等需要按照新时代要求进行修改。

（1）《道路交通安全法》。于 2003 年 10 月 28 日，第十届全国人民代表大会常务委员会第五次会议审议通过，自 2004 年 5 月 1 日起施行。2007 年 12 月 29 日，第十届全国人民代表大会常务委员会第三十一次会议修订通过，自 2008 年 5 月 1 日起施行。2011 年 4 月 22 日，第十一届全国人民代表大会常务委员会第二十次会议再次修订通过，自 2011 年 5 月 1 日起施行。《道路交通安全法》的立法目的，是为了维护道路交通秩序，预防和减少交通事故，保护人身安全，保护公民、法人和其他组织的财产安全及其他合法权益，提高通行效率。该法确立了道路交通安全工作体制和机制，明确提出车辆驾驶人、行人、乘车人以及与道路交通活动有关的单位和个人的职责。不远的将来，无人驾驶车辆将会推广应用，现在的路面交通从概念到内涵都将发生很大变化，此外交通工具可能既能在路面道路行驶，也能在空中行驶，现行《道路交通安全法》没有涉及这方面的内容，因此需要适时进行修改。

（2）水上交通安全法。于 1983 年 9 月 2 日，第六届全国人民代表大会常务委员会第二次会议审议通过，于 2016 年 11 月 7 日审议通过修正案。修订后的《海上交通安全法》共 12 章、53 条，第一条明确的立法目的是为了加强海上交通管理，保障船舶、设施和人命财产的安全，维护国家权益。第二条规定，本法适用于在中华人民共和国沿海水域航行、停泊和作业的一切船舶、设施和人员以及船舶、设施的所有人、经营人。从第二条规定的适应范围以及法律内容看，《海上交通安全法》不是水上交通安全法。为了加强内河交通安全管理，维护内河交通秩序，保障人民群众生命、财产安全，于 2002 年 6 月 19 日国务院颁布了《内河交通安全管理条例》，自 2002 年 8 月

1 日起施行。应该适应新时代水上交通安全管理的需要，在《海上交通安全法》和《内河交通安全管理条例》的基础上，制定水上交通安全法。

（3）空中交通安全法。目前，我国没有专门的空中交通安全的法律。随着经济社会的发展和人民生活水平的提高，航空市场将出现空前的繁荣景象，特别是无人驾驶航天器将大量进入人们的生产生活，空中交通安全立法提上重要的议事日程。制定空中交通安全法是为了保障空中交通安全，维护控制空中交通秩序，防止和减少空中交通安全事故和空中交通安全事件，维护公共安全和社会安全，保障人民群众生命和财产安全，维护航空器及其驾乘人员、空域内人员的合法权益，促进经济社会持续健康发展。空中交通安全法应明确空中交通安全目标、管理体制机制和各相关方的职责，提出航空器及其驾乘人员、空域管理人员的准入条件。

5. 生态环境安全法

生态环境安全法是关于保护生态环境安全、防治生态环境安全事件的应急管理法律法规体系（部门）的子体系（子部门）。该子体系对应生态环境保护法律法规体系，是比较健全的。现行的生态环境保护法包括：《环境保护法》《水污染防治法》《土壤污染防治法》《大气污染防治法》《固体废物污染防治法》等。根据未来生态环境安全的需要，制定生态环境安全的技术性专门法，或者修订生态环境保护法，健全生态环境安全体系。

6. 公共卫生安全法

公共卫生安全法是关于公共卫生安全，包括人类、动物、植物疫情防控和食品安全、药品安全，涉及公共卫生安全事件应对的应急管理法律法规体系（部门）的子体系（子部门）。就目前我国立法情况看，颁布实施了《食品安全法》和《药品安全法》，没有综合性的公共卫生安全主（基）干法，没有针对人类、动物、植物疫情防控法，因此公共卫生安全法律法规体系不够健全。

（1）主（基）干法是公共卫生安全法。公共卫生安全法的立法目的是，为了保障公共卫生安全，加强公共卫生管理工作，防止和减少公共卫生事件，保障人民群众生命和财产安全，维护社会公共利益和保护公民、法人和其他组织的合法权益，促进公共卫生事业持续健康发展。公共卫生安全法是公共卫生安全法律法规子体系主（基）干法，该法应明确公共卫生安全法的立法目的、作用和目标，确立公共卫生安全工作方针、原则以及组织体制、工作机制和责任分工，提出公共卫生安全工作的总体要求和综合性规定。

（2）疫情防控法。疫情防控是专门针对人类、动物、植物疫情防控的法律法规。我国制定了《传染病防治法》、《动物防疫法》和《国境卫生检疫法》，没有植物疫情防控法，总体而言，疫情防控法律制度还不够健全。

①《传染病防治法》。于 1989 年 2 月 21 日，第七届全国人民代表大会常务委员会第六次会议审议通过；于 2004 年 8 月 28 日，第十届全国人民代表大会常务委员会第十一次会议修订通过，自 2004 年 12 月 1 日起施行；于 2013 年 6 月 29 日，第十二届全国人民代表大会常务委员会第三次会议修订通过。《传染病防治法》明确了的立法目的是，为了预防、控制和消除传染病的发生与流行，保障人体健康和公共卫生；国家对传染病防治实行预防为主的方针，防治结合、分类管理、依靠科学、依靠群众的工作原则。同时规定，传染病分为甲类、乙类和丙类，规定了 2 种甲类传染病、26 种乙类传染病和 11 种丙类传染病。近年来，颁布实施了《突发公共卫生事件应急条例》、《突发公共卫生事件与传染病疫情监测信息报告管理办法》、《"非典"疫情监测报告实施方案》和《艾滋病监测管理的若干规定》等配套法规和规章，传染病防治的法律法规体系逐渐健全。

②《动物防疫法》。于 1997 年 7 月 3 日，第八届全国人民代表大会常务委员会第二十六次会议审议通过，自 1998 年 1 月 1 日起施行。于 2007 年 8 月 30 日，第十届全国人民代表大会常务委员会第二十九次会议修订通过，自 2008 年 1 月 1 日起施行。于 2013 年 6 月 29 日，第十二届全国人民代表大会常务委员会第三次会议修订通过。修订后的《动物防疫法》共 10 章、85 条。主要内容分别为：第一章总则，第二章动物疫病的预防，第三章动物疫情的报告、通报和公布，第四

章动物疫病的控制和扑灭，第五章动物和动物产品的检疫，第六章动物诊疗，第七章监督管理，第八章保障措施，第九章法律责任，第十章附则。近年来，颁布实施了《动物免疫标识管理办法》《动物检疫管理办法》《动物疫情报告管理办法》等配套法规和规章，动物疫情防治法律法规体系逐渐健全。

（3）食品安全法。于 2009 年 2 月 28 日，第十一届全国人民代表大会常务委员会第七次会议审议通过，自 2009 年 6 月 1 日起施行。于 2015 年 4 月 24 日，第十二届全国人民代表大会常务委员会第十四次会议修订通过，自 2015 年 10 月 1 日起施行。《食品安全法》的立法目的是为了保证食品安全，保障公众身体健康和生命安全。《食品安全法》规定，食品安全工作实行预防为主、风险管理、全程控制、社会共治，建立科学、严格的监督管理制度。《食品安全法》经过几次修订，加入了现代风险管理的内容和要求。用一章规定了食品安全风险监测和评估，包括：明确了国家建立食品安全风险监测制度，制定、实施国家食品安全风险监测计划，省、自治区、直辖市等各行政区制定、调整地方食品安全风险监测方案，国家建立食品安全风险评估制度，成立由医学、农业、食品、营养、生物、环境等方面的专家组成的食品安全风险评估专家委员会进行食品安全风险评估等。

（4）植物疫情防控法。我国是植物资源十分丰富的国家，也是植物生产大国，为了加强对植物疫情的防治，颁布实施了《植物检疫条例》《植物检疫条例实施细则》《进境植物检疫危险性病、虫、杂草名录》等行政法规，建立了一套从中央到地方的完整的植物疫情调查、监测和控制机制，多次组织开展全国农林植物有害生物疫情普查工作。但是，总体而言，还没有制定植物疫情防控的专门法，植物疫情防控的立法相对于人类疫情防控立法和动物疫情防控立法是相对落后的，需要制定植物疫情防控法。

7. 自然灾害应对法

自然灾害应对法是关于应对自然灾害，包括应对气象灾害、地质灾害、水灾、旱灾、地震灾害、海啸等应急管理法律法规体系（部门）的子体系（子部门）。我国十分重视自然灾害应对的立法工作，颁布实施了《防震减灾法》《防洪法》《气象法》《水法》等针对灾种的技术性专门法。但是，自然灾害应对法律法规体系没有综合性的主（基）干法。此外，《水法》是为了合理开发、利用、节约和保护水资源，防治水害，实现水资源的可持续利用的法律，不是专门针对水旱灾防控的法律。《气象法》是为了发展气象事业，规范气象工作，准确、及时地发布气象预报，防御气象灾害，合理开发利用和保护气候资源，为经济建设、国防建设、社会发展和人民生活提供气象服务而制定的法律，不是针对气象灾害防控的专门法。没有针对火山、滑坡、泥石流、海啸、赤潮、冰冻、雾霾等自然灾害的专门法或者法规。总体而言，自然灾害应对法律法规体系不够健全。

（1）主（基）干法是自然灾害应对法。目前自然灾害应对法律法规体系没有主（基）干法。自然灾害法律法规体系主（基）干法是自然灾害应对法，该法明确自然灾害应对法的立法目的、作用和目标，确立自然灾害应对的工作方针、原则以及组织体制、工作机制和责任分工，提出自然灾害应对工作的总体要求和综合性规定。自然灾害应对法应提出各类自然灾害的防灾、减灾、救灾和恢复以及自然灾害风险的监测、评价分析研判、预警预报和消减等自然灾害应对全过程的综合要求和规定。

（2）气象灾害应对法。于2016年11月7日，第十二届全国人民代表大会常务委员会第二十四次会议，通过了《关于修改〈中华人民共和国对外贸易法〉等十二部法律的决定》，对《气象法》进行了第三次修正。修订后的《气象法》有8章，分别为第一章总则，第二章气象设施的建设与管理，第三章气象探测，第四章气象预报与灾害性天气警报，第五章气象灾害防御，第六章气候资源开发利用和保护，第七章法律责任，第八章附则等。分析《气象法》可以看出，该法对台风、暴雨、暴雪、寒潮、大风、沙尘暴、低温、高温、干旱、雷电、冰雹、霜冻和大雾等气象灾害的探测、预报和防御做出了规定，没有对这些气象灾害的减灾、救灾和灾后恢复做出规定，特别是没有将雾霾、海啸、冰冻作为自然灾害，纳入《气象法》的规定。

因此，应针对气象灾害应对的全过程制定专门法律。

（3）地质灾害防治法。于 2003 年 11 月 24 日颁布实施的《地质灾害防治条例》，明确山体崩塌、滑坡、泥石流、地面塌陷、地裂缝、地面沉降等地质灾害防治工作，坚持预防为主、避让与治理相结合和全面规划、突出重点的原则。对地质灾害的防治规划，监测、预警和预报，防治方案，危险性评估和易发区管理，应急和治理等作出了规定。但是，地质灾害法律法规体系不健全，得出这样结论的依据是：

①没有专门法律。《地质灾害防治条例》是国务院颁布的行政法规，没有制定地质灾害防治的法律；

②没有对地质灾害的全灾种防治作出规定。《地质灾害防治条例》没有将火山、冰川等灾害纳入规定防治的范围；

③没有对地质灾害防治的全过程作出规定。《地质灾害防治条例》没有关于地质灾害的防灾、减灾、救灾和恢复以及自然灾害风险的监测、评价分析研判、预警预报和消减等自然灾害防治全过程的综合要求和规定。

第三节　制定《应急管理法》的探讨

一　制定《应急管理法》的重要性和必要性

2018 年应急管理体制改革将形成新的应急管理体制、机制，为制定应急管理法提供保障。社会发展到风险社会阶段，防治影响中国民族伟大复兴的风险，需要制定应急管理法提供保障。中华人民共和国成立以来，特别是 2003 年"非典"以来，加强了行业领域应急管理专门法的立法工作，形成很多行业领域应急管理立法的经验做法，需要总结升华推广到应急管理工作中，制定应急管理法的条件基本成熟。构建大国应急管理体系，定型中国特色社会主义应急管理法律法规体系，需要制定具有综合法、主（基）干法地位的《应急管理法》。

（一）应急管理立法是确保应急管理体制改革的需要

2018 年 2 月 28 日，中国共产党第十九届中央委员会第三次全体会议通过《中共中央关于深化党和国家机构改革的决定》①（以下简称《机构改革的决定》），明确组建应急管理部。提高国家应急管理能力和水平，提高防灾减灾救灾能力，确保人民群众生命财产安全和社会稳定，是中国共产党治国理政的一项重大任务。

1. 确保形成新的应急管理体制需要制定《应急管理法》

《机构改革的决定》规定，为防范化解重特大安全风险，健全公共安全体系，整合优化应急力量和资源，推动形成统一指挥、专常兼备、反应灵敏、上下联动、平战结合的中国特色应急管理体制，将国家安全生产监督管理总局的职责，国务院办公厅的应急管理职责，公安部的消防管理职责，民政部的救灾职责，国土资源部的地质灾害防治、水利部的水旱灾害防治、农业部的草原防火、国家林业局的森林防火相关职责，中国地震局的震灾应急救援职责以及国家防汛抗旱总指挥部、国家减灾委员会、国务院抗震救灾指挥部、国家森林防火指挥部的职责整合，组建应急管理部。

在中央层面将13个部门的职责整合到新组建的应急管理部，各省（自治区、直辖市）以及地市、县区都要对照中央模式进行机构改革，形成新的应急管理体制。在新的体制下，通过磨合，形成中国特色应急管理机制，使中国特色应急管理体制和机制基本定型，并以法的形式固定下来。制定应急管理法就是要明确我国新时代应急管理的体制和机制。

2. 确保应急管理职责落实需要制定《应急管理法》

改革开放以来，我国加强了行业领域应急管理专门法律法规的立法工作，各行业领域部门制定了本行业领域的法律，并形成了相对定型的法律法规体系。这些行业领域专门应急管理法，确立了本行业领域的职责分工和工作格局。

新组建的应急管理部，将整合13个部门的职责，负责组织编制国家应急总体预案和规划，指导各地区各部门应对突发事件工作，

---

① 《中共中央关于深化党和国家机构改革的决定》，2018年2月28日中国共产党第十九届中央委员会第三次全体会议通过。中华网，http://www.china.com，2018年3月4日。

推动应急预案体系建设和预案演练。建立灾情报告系统并统一发布灾情，统筹应急力量建设和物资储备并在救灾时统一调度，组织灾害救助体系建设，指导安全生产类、自然灾害类应急救援，承担国家应对特别重大灾害指挥部工作。指导火灾、水旱灾害、地质灾害等防治。负责安全生产综合监督管理和工矿商贸行业安全生产监督管理等。

　　应急管理部和省（自治区、直辖市）以及地市、县区的应急管理厅（局）组建后，要按照《机构改革的决定》的规定，行使应急管理职责。显然，要确保自上而下各应急管理部门职责的落实，必须对涉及 13 个部门职责规定的法律法规进行修改。同时，制定应急管理法，明确规定自上而下的各级政府及其部门应急管理的职责、权力和法律责任。

　　3. 确保应急救援队伍需要制定《应急管理法》

　　《机构改革的决定》规定，公安消防部队、武警森林部队转制后，与安全生产等应急救援队伍一并作为综合性常备应急骨干力量。改革到位后，消防、森林、安全生产、地震等行业领域的专业应急救援队伍整合为国家综合性消防救援队伍。这支队伍，要形成"统一指挥、专常兼备、反应灵敏、上下联动、平战结合"的体制机制，要做到"对党忠诚、纪律严明、扑汤蹈火、竭诚为民"，在人民最需要的时候要冲锋在前、救民于水火、助民以危难、给民以力量。

　　建设这样一支铁一样的应急救援队伍，第一，必须有人力资源的保证，即有过硬的应急救援队伍来源；第二，必须有训练的条件的保障；第三，需要有明确的职责、权力和责任、义务的要求；第四，必须有铁一样的纪律。这些都需要以法的形式固定下来，需要制定应急管理法来保障。

　　（二）制定《应急管理法》是实现中华民族伟大复兴的需要

　　我国是发展中国家，特别是进入风险社会后，在实现中华民族伟大复兴的征程中还有很多风险，必须通过制定应急管理法，明确可能必须防控的风险有哪些？如何防控这些风险？防控这些风险建立的体制、机制、制度是什么？党和政府提出风控风险的措施是什么？

1. 灾害事故风险仍处于较高水平，需要依法防控风险。

我国是世界上自然灾害最为严重的国家之一，灾害种类多，分布地域广，发生频率高，造成损失重，这是一个基本国情。我国是人口众多的国家，在京津冀、长三角、珠三角、中原等省市群，集聚了大量的人口和财富，而且人口密度、财富密度仍处于增长的阶段。这些都决定我国当前乃至今后一个时期，灾难事故风险仍将处于较高水平。

根据新闻办就应急管理部组建以来，改革和运行情况发布会的资料①，2018 年度，全年出动应急救援力量 1270 万人次，219 万车次，启动应急响应 47 次，其中救援应急响应 14 次，派出 60 多个工作组，累计组织转移避险群众 833 万人，会同中央财政下拨补助资金 115.8 亿元，调拨 3.28 万顶帐篷，40.9 万床件、衣被，营救疏散群众 67.6 万人，抢救保护财产价值 313 亿元。全年有 10 个台风登陆我国，其中"温比亚"和"山竹"等两个超过台风量级的台风。生产安全事故总量、较大事故和重特大事故实现了"三个下降"。重大特大事故起数和死亡人数分别下降了 24% 和 33.6% 的情况下，仍发生重特大事故 19 起，平均每月 1.6 起。

防控灾害事故风险，应对灾害事故的威胁，是长期而艰巨的工作，必须依法进行，需要制定《应急管理法》。

2. 提高全民的安全意识，需要制定《应急管理法》。

我国是世界最大的发展中国家，防灾、减灾、救灾和灾后恢复能力不强、基础薄弱，很多公民防灾意识淡薄、缺乏基本的灾害应对能力，企业、法人和部分地方政府及其部门没有落实应急管理主体责任。需要依法加强应急管理工作，需要一部系统、完善、综合性的《应急管理法》。

通过制定并实施应急管理法，一是使公民、法人、政府及其部门

---

① 国务院新闻办公室，"新闻办就应急管理部组建以来，改革和运行情况举行发布会"资料，应急通信，2019 年 1 月 22 日。应急管理部官网，http：//www. chinasafety. gov. cn，2019 年 6 月 3 日。

牢固树立安全发展理念，真正把安全作为底线、作为红线，既要注重经济发展的数量，也要保障发展的安全质量。二是依法降级各类风险威胁，防控各类风险，将风险降低到可以接受的程度，固牢安全基础。三是依法落实各方面的应急管理责任，包括：政府的责任、企业事业单位的责任、各类社会组织的责任和公民责任义务，依法保障安全投入，依法建设安全设施；四是依法对应急管理的违法非法行为进行处罚，形成执法必严、违法必究的法治环境。

（三）制定《应急管理法》是定型应急管理法律法规体系的需要

在现行的各行业领域应急管理法律法规体系中，依法规定的工作方针、工作原则、主要制度和概念、术语存在差异，需要制定应急管理法予以统一。需要依法统一规范应急管理违法非法行为的处罚，需要依法统一规范灾害事故风险监测、分析研判和预警预报，需要依法统一建设应急管理法律法规体系。

以应急管理过程的违法非法行为的处罚为例，不同行业领域的应急管理法律法规规定的处罚存在较大差异。在法律中的处罚分为对责任单位的处罚、对直接负责的主管人员和其他直接责任人员的处罚、对政府部门监督管理工作人员处罚。下面将《安全生产法》的责任单位的法律责任与《食品安全法》的责任单位的法律责任做对比。

1. 《安全生产法》规定的法律责任

对《安全生产法》规定的法律责任进行分析归纳，梳理出事故责任单位的法律责任，可分为：

（1）停止建设；

（2）停产停业整顿；

（3）五万元以下的罚款；

（4）十万元以下的罚款；

（5）五万元以上二十万元以下的罚款；

（6）五十万元以上一百万元以下的罚款；

（7）二万元以上五万元以下的罚款并停产停业整顿；

（8）十万元以上二十万元以下的罚款；

（9）停产停业整顿，并处五万元以上十万元以下的罚款并吊销其相应资质；

（10）停产停业整顿，并处十万元以上二十万元以下的罚款；

（11）停产停业整顿，并处十万元以上五十万元以下的罚款；

（12）承担连带赔偿责任；

（13）承担相应赔偿等责任，并处二十万元以上五十万元以下的罚款；

（14）承担相应赔偿等责任，并处五十万元以上一百万元以下的罚款；

（15）承担相应赔偿等责任，并处一百万元以上五百万元以下的罚款；

（16）承担相应赔偿等责任，并处五百万元以上一千万元以下的罚款；情节特别严重的，处一千万元以上二千万元以下的罚款。

2.《食品安全法》规定的法律责任

对《食品安全法》规定的法律责任进行分析归纳，梳理出事故责任单位的法律责任，可分为：

（1）没收违法所得和物品；

（2）二千元以下罚款；

（3）五千元以上五万元以下罚款；

（4）没收违法所得，并处五万元以上十万元以下罚款；

（5）没收违法所得和物品，并处五千元以上五万元以下罚款；

（6）没收违法所得和物品，并处五万元以上十万元以下罚款；

（7）没收违法所得，并处五万元以上二十万元以下罚款；

（8）没收违法所得和物品，并处十万元以上十五万元以下罚款；

（9）停产停业，没收违法所得，并处十万元以上五十万元以下罚款；

（10）没收违法所得和物品，并处货值金额五倍以上十倍以下罚款；

（11）没收违法所得和物品，并处货值金额十五倍以上三十倍以下罚款；

（12）没收违法所得和物品，并处货值金额十倍以上二十倍以下罚款；

（13）承担连带责任；

（14）吊销许可证；

（15）停产停业，吊销许可证；

（16）给予警告；

（17）责令改正，给予警告；

（18）停产停业，并处二千元以上五万元以下罚款；

（19）停产停业，并处一万元以上五万元以下罚款；

（20）撤销资质；

（21）撤销资质，没收检验费用，并处检验费用五倍以上十倍以下罚款；

（22）撤销资质，没收检验费用，并处五万元以上十万元以下罚款；

（23）没收认证费用，并处认证费用五倍以上十倍以下罚款；

（24）没收认证费用，并处五万元以上十万元以下罚款；

（25）没收违法所得和违法销售食品，并处二万元以上五万元以下罚款。

3.《安全生产法》与《食品安全法》规定的责任单位法律责任比较分析

从梳理出的《安全生产法》和《食品安全法》规定的责任单位法律责任看，对责任单位的违法非法行为的处罚有相同点，也有不同点。

《安全生产法》和《食品安全法》对责任单位的法律责任相同点为：

（1）都有停产停业、撤销资质、承担连带责任和罚款等处罚形式；

（2）都有在一定额度范围的罚款和按照非法所得一定倍数的罚款。

《安全生产法》和《食品安全法》对责任单位的法律责任不同点为：

（1）针对违法非法行为规定处罚的额度不同；

（2）《安全生产法》有连带责任并处罚款的处罚形式，而《食品安全法》没有这种处罚形式；

（3）《食品安全法》有没收违法所得和物品、没收违法所得和物品并处罚款等两种处罚形式，而《安全生产法》没有这两种处罚形式。

《安全生产法》和《食品安全法》都是事关人民生命安全健康的法律，但仅从两部法律对责任单位的法律责任分析就有很多不同。这说明，需要制定《应急管理法》依法统一规范灾害事故应急管理事务。

二 应急管理工作的方针、原则

制定《应急管理法》就是为了加强应急管理工作，明确规定各类组织在应急管理工作必须遵循的应急管理方针和原则，依法确立应急管理体制、机制，依法确立应急管理重要制度。

（一）现行法律法规规定的工作方针和原则

改革开放以来，制定的行业领域应急管理法律制度，提出了相应的工作方针或者原则。这些方针或者原则都是基本适应国情的，较好地起到了指明事业前进方向和目标的作用。但是，安全生产、防震减灾、食品药品安全等行业领域工作方针是不同的。表 4.2 列出了部分行业领域的工作方针和工作原则。

表 4.2　　　　　　　　部分行业领域工作方针或者原则

序号	法律法规名称及规定条款	工作方针或者原则	来源
1	《安全生产法》，第三条	安全生产工作坚持安全第一、预防为主、综合治理的方针	https：//baike. baidu. com/item/中华人民共和国安全生产法/，2019 年 2 月 19 日
2	《传染病防治法》，第二条	国家对传染病防治实行预防为主的方针。防治结合、分类管理、依靠科学、依靠群众	https：//baike. baidu. com/item/中华人民共和国传染病防治法/，2019 年 2 月 19 日

续表

序号	法律法规名称及规定条款	工作方针或者原则	来源
3	《防洪法》，第二条	防洪工作实行全面规划、统筹兼顾、预防为主、综合治理、局部利益服从全局利益的原则	https：//baike.baidu.com/item/中华人民共和国防洪法/，2019年2月19日
4	《道路交通安全法》，第三条	道路交通安全工作，应当遵循依法管理、方便群众的原则，保障道路交通有序、安全、畅通	https：//baike.baidu.com/item/中华人民共和国道路交通安全法/，2019年2月19日
5	《食品安全法》，第三条	食品安全工作实行预防为主、风险管理、全程控制、社会共治，建立科学、严格的监督管理制度	https：//baike.baidu.com/item/中华人民共和国食品安全法/，2019年2月19日
6	《防震减灾法》，第三条	防震减灾工作，实行预防为主、防御与救助相结合的方针	https：//baike.baidu.com/item/中华人民共和国防震减灾法/，2019年2月19日
7	《核安全法》，第四条	从事核事业必须遵循确保安全的方针。核安全工作必须坚持安全第一、预防为主、责任明确、严格管理、纵深防御、独立监管、全面保障的原则	https：//baike.baidu.com/item/中华人民共和国核安全法/，2019年2月19日
8	《水法》，第四条	开发、利用、节约、保护水资源和防治水害，应当全面规划、统筹兼顾、标本兼治、综合利用、讲求效益	https：//baike.baidu.com/item/中华人民共和国水法/，2019年2月19日
9	《水土保持法》，第三条	水土保持工作实行预防为主、保护优先、全面规划、综合治理、因地制宜、突出重点、科学管理、注重效益的方针	https：//baike.baidu.com/item/中华人民共和国水土保持法/，2019年2月19日
10	《网络安全法》，第三条	国家坚持网络安全与信息化发展并重，遵循积极利用、科学发展、依法管理、确保安全的方针	https：//baike.baidu.com/item/中华人民共和国网络安全法/，2019年2月19日

续表

序号	法律法规名称及规定条款	工作方针或者原则	来源
11	《消防法》，第二条	消防工作贯彻预防为主、防消结合的方针，按照政府统一领导、部门依法监管、单位全面负责、公民积极参与的原则，实行消防安全责任制，建立健全社会化的消防工作网络	https：//baike.baidu.com/item/中华人民共和国消防法/，2019 年 2 月 19 日
12	《动物防疫法》，第五条	国家对动物疫病实行预防为主的方针	https：//baike.baidu.com/item/中华人民共和国动物防疫法/，2019 年 2 月 19 日
13	《反恐怖主义法》，第五条	反恐怖主义工作坚持专门工作与群众路线相结合，防范为主、惩防结合和先发制敌、保持主动的原则	https：//baike.baidu.com/item/中华人民共和国反恐怖主义法/，2019 年 2 月 19 日
14	《突发事件应对法》，第五条	突发事件应对工作实行预防为主、预防与应急相结合的原则	https：//baike.baidu.com/item/中华人民共和国突发事件法/，2019 年 2 月 19 日
15	《放射性污染防治法》，第三条	国家对放射性污染的防治，实行预防为主、防治结合、严格管理、安全第一的方针	https：//baike.baidu.com/item/中华人民共和国放射性污染法/，2019 年 2 月 19 日
16	《固体废物污染环境防治法》，第三条	国家对固体废物污染环境的防治，实行减少固体废物的产生量和危害性、充分合理利用固体废物和无害化处置固体废物的原则	https：//baike.baidu.com/item/中华人民共和国固体废物污染环境防治法/，2019 年 2 月 19 日
17	《环境保护法》，第五条	环境保护坚持保护优先、预防为主、综合治理、公众参与、损害担责的原则	https：//baike.baidu.com/item/中华人民共和国环境保护法/，2019 年 2 月 19 日
18	《精神卫生法》，第三条	精神卫生工作实行预防为主的方针，坚持预防、治疗和康复相结合的原则	https：//baike.baidu.com/item/中华人民共和国精神卫生法/，2019 年 2 月 19 日
19	《水污染防治法》，第三条	水污染防治应当坚持预防为主、防治结合、综合治理的原则	https：//baike.baidu.com/item/中华人民共和国水污染防治法/，2019 年 2 月 19 日

续表

序号	法律法规名称及规定条款	工作方针或者原则	来源
20	《职业病防治法》，第三条	职业病防治工作坚持预防为主、防治结合的方针，建立用人单位负责、行政机关监管、行业自律、职工参与和社会监督的机制，施行分类管理、综合治理	https：//baike. baidu. com/item/中华人民共和国职业病防治法/，2019 年 2 月 19 日
21	《防汛条例》，第三条	防汛工作实行安全第一，常备不懈，以防为主，全力抢险的方针，遵循团结协作和局部利益服从全局利益的原则	https：//baike. baidu. com/item/防汛条例/，2019 年 2 月 19 日
22	《建筑施工安全生产管理条例》，第三条	建筑工程安全生产管理，坚持安全第一、预防为主的方针	https：//baike. baidu. com/item/建筑施工安全生产管理条例/，2019 年 2 月 19 日
23	《地质灾害防治条例》，第三条	地质灾害防治工作，应当坚持预防为主、避让与治理相结合和全面规划、突出重点的原则	https：//baike. baidu. com/item/地质灾害防治条例/，2019 年 2 月 19 日
24	《抗旱条例》，第三条	抗旱工作坚持以人为本、预防为主、防抗结合和因地制宜、统筹兼顾、局部利益服从全局利益的原则	https：//baike. baidu. com/item/抗旱条例/，2019 年 2 月 19 日
25	《森林防火条例》，第三条	森林防火工作实行预防为主、积极消灭的原则	https：//baike. baidu. com/item/森林防火条例/，2019 年 2 月 19 日
26	《草原防火条例》，第三条	草原防火工作实行预防为主、防消结合的方针	https：//baike. baidu. com/item/草原防火条例/，2019 年 2 月 19 日
27	《铁路安全管理条》，第二条	铁路安全管理坚持安全第一、预防为主、综合治理的方针	https：//baike. baidu. com/item/铁路安全管理条例/，2019 年 2 月 19 日
28	《社会救助暂行办法》，第二条第二款	社会救助工作应当遵循公开、公平、公正、及时的原则	https：//baike. baidu. com/item/社会救助暂行办法/，2019 年 2 月 19 日

如《安全生产法》第三条规定，安全生产工作应当以人为本，坚持安全发展，坚持安全第一、预防为主、综合治理的方针。

（二）现行法律法规工作方针和原则分析

对收集的 20 部应急管理法律和 8 部应急管理行政法规的工作方针和原则进行分析，可以得出如下几点结论。

1. 应急管理法律法规没有对方针和原则做严格的区分

（1）既有仅有工作方针的法律法规，也有仅有工作原则的，同时还有既有工作方针、也有工作原则的。有工作方针的法律法规有 15 部，其中：法律 11 部、行政法规 4 部；有工作原则的有 14 部，其中：法律 9 部、行政法规 5 部；既有方针、也有原则的 3 部，全部是法律；具有方针或者原则体例，但没有明确是方针，也没有明确是原则的有 2 部，全部为法律；明确了方针，但有原则体例、而没有明确是原则的有 2 部，全部为法律。

（2）工作方针与工作原则的用词有较大的雷同性。在工作方针中出现"预防为主"的法律法规有 12 部，在工作原则中出现相同的词语的法律法规有 9 部。如果仅用"预防为主"作为雷同分析指标，工作方针与原则的雷同度达到（12 + 9）/28 = 0.75，即 75% 是雷同的。

2. 应急管理工作方针和原则十分精炼

（1）应急管理工作方针和原则多使用 4 个字词的词语。一是 4 个字的词语使用最多。应急管理工作方针和原则共使用了 56 个词语，其中：2 个字、4 个字、6 个字、8 个字和 10 个字以上的词语分别为 4 个、40 个、4 个、3 个和 5 个。4 个字的词语占词语总数的 71.4%。二是 4 个字的词语使用频率最高。从不同词语的使用次数看，56 个词语共使用了 104 次，其中 4 个字的词语使用了 86 次，占使用次数的 82.7%。

（2）应急管理工作方针和原则多为较少的词语。应急管理工作方针和原则用 1 个词语、2 个词语、3 个词语、4 个词语、5 个词语、6 个词语以上的法律法规分别有 5 部、10 部、3 部、8 部、4 部和 3 部。

3. 应急管理工作方针和原则使用的词语较多

在 28 部应急管理法律法规的规定中，应急管理工作方针和原则共使用了 56 个词语，其中：工作方针使用了 20 个词语，工作原则使用了 56 个词语。工作方针用词相对集中，而工作原则用词比较分散。应急管理工作方针和原则所用词语及其使用情况如表 4.3 所示。

表 4.3　　　　　　　　部分行业领域工作方针和原则用词

序号	词语名称	使用次数/次	序号	词语名称	使用次数/次
1	安全第一	6	18	科学管理	1
2	保持主动	1	19	全程控制	1
3	保护优先	2	20	全力抢险	1
4	常备不懈	1	21	全面保障	1
5	惩防结合	1	22	全面规划	3
6	独立监管	1	23	确保安全	2
7	方便群众	1	24	社会共治	1
8	防范为主	1	25	损害担责	1
9	防抗结合	1	26	统筹兼顾	2
10	防消结合	2	27	突出重点	2
11	防治结合	4	28	团结协作	1
12	分类管理	2	29	先发制敌	1
13	风险管理	1	30	严格管理	2
14	公众参与	1	31	依法管理	2
15	积极利用	1	32	依靠科学	1
16	积极消灭	1	33	依靠群众	1
17	科学发展	1	34	以防为主	1

序号	词语名称	使用次数/次	序号	词语名称	使用次数/次
35	以人为本	1	46	公开	1
36	因地制宜	2	47	公民积极参与	1
37	预防为主	21	48	公平	1
38	责任明确	1	49	公正	1
39	注重效益	1	50	及时	1
40	综合治理	8	51	减少固体废物的产生量和危害性	1
41	避让与治理相结合	1	52	局部利益服从全局利益	3
42	部门依法监管	1	53	预防、治疗和康复相结合	1
43	充分合理利用固体废物和无害化处置固体废物	1	54	预防与应急相结合	1
44	单位全面负责	1	55	政府统一领导	1
45	防御与救助相结合	1	56	专门工作与群众路线相结合	1

4. 在应急管理工作方针和原则中部分词语使用频率较高。

分析表4.3的工作方针和原则用词，可以对语义相同和相近的词语进行归类。用于归类的词语主要有：

（1）与"综合治理"词义相同和相近的词语有："综合治理""社会共治""统筹兼顾""依靠群众""专门工作与群众路线相结合""公民积极参与""公众参与""局部利益服从全局利益""因地制宜"；

（2）与"预防为主"词义相同和相近的词语有："预防""预防为主""保持主动""保护优先""防范为主""积极消灭""减少固体废物的产生量和危害性""先发制敌"；

（3）可以归纳为"防抗救治结合"的词语有："防抗救治结合""避让与治理相结合""惩防结合""充分合理利用固体废物和无害化

处置固体废物""防抗结合""防消结合""防御与救助相结合""防治结合""预防、治疗和康复相结合""预防与应急相结合";

（4）与"科学管理"词义相同和相近的词语有："依靠科学""风险管理""分类管理";

（5）与"安全第一"词义相同和相近的词语有："保证安全""全力抢险"。

通过上述的归类，在工作方针和原则中，使用次数超过 1 次的词语如表4.4所示，按照使用频次由高到低的次序依次为预防为主、综合治理、防抗救治结合、安全第一、科学管理、依法管理、全面规划、严格管理和突出重点。

表4.4　　　　部分行业领域工作方针和原则用词使用频次较高的词语

序号	词语名称	使用次数（次）	序号	词语名称	使用次数（次）
1	预防为主	30	6	依法管理	3
2	综合治理	21	7	全面规划	3
3	防抗救治结合	13	8	严格管理	2
4	安全第一	9	9	突出重点	2
5	科学管理	4			

根据上述的分析，可以将"科学管理""依法管理"和"严格管理"概括为"科学管理"。则科学管理的使用频次为 12 次。

（三）应急管理工作方针和原则的探讨

应急管理工作方针和原则的要求应为，一是对应急管理事业具有指导性，能够为应急管理工作指明方向和目标；二是明确应急管理工作的行为准则，即为应急管理工作明确规则；三是明确清晰、朗朗上口，便于人们记忆、理解和遵循。

进一步分析表明，全面规划是预防为主、综合治理和防抗救治结合的一部分，科学管理是对预防为主、综合治理和防抗救治结合的具体要求。因此，按照上述对应急管理工作方针和原则的要求，全面规划和科学管理可以不列入应急管理工作方针和原则。

按照应急管理工作方针和原则的要求，在已有应急管理法律法规中规定的应急管理工作方针和原则的用词使用情况，以及建立新时代大国应急管理体系的需要和我国人口众多、各地发展不均衡等特点，提出在《应急管理法》中应明确的应急管理工作方针或者工作原则为"安全第一、预防为主，综合治理、防抗救治结合"。同时应在《应急管理法》中应将应急管理工作方针或者原则作为独立的一条，内容为："应急管理工作，实行安全第一、预防为主，综合治理、防抗救治结合的方针（或者原则）。"

对提出"安全第一、预防为主，综合治理、防抗救治结合"的应急管理工作方针或者原则作说明如下：

1. 安全第一。安全第一表明，党和政府对应急管理的高度重视和正确指导思想，是认识应急管理工作重要地位、处理应急管理工作与其他各项工作关系以及开展应急管理工作的根本依据。安全第一的应急管理工作方针要求，政府、企业事业单位和其他组织在工作中优先考虑应急管理工作，坚守"发展决不能以牺牲安全为底线"。同时，当应急管理工作与其他工作发生矛盾、冲突时，应首先考虑应急管理工作，并优先满足应急管理工作的要求。

2. 预防为主。预防为主表明，国家并要求各级政府、企业事业单位和其他组织在处理应急管理工作时应遵循的基本准则，开展任何工作和从事任何活动都必须考虑预防灾害事故并尽量降低其风险，做好思想意识方面的预防、防控方法上的预防和实际工作中的预防，采取切实有效的预防措施。

3. 综合治理。综合治理表明，一是国家采取包括法制行政、监管监察、税收财务、宣传教育和社会治理等综合性手段全面加强应急管理工作；二是各级党委、政府、人大、政协及其部门都负有应急管理的责任，参与加强应急管理工作；三是企业事业单位、其他组织和所有公民都应参与应急管理事务，参与灾害事故的法治社会治理。

4. 防抗救治结合。防抗救治结合表明，国家要求各级政府、企业事业单位、其他组织和社会公民，要实施对灾害事故全过程的应急管理，既不能片面强调防灾，也不能片面强调抗灾、救灾，也不能片面强调隐患治理，而是应统筹考虑防灾、抗灾、救灾和隐患治理，并将防灾、抗灾、救灾和隐患治理作为应急管理的全链条构成一个有机的整体。

三　应急管理的重要制度

在第三章应急管理相关法律分析评估方法中，已经对应急管理法的结构及其内容进行了分析，按照分析评估指标可以设定《应急管理法》的结构及其内容。按照灾害事故全过程应急管理的要求制定《应急管理法》，以及综合类指标、危害识别指标、危险监测指标、风险评价指标、危机预警与干预指标、事件应急响应与处置指标、事后恢复指标和法律责任指标等一级分析评估指标，设计的《应急管理法》结构为：第一章总则、第二章危害识别、第三章危险监测、第四章风险评价、第五章危机预警与干预、第六章事件应急响应与处置、第七章事后恢复、第八章监督管理、第九章法律责任和第十章附则。当然，《应急管理法》也可以考虑其他的结构形式。本节只讨论作为应急管理法律法规体系主（基）干法、综合法的《应急管理法》应明确的重要制度。

（一）现行应急管理相关法的重要制度

我国应急管理相关法律法规，规定了针对不同行业领域的应急管理制度，这些制度很多已经非常成熟，行之有效，在行业领域的应急管理中发挥着重要的作用。这些制度有的就是应急管理制度，有的可以适当完善成为应急管理制度，有的是制定应急管理制度的重要参考。

对现行应急管理相关法律法规进行分析，其中：法律有《突发事件应对法》《食品安全法》《安全生产法》《消防法》《道路交通安全法》《防洪法》《防震减灾法》《核安全法》《传染病防治法》《动物防疫法》《精神卫生法》《职业病防治法》《环境保护法》《水法》《水土保持法》《放射性污染防治法》《固体废物污染环境防治法》《水污染防治法》《网络安全法》《反恐怖主义法》等20部，行政法规有《防汛条例》《地质灾害防治条例》《森林防火条例》《草原防火条例》《社会救助暂行办法》等 5 部，梳理出与应急管理相关的制度，结果如表 4.5 所示，共梳理出行业领域的应急管理工作相关制度有 202 个。

表 4.5　　　　　　　　部分应急管理相关法律法规规定的制度

法律法规名称	规定条款	制度名称
《突发事件应对法》	第五条	国家重大突发事件风险评估制度
	第六条	国家有效的社会动员机制
	第十条	人民政府及其部门作出的应对突发事件决定、命令的公布及公开制度
	第十二条	紧急征用及灾后补偿制度
	第十七条	国家突发事件应急预案
	第十七条	国家突发事件总体应急预案
	第十七条	国家突发事件专项应急预案
	第十七条	国家突发事件部门应急预案
	第十七条	地方各级人民政府和县级以上地方各级人民政府有关部门相应的突发事件应急预案
	第二十条	县级人民政府自然灾害、事故灾难和公共卫生事件的危险源、危险区域的调查、登记、风险评估制度
	第二十条	省级和设区的市级人民政府特别重大、重大突发事件的危险源、危险区域进行调查、登记、风险评估制度
	第二十二条	所有单位安全管理制度
	第二十五条	县级以上人民政府突发事件应急管理培训制度
	第三十二条	国家应急物资储备保障制度
	第三十五条	国家巨灾风险保险制度
	第三十七条	国务院建立全国统一的突发事件信息系统
	第三十八条	县级人民政府应当在居民委员会、村民委员会和有关单位建立专兼职信息报告员制度
	第四十一条	国家突发事件监测制度
	第四十二条	国家突发事件预警制度

法律法规 名称	规定条款	制度名称
《食品安全法》	第三条	科学、严格的监督管理制度
	第六条	食品安全全程监督管理信息共享机制
	第十四条	国家食品安全风险监测制度
	第十四条	国家食品安全风险监测计划
	第十四条	行政区域的食品安全风险监测方案
	第十七条	国家食品安全风险评估制度
	第三十五条	国家食品生产经营实行许可制度
	第四十二条	国家食品安全全程追溯制度
	第四十二条	有关部门食品安全全程追溯协作机制
	第四十七条	食品生产经营者食品安全自查制度
	第四十九条	食用农产品的生产企业和农民专业合作经济组织的农业投入品使用记录制度
	第四十九条	县级以上人民政府农业行政部门的农业投入品安全使用制度
	第五十一条	食品生产企业的食品出厂检验记录制度
	第五十三条	从食品经营企业的食品进货查验记录制度
	第五十三条	食品批发业务的经营企业的食品销售记录制度
	第五十九条	食品添加剂生产者的食品添加剂出厂检验记录制度
	第六十三条	国家食品召回制度
	第六十五条	食用农产品销售者的食用农产品进货查验记录制度
	第一百〇二条	国家食品安全事故应急预案
	第一百一十八条	国家食品安全信息统一公布制度
《安全生产法》	第四条	生产经营单位的安全生产责任制
	第四条	生产经营单位的安全生产规章制度
	第十四条	国家生产安全事故责任追究制度
	第十八条	生产经营单位安全生产教育和培训计划
	第十八条	生产经营单位的生产安全事故应急救援预案
	第三十六条	生产经营单位生产、经营、运输、储存、使用危险物品或者处置废弃危险物品的专门的安全管理制度

续表

法律法规名称	规定条款	制度名称
	第三十八条	生产经营单位的生产安全事故隐患排查治理制度
	第三十八条	县级以上地方各级人民政府安全生产监督管理部门的重大事故隐患治理督办制度
	第四十八条	鼓励生产经营单位安全生产责任保险制度
	第五十九条	安全生产监督管理部门的安全生产年度监督检查计划
	第七十三条	县级以上各级人民政府及其有关部门的报告重大事故隐患或者举报安全生产违法行为的奖励制度
	第七十八条	生产经营单位生产安全事故应急救援预案
《消防法》	第十六条	机关、团体、企业、事业等单位的消防安全制度
	第十六条	机关、团体、企业、事业等单位的消防安全操作规程
	第十六条	机关、团体、企业、事业等单位制的灭火和应急疏散预案
	第三十三条	国家鼓励、引导公众聚集场所和生产、储存、运输、销售易燃易爆危险品的企业投保火灾公众责任保险的制度
	第五十二条	地方各级人民政府的消防工作责任制
《道路交通安全法》	第四条	各级人民政府的道路交通安全管理规划
	第八条	国家机动车实行登记制度
	第十四条	国家机动车强制报废制度
	第十七条	国家机动车第三者责任强制保险制度
《防洪法》	第四条	防治水害的综合规划
	第四十七条	国家鼓励、扶持开展洪水保险制度
《防震减灾法》	第十二条	国家防震减灾规划
	第十七条	国家地震监测预报制度
	第十八条	国务院地震工作主管部门和县级以上地方人民政府负责管理地震工作的部门或者机构的地震监测台网规划
	第二十九条	国家地震预报信息统一发布制度
	第四十六条	国家地震应急预案
	第四十六条	国务院有关部门地震应急预案
	第四十六条	县级以上地方人民政府及其有关部门和乡、镇人民政府上级人民政府及其有关部门的本行政区域的地震应急预案和本部门的地震应急预案

法律法规名称	规定条款	制度名称
《核安全法》	第十二条	核设施营运单位的安全保卫制度
	第二十二条	国家核设施安全许可制度
	第三十五条	国家核设施营运单位核安全报告制度
	第四十三条	国家放射性废物管理许可制度
	第四十六条	国家放射性废物处置设施关闭制度
	第五十七条	国家核事故应急准备金制度
	第七十条	国家核安全监督检查制度
《传染病防治法》	第十五条	国家有计划的预防接种制度
	第十五条	国家儿童预防接种证制度
	第十七条	国家传染病监测制度
	第十七条	国家传染病监测规划
	第十七条	国家传染病监测方案
	第十七条	省、自治区、直辖市人民政府的传染病监测计划
	第十七条	省、自治区、直辖市人民政府的传染病监测工作方案
	第十九条	国家传染病预警制度
	第三十八条	国家传染病疫情信息公布制度
	第五十七条	卫生行政部门法定职权和程序履行职责的情况内部监督制度
《动物防疫法》	第十三条	国家对严重危害养殖业生产和人体健康的动物疫病实施强制免疫制度
	第十三条	国家动物疫病强制免疫计划
	第十三条	省、自治区、直辖市人民政府的本行政区域强制免疫计划
	第十五条	县级以上人民政府的动物疫情监测制度
	第十五条	国家动物疫病监测计划
	第十五条	省、自治区、直辖市人民政府的本行政区域动物疫病监测计划
	第三章	动物疫情的报告、通报和公布制度
	第五十条	动物诊疗活动机构的管理制度
	第五十四条	国家执业兽医资格考试制度

续表

法律法规名称	规定条款	制度名称
《精神卫生法》	第七条	县级以上人民政府的精神卫生工作协调机制
	第七条	县级以上人民政府的精神卫生工作责任制
	第二十四条	国务院卫生行政部门的精神卫生监测制度
	第二十四条	国务院卫生行政部门的严重精神障碍发病报告制度
	第二十四条	国务院卫生行政部门的精神卫生工作信息共享机制
	第六十条	县级以上人民政府卫生行政部门的精神卫生工作规划
	第二章	心理健康促进和精神障碍预防制度
《职业病防治法》	第九条	国家职业卫生监督制度
	第十条	国务院和县级以上地方人民政府的职业病防治规划
	第十条	县级以上地方人民政府的职业病防治工作机制
	第十二条	国务院卫生行政部门的重点职业病监测和专项调查制度
	第十六条	国家职业病危害项目申报制度
	第四十三条	职业病诊断医疗卫生机构职业病诊断质量管理制度
《环境保护法》	第十三条	国家环境保护规划
	第十三条	县级以上地方人民政府的本行政区域环境保护规划
	第十七条	国家环境监测制度
	第十八条	省级以上人民政府的环境资源承载能力监测预警机制
	第二十条	国家跨行政区域的重点区域、流域环境污染和生态破坏联合防治协调机制
	第二十六条	国家环境保护目标责任制
	第二十六条	国家环境保护目标责任考核评价制度
	第三十一条	国家生态保护补偿制度
	第三十九条	国家环境与健康监测、调查制度
	第三十九条	国家环境与健康风险评估制度
	第四十二条	排放污染物企业事业单位的环境保护责任制度
	第四十四条	国家重点污染物排放总量控制制度
	第四十五条	国家排污许可管理制度
	第四十六条	国家严重污染环境的工艺、设备和产品淘汰制度
	第四十七条	县级以上人民政府的环境污染公共监测预警机制

法律法规名称	规定条款	制度名称
	第四十七条	县级以上人民政府的环境污染公共监测预警方案
	第四十七条	企业事业单位的突发环境事件应急预案
	第五十二条	国家鼓励投保环境污染责任保险制度
《水法》	第七条	国家水资源取水许可制度
	第七条	国家水资源有偿使用制度
	第十四条	全国水资源战略规划
	第三十九条	国家河道采砂许可制度
	第四十七条	国家对用水实行总量控制和定额管理相结合的制度
《水土保持法》	第十一条	全国水土流失调查制度
	第十一条	全国水土流失调查结果公告制度
《放射性污染防治法》	第六条	单位和个人对造成放射性污染的行为提出检举和控告制度
	第十条	国家放射性污染监测制度
	第十四条	国家对从事放射性污染防治的专业人员的资格管理制度
	第十四条	国家对从事放射性污染监测工作的机构的资质管理制度
	第二十四条	核设施营运单位的核设施周围环境中所含的放射性核素的种类、浓度以及核设施流出物中的放射性核素总量实施监测制度
	第二十五条	核设施营运单位的安全保卫制度
	第二十五条	核设施营运单位的核事故场内应急计划
	第二十六条	国家核事故应急制度
	第二十七条	核设施营运单位的核设施退役计划
	第三十三条	生产、销售、使用、贮存放射源的单位的安全保卫制度
《固体废物污染环境防治法》	第十二条	国务院环境保护行政主管部门的固体废物污染环境监测制度
	第二十八条	国家落后生产工艺、落后设备淘汰制度
	第三十二条	国家工业固体废物申报登记制度

续表

法律法规名称	规定条款	制度名称
《水污染防治法》	第六条	国家水环境保护目标责任制
	第六条	国家水环境保护目标责任考核评价制度
	第二十条	国家对重点水污染物排放实施总量控制制度
	第二十五条	国家水环境质量监测和水污染物排放监测制度
	第四十六条	国家对严重污染水环境的落后工艺和设备的淘汰制度
	第七十九条	市、县级人民政府的饮用水安全突发事件应急预案
《网络安全法》	第二十一条	国家网络安全等级保护制度
	第二十一条	网络运营者的内部安全管理制度和操作规程
	第二十五条	网络运营者的网络安全事件应急预案
	第四十九条	网络运营者的网络信息安全投诉、举报制度
	第五十一条	国家网络安全监测预警和信息通报制度
《反恐怖主义法》	第二十条	铁路、公路、水上、航空的货运和邮政、快递等物流运营单位的安全查验制度
	第二十条	物流运营单位的运输、寄递客户身份、物品信息登记制度
	第三十二条	重点目标的管理单位的防范和应对处置恐怖活动预案
	第三十二条	重点目标的管理单位的反恐怖主义工作专项经费保障制度
	第三十二条	重点目标的管理单位的公共安全视频图像信息系统值班监看、信息保存使用、运行维护等管理制度
	第三十二条	对重点目标以外的涉及公共安全的其他单位、场所、活动、设施的主管部门和管理单位的安全管理制度
	第四十一条	国务院外交、公安、国家安全、发展改革、工业和信息化、商务、旅游等主管部门的境外投资合作、旅游等安全风险评估制度
	第四十二条	驻外机构的安全防范制度
	第四十二条	驻外机构的安全应对处置预案
	第四十三条	国家反恐怖主义工作领导机构的跨部门、跨地区情报信息工作机制

法律法规名称	规定条款	制度名称
	第四十三条	地方反恐怖主义工作领导机构的跨部门情报信息工作机制
	第五十五条	国家恐怖事件应对处置预案
	第五十五条	有关部门、地方反恐怖主义工作领导机构的应对处置预案
《防汛条例》	第四条	防汛工作各级人民政府行政首长负责制
	第四条	各有关部门防汛岗位责任制
	第十一条	有防汛任务的县级以上人民政府的防御洪水方案
	第十二条	有防汛任务的地方的洪水调度方案
	第二十条	有防汛任务的地方人民政府的地区的防汛通信、预报警报制度
	第四十一条	对蓄滞洪区，逐步推行洪水保险制度
《地质灾害防治条例》	第九条	对地质灾害防治工作违法行为检举和控告制度
	第十条	国家地质灾害调查制度
	第十一条	全国地质灾害防治规划
	第十一条	县级以上地方人民政府的本行政区域的地质灾害防治规划
	第十四条	国家地质灾害监测网络和预警信息系统
	第十七条	国家地质灾害预报制度
	第二十五条	全国突发性地质灾害应急预案
	第二十五条	县级以上地方人民政府本行政区域的突发地质灾害应急预案
《森林防火条例》	第七条	森林防火工作涉及两个以上行政区域的有关地方人民政府的森林防火联防机制
	第七条	森林防火工作涉及两个以上行政区域的有关地方人民政府的联防制度
	第七条	森林防火工作涉及两个以上行政区域的有关地方人民政府的信息共享机制
	第十六条	国家重大、特别重大森林火灾应急预案

法律法规名称	规定条款	制度名称
	第十六条	县级以上地方人民政府的森林火灾应急预案
	第十六条	乡（镇）人民政府的森林火灾应急处置办法
	第三十条	县级以上人民政府林业主管部门和气象主管机构的森林火险监测、联合会商机制
	第三十一条	县级以上地方人民政府的森林防火值班制度
	第四十二条	县级以上地方人民政府的森林火灾情况统计制度
《草原防火条例》	第七条	草原防火工作涉及两个以上行政区域或者涉及森林防火、城市消防的有关地方人民政府及有关部门的联防制度
	第十二条	全国草原防火规划
	第十二条	县级以上地方人民政府的本行政区域的草原防火规划
	第十五条	全国草原火灾应急预案
	第十五条	县级以上地方人民政府的本行政区域的草原火灾应急预案
	第三十四条	国家草原火灾信息统一发布制度
《社会救助暂行办法》	第二十条	国家自然灾害救助制度
	第二十一条	设区的市级以上人民政府和自然灾害多发、易发地区的县级人民政府的自然灾害救助物资储备库制度
	第三十二条	国家疾病应急救助制度

（二）现行应急管理相关法重要制度分析

对表4.5列出的202个制度进行归类分析，按照国家建立的制度、各级地方政府及其部门的制度和企业事业单位及其他社会组织的制度进行归类，其中：国家的制度为104个，中央政府部门、各级政府及其部门的制度为61个，企业事业单位、各类监测认证评估机构及其他组织的内部管理制度为37个。

对104个国家制度进行归类分析，提炼出对应急管理工作而言具有公共、共性和普遍适应的制度，可概括为如下15方面的制度，分别为规划、风险监测、风险调查评估、应急预案、预警预报、信息共享与联防联控、登记许可与资格准入、监督考评、淘汰落后、保险、举报控告、社会动员、征用补偿、责任追究、救助等方面的制度，结果如表4.6所示。

表4.6　　　　部分应急管理相关法律法规规定的国家公共、
共性和普遍适应的制度

序号	类别	法律法规名称	制度名称
1	规划	《防洪法》	防治水害的综合规划
		《防震减灾法》	国家防震减灾规划
		《环境保护法》	国家环境保护规划
		《地质灾害防治条例》	全国地质灾害防治规划
		《草原防火条例》	全国草原防火规划
		《水法》	全国水资源战略规划
2	风险监测	《突发事件应对法》	国家突发事件监测制度
		《食品安全法》	国家食品安全风险监测制度
		《食品安全法》	国家食品安全风险监测计划
		《防震减灾法》	国家地震监测预报制度
		《传染病防治法》	国家传染病监测制度
		《传染病防治法》	国家传染病监测规划
		《传染病防治法》	国家传染病监测方案
		《动物防疫法》	国家动物疫病监测计划
		《环境保护法》	国家环境监测制度
		《环境保护法》	国家环境与健康监测、调查制度
		《放射性污染防治法》	国家放射性污染监测制度
		《地质灾害防治条例》	国家地质灾害监测网络和预警信息系统
		《水污染防治法》	国家水环境质量监测和水污染物排放监测制度
3	风险调查评估	《突发事件应对法》	国家重大突发事件风险评估制度
		《食品安全法》	国家食品安全风险评估制度
		《环境保护法》	国家环境与健康风险评估制度
		《水土保持法》	全国水土流失调查制度
		《地质灾害防治条例》	国家地质灾害调查制度

续表

序号	类别	法律法规名称	制度名称
4	应急预案	《突发事件应对法》	国家突发事件应急预案
		《突发事件应对法》	国家突发事件总体应急预案
		《突发事件应对法》	国家突发事件专项应急预案
		《突发事件应对法》	国家突发事件部门应急预案
		《食品安全法》	国家食品安全事故应急预案
		《防震减灾法》	国家地震应急预案
		《防震减灾法》	国务院有关部门的本部门地震应急预案
		《地质灾害防治条例》	全国突发性地质灾害应急预案
		《森林防火条例》	国家重大、特别重大森林火灾应急预案
		《草原防火条例》	全国草原火灾应急预案
		《反恐怖主义法》	国家恐怖事件应对处置预案
		《放射性污染防治法》	国家核事故应急制度
		《核安全法》	国家核事故应急准备金制度
		《突发事件应对法》	国家应急物资储备保障制度
5	预警预报	《突发事件应对法》	全国统一的突发事件信息系统
		《突发事件应对法》	国家突发事件预警制度
		《传染病防治法》	国家传染病预警制度
		《地质灾害防治条例》	国家地质灾害预报制度
6	信息共享与联防联控	《突发事件应对法》	人民政府及其部门作出的应对突发事件决定、命令的公布及公开制度
		《食品安全法》	食品安全全程监督管理信息共享机制
		《食品安全法》	国家食品安全信息统一公布制度
		《防震减灾法》	国家地震预报信息统一发布制度
		《传染病防治法》	国家传染病疫情信息公布制度
		《动物防疫法》	动物疫情的报告、通报和公布制度
		《环境保护法》	国家跨行政区域的重点区域、流域环境污染和生态破坏联合防治协调机制
		《水土保持法》	全国水土流失调查结果公告制度
		《网络安全法》	国家网络安全监测预警和信息通报制度
		《反恐怖主义法》	国家反恐怖主义工作领导机构的跨部门、跨地区情报信息共享机制
		《草原防火条例》	国家草原火灾信息统一发布制度

续表

序号	类别	法律法规名称	制度名称
7	登记许可资格准入	《食品安全法》	国家食品生产经营许可制度
		《道路交通安全法》	国家机动车登记制度
		《核安全法》	国家核设施安全许可制度
		《核安全法》	国家放射性废物管理许可制度
		《动物防疫法》	国家执业兽医资格考试制度
		《职业病防治法》	国家职业病危害项目申报制度
		《水法》	国家水资源取水许可制度
		《水法》	国家河道采砂许可制度
		《放射性污染防治法》	国家对从事放射性污染防治的专业人员的资格管理制度
		《放射性污染防治法》	国家对从事放射性污染监测工作的机构的资质管理制度
		《环境保护法》	国家排污许可管理制度
		《水法》	国家水资源有偿使用制度
		《固体废物污染环境防治法》	国家工业固体废物申报登记制度
8	监督考评	《食品安全法》	科学、严格的监督管理制度
		《核安全法》	国家核安全监督检查制度
		《职业病防治法》	国家职业卫生监督制度
		《环境保护法》	国家环境保护目标责任考核评价制度
		《水污染防治法》	国家水环境保护目标责任制
		《水污染防治法》	国家水环境保护目标责任考核评价制度
9	淘汰落后	《道路交通安全法》	国家机动车强制报废制度
		《环境保护法》	国家严重污染环境的工艺、设备和产品淘汰制度
		《固体废物污染环境防治法》	国家落后生产工艺、落后设备淘汰制度
		《水污染防治法》	国家对严重污染水环境的落后工艺和设备的淘汰制度

续表

序号	类别	法律法规名称	制度名称
10	保险	《突发事件应对法》	国家巨灾风险保险制度
		《道路交通安全法》	国家机动车第三者责任强制保险制度
		《防洪法》	国家鼓励、扶持开展洪水保险制度
		《防汛条例》	对蓄滞洪区，逐步推行洪水保险制度
		《安全生产法》	鼓励生产经营单位安全生产责任保险制度
		《消防法》	国家鼓励、引导公众聚集场所和生产、储存、运输、销售易燃易爆危险品的企业投保火灾公众责任保险的制度
		《环境保护法》	国家鼓励投保环境污染责任保险制度
11	举报控告	《放射性污染防治法》	对造成放射性污染的行为提出检举和控告制度
		《地质灾害防治条例》	对地质灾害防治工作违法行为检举和控告制度
12	社会动员	《突发事件应对法》	国家有效的社会动员机制
13	征用补偿	《突发事件应对法》	紧急征用及灾后补偿制度
14	责任追究	《安全生产法》	国家生产安全事故责任追究制度
15	救助	《社会救助暂行办法》	国家自然灾害救助制度
		《社会救助暂行办法》	国家疾病应急救助制度

（三）《应急管理法》应规定的重要制度

通过对现行应急管理相关法律法规规定制度的梳理分析，结合现行应急管理相关制度及其执行情况，特别是总结应急管理体制改革以来取得的经验做法，提出《应急管理法》应该明确的十项重要制度。

1. 企业事业单位及其他社会组织的内部应急管理制度

首先，在梳理的法律法规中都有关于企业事业单位及其他社会组织建立健全内部相应制度的规定。共梳理出 37 个企业事业单位及其他社会组织应该建立健全的内部相应制度，如《食品安全法》规定的制度有：食品生产经营者食品安全自查制度、食用农产品的生产企业和农民专业合作经济组织的农业投入品使用记录制度、食品生产企业的食品出厂检验记录制度、食品经营企业的食品进货查验记录制度、从事食品批发业务的经营企业的食品销售记录制度、食品添加剂生产者的食品添加剂出厂检验记录制度、食用农产品销售者的食用农产品进货查验记录制度。

其次，企业事业单位及其他社会组织是通过建立健全内部相应制度保障应急管理工作的。如企业的安全生产制度有：安全生产教育培训制度、建设项目安全设施"三同时"制度、高危险设备安全检测检验制度、重大危险源管理制度、生产安全事故隐患排查治理制度、危险作业现场安全管理制度、劳动防护用品管理制度、安全生产检查制度等。

因此，在《应急管理法》中应该做出企业事业单位及其他社会组织建立健全内部应急管理制度的规定，并设立为独立条款。法条内容为：企业事业单位及其他组织应该建立健全应急管理责任制以及安全检查制度、安全保卫制度、作业记录制度、隐患排查治理制度、消防安全制度等各类规章制度和作业规程，定期评估制度的执行情况，发现制度执行不力的应该查找原因，确保制度有效并得到执行。

2. 应急管理规划

首先，在很多现行行业领域综合类应急管理相关法律法规中都明确做出编制规划的规定。如《防洪法》规定，编制国家防治水害的综合规划；《防震减灾法》规定，编制国家防震减灾规划；《环境保护法》规定，编制国家环境保护规划；《地质灾害防治条例》规定，编制全国地质灾害防治规划；《草原防火条例》规定，编制全国草原防火规划。

其次，实践证明，编制规划是国家控制、维持和发展的重要手段，是确保可持续发展的关键，我国各行业领域的发展规划都应纳入国民经济和社会发展规划，或者根据国民经济和社会发展规划制定行业领域发展。

因此，在《应急管理法》中应该做出编制应急管理规划的规定，并设立独立条款。法条内容为：国务院和县级以上地方各级人民政府应当根据国民经济和社会发展规划制定应急管理规划，并组织实施。

应急管理规划应当与城乡规划、行业领域灾害事故防治规划相衔接。

3. 国家风险监测制度

第一，建设国家风险监测制度是惯用的做法。"风险社会"的最大特点之一就是风险的预判更加困难。同时，随着科技的进步，监测风险的技术更加成熟，因此用现代信息手段监测风险也是各行业领域惯用的做法。

第二，很多现行应急管理相关法律法规中对风险监测做出了明确的规定，明确了多项国家风险监测制度。例如，国家突发事件监测制度、国家食品安全风险监测制度、国家食品安全风险监测计划、国家地震监测预报制度、国家传染病监测制度、国家传染病监测规划、国家传染病监测方案、国家动物疫病监测计划、国家环境监测制度、国家环境与健康监测调查制度、国家放射性污染监测制度、国家地质灾害监测网络和预警信息系统、国家水环境质量监测和水污染物排放监测制度等。

第三，有些法律对风险监测十分重视，用大量篇幅规定风险监测要求。例如，《突发事件应对法》的第三章为"监测与预警"，《食品安全法》第二章为"食品安全风险监测和评估"。

因此，在《应急管理法》中应该做出风险监测制度的规定，并设立独立条款。法条内容为：国家建立健全各类灾害事故风险监测制度。县级以上人民政府及其有关部门应当根据灾害事故的种类和特点，建立健全基础信息数据库，完善监测网络，划分监测区域，确定监测点，明确监测项目，提供必要的设备、设施，配备专职或者兼职人员，对灾害事故风险进行监测。

4. 国家风险调查（普查）评估、风险研判、预警预报制度

《突发事件应对法》第五条规定，国家建立重大突发事件风险评估体系，对可能发生的突发事件进行综合性评估，减少重大突发事件的发生，最大限度地减轻重大突发事件的影响。

《食品安全法》的第二章为"食品安全风险监测和评估"，并规定建立国家食品安全风险评估制度。《环境保护法》规定国家建立环境与健康风险评估制度。

《水土保持法》规定编制全国水土流失调查制度。《地质灾害防治条例》规定，制定国家地质灾害调查制度。

此外，《突发事件应对法》规定国家建立突发事件预警制度，《传染病防治法》规定国家建立传染病预警制度，《地质灾害防治条例》规定建立国家地质灾害预报制度等。

为应对"风险社会"，党中央国务院高度重视风险调查（普查）和评估研判工作。2018 年 10 月 10 日中央财经委员会召开第三次会议，部署自然灾害防治体系建设，明确要推动建设九项重点工程，其中第一项重点工程就是"要实施灾害风险调查和重点隐患排查工程"①。例如，应急管理部于 2018 年 10 月 4 日召开台风"康妮"会商研判会，2018 年 9 月 16 日召开应对台风"山竹"会商研判视频会。2018 年 3 月 27 日至 28 日，中国气象局、水利部、应急管理部、民政部、农业农村部、中国科学院、中央军委联合参谋部及相关业务单位、科研院所、高校的百余位专家学者，结合防汛抗旱防台风等工作的实际需求，分析预测 2018 年汛期气候趋势等。

因此，在《应急管理法》中应该做出国家风险调查（普查）评估、风险研判、预警预报制度的规定，并设立独立条款。法条内容为：国家建立灾害事故风险调查（普查）评估、风险研判、预警预报制度。县级以上人民政府应当建立灾害事故风险调查（普查）评估、风险研判、预警预报制度。县级以上人民政府及其有关部门应当根据灾害事故的种类、特点和可能造成的危害程度，采取相应的应对措施，最大限度地减轻灾害事故的损失。预警级别的划分标准、各级别的应对要求由行业领域应急管理相关法规定或者由国务院制定。

5. 应急预案

在 2003 年的"非典"发生以后，我国在应急管理中实施了"一案三制"，其中的"一案"即为突发事件应急预案。在 2003 年以后制（修）订的应急管理法律法规中，都明确提出编制应急预案的要求。

---

① "习近平主持召开中央财经委员会第三次会议"，新华网，http：//www. xinhuanet. com/新华网 > 高层 > 正文，2018 年 10 月 10 日。

《突发事件应对法》规定，国家建立健全突发事件应急预案体系，国务院制定国家突发事件总体应急预案，组织制定国家突发事件专项应急预案，国务院有关部门制定国家突发事件部门应急预案，地方各级人民政府和县级以上地方各级人民政府有关部门制定相应的突发事件应急预案，矿山、建筑施工单位和危险物品的生产、经营、储运、使用单位以及公共交通工具、公共场所和其他人员密集场所的经营管理单位制定具体应急预案。

《食品安全法》《防震减灾法》《安全生产法》《消防法》《反恐怖主义法》《放射性污染防治法》《核安全法》和《地质灾害防治条例》《森林防火条例》《草原防火条例》等都明确提出制定、修订应急预案的要求。目前，我国基本形成了从中央到地方，包括各级党政机关，各级人大、政协，企业事业单位及其他组织等全覆盖的国家突发事件应急预案体系，并对预防和应对突发事件发挥了重要作用。

因此，在《应急管理法》中应该做出建立健全国家应急预案体系的规定，并设立独立条款。法条内容为：国家建立健全应急管理预案体系。国务院制定国家总体应急预案，组织制定国家专项应急预案；国务院有关部门根据各自的职责和国务院相关应急预案，制定国家部门应急预案。地方各级人民政府和县级以上地方各级人民政府有关部门根据有关法律、法规、规章、上级人民政府及其有关部门的应急预案以及本地区的实际情况，制定相应的应急预案。企业事业单位及其他组织根据有关法律、法规、规章、人民政府及其有关部门的应急预案以及本组织的实际情况，制定相应的应急预案。应急预案制定机关和组织应当根据实际需要和情势变化，适时修订应急预案。

6. 信息共享机制

信息共享机制是开展应急管理工作的重要制度，也是国家强力推动建立的重要应急管理工作机制。多部应急管理相关法律法规规定了建立信息共享机制。国家不同部门间的信息共享，是信息管理和使用的共享；中央政府及其部门与地方人民政府或者地方人民政府部门间的信息共享，也属于信息管理和使用的共享；各级人民政府及其部分与企业事业单位或者其他组织、社会间的信息共享属于信息发布、信息公开。

在现行多部法律法规中，明确了信息共享和信息公开的要求。《突发事件应对法》规定国务院建立全国统一的突发事件信息系统，人民政府及其部门作出的应对突发事件决定、命令应当及时公布。

《食品安全法》要求，县级以上地方人民政府建立健全食品安全信息共享机制，向社会公布可能具有较高程度安全风险的食品，国家建立统一的食品安全信息平台，实行食品安全信息统一公布制度。《防震减灾法》《传染病防治法》《动物防疫法》《环境保护法》《水土保持法》《网络安全法》《反恐怖主义法》《草原防火条例》等都规定了信息公开和信息发布制度。

因此，在《应急管理法》中应该做出建立健全国家应急管理信息公开和发布的规定，并设立独立条款。法条内容为：国家建立健全应急管理信息共享、公开和发布体系。国务院建立全国统一的灾害事故信息系统，县级以上地方人民政府建立本行政区应急管理信息系统。建立健全应急管理信息共享机制，实现跨部门应急管理信息的共享、共用。实行安全信息统一公布制度，对涉及广大人民群众生命财产安全的信息、生态安全信息及其他重大应急管理信息经国务院确定需要统一公开的，由国务院或者国务院指定的部门统一公布。县级以上地方人民政府对本行政区域内涉及广大人民群众生命财产安全信息、生态安全信息及其他重大应急管理信息经本级人民政府确定需要统一公开的，由本级人民政府或者本级人民政府指定的部门统一公布。未经授权不得发布上述应急管理信息。

7. 落后淘汰制度

落后淘汰制度是为了确保安全、健康、环境保护、节能等对相对落后的生产技术、工艺、设备和产品实行淘汰的限制性规定。一般国家有关行政管理部门根据经济社会发展的需要，制定并发布限期淘汰的生产技术、工艺、设备和产品的名录，凡是列入淘汰名录的必须在规定的期限内停止生产、销售和使用。

多部应急管理相关法律法规规定了落后淘汰制度。如《道路交通安全法》规定了国家机动车强制报废制度，《环境保护法》规定了国家严重污染环境的工艺、设备和产品实行淘汰制度，《固体废物污染环境防治法》明确了国家落后生产工艺、落后设备淘汰制度，《安全生产法》明确了国家严重危及生产安全的工艺、设备淘汰制度等。同时，根据法律法规的规定，国家各部（委）已经发布了多项落后淘汰目录，起到了降低安全、健康、生产安全、灾害事故危害的风险的作用，取得较好的经济和社会效果。

因此，在《应急管理法》中应该做出实施落后淘汰制度的规定，并设立独立条款。法条内容为：国家对严重危及安全、健康、生态安全等应急管理的工艺、设备、产品、技术实行淘汰制度，具体目录由国务院应急管理部门会同国务院有关部门制定并公布。省、自治区、直辖市人民政府可以根据本行政区实际情况制定并公布具体目录，对国家落后淘汰目录以外的危及应急管理的工艺、设备、产品、技术和方法予以淘汰。经济社会活动中不得使用法律法规做出规定危及应急管理的工艺、设备、产品、技术和方法。

8. 灾害事故保险制度

灾害事故保险是保险的一种形式，是以财产本身以及与财产相关的经济利益为保险标的保险种类。投保人针对不同的灾害事故形式投保财产，在发生灾害事故给投保人造成损失时，保险人按照投保人的投保财产和保险契约的规定给予投保人相应的赔付。我国的灾害保险起步较晚，目前灾害保险发展很慢，灾害保险种类少，支撑差别费率和浮动费率等精细化计算的数据资料少，投保额度、因灾赔付额度与灾害事故直接经济损失差距巨大。

多部应急管理相关法律法规规定了灾害事故保险制度，有的法律提出了强制保险的要求，有的法律提出了鼓励保险的要求。《安全生产法》规定，生产经营单位必须依法参加工伤保险，国家鼓励生产经营单位投保安全生产责任保险。工伤保险是强制保险，安全生产责任保险是鼓励性质的保险。《防洪法》规定，国家鼓励、扶持开展洪水保险。《防震减灾法》规定，国家发展有财政支持的地震灾害保险事业，鼓励单位和个人参加地震灾害保险。洪水保险和地震灾害保险都是鼓励性质的保险。

《核安全法》规定，核设施营运单位应当通过投保责任保险、参加互助机制等方式，作出适当的财务保证安排，确保能够及时、有效履行核损害赔偿责任。核安全保险既不是强制保险，也不是非强制保险，而是确保核设施运营单位能够履行核灾害赔偿的一种能力选择。

《突发事件应对法》规定，国家发展保险事业，建立国家财政支持的巨灾风险保险体系，并鼓励单位和公民参加保险。同时规定，国务院有关部门、县级以上地方各级人民政府及其有关部门、有关单位应当为专业应急救援人员购买人身意外伤害保险。

因此，在《应急管理法》中应该做出灾害事故保险制度的规定，并设立独立条款。法条内容为：国家发展保险事业，建立国家财政支持的巨灾风险保险体系。从事具有较高风险行业领域的生产经营活动的单位和公民应该参加安全责任保险。鼓励支持单位和公民参加灾害事故保险。国务院有关部门、县级以上地方各级人民政府及其有关部门、有关单位和从事应急救援的其他组织应当为应急救援人员购买人身意外伤害保险。

9. 举报奖励制度

举报奖励制度是确保公民依法行使对应急管理的民主监督权、参与权的一种制度。群众的眼睛是雪亮的，让广大人民群众参与灾害事故隐患的识别是防控风险的有效方式之一。

灾害事故及其风险、隐患的举报奖励制度是应急管理机关或者具有应急管理职责的机关，鼓励广大人民群众或者组织提供灾害事故及其风险、隐患、应急管理相关违法违规行为的线索，并按照线索进行监督检查，研判提供线索是否真实，如果线索是真实的并对灾害事故防治有重大意义，将以物质或者精神奖励的方式给予提供线索者以奖励。

近年来，我国制修订的多部应急管理相关法律法规规定了举报控告制度。《环境保护法》规定，公民、法人和其他组织发现任何单位和个人有污染环境和破坏生态行为的有权向相关部门举报。《食品安全法》规定，任何组织或者个人有权举报食品安全违法行为。

很多省区市的应急管理相关地方法规规定了举报制度，并出台了配套的专门地方性规范文件。如《天津市安全生产条例》规定，鼓励单位或者个人对安全生产事故隐患和谎报瞒报事故等安全生产违法行为投诉举报，对查证属实的有功人员给予奖励。根据《天津市安全生产条例》①，天津市安全生产委员会办公室印发了《天津市安全生产举报奖励实施办法（试行）》②。

因此，在《应急管理法》中应该做出举报奖励制度的规定，并设立独立条款。法条内容为：鼓励单位或者个人对灾害事故隐患、谎报瞒报事故或者其他应急管理违法非法投诉举报。国家设置全国统一的灾害事故投诉举报渠道。县级以上应急管理部门应该建立健全灾害事故投诉举报的办理程序，对查证属实的有功人员给予奖励。接受举报的机关应当对举报人的相关信息予以保密，保护举报人的合法权益。

10. 应急值班值守制度

应急值班值守制度是为了提高应急处置的效率，及时对灾害事故或者其他紧急情况做出快速响应，确保及时、准确处置突发的应急情况而设立的一项应急管理制度。

应急值班是指，具有应急管理职责的部门、单位或者其他组织，为了处理突发的紧急情况，安排负责人员或者其他具有处置能力和职责的人员，在具有可以进行应急处置的场所进行值班。应急值班制度是具有应急处置职责部门必须建立的一项制度。

应急值守是指，在需要应急处置的岗位设立岗位人员，发生紧急情况需要进行处置时，值守人员及时进行紧急处置，或者立即通知相关人员进行紧急处置。很多企业事业单位的安全关键岗位设立应急值守人员。

目前，在我国应急管理相关法律法规中对应急值班值守制度作出

---

① 《天津市安全生产条例》，2010年7月22日天津市第十五届人代表大会常务委员会第十八次会议通过，2016年11月18日天津市第十六届人民代表大会常务委员会第三十一次会议修订。天津市应急管理局网站（yjgl. tj. gov. cn），2019年3月6日。

② 《天津市安委会办公室关于印发〈天津市安全生产举报奖励实施办法（试行）〉的通知》（津安办〔2017〕19号），2017年4月17日。天津市应急管理局网站（yjgl. tj. gov. cn），2019年3月6日。

规定的较少。行政法规中，仅检索到《森林防火条例》提出了要求。《森林防火条例》第三十一条规定，"县级以上地方人民政府应当公布森林火警电话，建立森林防火值班制度。任何单位和个人发现森林火灾，应当立即报告。接到报告的当地人民政府或者森林防火指挥机构应当立即派人赶赴现场，调查核实，采取相应的扑救措施，并按照有关规定逐级报上级人民政府和森林防火指挥机构"。

但是，随着社会对应急管理认识的提高，越来越认识到应急值班值守制度的重要性。特别是应急管理部门，把应急值班值守制度作为行之有效的一项制度，作为应急管理中必须建立健全的一项制度。很多地方通过规范性文件对该项制度作出了规定。如《贵州省人民政府值班工作规则（试行）》《六盘水市人民政府值守应急工作规则》等，都明确规定了应急值班值守制度。一些应急预案中明确了应急值班值守的要求。如《国家突发公共事件总体应急预案》规定，国务院办公厅设国务院应急管理办公室，履行值守应急职责等。

因此，在《应急管理法》中应该做出应急值班值守制度的规定。该规定的内容为：县级以上人民政府及其应急管理部门应该建立24小时值班制度。从事应急救援的机关、企业事业单位或者其他组织应建立24小时值班制度。具有较高突发灾害事故风险的生产经营单位应该建立值班制度，极高事故风险的关键岗位应该设立专人值守。

第五章　应急管理相关处罚与刑罚

应急管理相关处罚与量刑，即涉及灾害事故被害人的权益，也涉及灾害事故责任人的权益。我国所有应急管理相关法中都规定了法律责任，规定了应急管理违法非法行为的处罚依据和处罚方式。刑法对应急管理相关罪名及其量刑做出了规定。本章探讨我国应急管理相关处罚与量刑的若干问题，包括：应急管理相关法律责任主体及其处罚形式，生产安全事故相关犯罪及其量刑，《刑法（十）》中生产安全事故相关罪及其分析，重大飞行事故罪及其案例分析，重特大交通事故的违法非法行为与处罚等。

第一节　应急管理相关法律责任主体 及其处罚形式

制定应急管理法律法规的目的之一就是为了落实相关责任主体的应急管理责任。如果相关的应急管理责任没有得到落实，就应当追究失职者的法律责任。任何一部完整的应急管理法律法规，都应该包括法律责任的规定。通过对现行应急管理相关法律法规规定的处罚对象及其处罚形式的分析，结合现代社会治理中应急管理相关责任落实的需要，提出应急管理相关法律责任主体及其处罚形式。

一　应急管理相关法的责任主体

（一）现行应急管理相关法律法规规定的应急管理相关法律责任主体梳理

选择代表综合类应急管理法律法规的《突发事件应对法》，代表安全生产、环境生态、设备设施事故灾难类法律法规的《安全生产法》，代表地震、台风等自然灾害法律法规的《防震减灾法》，代表传染病、动物疫情、植物疫情防治法律法规的《传染病防治法》和《动物防疫法》，代表城市、农村等公共应急管理法律法规的《消防法》，代表网络信息安全法律法规的《网络安全法》，代表存在自然因素与人为因素致灾应急管理法律法规的《地质灾害防治条例》，代表灾害事故补偿、赔付应急管理法律法规的《社会救助暂行办法》，梳理现行应急管理法律法规规定的应急管理相关法律责任主体。结果如表5.1所示。

表5.1　　　现行应急管理法律法规规定的应急管理相关法律责任主体

序号	法律法规名称	相关法律责任主体
1	《突发事件应对法》	地方各级人民政府
		县级以上各级人民政府有关部门
		地方各级人民政府的其他直接责任人员
		地方各级人民政府的直接负责的主管人员
		县级以上各级人民政府有关部门的其他直接责任人员
		县级以上各级人民政府有关部门的直接负责的主管人员
		国家工作人员
		单位
		组织
		机构
		个人
2	《安全生产法》	地方人民政府的直接负责的主管人员
		地方人民政府的其他直接责任人员
		负有安全生产监督管理职责的部门
		负有安全生产监督管理职责的部门的工作人员
		负有安全生产监督管理职责的部门的直接负责的主管人员
		负有安全生产监督管理职责的部门的其他直接责任人员
		生产经营单位
		生产经营单位的决策机构

续表

序号	法律法规名称	相关法律责任主体
2	《安全生产法》	生产经营单位的主要负责人
		个人经营的投资人
		生产经营单位的安全生产管理人员
		生产经营单位的直接负责的主管人员
		生产经营单位的其他直接责任人员
		单位
		组织
		机构
		中介机构
		中介结构的直接负责的主管人员
		中介结构的其他直接责任人员
		从业人员
		个人
3	《防震减灾法》	地方人民政府
		地方人民政府的直接负责的主管人员
		地方人民政府的其他直接责任人员
		县级人民政府
		县级人民政府的直接负责的主管人员
		县级人民政府的其他直接责任人员
		县级以上地方人民政府负责管理地震工作的部门或者机构
		县级以上地方人民政府负责管理地震工作的部门或者机构的直接负责的主管人员
		县级以上地方人民政府负责管理地震工作的部门或者机构的其他直接责任人员
		国家工作人员
		建设单位
		单位
		单位的直接负责的主管人员
		单位的其他直接责任人员
		组织

续表

序号	法律法规名称	相关法律责任主体
3	《防震减灾法》	机构
		外国的组织
		个人
		外国的个人
4	《传染病防治法》	地方各级人民政府
		地方各级人民政府的负有责任的主管人员
		县级以上人民政府卫生行政部门
		县级以上人民政府卫生行政部门的负有责任的主管人员
		县级以上人民政府卫生行政部门的其他直接责任人员
		县级以上人民政府有关部门
		县级以上人民政府有关部门的负有责任的主管人员
		县级以上人民政府有关部门的其他直接责任人员
		机构
		机构的负有责任的主管人员
		机构的其他直接责任人员
		国境卫生检疫机关
		国境卫生检疫机关的负有责任的主管人员
		国境卫生检疫机关的其他直接责任人员
		单位
		单位的负有责任的主管人员
		单位的其他直接责任人员
		组织
		组织的负有责任的主管人员
		组织的其他直接责任人员
		机构
		个人
5	《动物防疫法》	地方各级人民政府
		地方各级人民政府的直接负责的主管人员
		地方各级人民政府的其他直接责任人员
		县级以上人民政府兽医主管部门

续表

序号	法律法规名称	相关法律责任主体
5	《动物防疫法》	县级以上人民政府兽医主管部门的直接负责的主管人员
		县级以上人民政府兽医主管部门的其他直接责任人员
		有关部门
		有关部门的直接负责的主管人员
		有关部门的其他直接责任人员
		机构
		机构的直接负责的主管人员
		机构的其他直接责任人员
		单位
		组织
		机构
		个人
6	《消防法》	公安机关消防机构的工作人员
		单位
		单位的负有责任的主管人员
		单位的其他直接责任人员
		机构
		机构的负有责任的主管人员
		机构的其他直接责任人员
		组织
		个人
7	《网络安全法》	有关部门的直接负责的主管人员
		有关部门的其他直接责任人员
		网信部门的直接负责的主管人员
		网信部门的其他直接责任人员
		运营者
		运营者的直接负责的主管人员
		运营者的其他直接责任人员
		提供者
		提供者的直接负责的主管人员

续表

序号	法律法规名称	相关法律责任主体
7	《网络安全法》	提供者的其他直接责任人员
		单位
		单位的直接负责的主管人员
		单位的其他直接责任人员
		组织
		组织的直接负责的主管人员
		组织的其他直接责任人员
		境外的组织
		机构
		机构的直接负责的主管人员
		机构的其他直接责任人员
		境外的机构
		个人
		受到治安管理处罚的人员
		受到刑事处罚的人员
		境外的个人
8	《地质灾害防治条例》	县级以上地方人民政府的直接负责的主管人员
		县级以上地方人民政府的其他直接责任人员
		国土资源主管部门的直接负责的主管人员
		国土资源主管部门的其他直接责任人员
		其他有关部门的直接负责的主管人员
		其他有关部门的其他直接责任人员
		单位
		组织
		机构
		中介机构
		个人
9	《社会救助暂行办法》	单位
		单位的直接负责的主管人员
		单位的其他直接责任人员

续表

序号	法律法规名称	相关法律责任主体
9	《社会救助暂行办法》	组织
		组织的直接负责的主管人员
		组织的其他直接责任人员
		机构
		机构的直接负责的主管人员
		机构的其他直接责任人员
		个人

（二）应急管理相关法律责任主体归类分析

根据表5.1汇总的现行应急管理法律法规规定的应急管理相关法律责任主体，以及应急管理法律法规评估确定的社会治理相关方，提出应急管理相关法律责任主体的类别及其责任对象。

1. 地方人民政府及其工作人员

作为应急管理相关责任主体的地方人民政府及其工作人员包括：

（1）地方人民政府及其负有责任的主管人员、直接负责的主管人员和其他直接责任人员。

（2）县级人民政府及其负有责任的主管人员、直接负责的主管人员和其他直接责任人员。

（3）县级以上地方人民政府及其负有责任的主管人员、直接负责的主管人员和其他直接责任人员。

（4）行业（领域）主管部门及其负有责任的主管人员、直接负责的主管人员和其他直接责任人员。

（5）县级以上人民政府行业（领域）主管部门及其负有责任的主管人员、直接负责的主管人员和其他直接责任人员。

（6）有关部门及其负有责任的主管人员、直接负责的主管人员和其他直接责任人员。

（7）县级以上人民政府有关部门及其负有责任的主管人员、直接负责的主管人员和其他直接责任人员。

2. 组织、机构及其人员

通过分析现行应急管理相关法律法规可以看出，组织和机构是指人民政府之外的所有权利机关，包括：中国共产党的机关及其部门、民主党派的机关及其部六、人大机关及其部门、政协机关及其部门、监察委员会、法院、检察院，群团组织和各类协会、学会等社会组织。与应急管理相关的法律责任组织、机构及其人员为：组织、机构及其负有责任的主管人员、直接负责的主管人员和其他直接责任人员。组织、机构包括：境外的组织和境外的机构。

3. 单位及其人员

单位是指生产、经营、提供服务、产品及其他与应急管理相关的非权力机关。单位及其人员包括：

（1）单位及其决策机构、主要负责人、负有责任的主管人员、直接负责的主管人员、其他直接责任人员、行业（领域）管理人员以及其他人员。

（2）中介机构及其主要负责人、直接负责的主管人员和其他直接责任人员。

4. 个人

个人是指应急管理管理责任相关的、具有独立民事和刑事行为责任能力的人。应急管理相关责任主体的个人包括：

（1）个人及个人经营的投资人。

（2）境外的个人（外国人）。

（3）受到治安管理处罚的人员。

（4）受到刑事处罚的人员。

二 应急管理相关处罚形式

（一）现行应急管理相关法律法规规定的处罚形式

选择代表综合类应急管理法律法规的《突发事件应对法》，代表安全生产、环境生态、设备设施事故灾难类法律法规的《安全生产法》，代表地震、台风等自然灾害法律法规的《防震减灾法》，代表传染病、动物疫情、植物疫情防治法律法规的《传染病防治法》和

《动物防疫法》，代表城市、农村等公共应急管理法律法规的《消防法》，代表网络信息安全法律法规的《网络安全法》，代表存在自然因素与人为因素致灾应急管理法律法规的《地质灾害防治条例》，代表灾害事故补偿、赔付应急管理法律法规的《社会救助暂行办法》，梳理现行应急管理法律法规规定的应急管理相关法律责任主体的处罚形式。

1. 《突发事件应对法》规定的责任主体及其处罚形式

《突发事件应对法》的第六章法律责任共有 6 条，为第六十三条—第六十八条，对每个法条进行分析，找出处罚形式及其责任主体，结果如表 5.2 所示。

表 5.2　　《突发事件应对法》规定的处罚形式及其责任主体

序号	处罚形式	责任主体	法条
1	责令改正	地方各级人民政府	第六十三条
2	责令改正	县级以上各级人民政府有关部门	第六十三条
3	给予处分	地方各级人民政府的直接负责的主管人员	第六十三条
4	给予处分	地方各级人民政府的其他直接责任人员	第六十三条
5	给予处分	县级以上各级人民政府有关部门的直接负责的主管人员	第六十三条
6	给予处分	县级以上各级人民政府有关部门的其他直接责任人员	第六十三条
7	给予治安处罚	有关单位	第六十四条
8	责令停产停业，吊销许可证并罚款	有关单位	第六十四条
9	责令停产停业，吊销营业执照并罚款	有关单位	第六十四条
10	责令停产停业，暂扣许可证并罚款	有关单位	第六十四条

续表

序号	处罚形式	责任主体	法条
11	责令停产停业，暂扣营业执照并罚款	有关单位	第六十四条
12	责令改正，给予警告	所有人员、组织	第六十五条
13	暂停业务活动	所有人员、组织	第六十五条
14	吊销执业许可证	所有人员、组织	第六十五条
15	给予治安处罚	所有人员、组织	第六十五条
16	给予处分	国家工作人员	第六十五条
17	给予治安处罚	单位	第六十六条
18	给予治安处罚	个人	第六十六条
19	承担民事责任	单位	第六十七条
20	承担民事责任	个人	第六十七条
21	追究刑事责任	构成犯罪的	第六十八条

对表5.2列出的处罚形式和责任主体作进一步分析，梳理出责任主体及其处罚形式，如表5.3所示。

表5.3 《突发事件应对法》规定责任主体及其处罚形式归类

责任主体	处罚形式数量/种	处罚形式
地方各级人民政府的直接负责的主管人员	5	责令改正
		责令改正并给予警告
		给予治安处罚
		给予处分
		追究刑事责任
地方各级人民政府的其他直接责任人员	5	责令改正
		责令改正并给予警告
		给予治安处罚
		给予处分
		追究刑事责任

续表

责任主体	处罚形式 数量/种	处罚形式
县级以上各级人民政府有关部门的直接负责的主管人员	5	责令改正
		责令改正并给予警告
		给予治安处罚
		给予处分
		追究刑事责任
县级以上各级人民政府有关部门的其他直接责任人员	5	责令改正
		责令改正并给予警告
		给予治安处罚
		给予处分
		追究刑事责任
国家工作人员	5	责令改正
		责令改正并给予警告
		给予治安处罚
		给予处分
		追究刑事责任
单位或者组织	9	责令改正并给予警告
		责令停产停业，吊销许可证并罚款
		责令停产停业，吊销营业执照并罚款
		责令停产停业，暂扣许可证并罚款
		责令停产停业，暂扣营业执照并罚款
		暂停业务活动
		给予治安处罚
		承担民事责任
		追究刑事责任
相关人员	5	责令改正，给予警告
		吊销执业许可证
		给予治安处罚
		承担民事责任
		追究刑事责任

（1）被处罚的行政机关及其处罚形式

属于行政机关的被处罚对象包括：地方各级人民政府，县级以上各级人民政府有关部门，其他各级人民政府及其部门，其他行政机关。对行政机关的处罚有4种形式，分别为：

①责令改正；

②责令改正并给予警告；

③给予治安处罚；

④追究刑事责任。

（2）被处罚的国家机关工作人员及其处罚形式

属于国家机关工作人员的被处罚对象包括：地方各级人民政府的直接负责的主管人员和其他直接责任人员，县级以上各级人民政府有关部门的直接负责的主管人员和其他直接责任人员，国家工作人员。对国家机关工作人员的处罚有5种形式，分别为：

①责令改正；

②责令改正并给予警告；

③给予治安处罚；

④给予处分；

⑤追究刑事责任。

（3）被处罚各类单位及其处罚形式

各类单位都可能成为被处罚对象，包括：企业、事业单位、各类中介机构、各类服务机构、协会、学会、基金会和其他非政府组织。对各类单位的处罚有9种形式，分别为：

①责令改正并给予警告；

②责令停产停业，吊销许可证并罚款；

③责令停产停业，吊销营业执照并罚款；

④责令停产停业，暂扣许可证并罚款；

⑤责令停产停业，暂扣营业执照并罚款；

⑥暂停业务活动；

⑦给予治安处罚；

⑧承担民事责任；

⑨追究刑事责任。

（4）被处罚的其他责任人员及其处罚形式

各类单位的工作人员和非任何组织的自由职业者、无职业者都可能成为被处罚对象。对非国家公务活动的违法非法行为人的处罚形式有 5 种形式，分别为：

①责令改正，给予警告；

②吊销执业许可证；

③给予治安处罚；

④承担民事责任；

⑤追究刑事责任。

2.《安全生产法》规定的责任主体及其处罚形式

对《安全生产法》的处罚形式和责任主体作进一步分析，梳理出具有安全生产责任的责任主体以及对各类人员的处罚形式，结果如表 5.4 所示。

表5.4　　　　《安全生产法》规定的责任主体及其处罚形式

责任主体	处罚形式数量/种	处罚形式
地方人民政府的其他直接责任人员	2	给予处分
		追究刑事责任
地方人民政府的直接负责的主管人员	2	给予处分
		追究刑事责任
负有安全生产监督管理职责的部门		责令改正并退还收取费用
负有安全生产监督管理职责的部门的工作人员	4	给予降级处分
		给予撤职处分
		给予处分
		追究刑事责任
负有安全生产监督管理职责的部门的其他直接责任人员	2	给予处分
		追究刑事责任

续表

责任主体	处罚形式 数量/种	处罚形式
负有安全生产监督管理职责的部门的直接负责的主管人员	2	给予处分
		追究刑事责任
个人经营的投资人	3	责令限期改正
		罚款
		追究刑事责任
危险化学品活动个人	2	予以处罚
		追究刑事责任
危险化学品活动组织	2	予以处罚
		追究刑事责任
生产经营单位	15	责令改正
		责令限期改正
		责令限期改正并罚款
		责令限期改正，没收违法所得
		责令立即改正
		责令停产停业
		责令停产停业并罚款
		责令停止建设，限期改正
		责令停产停业，限期改正
		罚款
		承担连带赔偿责任
		予以关闭
		吊销证照
		承担赔偿责任
		承担赔偿责任并罚款
生产经营单位的安全生产管理人员	4	责令限期改正
		暂停与安全生产有关的资格
		撤销与安全生产有关的资格
		追究刑事责任

续表

责任主体	处罚形式 数量/种	处罚形式
生产经营单位的从业人员	2	给予批评教育并给予处分
		追究刑事责任
生产经营单位的决策机构	2	责令限期改正
		追究刑事责任
生产经营单位的其他直接责任人员	2	罚款
		追究刑事责任
生产经营单位的直接负责的主管人员	2	罚款
		追究刑事责任
生产经营单位的主要负责人	9	责令限期改正
		给予撤职处分
		罚款
		五年内不得担任生产经营单位的主要负责人
		终身不得担任本行业生产经营单位的主要负责人
		给予降级处分并罚款
		给予撤职处分并罚款
		拘留
		追究刑事责任
中介服务机构	5	没收违法所得
		罚款
		承担担连带赔偿责任
		吊销相应资质
		追究刑事责任
中介服务机构的其他直接责任人员	2	罚款
		追究刑事责任
中介服务机构的直接负责的主管人员	2	罚款
		追究刑事责任

3. 《防震减灾法》规定的责任主体及其处罚形式

对《防震减灾法》的处罚形式和责任主体作进一步分析, 梳理出具有防震减灾责任的责任主体以及对各类人员的处罚形式，结果如表5.5所示。

表5.5　　　《防震减灾法》规定的责任主体及其处罚形式

责任主体	处罚形式数量/种	处罚形式
单位	12	责令停止违法行为，恢复原状
		责令停止违法行为，采取补救措施
		通报批评
		给予警告
		责令改正
		责令改正，通报批评
		责令改正并采取补救措施
		罚款
		责令改正并罚款
		治安处罚
		承担民事责任
		追究刑事责任
单位的其他直接责任人员	2	给予处分
		追究刑事责任
单位的直接负责的主管人员	2	给予处分
		追究刑事责任
个人	7	责令停止违法行为，恢复原状
		责令停止违法行为，采取补救措施
		责令改正
		罚款
		治安处罚
		承担民事责任
		追究刑事责任
国家工作人员	2	给予处分
		追究刑事责任

责任主体	处罚形式 数量/种	处罚形式
外国人	7	罚款
		责令停止违法行为，没收监测成果和监测设施，并罚款
		缩短在中国停留期限
		取消在中国居留资格
		限期出境
		驱逐出境
		追究刑事责任
外国组织	3	责令停止违法行为，没收监测成果和监测设施，并罚款
		罚款
		追究刑事责任
县级人民政府	1	责令改正
县级人民政府的其他直接责任人员	1	给予处分
县级人民政府的直接负责的主管人员	1	给予处分
组织	7	责令停止违法行为，恢复原状
		责令停止违法行为，采取补救措施
		责令改正
		罚款
		治安处罚
		承担民事责任
		追究刑事责任

4.《传染病防治法》规定的责任主体及其处罚形式

对《传染病防治法》的处罚形式和责任主体作进一步分析，梳理出具有传染病防治责任的责任主体以及对各类人员的处罚形式，结果如表5.6所示。

表5.6　　　《传染病防治法》规定的责任主体及其处罚形式

责任主体	处罚形式数量/种	处罚形式
县级以上人民政府有关部门	1	责令改正，通报批评
县级以上人民政府有关部门的负有责任的主管人员	2	给予行政处分
		追究刑事责任
地方各级人民政府	1	责令改正，通报批评
地方各级人民政府的负有责任的主管人员	2	给予行政处分
		追究刑事责任
县级以上人民政府卫生行政部门	1	责令改正，通报批评
县级以上人民政府卫生行政部门的负有责任的主管人员	2	给予行政处分
		追究刑事责任
县级以上人民政府卫生行政部门的其他直接责任人员	2	给予行政处分
		追究刑事责任
县级以上人民政府有关部门	1	责令改正，通报批评
县级以上人民政府有关部门的负有责任的主管人员	2	给予行政处分
		追究刑事责任
县级以上人民政府有关部门的其他直接责任人员	2	给予行政处分
		追究刑事责任
单位	12	予以取缔，没收违法所得，罚款
		责令限期改正，给予警告
		责令限期改正，没收违法所得，罚款
		责令改正，通报批评，给予警告，暂扣许可证

责任主体	处罚形式 数量/种	处罚形式
单位	12	责令改正，通报批评，给予警告，吊销许可证
		责令停止违法行为，给予行政处罚
		责令限期改正，给予警告，罚款
		暂扣许可证
		吊销许可证
		责令停建、关闭，罚款
		承担民事责任
		追究刑事责任
单位的负有责任的主管人员	4	给予降级处分
		给予撤职处分
		给予开除处分
		追究刑事责任
单位的其他直接责任人员	4	给予降级处分
		给予撤职处分
		给予开除处分
		追究刑事责任
单位的有关责任人员		吊销执业证书
机构	4	责令改正，通报批评
		责令改正，通报批评，给予警告
		责令改正，通报批评，给予警告，暂扣许可证
		责令改正，通报批评，给予警告，吊销许可证
机构的负有责任的主管人员	4	给予降级处分
		给予撤职处分
		给予开除处分
		追究刑事责任
机构的其他直接责任人员	4	给予降级处分
		给予撤职处分
		给予开除处分
		追究刑事责任

续表

责任主体	处罚形式数量/种	处罚形式
机构的有关责任人员	2	吊销执业证书
		追究刑事责任
组织	8	责令限期改正，给予警告，罚款
		予以取缔，没收违法所得，罚款
		责令停止违法行为，给予行政处罚
		责令限期改正，没收违法所得，罚款
		暂扣许可证
		吊销许可证
		责令停建、关闭，罚款
		追究刑事责任
个人	11	责令限期改正，没收违法所得，罚款
		暂扣许可证
		责令改正，通报批评，给予警告，暂扣许可证
		吊销许可证
		责令改正，通报批评，给予警告，吊销许可证
		责令停止违法行为，给予行政处罚
		责令限期改正，给予警告，罚款
		予以取缔，没收违法所得，罚款
		责令停建、关闭，罚款
		承担民事责任
		追究刑事责任
有关责任人员	1	吊销执业证书

5. 《动物防疫法》规定的责任主体及其处罚形式

对《动物防疫法》的处罚形式和责任主体作进一步分析，梳理出具有动物防疫责任的责任主体以及对各类人员的处罚形式，结果如表5.7所示。

表 5.7 　　　《动物防疫法》规定的责任主体及其处罚形式

责任主体	处罚形式数量/种	处罚形式
地方各级人民政府	1	责令改正，通报批评
地方各级人民政府的直接负责的主管人员	1	给予处分
地方各级人民政府的其他直接责任人员	1	给予处分
地方各级人民政府的工作人员	1	责令改正，通报批评
县级以上人民政府兽医主管部门	1	责令改正，通报批评
县级以上人民政府兽医主管部门的工作人员	1	责令改正，通报批评
县级以上人民政府兽医主管部门的直接负责的主管人员	1	给予处分
县级以上人民政府兽医主管部门的其他直接责任人员	1	给予处分
有关部门	1	责令改正，通报批评
有关部门的工作人员	1	责令改正，通报批评
有关部门的直接负责的主管人员	1	给予处分
有关部门的其他直接责任人员	1	给予处分
机构	2	责令改正，通报批评 吊销动物诊疗许可证
机构的工作人员	1	责令改正，通报批评
机构的直接负责的主管人员	1	给予处分

续表

责任主体	处罚形式数量/种	处罚形式
机构的其他直接责任人员	1	给予处分
非法机构	3	责令停止诊疗活动，没收违法所得
		罚款
		责令改正，罚款
组织	3	责令改正
		罚款
		责令改正，罚款
单位	2	责令改正
		罚款
经营者	5	责令改正
		责令改正，给予警告
		罚款
		处罚
		责令改正，罚款
非法行医者	1	责令停止动物诊疗活动，没收违法所得，罚款
兽医	2	给予警告，责令暂停动物诊疗活动
		吊销注册证书
个人	2	责令改正
		罚款
工作人员	1	追究刑事责任

6. 《消防法》规定的责任主体及其处罚形式

对《消防法》的处罚形式和责任主体作进一步分析，梳理出具有消防责任的责任主体以及对各类主体的处罚形式，结果如表5.8所示。

表 5.8　　《消防法》规定的责任主体及其处罚形式

责任主体	处罚形式数量/种	处罚形式
单位	9	罚款
		警告
		责令限期改正
		责令改正并罚款
		责令停产停业
		责令停产停业并罚款
		责令停止施工并罚款
		责令停止使用并罚款
		追究刑事责任
单位的其他直接责任人员	4	罚款
		给予处分
		给予警告并处罚
		追究刑事责任
单位的直接负责的主管人员	4	罚款
		给予处分
		给予警告并处罚
		追究刑事责任
个人	8	罚款
		警告
		拘留
		责令限期改正
		拘留并罚款
		责令停产停业并罚款
		责令停止使用并罚款
		追究刑事责任
工作人员	2	拘留
		追究刑事责任
公安机关消防机构的工作人员	2	给予处分
		追究刑事责任

续表

责任主体	处罚形式数量/种	处罚形式
有关行政主管部门的工作人员	2	给予处分
		追究刑事责任
中介服务机构	7	承担赔偿责任
		吊销相应资格
		吊销相应资质
		没收违法所得
		责令改正并罚款
		责令停止执业
		追究刑事责任
中介服务机构的其他直接责任人员	2	罚款
		追究刑事责任
中介服务机构的直接负责的主管人员	2	罚款
		追究刑事责任

7.《网络安全法》规定的责任主体及其处罚形式

对《网络安全法》的处罚形式和责任主体作进一步分析，梳理出具有网络安全责任的责任主体以及对各类人员的处罚形式，结果如表5.9 所示。

表5.9　　《网络安全法》规定的责任主体及其处罚形式

责任主体	处罚形式数量/种	处罚形式
网信部门的直接负责的主管人员	1	给予处分
网信部门的直接负责的其他直接责任人员	1	给予处分
有关部门的工作人员	1	给予处分

续表

责任主体	处罚形式数量/种	处罚形式
有关部门的直接负责的主管人员	1	给予处分
有关部门的直接负责的其他直接责任人员	1	给予处分
单位	1	没收违法所得并罚款
单位的直接负责的主管人员	1	罚款
单位的其他直接责任人员	1	罚款
提供者	11	责令改正并警告
		责令改正并没收违法所得
		责令改正并罚款
		责令改正并警告、没收违法所得
		责令改正并警告、罚款
		责令改正并罚款、没收违法所得
		责令改正并警告、罚款、没收违法所得
		令暂停相关业务、停业整顿、关闭网站、吊销业务许可证
		令暂停相关业务、停业整顿、关闭网站、吊销营业执照
		罚款，责令暂停相关业务、停业整顿、关闭网站、吊销业务许可证
		罚款，责令暂停相关业务、停业整顿、关闭网站、吊销营业执照
提供者的直接负责的主管人员	1	罚款
提供者的其他直接责任人员	1	罚款

续表

责任主体	处罚形式 数量/种	处罚形式
运营者	14	责令改正
		责令改正，给予警告
		罚款
		责令改正并没收违法所得
		责令改正并罚款
		责令改正并警告、没收违法所得
		责令改正并警告、罚款
		责令改正并罚款、没收违法所得
		责令改正并警告、罚款、没收违法所得
		罚款并责令暂停相关业务、停业整顿、关闭网站、吊销业务许可证
		罚款并责令暂停相关业务、停业整顿、关闭网站、吊销营业执照
		责令停止使用并罚款
		责令改正，给予警告，罚款，责令暂停相关业务、停业整顿、关闭网站、吊销业务许可证
		责令改正，给予警告，罚款，责令暂停相关业务、停业整顿、关闭网站、吊销营业执照
运营者的直接负责的主管人员	2	罚款
		给予处分
运营者的其他直接责任人员	2	罚款
		给予处分
组织	5	责令改正，给予警告
		罚款
		罚款并责令暂停相关业务、停业整顿、关闭网站、吊销业务许可证
		罚款并责令暂停相关业务、停业整顿、关闭网站、吊销营业执照
		关闭网站、通信群组

续表

责任主体	处罚形式 数量/种	处罚形式
组织的直接负责的主管人员	1	罚款
组织的其他直接责任人员	1	罚款
境外机构	2	冻结财产
		必要的制裁措施
境外组织	2	冻结财产
		必要的制裁措施
个人	7	责令改正，给予警告
		罚款
		拘留并罚款
		收违法所得，拘留并罚款
		罚款并责令暂停相关业务、停业整顿、关闭网站、吊销业务许可证
		罚款并责令暂停相关业务、停业整顿、关闭网站、吊销营业执照
		关闭网站、通信群组
境外个人	2	冻结财产
		必要的制裁措施
受到治安管理处罚的人员	1	五年内不得从事网络安全管理和网络运营关键岗位的工作
受到刑事处罚的人员	1	终身不得从事网络安全管理和网络运营关键岗位的工作
给他人造成损害的	1	承担民事责任
构成违反治安管理行为的	1	给予治安管理处罚
构成犯罪的	1	追究刑事责任

8. 《地质灾害防治条例》规定的责任主体及其处罚形式

对《地质灾害防治条例》的处罚形式和责任主体作进一步分析，梳理出具有资质灾害防治责任的责任主体以及对各类人员的处罚形式，结果如表 5.10 所示。

表 5.10　　　《地质灾害防治条例》规定的责任主体及其处罚形式

责任主体	处罚形式数量/种	处罚形式
县级以上地方人民政府的直接负责的主管人员	4	给予降级行政处分
		给予撤职行政处分
		给予开除行政处分
		追究刑事责任
县级以上地方人民政府的其他直接责任人员	4	给予降级行政处分
		给予撤职行政处分
		给予开除行政处分
		追究刑事责任
国土资源主管部门的直接负责的主管人员	4	给予降级行政处分
		给予撤职行政处分
		给予开除行政处分
		追究刑事责任
国土资源主管部门的其他直接责任人员	4	给予降级行政处分
		给予撤职行政处分
		给予开除行政处分
		追究刑事责任
其他有关部门的直接负责的主管人员	4	给予降级行政处分
		给予撤职行政处分
		给予开除行政处分
		追究刑事责任
其他有关部门的其他直接责任人员	4	给予降级行政处分
		给予撤职行政处分
		给予开除行政处分
		追究刑事责任

责任主体	处罚形式 数量/种	处罚形式
单位	9	责令限期改正
		责令停止违法行为并罚款
		责令限期治理
		承担责任费用并罚款
		承担赔偿责任
		收缴资质证书，没收违法所得并罚款
		责令停止违法行为，限期恢复原状并罚款
		责令停止违法行为，采取补救措施并罚款
		追究刑事责任
单位的人员	1	追究刑事责任
中介服务机构	5	罚款，责令停业整顿，降低资质等级
		没收违法所得
		吊销资质证书
		承担赔偿责任
		追究刑事责任
组织	9	责令限期治理
		承担责任费用并罚款
		承担赔偿责任
		责令停止违法行为并罚款
		承担赔偿责任
		收缴资质证书，没收违法所得并罚款
		责令停止违法行为，限期恢复原状并罚款
		责令停止违法行为，采取补救措施并罚款
		追究刑事责任
个人	8	责令限期治理
		承担责任费用并罚款
		责令停止违法行为并罚款
		承担赔偿责任
		收缴资质证书，没收违法所得并罚款

责任主体	处罚形式数量/种	处罚形式
个人	8	责令停止违法行为，限期恢复原状并罚款
		责令停止违法行为，采取补救措施并罚款
		追究刑事责任

9.《社会救助暂行办法》规定的责任主体及其处罚形式

对《社会救助暂行办法》的处罚形式和责任主体作进一步分析，梳理出具有社会救助责任的责任主体以及对各类人员的处罚形式，结果如表 5.11 所示。

表 5.11　　　《社会救助暂行办法》规定的责任主体及其处罚形式

责任主体	处罚形式数量/种	处罚形式
行政机关的直接负责的主管人员	1	给予处分
行政机关的其他直接责任人员	1	给予处分
单位	4	责令追回、没收违法所得
		责令退回并罚款
		责令退回
		追究刑事责任
组织	4	责令追回、没收违法所得
		责令退回并罚款
		责令退回
		追究刑事责任
相关直接负责的主管人员	1	给予处分
相关其他直接责任人员	1	给予处分

续表

责任主体	处罚形式数量/种	处罚形式
个人	4	责令追回、没收违法所得
		责令退回并罚款
		责令退回
		追究刑事责任

（二）应急管理相关法律责任主体及其处罚形式

根据表5.2—表5.11汇总的现行应急管理法律法规规定的应急管理相关法律责任主体以及对各类人员的处罚形式，根据应急管理法律法规评估确定的社会治理相关方的责任，梳理出具有应急管理责任的法律责任主体以及对各类法律责任主体的处罚形式，结果如表5.12所示。

表5.12　　　　应急管理相关法律责任主体及其处罚形式

法律责任主体	处罚形式数量/种	处罚形式
地方人民政府	3	1. 改正；2. 通报批评；3. 赔偿（补偿）
县级人民政府	3	1. 改正；2. 通报批评；3. 赔偿（补偿）
行业（领域）主管部门	3	1. 改正；2. 通报批评；3. 赔偿（补偿）
县级以上人民政府行业（领域）主管部门	3	1. 改正；2. 通报批评；3. 赔偿（补偿）
有关部门	3	1. 改正；2. 通报批评；3. 赔偿（补偿）
县级以上人民政府有关部门	3	1. 改正；2. 通报批评；3. 赔偿（补偿）
地方人民政府的负有责任的主管人员	5	1. 改正；2. 通报批评；3. 处分；4. 治安处罚；5. 追究刑事责任
地方人民政府的直接负责的主管人员	5	1. 改正；2. 通报批评；3. 处分；4. 治安处罚；5. 追究刑事责任

续表

法律责任主体	处罚形式数量/种	处罚形式
地方人民政府的工作人员	5	1. 改正；2. 通报批评；3. 处分；4. 治安处罚；5. 追究刑事责任
县级人民政府的直接负责的主管人员	5	1. 改正；2. 通报批评；3. 处分；4. 治安处罚；5. 追究刑事责任
县级人民政府的其他直接责任人员	5	1. 改正；2. 通报批评；3. 处分；4. 治安处罚；5. 追究刑事责任
县级以上地方人民政府的直接负责的主管人员	5	1. 改正；2. 通报批评；3. 处分；4. 治安处罚；5. 追究刑事责任
县级以上地方人民政府的其他直接责任人员	5	1. 改正；2. 通报批评；3. 处分；4. 治安处罚；5. 追究刑事责任
行业（领域）主管部门的直接负责的主管人员	5	1. 改正；2. 通报批评；3. 处分；4. 治安处罚；5. 追究刑事责任
行业（领域）主管部门的工作人员	5	1. 改正；2. 通报批评；3. 处分；4. 治安处罚；5. 追究刑事责任
县级以上人民政府行业（领域）主管部门的负有责任的主管人员	5	1. 改正；2. 通报批评；3. 处分；4. 治安处罚；5. 追究刑事责任
县级以上人民政府行业（领域）主管部门的直接负责的主管人员	5	1. 改正；2. 通报批评；3. 处分；4. 治安处罚；5. 追究刑事责任
县级以上人民政府行业（领域）主管部门的其他直接责任人员	5	1. 改正；2. 通报批评；3. 处分；4. 治安处罚；5. 追究刑事责任
县级以上人民政府行业（领域）主管部门的工作人员	5	1. 改正；2. 通报批评；3. 处分；4. 治安处罚；5. 追究刑事责任
有关部门的直接负责的主管人员	5	1. 改正；2. 通报批评；3. 处分；4. 治安处罚；5. 追究刑事责任

法律责任主体	处罚形式数量/种	处罚形式
有关部门的其他直接责任人员	5	1. 改正；2. 通报批评；3. 处分；4. 治安处罚；5. 追究刑事责任
有关部门的工作人员	5	1. 改正；2. 通报批评；3. 处分；4. 治安处罚；5. 追究刑事责任
县级以上人民政府有关部门的负有责任的主管人员	5	1. 改正；2. 通报批评；3. 处分；4. 治安处罚；5. 追究刑事责任
县级以上人民政府有关部门的直接负责的主管人员	5	1. 改正；2. 通报批评；3. 处分；4. 治安处罚；5. 追究刑事责任
县级以上人民政府有关部门的其他直接责任人员	5	1. 改正；2. 通报批评；3. 处分；4. 治安处罚；5. 追究刑事责任
行政机关的直接负责的主管人员	5	1. 改正；2. 通报批评；3. 处分；4. 治安处罚；5. 追究刑事责任
国家工作人员	6	1. 改正；2. 通报批评；3. 处分；4. 经济处罚；5. 治安处罚；6. 追究刑事责任
单位、组织、机构	21	1. 通报批评；2. 整改；3. 限期整改；4. 立即整改；5. 警告；6. 采取补救措施；7. 停止非法行为；8. 暂停相关业务；9. 停产停业；10. 行政处罚；11. 没收违法所得；12. 经济处罚；13. 承担赔偿责任；14. 暂扣许可证；15. 取消资质；16. 吊销许可证；17. 吊销营业执照；17. 关闭；19. 治安处罚；20. 承担民事责任；21. 追究刑事责任
单位的主要负责人	8	1. 改正；2. 通报批评；3. 处分；4. 五年内岗位禁止；5. 终身岗位禁止；6. 经济处罚；7. 治安处罚；8. 追究刑事责任
单位的负有责任的主管人员	8	1. 改正；2. 通报批评；3. 处分；4. 五年内岗位禁止；5. 终身岗位禁止；6. 经济处罚；7. 治安处罚；8. 追究刑事责任
单位的直接负责的主管人员	8	1. 改正；2. 通报批评；3. 处分；4. 五年内岗位禁止；5. 终身岗位禁止；6. 经济处罚；7. 治安处罚；8. 追究刑事责任

续表

法律责任主体	处罚形式数量/种	处罚形式
单位的行业（领域）管理人员	10	1. 改正；2. 通报批评；3. 暂停资格；4. 撤销资格；5. 处分；6. 五年内岗位禁止；7. 终身岗位禁止；8. 经济处罚；9. 治安处罚；10. 追究刑事责任
单位的其他直接责任人员	8	1. 改正；2. 通报批评；3. 处分；4. 五年内岗位禁止；5. 终身岗位禁止；6. 经济处罚；7. 治安处罚；8. 追究刑事责任
境外组织、机构、个人	4	1. 制裁措施；2. 冻结财产；3. 经济处罚；4. 限制进入
外国组织		1. 警告；2. 停止违法行为；3. 冻结财产；4. 经济处罚；5. 限制进入；6. 没收监测成果和监测设施；7. 追究刑事责任
外国人	9	1. 警告；2. 停止违法行为；3. 没收监测成果和监测设施；4. 缩短在中国停留期限；5. 限期出境；6. 取消在中国居留资格；7. 驱逐出境；8. 经济处罚；9. 追究刑事责任
个人	27	1. 通报批评；2. 警告；3. 整改；4. 限期整改；5. 立即整改；6. 暂停相关业务；7. 采取补救措施；8. 停止违法行为；9. 退回非法所得；10. 没收违法所得；11. 经济处罚；12. 暂停相应资格；13. 吊销相应资格；14. 暂停相应资质；15. 取消相应资质；16. 五年内岗位禁止；17. 终身岗位禁止；18. 停产停业；19. 暂扣营业执照；20. 吊销营业执照；21. 暂扣许可证；22. 吊销许可证；23. 关闭；24. 承担赔偿责任；25. 承担民事责任；26. 治安处罚；27. 追究刑事责任

第二节 生产安全事故相关犯罪及其量刑

《安全生产法》及其他安全生产相关法律法规，规定了哪些属于相关的生产经营的安全生产非法行为以及处罚形式。由于不安全生产非法违法行为导致发生生产安全事故，就可能构成生产安全事故相关犯罪，行为责任人将被追究刑事责任。追究刑事责任是对相关安全生产违法非法行为最重的处罚形式。由于违反安全生产法律法规、标准的规定，做出安全生产违法非法行为，从而导致生产安全事故发生，追究行为责任人刑事责任的定罪及其量刑在《刑法（十）》中予以规定。

一 追究安全生产相关刑事责任的违法非法行为

在《安全生产法》《危险化学品安全管理条例》《特种设备安全法》《建设工程安全生产管理条例》等法律法规中，对追究安全生产相关刑事责任的违法非法行为以及被追究的责任人做出了规定。如《安全生产法》第六章为法律责任，该章共有26条，其中有13条规定了可以追究安全生产相关刑事责任的违法犯罪行为以及被追究的责任人。

（一）构成犯罪依法追究刑事责任的责任人

对《安全生产法》《危险化学品安全管理条例》《特种设备安全法》《建设工程安全生产管理条例》《核安全法》《石油天然气管道保护法》等进行分析，归纳生产经营活动中的组织、个人做出违法非法行为，可以追究刑事责任的责任人，分别为：

（1）地方人民政府的工作人员；

（2）负有安全生产监督管理职责部门的工作人员；

（3）负有生产经营管理职责部门的工作人员；

（4）负有生产经营监督管理职责部门的工作人员；

（5）生产经营单位的工作人员；

（6）建设项目的建设、设计、监理、管理、监测、认证、施工等单位的工作人员；

（7）承担评价、认证、检测、检验等机构的工作人员；

（8）个人；

（9）其他单位、机关和组织。

可以看出，依据法律法规的规定，可以对做出安全生产违法犯罪行为的任何组织和个人追究刑事责任，可以对生产经营活动中任何做出违法犯罪行为的人员追究刑事责任，可以对地方人民政府及其负有安全生产监督管理职责部门、负责生产经营管理或者监督管理部门的任何做出违法犯罪行为的工作人员追究刑事责任；当生产经营单位、机构、机关和其他组织存在违法犯罪行为时，可以对直接负责的主管人员或者其他直接责任人员追究刑事责任；当生产经营单位存在违法犯罪行为时，可以对主要负责人追究刑事责任。

（二）《安全生产法》规定的可以依法追究刑事责任的违法犯罪行为

按照《安全生产法》的规定，可以梳理出可以追究刑事责任的违法犯罪行为责任人。

1. 对负有安全生产监督管理职责部门的工作人员，出现下列违法非法行为，构成犯罪的，可以依照刑法有关规定追究刑事责任：

（1）对不符合法定安全生产条件的涉及安全生产的事项予以批准；

（2）对不符合法定安全生产条件的涉及安全生产的事项予以验收通过；

（3）发现未取得批准、验收的单位擅自从事有关活动不予以取缔；

（4）接到未取得批准、验收的单位擅自从事有关活动举报不依法予以取缔；

（5）发现未取得批准、验收的单位擅自从事有关活动不依法予以处理；

（6）接到未取得批准、验收的单位擅自从事有关活动举报不依法予以处理；

（7）对已经依法取得批准的单位不履行监督管理职责，发现其不再具备安全生产条件而不撤销原批准；

（7）对已经依法取得批准的单位不履行监督管理职责，发现其安全生产违法行为不予以查处；

（8）在监督检查中发现重大事故隐患，不依法及时处理；

（9）存在滥用职权、玩忽职守、徇私舞弊行为。

2. 生产经营单位作出下列违法非法行为，构成犯罪的，可以对生产经营单位主要负责人追究刑事责任：

（1）不依法规定保证安全生产所必需的资金投入，致使生产经营单位不具备安全生产条件，从而导致发生生产安全事故；

（2）未履行主要负责人安全生产管理职责，导致发生生产安全事故；

（3）在本单位发生生产安全事故时，不立即组织抢救，擅离职守；

（4）在本单位发生生产安全事故时，在事故调查处理期间擅离职守；

（5）在本单位发生生产安全事故时，逃匿；

（6）对本单位生产安全事故隐瞒不报；

（7）对本单位生产安全事故隐瞒谎报；

（8）对本单位生产安全事故隐瞒迟报。

3. 生产经营单位作出下列违法非法行为，构成犯罪的，可以对直接负责的主管人员和其他直接责任人员追究刑事责任：

（1）未按照规定对矿山建设项目进行安全评价；

（2）未按照规定对金属冶炼建设项目建设项目进行安全评价；

（3）未按照规定对用于生产、储存、装卸危险物品的建设项目进行安全评价；

（4）矿山建设项目施工单位未按照批准的安全设施设计施工；

（5）金属冶炼建设项目施工单位未按照批准的安全设施设计施工；

（6）用于生产、储存、装卸危险物品建设项目施工单位未按照批准的安全设施设计施工；

（7）矿山建设项目竣工投入生产或者使用前，安全设施未经验收合格；

（8）金属冶炼建设项目竣工投入生产或者使用前，安全设施未经验收合格；

（9）用于生产、储存危险物品的建设项目竣工投入生产或者使用前，安全设施未经验收合格；

（10）未在有较大危险因素的生产经营场所和有关设施、设备上设置明显的安全警示标志；

（11）安全设备的安装、使用、检测、改造和报废不符合国家标准；

（12）未对安全设备进行经常性维护、保养和定期检测；

（13）未为从业人员提供符合国家标准的劳动防护用品；

（14）危险物品的容器、运输工具未经具有专业资质的机构检测、检验合格就投入使用；

（15）涉及人身安全、危险性较大的海洋石油开采特种设备和矿山井下特种设备未经具有专业资质的机构检测、检验合格就投入使用；

（16）使用应当淘汰的危及生产安全的工艺、设备；

（17）未建立专门安全管理制度而生产、经营、运输、储存、使用危险物品；

（18）未采取可靠的安全措施而生产、经营、运输、储存、使用危险物品；

（19）未建立专门安全管理制度处置废弃危险物品；

（20）未采取可靠的安全措施处置废弃危险物品；

（21）对重大危险源未登记建档；

（22）对重大危险源未进行评估、监控；

（23）存在重大危险源未制定重大危险源应急预案；

（24）对危险作业未安排专门人员进行现场安全管理；

（25）未建立事故隐患排查治理制度；

（26）生产、经营、储存、使用危险物品的车间、商店、仓库与员工宿舍在同一座建筑内；

（27）生产、经营、储存、使用危险物品的车间、商店、仓库与员工宿舍的距离不符合安全要求；

（28）生产经营场所和员工宿舍未设有符合紧急疏散需要、标志明显、保持畅通的出口；

（29）锁闭、封堵生产经营场所；

（30）锁闭、封堵员工宿舍出口；

（31）生产经营单位拒绝、阻碍负有安全生产监督管理职责的部门依法实施监督检查。

4. 做出下列违法非法行为，构成犯罪的，可以对相关人员追究刑事责任：

（1）生产经营单位安全生产管理人员未履行《安全生产法》规定的安全生产管理职责；

（2）组织、单位、机构和个人，未经依法批准擅自生产、经营、运输、储存、使用危险物品；

（3）组织、单位、机构和个人，未经依法批准处置废弃危险物品；

（4）生产经营单位从业人员不服从管理，违反安全生产规章制度或者操作规程；

（5）地方人民政府对生产安全事故隐瞒不报、谎报或者迟报的直接负责的主管人员和其他直接责任人员；

（6）负有安全生产监督管理职责的部门对生产安全事故隐瞒不报、谎报或者迟报的直接负责的主管人员和其他直接责任人员。

二 《刑法》中生产安全事故相关罪及其分析

通过对可以追究刑事责任的生产安全事故违法非法行为和《刑法（十）》条款的分析，分析生产安全事故相关罪及其处罚量刑情况。分析《刑法（十）》，汇总涉及生产安全事故相关的犯罪及其定罪条件、处罚形式和量刑条件，结果如表5.13所示。

表5.13　　　　　　　生产安全事故相关犯罪

序号	罪名	犯罪主体	量刑	构成要件	刑法条款
1	重大责任事故罪	违反安全管理的人	处三年以下有期徒刑或拘役	在生产、作业中违反有关安全管理的规定，因而发生重大伤亡事故或者造成其他严重后果	第134条

续表

序号	罪名	犯罪主体	量刑	构成要件	刑法条款
1	重大责任事故罪	违反安全管理的人	处三年以上七年以下有期徒刑	在生产、作业中违反有关安全管理的规定，因而发生重大伤亡事故或者造成其他严重后果，情节特别恶劣	第134条
2	强令违章冒险作业罪	强令他人作业的人	处五年以下有期徒刑或拘役	强令他人违章冒险作业，因而发生重大伤亡事故或者造成其他严重后果	第134条
			处五年以上有期徒刑	强令他人违章冒险作业，因而发生重大伤亡事故或者造成其他严重后果，情节特别恶劣	第134条
3	重大劳动安全事故罪	直接负责的主管人员和其他直接责任人员	处三年以下有期徒刑或拘役	安全生产设施或者安全生产条件不符合国家规定，因而发生重大伤亡事故或者造成其他严重后果	第135条
			处三年以上七年以下有期徒刑	安全生产设施或者安全生产条件不符合国家规定，因而发生重大伤亡事故或者造成其他严重后果，情节特别恶劣	第135条
4	大型群众性活动重大安全事故罪	直接负责的主管人员和其他直接责任人员	处三年以下有期徒刑或拘役	举办大型群众性活动违反安全管理规定，因而发生重大伤亡事故或者造成其他严重后果	第135条
			处三年以上七年以下有期徒刑	举办大型群众性活动违反安全管理规定，因而发生重大伤亡事故或者造成其他严重后果，情节特别恶劣	第135条
5	工程重大安全事故罪	直接责任人员	处五年以下有期徒刑或拘役并处罚金	建设、设计、施工、工程监理等单位违反国家规定，降低工程质量标准，造成重大安全事故	第137条
			处五年以上十年以下有期徒刑并处罚金	建设、设计、施工、工程监理等单位违反国家规定，降低工程质量标准，造成重大安全事故，后果特别严重	第137条

续表

序号	罪名	犯罪主体	量刑	构成要件	刑法条款
6	教育设施重大安全事故罪	直接责任人员	处三年以下有期徒刑或拘役	明知校舍或者教育教学设施有危险，而不采取措施或者不及时报告，致使发生重大伤亡事故	第138条
			处三年以上七年以下有期徒刑	明知校舍或者教育教学设施有危险，而不采取措施或者不及时报告，致使发生重大伤亡事故，后果特别严重	第138条
7	消防责任事故罪	直接责任人员	处三年以下有期徒刑或拘役	违反消防管理法规，经消防监督机构通知采取改正措施而拒绝执行，造成严重后果	第139条
			处三年以上七年以下有期徒刑	违反消防管理法规，经消防监督机构通知采取改正措施而拒绝执行，造成特别严重后果	第139条
8	事故瞒报谎报罪	负有报告职责的人员	处三年以下有期徒刑或拘役	在安全事故发生后，负有报告职责的人员不报或者谎报事故情况，贻误事故抢救，情节严重	第139条
			处三年以上七年以下有期徒刑	在安全事故发生后，负有报告职责的人员不报或者谎报事故情况，贻误事故抢救，情节特别严重	第139条
9	生产不符合安全标准的产品罪	生产人员	处五年以下有期徒刑和处销售金额百分之五十以上二倍以下罚金	生产不符合保障人身、财产安全的国家标准、行业标准的电器、压力容器、易燃易爆产品或其他不符合保障人身、财产安全的国家标准、行业标准的产品，造成严重后果	第146条
			处五年以上有期徒刑和销售金额百分之五十以上二倍以下罚金	生产不符合保障人身、财产安全的国家标准、行业标准的电器、压力容器、易燃易爆产品或其他不符合保障人身、财产安全的国家标准、行业标准的产品，造成特别严重后果	第146条

续表

序号	罪名	犯罪主体	量刑	构成要件	刑法条款
9	销售不符合安全标准的产品罪	销售人员	处五年以下有期徒刑和销售金额百分之五十以上二倍以下罚金	销售明知不符合保障人身、财产安全的国家标准、行业标准的电器、压力容器、易燃易爆产品或其他产品，造成严重后果	第146条
			处五年以上有期徒刑和销售金额百分之五十以上二倍以下罚金	销售明知不符合保障人身、财产安全的国家标准、行业标准的电器、压力容器、易燃易爆产品或其他产品，造成特别严重后果	第146条
10	国有公司、企业人员失职罪	国有公司、企业工作人员	处三年以下有期徒刑或拘役	由于严重不负责任，造成国有公司、企业破产或者严重损失，致使国家利益遭受重大损失	第148条
			处三年以上七年以下有期徒刑	由于严重不负责任，造成国有公司、企业破产或者严重损失，致使国家利益遭受特别重大损失	第148条
11	国有公司、企业人员滥用职权罪	国有公司、企业工作人员	处三年以下有期徒刑或拘役	由于滥用职权，造成国有公司、企业破产或者严重损失，致使国家利益遭受重大损失	第148条
			处三年以上七年以下有期徒刑	由于滥用职权，造成国有公司、企业破产或者严重损失，致使国家利益遭受特别重大损失	第148条
12	国有事业单位人员失职罪	国有事业单位的工作人员	处三年以下有期徒刑或拘役	由于严重不负责任，造成国有公司、企业破产或者严重损失，致使国家利益遭受重大损失	第148条
			处三年以上七年以下有期徒刑	由于严重不负责任，造成国有公司、企业破产或者严重损失，致使国家利益遭受特别重大损失	第148条

续表

序号	罪名	犯罪主体	量刑	构成要件	刑法条款
12	国有事业单位人员滥用职权罪	国有事业单位的工作人员	处三年以下有期徒刑或拘役	由于滥用职权，造成国有公司、企业破产或者严重损失，致使国家利益遭受重大损失	第148条
			处三年以上七年以下有期徒刑	由于滥用职权，造成国有公司、企业破产或者严重损失，致使国家利益遭受特别重大损失	第148条
13	滥用职权罪	国家机关工作人员	处三年以下有期徒刑或者拘役	滥用职权，致使公共财产、国家和人民利益遭受重大损失	第397条
			处三年以上七年以下有期徒刑	滥用职权，致使公共财产、国家和人民利益遭受重大损失，情节特别严重	第397条
14	玩忽职守罪	国家机关工作人员	处三年以下有期徒刑或者拘役	玩忽职守，致使公共财产、国家和人民利益遭受重大损失	第397条
			处三年以上七年以下有期徒刑	玩忽职守，致使公共财产、国家和人民利益遭受重大损失，情节特别严重	第397条

通过梳理分析可以看出，《刑法（十）》中的14个生产安全事故相关犯罪中，有10个罪具有相同的特点：一是发生重大人员伤亡或者其他严重后果；二是情节恶劣的处三年以下有期徒刑或者拘役；三是情节特别恶劣的处三年以上七年以下有期徒刑。

因为强令违章冒险作业罪是强迫他人违法违规的犯罪，性质比较恶劣，所以量刑相对较重。《刑法（十）》规定，强令他人违章冒险作业，因而发生重大伤亡事故或者造成其他严重后果的，处五年以下有期徒刑或者拘役；情节特别恶劣的，处五年以上有期徒刑。

工程重大安全事故罪是单位的犯罪，是由于建设单位、设计单位、施工单位、工程监理单位违反国家规定，降低工程质量标准，具有一定的主观故意的性质，性质比较恶劣，所以处罚相对较重。《刑法（十）》规定，建设单位、设计单位、施工单位、工程监理单位违反国家规定，降低工程质量标准，造成重大安全事故的，对直接责任人员，处五年以下有期徒刑或者拘役，并处罚金；后果特别严重的，处五年以上十年以下有期徒刑，并处罚金。

生产不符合安全标准的产品罪和销售不符合安全标准的产品罪，无论是否故意，都是以营利为目的，性质比较恶劣，所以除量刑较重外，还要处以一定数额的罚金。《刑法（十）》规定，生产不符合保障人身、财产安全的国家标准、行业标准的电器、压力容器、易燃易爆产品或者其他不符合保障人身、财产安全的国家标准、行业标准的产品，或者销售明知是以上不符合保障人身、财产安全的国家标准、行业标准的产品，造成严重后果的，处五年以下有期徒刑，并处销售金额百分之五十以上二倍以下罚金；后果特别严重的，处五年以上有期徒刑，并处销售金额百分之五十以上二倍以下罚金。

三　重大责任事故罪案例剖析

（一）重大责任事故罪的解释

关于重大责任事故罪，《刑法（十）》第一百三十四条做出规定。

第一百三十四条　在生产、作业中违反有关安全管理的规定，因而发生重大伤亡事故或者造成其他严重后果的，处三年以下有期徒刑或者拘役；情节特别恶劣的，处三年以上七年以下有期徒刑。

重大责任事故罪属于业务类犯罪，是业务上的工作过失、疏失导致人员伤亡、财产损失或者其他损失的犯罪。该罪的主体是企业事业单位的从业人员、与安全管理有关的人员，以及政府及其部门与安全管理、安全监察、安全监督管理有关的工作人员。

重大责任事故罪可以不同的危害性和危险性行为表现出来，犯罪行为的结果是导致重大生产事故或者造成严重后果。《刑法（十）》第一百三十四条中"发生重大伤亡事故或者造成其他严重后果"包括：重大伤亡事故、重大财产损失、其他重大损失和极其不良的社会影响。

（二）重大责任事故罪的犯罪行为

导致重大责任事故罪的过程、结果的危害性和危险性行为包括：不应产生而产生、应该发现而没有发现、应该消除而没有消除等应该履行的安全生产责任，由于工作上的过错、疏失等而没有履行，或者没有完全履行（履行不到位），从而导致重大伤亡事故或者造成其他严重后果的犯罪行为。

1. 不应产生而产生，导致生产安全事故发生的犯罪行为。

违反或者不满足安全生产的法律法规、技术标准或者管理规定，破坏了生产生活环境、设备、设施和条件，产生了生产安全事故隐患，导致安全事故发生，从而造成了人员伤亡、财产损失、环境破坏或者其他损失。不应产生而产生导致生产安全事故发生的犯罪行为包括：

（1）违反或者不满足安全生产的法律法规、技术标准或者管理规定的要求，进行工程、设备、设施、环境的设计、建设施工、安装，产生导致生产安全事故发生的犯罪行为；

（2）违反或者不满足法律法规、技术标准或者管理规定的要求，进行工程、设备、设施、环境的运行维护，产生导致生产安全事故发生的犯罪行为；

（3）违反或者不满足法律法规、技术标准或者管理规定的要求，操作（使用）工艺、设备、设施，自身成为导致生产安全事故发生的犯罪行为。

四川省攀枝花市东区人民法院刑事判决书（2015）攀东刑初字第 35 号①判处，被告人刘某甲涉嫌犯重大责任事故罪。2013 年 10 月 28 日，被告人刘某甲在其承建的 A 集团工程技术有限公司动力厂朱甲线改造工程施工过程中，不听从 A 集团工程技术有限公司安排，在邻近交、直流高压线未停电的情况下，贸然安排没有登高架设作业资质的施工人员拆除跨越架，且作业方式存在较高安全风险，使拆下的钢管上翘触及 6kV 交流电线，导致施工的工人文某玉

---

① 最高人民法院，中国裁判文书网（https：//wenshu.court.gov.cn），京 ICP 备0523036 号。

触电身亡。判决书认为，被告人刘某甲在生产、作业中违反安全管理的规定，贸然安排没有登高架设作业资质的施工人员拆除跨越架，导致施工人员一人触电身亡的安全事故，判决被告人刘某甲犯重大责任事故罪，判处有期徒刑一年，缓刑一年（缓刑考验期限从判决确定之日起计算）。

2. 应该发现而没有发现，导致生产安全事故发生的犯罪行为。

导致生产安全事故发生的因素已经存在，但是，违反或者没有按照法律法规、技术标准或者管理规定的要求，进行生产、作业环境、设备、设施和条件的安全检查、检测、检验，没有发现导致安全事故发生的因素（生产安全事故隐患），导致生产安全事故发生，从而造成了人员伤亡、财产损失、环境破坏或者其他损失。应该发现而没有发现导致生产安全事故发生的犯罪行为包括：

（1）违反安全生产法律法规、技术标准或者管理规定的要求，进行安全生产检查、检测、检验，没有及时发现导致生产安全事故发生的因素（生产安全事故隐患）的犯罪行为；

（2）没有按照安全生产法律法规、技术标准或者管理规定的要求，进行安全检查、检测、检验，没有及时发现导致生产安全事故发生的因素（生产安全事故隐患）的犯罪行为；

（3）采用的安全检查、检测、检验的方法不科学、不合理，没有及时发现导致生产安全事故发生的因素的犯罪行为；

（4）违反或者没有按照安全生产法律法规、技术标准或者管理规定的要求，对工艺、设备、设施进行保养维护，没有及时发现导致安全事故发生的因素的犯罪行为。

3. 应该消除而没有消除，导致生产安全事故发生的犯罪行为。

导致安全事故发生的因素已经存在，并且已经发现，但是，违反或者没有按照安全生产法律法规、技术标准或者管理规定的要求，没有及时消除、控制导致生产安全事故发生的因素（生产安全事故隐患），导致生产安全事故发生，从而造成了人员伤亡、财产损失、环境破坏或者其他损失。应该消除而没有消除导致生产安全事故发生的因素（生产安全事故隐患），构成犯罪的行为包括：

（1）发现或者知道了导致生产安全事故发生的因素，应该报告而没有报告的犯罪行为；

（2）发现了导致生产安全事故发生的因素，应该终止而没有终止的犯罪行为；

（3）发现了导致生产安全事故发生的因素，应该及时处置而没有及时处置的犯罪行为；

（4）发现了导致生产安全事故发生的因素，进行了处置（控制），但处置不彻底或者控制不到位，致使导致生产安全事故发生的因素仍然部分、全部存在的犯罪行为；

（5）发现了导致生产安全事故发生的因素，不但应该终止而没有终止，由于过失使发生导致安全事故发生的因素危险性增加的犯罪行为。

（三）典型案例剖析：倪某甲、倪某乙重大责任事故案

江苏省南通市中级人民法院判处倪某甲、倪某乙等重大责任事故罪二审刑事裁定书（江苏省南通市中级人民法院刑事裁定书〔2013〕通中刑终字第 0060 号）① 是重大责任事故罪的典型判例（以下简称倪某甲重大责任事故罪判例）。

1. 倪某甲重大责任事故罪判例情况介绍

（1）被告人倪某甲是江苏省建工集团有限公司启东恒大威尼斯水城项目部（以下简称恒大威尼斯水城项目部）的总负责人。因涉嫌犯重大责任事故罪，于 2012 年 8 月 30 日被启东市公安局刑事拘留，2012 年 9 月 13 日被逮捕。

（2）原审被告人倪某乙是江苏省建工集团有限公司启东恒大威尼斯水城项目部的材料员。因涉嫌犯重大责任事故罪，于 2012 年 11 月 7 日被启东市公安局刑事拘留，同月 20 日被逮捕。

（3）江苏省启东市人民法院审理江苏省启东市人民检察院指控原

---

① 江苏省南通市中级人民法院，倪某甲、倪某乙等重大责任事故罪二审刑事裁定书，江苏省南通市中级人民法院刑事裁定书〔2013〕通中刑终字第 0060 号，中国裁判文书网，https：//wenshu. wenshu. court. gov. cn，京 ICP 备 0523036 号，2016 年 11 月。

审被告人倪某甲、倪某乙犯重大责任事故罪一案，于 2013 年 9 月 16 日作出（2013）启刑初字第 0111 号刑事判决。

（4）原审被告人不服，向本院提起上诉。本院受理后，依法组成合议庭于 2013 年 11 月 26 日公开开庭进行了审理，江苏省南通市人民检察院指派代理检察员周杨某到庭履行职务，原审被告人倪某甲、倪某乙及辩护人到庭参加诉讼。经本院审判委员会讨论，本案现已审理终结。

（5）原审判决认定，江苏建工天津分公司中标承建恒大威尼斯水城项目二标段（包括运动中心在内）的"五大中心"工程。2012 年 8 月 26 日，在建运动中心工程发生坍塌事故，造成 4 人死亡、3 人受伤及其他经济损失。经事故调查组认定，被告人倪某甲、倪某乙对事故的发生均负有直接责任，应追究刑事责任。事故发生后，被告人倪某甲、倪某乙先后赶至现场参与抢救，在接受相关部门调查时，均如实交代有关事实。

（6）原审判决认定上述事实的证据，有被告人倪某甲、倪某乙的供述与辩解、证人的证言，启东市公安局制作的发破案经过，现场勘查笔录、现场图，法医学尸体检验报告，书证企业法人营业执照、工商登记资料、关系说明、劳动合同、任职文件、招投标材料、建设工程劳务分包合同、发货单、出货单、协议、工程质量、安全检查日报表、调解协议书、赔偿调解协议书、收条，南通市建筑工程质量检测中心出具的检测报告、"8.26"事故调查报告及批复等。

（7）原审判决认为，被告人倪某甲、倪某乙在恒大威尼斯水城运动中心高大模板支撑系统工程项目中，分别作为施工单位的工作人员以及高大模板支撑系统具体施工管理者，在工程施工的不同环节和岗位中，本应上下衔接、相互制约、相互督促，却违反安全管理规定，不履行、不正确履行或者消极履行各自的职责，最终导致高大模板支撑系统坍塌，造成 4 人死亡的严重后果，情节特别恶劣，其行为均已构成重大责任事故罪，依法应追究刑事责任。被告人倪某甲、倪某乙系自首，可以从轻或者减轻处罚。根据《中华人民共和国刑法》第一百三十四条第一款、第六十七条第一、三款之规定，以重大责任事故罪分别判处被告人倪某甲有期徒刑三年，被告人倪某乙有期徒刑三年三个月。

（8）原审被告人倪某甲、倪某乙对一审法院认定的事实、证据及定罪无异议，请求二审法院从轻处罚。原审被告人倪某乙的辩护人辩护称：原审被告人倪某乙作为投资人之一，兼做工地材料员，在事故中起次要责任，对倪某乙按现场总负责人的职责追究刑事责任不当，一审判决量刑偏重，请求二审法院对倪某乙从轻判处。但其他原审被告人辩解称：受倪某乙等人聘请做生产经理，并不是执行经理和技术负责人，高支模方案是倪某乙为了省钱，才想出套用其他公司方案和专家签名。

（9）出庭检察员发表意见称，一审判决认定原审被告人倪某甲、倪某乙犯重大责任事故罪事实清楚，证据确实、充分，审判程序合法，适用法律正确，量刑适当，建议驳回上诉，维持原判。

（10）经审理查明：2011 年 11 月 8 日，原审被告人倪某甲代表恒大威尼斯水城项目部与海门泓达钢管租赁站签订钢管、钢管脚手架扣件租赁协议。2012 年 6 月 12 日至 7 月 29 日期间，原审被告人倪某乙多次从该站租赁钢管、扣件，未经检测即提供给其承建的运动中心等三大中心工程施工使用。后经抽查检测鉴定，上述钢管断后伸长率、抗拉强度、屈服强度均不符合 GB/T700－2006《碳素结构钢》标准的要求，上述钢管脚手架扣件抗拉性能、扭转刚度、抗破坏性能均不符合 GB15831－2006 标准的要求。

2012 年 8 月 25 日下午，在未取得总监理工程师签发的混凝土浇筑令的情况下，原审被告人倪某乙擅自决定浇筑混凝土并通知供应商于次日早晨供应混凝土。经南通市安全生产监督管理局等部门组成的事故调查组调查认定，原审被告人倪某甲、倪某乙对事故的发生均负有直接责任。事故发生后，原审被告人倪某甲、倪某乙先后赶至现场参与抢险，在接受相关部门调查时，均如实交代了有关事实。

2. 案情分析

（1）证明资料

江苏建工的有关参与招投标材料、江苏建工天津分公司关于倪某甲任职的通知、启东市北上海恒大威尼斯水城项目管理人员表、江苏建工内部承包经营协议、重大施工组织设计/方案报审表、建设工程开工安全生产条件复查表、建设工程安全监督备案申报表、授权委托书等，证明江苏建工天津分公司参加启东恒大威尼斯水城"五大中心"项目的招投标活动，并于2011年9月30日与原审被告人倪某甲签订内部承包协议。原审被告人倪某乙为材料员，原审被告人倪某甲负责工程项目的质量、安全、日常等所有工作。

建设工程施工劳务分包合同，证明2011年10月25日，原审被告人倪某乙代表恒大威尼斯水城项目部将运动、网球、健康三大中心图纸范围内所有木工模板制安分项劳务工程分包给原审被告人何某实施。

关于恒大威尼斯项目发生安全事故的情况说明、工程开工令、联系函、进度提示函等，证明事故发生时，江苏建工启东恒大威尼斯水城项目工程未取得施工许可证、未履行安全报监手续。

启东浦发建材（混凝土）有限公司预拌（商品）混凝土发货单、吕四海港商品混凝土（滨海站）有限公司出货单等，证明两混凝土公司于2012年8月26日向事故工程"运动中心"供应混凝土。

协议、发货单、南通市建筑工程质量检测中心出具的检测报告，证明项目部向海门泓达钢管租赁站租赁钢管及扣件，该站于2012年6、7月份陆续向该项目部发货。经检测，工程所用的钢管、脚手架扣件各项数据均不符合标准要求。

原审被告人倪某甲、倪某乙的身份信息资料，证明倪某甲、倪某乙犯罪时均已成年，具有完全刑事责任能力。

（2）证人证言

未到庭证人张某的证言笔录，证明2011年9月份，江苏建工天津分公司将运动、健康、网球三大中心工程内部承包给原审被告人倪某甲，公司指派副经理上诉人顾某进行监督指导。

未到庭证人江某的证言笔录，原审被告人倪某甲、倪某乙是运动、健康、网球三大中心工程的老板，原审被告人倪某乙兼材料员。

未到庭证人侯某证言证实，因其对施工过程发现的一些安全隐患提出意见，在事故发生当天上午被倪某乙辞退。

（3）被告人的供述与辩解

原审被告人倪某甲的供述与辩解，证明 2011 年 9 月，其与倪某乙共同出资承包恒大威尼斯水城项目的运动、健康、网球三大中心工程，自负盈亏，并成立项目部，聘请了原审被告人冯某担任项目执行经理兼技术总负责人，倪某乙担任材料员，其主要在外跑资金，工地上主要由倪某乙、冯某负责。工程木工及支撑劳务工程是分包给原审被告人何某。运动中心的高支模方案是冯某负责编制，钢管、扣件是倪某乙负责租赁。工程开工时没有施工许可证，只有宝丰公司的开工令。事故发生后，其赶至现场参与抢救，并对事故与倪某乙一起进行了赔偿。

原审被告人倪某乙的供述与辩解，证明 2011 年 7、8 月，其与倪某甲共同出资承包恒大威尼斯水城项目的运动、健康、网球三大中心工程，自负盈亏，其担任材料员，也负责协调工地上各部门之间的工作等。冯某名义上是技术负责人，实际上兼做项目执行经理。顾某是"五大中心"工程的项目经理。倪某甲平时主要在外跑资金和关系。工地上的钢管、扣件是其租赁，使用之前没有检测。工程木工及支撑劳务工程由何某承包。运动中心高支模方案是冯某编制好后交给顾某，顾某看后通过。事故发生后，其赶至现场参与抢救。

（4）鉴定意见

"8·26"事故调查报告及批复，证明经南通市安全生产监督管理局等部门组成的事故调查组调查认定，原审被告人倪某甲、倪某乙对事故的发生均负有直接责任，涉嫌犯罪，建议移送司法机关处理。

启东市公安局出具的法医学尸体检验报告，证明包某系遭重物砸压致创伤性、失血性休克死亡；包某、包某乙系遭重物砸压致创伤性休克死亡；包某甲系遭重物砸压致头颅离断死亡。

南通市建筑工程质量检测中心出具的钢管检测报告、钢管脚手架扣件检测报告，证明经检测事故发生所涉高大模板支撑体系所用钢管断后伸长率、抗拉强度、屈服强度均不符合 GB/T700－2006《碳素结构钢》标准的要求；所用钢管脚手架扣件抗拉性能、扭转刚度、抗破坏性能均不符合 GB15831 – 2006 标准的要求。

（5）发破案经过

公安机关出具的发破案经过、到案经过，证明事故发生后，原审被告人倪某甲、倪某乙至事故现场参与抢救并接受有关部门调查，主动至公安机关接受调查，均如实供述自己的犯罪事实。

上述证据均经第一审及本院庭审质证，证据的来源合法，证据所证明的内容真实有效，具有证明效力，本院予以确认。

本院认为，原审被告人倪某甲、倪某乙在恒大威尼斯水城运动中心工程项目建设过程中，作为施工单位的责任人员、直接施工管理者，本应在不同岗位和环节上相互督促、相互制约以确保工程质量和生产安全，却违反国家关于建筑工程安全管理规定，不履行、不正确履行或者消极履行各自的职责，最终导致高大模板支撑系统坍塌，造成 4 人死亡、3 人受伤的重大后果，情节特别恶劣，其行为均已构成重大责任事故罪，依法应处三年以上七年以下有期徒刑。案发后，原审被告人倪某甲、倪某乙自动投案，配合公安机关调查，如实供述自己的罪行，是自首，依法可以从轻或者减轻处罚。原审被告人何某归案后如实供述自己的罪行，可以从轻处罚。原审被告人倪某甲、倪某乙等筹款赔偿被害人及被害人亲属损失，有悔罪表现，可以酌情从轻处罚。原判决认定倪某甲、倪某乙犯重大责任事故罪事实清楚，证据确实、充分，审判程序合法，适用法律正确，量刑适当，应予维持。出庭检察员的意见成立，本院予以支持。

关于原审被告人倪某甲、倪某乙请求对其从轻处罚的辩解意见，经查，原判决根据原审被告人倪某甲、倪某乙对本案重大责任事故所负责任、具有自首、赔偿等情节，在法定刑内量刑适当，现对其二人再从轻处罚无法律依据。故对原审被告人倪某甲、倪某乙请求从轻处罚的辩解意见，本院不予采纳。

关于辩护人沈燕称倪某乙系材料员，原判决量刑偏重、请求从轻处罚的辩护意见，经查，原审被告人倪某乙作为江苏建工天津分公司恒大威尼斯水城项目部的实际控制人，同时兼材料员、施工现场管理人，其对工程项目疏于管理，明知原审被告人何某无特种作业资质，而将木工模板制安分项劳务工程分包给何某；租赁不合格的钢管、扣件用于搭设高大模板支撑系统；未对高大模板支撑系统进行验收、未取得项目总监理工程师签发的浇筑令，而盲目下令浇筑混凝土，对事故的发生负有直接责任，且属主要责任，依法应予严惩，原判决在法定刑内量刑适当。故辩护人沈燕该辩护意见不能成立，本院不予采纳。

第三节　重大飞行事故罪

一　法律规定

《刑法（十）》第一百三十一条规定了重大飞行事故罪。

第一百三十一条 航空人员违反规章制度，致使发生重大飞行事故，造成严重后果的，处三年以下有期徒刑或者拘役；造成飞机坠毁或者人员死亡的，处三年以上七年以下有期徒刑。

根据《刑法（十）》第一百三十一条规定，构成重大飞行事故罪的犯罪必须有三个条件：一是航空人员；二是违反了规章制度，致使发生重大飞行事故；三是重大飞行事故造成了严重后果。

（一）航空人员

《民用航空法》第三十九条界定了在民用航空领域中通称的航空人员。《民用航空法》所称航空人员，是指下列从事民用航空活动的空勤人员和地勤人员，包括：

1. 空勤人员。空勤人员包括：驾驶员、领航员、飞行机械人员、飞行通信员、乘务员；

2. 地勤人员。地勤人员包括：民用航空器维修人员、空中交通管制员、飞行签派员、航空电台通信员。

按照《民用航空法》规定的航空人员范围和《刑法（十）》规定的重大飞行事故罪犯罪人员范围，航空人员以外的民航人员不属于重大飞行事故罪的犯罪人员范围，他们（她们）违反规章制度引起重大飞行事故的犯罪不能定为重大飞行事故罪。航空人员以外的人员主要包括：政府民航安全监督管理人员和民航企业主要负责人、分管负责人、安全监督管理人员等。

（二）民航规章制度

规章制度有广义和狭义之分。广义的规章制度包括：国家制定的法律、法规、标准、规范性文件的规定及其规定的有关制度，企业制定的作业规则、操作规程、技术规范、作业规范等。狭义的规章制度一般只包括企业制定的作业规则、操作规程、技术规范、作业规范。能够成为定罪、刑罚裁量依据的规章制度，只有国家的法律、法规、规范性文件和强制国家标准的规定及其规定的有关规程、规范、技术要求和规章制度等。

1. 重大飞行事故罪定罪依据的民用航空法律法规

作为重大飞行事故罪定罪依据的民用航空法律法规、规程规范、规章制度主要有：《民用航空法》《安全生产法》《飞行基本规则》《中国民用航空空中交通管理规则》《中国民用航空飞行签派工作细则》《民用航空通信导航监视工作细则》《关于落实民航安全生产管理责任的指导意见》《中国民航航空安全方案》等。

2. 重大飞行事故罪定罪依据的民用航空标准

作为重大飞行事故罪定罪依据的民用航空标准主要有：《民用航空产品和零部件审定规定》（CCAR－21－R3）、《运输类飞机适航标准》（CCAR－25－R4）、《民用航空器监视员和地面教员合格审定规则》（CCAR－61－R4）、《民用航空空中交通管理运行单位安全管理规则》（CCAR－83）、《一般运行和飞行规则》（CCAR－92－R2）、《民用机场运行安全管理规定》（CCAR－140）、《公共航空运输企业航空安全保卫规则》（CCAR－343）、《民用航空器事故和飞行事故征候调查规定》（CCAR－395－R1）、《民用航空安全信息管理规定》（CCAR－396－R2）、《中国民用航空应急管理规定》（CCAR－397）等。

（三）重大飞行事故

国家标准《民用航空器飞行事故等级》（GB14648－93）规定了重大飞行事故及其相关的术语。航空器是指凡能从空气的反作用而不是从空气对地面的反作用，在大气中获得支撑的任何机器。民用航空器飞行事故是民用航空器在运行过程中发生人员伤亡、航空器损坏的事件。民用航空器飞行事故可能造成人员死亡、人员重伤、航空器失踪、航空器损坏或者其他危害等。

1. 飞行事故等级划分原则

国家标准《民用航空器飞行事故等级》（GB14648 – 93）确立了划分飞行事故等级的原则：

（1）飞行事故等级是根据人员伤亡情况以及对航空器损坏程度确定的。但由于各种原因，自己或他人造成的伤亡，或藏在通常供旅客和机组使用范围之外偷乘航空器而造成的伤亡除外。

（2）飞行事故的时间界限是从任何人登上航空器准备飞行直至所有这类人员下了航空器为止的时间内。

（3）在规定的时间界限内，所发生的人员伤亡或航空器损坏，必须与航空器运行有关，才能定为航空器飞行事故。

2. 飞行事故等级分类

国家标准《民用航空器飞行事故等级》（GB14648 – 93）将飞行事故分为三类，分别是特别重大飞行事故、重大飞行事故和一般飞行事故。

（1）飞行事故造成下列情况之一的，定为特别重大飞行事故：

①事故造成人员死亡，死亡人数在 40 人及其以上；

②造成航空器失踪，机上人员在 40 人及其以上。

（2）飞行事故造成下列情况之一的，定为重大飞行事故：

①造成人员死亡，死亡人数在 39 人及其以下；

②造成航空器严重损坏或迫降在无法运出的地方（最大起飞重量 5.7 吨及其以下的航空器除外）；

③造成航空器失踪，机上人员在 39 人及其以下。

（3）飞行事故造成下列情况之一的，定为一般飞行事故：

①造成人员重伤，重伤人数在 10 人及其以上；

②造成最大起飞重量 5.7 吨（含）以下的航空器严重损坏，或迫降在无法运出的地方；

③造成最大起飞重量5.7—50吨（含）的航空器一般损坏，其修复费用超过事故当时同型或同类可比新航空器价格的10%（含）者；

④最大起飞重量50t以上的航空器一般损坏，其修复费用超过事故当时同型或同类可比新航空器价格的5%（含）。

对于上述飞行事故划分标准说明如下：

（1）在航空器运行过程中发生的相撞，不论损失架数多少，一律按一次飞行事故计算，事故等级按人员伤亡总数和航空器损坏最严重的确定。

（2）人员伤亡统计应包括一起飞行事故直接造成的地面人员伤亡。

（3）人员重伤是指某一人员在航空器飞行事故中受伤，经医师鉴定符合下列情况之一的：

①自受伤日起7天内需要住院48小时以上。

②造成任何骨折（手指、足趾或鼻部单纯折断除外）。

③引起严重出血的裂口，神经、肌肉或腱的损坏。

④涉及内脏器官受伤。

⑤有二度或三度或超过全身面积5%以上的烧伤。

⑥已证实暴露于传染物质或有伤害性辐射。

二　重大飞行事故罪案例剖析

（一）齐某某重大飞行事故罪二审刑事裁定书

齐某某重大飞行事故罪二审刑事裁定书①

裁定书：黑龙江省伊春市中级人民法院刑事裁定书（2015）伊中刑一终字第X号

---

① 黑龙江省伊春市中级人民法院，齐某某重大飞行事故罪二审刑事裁定书，黑龙江省伊春市中级人民法院〔2015〕伊中刑一终字第X号，中国裁判文书网，https：//wenshu.wenshu.court.gov.cn，京ICP备0523036号，2017年3月。

原公诉机关：黑龙江省伊春市伊春区人民检察院。

上诉人（一审被告人）：齐某某……原河南航空有限公司飞行员。因本案于 2012 年 6 月 28 日被刑事拘留，同年 7 月 10 日被逮捕，现羁押。

辩护人：张起淮、胡爱军，某律师事务所律师。

一审情况：黑龙江省伊春市伊春区人民法院审理伊春区人民检察院指控被告人齐某某犯重大飞行事故罪一案，于 2014 年 12 月 19 日作出（2014）伊刑初字第 17 号刑事判决。被告人齐某某不服，提出上诉。本院依法组成合议庭，经过阅卷、讯问被告人，听取辩护人意见，认为事实清楚，决定不开庭审理。现已审理终结。一审判决认定，河南航空有限公司（下称河南航空）前身为 2007 年 5 月成立的鲲鹏航空有限公司（下称鲲鹏航空），2009 年 9 月更名为河南航空，同年 12 月 20 日获得民航中南地区管理局颁发的运行合格证，主要经营支线客、货运输。被告人齐某某于 2009 年 1 月 24 日与鲲鹏航空签订飞行员借用协议，从深圳航空到鲲鹏航空工作，并于同年 4 月 8 日被聘为 E190 机型飞机机长。

案情说明：2010 年 8 月 24 日晚，齐某某担任机长执行河南航空 E190 机型 B3130 号飞机哈尔滨至伊春 VD8387 定期客运航班任务，由朱某甲担任副驾驶，二人均为首次执行伊春林都机场飞行任务。当日航班上共有 96 人，其中机组 5 人，乘客 91 人。20 时 51 分飞机从哈尔滨太平国际机场起飞，21 时 10 分飞行机组首次与伊春林都机场塔台建立联系，塔台管制员向飞行机组通报着陆最低能见度为 2800 米。按照河南航空《飞行运行总手册》规定，首次执行某机场飞行任务应将着陆最低能见度增加到 3600 米，但飞行机组没有执行此规定，继续实施进近。21 时 33 分 50 秒飞行机组完成程序转弯，飞机高度 1138 米，报告跑道能见，机场管制员发布着陆许可，并提醒飞行机组最低下降高度 440 米。按照中国民用航空局《大型飞机公共航空运输承运人运行合格审定规则》规定，当飞机到达最低下降高，在进近复飞点之前的任何时间内，驾驶员至少能清楚地看到和辨认计划着陆跑道的目视参考，方可继续进近到低于最低下降高并着陆。21 时

37分31秒飞机穿越最低下降高度440米，但此时飞机仍然在辐射雾中，飞行机组未能看见机场跑道。21时38分05秒至08秒飞机无线电高度自动语音连续提示飞机距离地面高度。此时飞行机组始终未能看见机场跑道，未建立着陆所必需的目视参考，未采取复飞措施。21时38分08秒飞机在位于伊春市林都机场30号跑道入口外跑道延长线上690米处坠毁。事故发生后，机长齐某某擅自撤离飞机。机上幸存人员分别通过飞机左后舱门、驾驶舱左侧滑动窗和机身壁板的两处裂口逃生。事故共造成41名乘客和3名机组人员死亡，14人重伤，29人轻伤，8人轻微伤，1人未作伤情鉴定，直接经济损失人民币30891万元。

上述事实，有被害人张某甲、蒋某甲、韩某甲等人的陈述，《河南航空有限公司黑龙江伊春"8.24"特别重大飞机坠毁事故调查报告》，"8.24"8387机组与伊春塔台通话录音记录，《关于河南航空有限公司黑龙江伊春"8.24"特别重大飞机坠毁事故结案的通知》，河南航空《飞行运行总手册》和中国民用航空局《大型飞机公共航空运输承运人运行合格审定规则》的相关规定，《关于伊春机场着陆最低能见度标准的说明》，《伊春机场30号跑道VOR/DME仪表进近图》，《现场勘验检查笔录》及现场照片，《"8.24"河南航空公司ERJ-190型B-3130飞机伊春坠机事件适航组调查报告》，《伊春林都机场测量报告》，对机场跑道、灯光、气象员和气象观测站的调查材料，对飞机残骸的《检验鉴定报告》，《"8.24"事故起火路线的确定的说明》，《关于移送河南航空有限公司黑龙江伊春"8.24"特别重大飞机坠毁事故直接经济损失证据的函》，《关于河南航空"8.24"直接经济损失的报告》，《法医尸表检验报告》，《刑事鉴定书》，《法医学文证审查意见书》，《企业法人营业执照》、《经营许可证》，民用航空器驾驶员执照、任免通知等认定齐某某飞行员身份的证据，《户籍信息表》，《到案经过》，被告人齐某某的供述等证据证实。

伊春区人民法院认为，被告人齐某某作为客运航班当班机长，违反航空运输管理的有关规定，违规操纵飞机实施进近并着陆，致使飞机坠毁，造成机上44人死亡、52人受伤，直接经济损失人民币

30891 万元的严重后果，其行为已构成重大飞行事故罪，应当依法承担刑事责任。根据国家安全生产监督管理总局事故调查报告，本起事故的直接原因是机长及飞行机组违规操纵飞机所致，齐某某作为机长应对事故发生负直接责任。鉴于本案的具体情节及齐某某认罪悔罪的表现，可对齐某某从轻处罚。依照《中华人民共和国刑法》第一百三十一条、第四十七条、第六十一条的规定，认定被告人齐某某犯重大飞行事故罪，判处有期徒刑三年。

上诉情况：宣判后，齐某某不服，以一审法院未说明理由，拒绝辩护人提出的证人出庭及调取新证据的申请，违反程序；一审判决认定其事故发生后能救却不救的事实没有依据，属于杜撰；一审法院安排的专业人员在出庭时歪曲事实；一审判决将结论不客观、不真实的事故调查报告作为证据使用错误；此次空难系多因一果，量刑畸重为理由，提出上诉。

辩护人除提出与齐某某上诉理由相同的辩护意见外，还提出一审法院未允许辩护人对机组与伊春塔台通话录音充分辨认，违反程序；未查明地形警告系统不起作用的原因的辩护意见。

二审结果：本院经依法全面审查，对一审判决认定的事实及所列证据予以确认。本院认为，上诉人齐某某作为客运航班当班机长，违反航空运输管理的有关规定，违规操纵飞机实施进近着陆，致使飞机坠毁，造成多人伤亡和重大经济损失，其行为已构成重大飞行事故罪。根据一审庭前会议和庭审记录，一审法院对于辩护人所提通知证人出庭和调取新证据的申请已作出安排，并在第二次庭前会议时播放了辩护人申请调取的包括机组与伊春塔台通话录音的驾驶舱话音记录，听取了辩护人的意见；庭审中经法庭询问，辩护人当庭表示不再申请证人出庭作证，亦未再提出调取新证据的申请。齐某某及其辩护人所提一审法院未说明理由，拒绝辩护人提出的证人出庭和调取新证据的申请及辩护人提出的一审法院未允许其对通话录音充分辨认的上诉理由和辩护意见不能成立。一审判决认定"事故发生后，机长齐某某擅自撤离飞机"的事实，有齐某某的供述、部分受害人陈述及河南航空《飞行运行总手册》关于航空器遇险时机长职责的规定予以证实。齐某某及其辩护人所提一审判决杜撰事实的上诉理由和辩护意见不能成立。事故调查报告是由国务院组织专业技术人员通过调查分析和科学论证作出的，其结论与其他证据能够相互印证，可以作为定案的根据。齐某某及其辩护人所提事故调查报告不客观、不真实，一审法院认定错误的上诉理由和辩护意见不能成立。两名具有航空专业知识的人员在一审庭审中，只是对事故调查报告和航空专业知识做出说明和解释。齐某某及其辩护人所提具有专门知识的人员在庭审中歪曲事实的上述理由和辩护意见不能成立。此次事故造成飞机坠毁，44人死亡，52人受伤，直接经济损失30891万元的严重后果，齐某某作为机长应负直接责任。一审判决考虑到本案的具体情节，已对齐某某予以从轻处罚，齐某某及其辩护人所提一审判决量刑畸重的上诉理由及辩护意见，不予采纳。一审判决认定的事实清楚，证据确实、充分，定罪准确，量刑适当。审判程序合法。依照《中华人民共和国刑事诉讼法》第二百二十五条第一款第（一）项的规定，裁定如下：**驳回上诉，维持原判。本裁定为终审裁定。**

审判长：×××

审判员：×××，×××

书记员：××

日期：二〇一五年三月十日

（二）对"齐某某重大飞行事故罪二审刑事裁定书"的分析

1. 被告人齐某某的职业为飞行员，E190机型飞机机长。适用重大飞行事故罪的"航空人员"的条件。

在齐某某重大飞行事故罪二审刑事裁定书（以下简称齐某某刑事裁定书）中，提出了确认被告人职业和身份的依据，包括：民用航空器驾驶员执照、任免通知、《户籍信息表》、《到案经过》以及被告人本人的供述等证据。这些证据证实，被告人齐某某是原河南航空有限公司飞行员，于2009年1月24日与鲲鹏航空签订飞行员借用协议，从深圳航空到鲲鹏航空工作，于2009年4月8日被聘为E190机型飞机机长。适用重大飞行事故罪的"航空人员"的条件。

2. 被告人未履行《民用航空法》关于机长法定职责的有关规定。适用重大飞行事故罪中"违反民航规章制度"的条件。

齐某某刑事裁定书提出了确认被告人齐某某违反民航规章制度的依据，包括：

（1）《河南航空有限公司黑龙江伊春"8.24"特别重大飞机坠毁事故调查报告》；

（2）"8.24"特别重大飞机坠毁事故过程中8387机组与伊春塔台通话录音记录；

（3）《关于河南航空有限公司黑龙江伊春"8.24"特别重大飞机坠毁事故结案的通知》；

（4）《飞行运行总手册》；

（5）《大型飞机公共航空运输承运人运行合格审定规则》；

（6）《关于伊春机场着陆最低能见度标准的说明》；

（7）《伊春机场30号跑道VOR/DME仪表进近图》；

（8）《现场勘验检查笔录》及现场照片；

（9）《"8.24"河南航空公司ERJ-190型B-3130飞机伊春坠机事件适航组调查报告》；

（10）《伊春林都机场测量报告》；

（11）对机场跑道、灯光、气象员和气象观测站的调查材料等。

根据上述依据确认，被告人齐某某作为客运航班当班机长，违反航空运输管理的有关规定，违规操纵飞机实施进近并着陆，致使飞机坠毁。《河南航空有限公司黑龙江伊春"8.24"特别重大飞机坠毁事故调查报告》中证实，事故的直接原因是机长及飞行机组违规操纵飞机所致，被告人作为机长应对事故发生负直接责任。在《河南航空有限公司黑龙江伊春"8.24"特别重大飞机坠毁事故调查报告》认定，河南航空有限公司黑龙江伊春"8.24"特别重大飞机坠毁事故是一起责任事故，涉及被告人齐某某违反民航规章制度，具体事实的调查结论为：

（1）根据河南航空《飞行运行总手册》的有关规定，当班机长首次执行伊春机场飞行任务时能见度最低标准为3600米。事发前伊春机场管制员向飞行机组通报的能见度为 2800 米。被告人齐某某是在低于能见度最低标准 3600 米的情况下，实施进近的，违反了河南航空《飞行运行总手册》能见度最低标准；

（2）民航局《大型飞机公共航空运输承运人运行合格审定规则》的规定，在飞机进入辐射雾时，应在看清机场跑道、建立着陆所必需的目视参考的情况下，穿越最低下降高度着陆。被告人齐某某在未看见机场跑道、没有建立着陆所必需的目视参考的情况下，仍然穿越最低下降高度实施着陆，违法了民航局《大型飞机公共航空运输承运人运行合格审定规则》。

（3）飞行机组在飞机撞地前出现无线电高度语音提示，且未看见机场跑道的情况下，仍未采取复飞措施，继续盲目实施着陆，导致飞机撞地。违反了民航局《大型飞机公共航空运输承运人运行合格审定规则》。

（4）河南航空部分飞行员存在飞行中随意性大、执行公司运行手册不严格等突出问题。

（5）机长飞行超限事件数量大、种类多、时间跨度大，特别是与进近着陆相关的进近坡度大、偏离或低于下滑道、下降率大、着陆目测偏差较大等超限事件频繁出现；

（6）机长长期存在的操纵技术粗糙、进近着陆不稳定等问题失察；

（7）飞行机组调配不合理，成员之间协调配合不好。飞行机组为首次执行伊春机场飞行任务，增加了安全风险；成员之间交流不畅，没有起到相互提醒验证、减少人为差错的作用；

（8）对乘务员的应急培训不符合民航局的相关规定和河南航空训练大纲的要求。负责河南航空乘务员应急培训的深圳航空乘务员培训中心没有 E190 机型舱门训练器和翼上出口舱门训练器，乘务员实际操作训练在 E190 机型飞机上进行，且部分乘务员没有进行开启舱门的实际操作训练。河南航空采用替代方式进行乘务员应急培训，没有修改训练大纲并向民航河南监管局申报，违反了民航局《客舱训练设备和设施标准》和《关于合格证持有人使用非所属训练机构乘务员训练有关问题》等相关规定，影响了乘务员应急训练质量，难以保障乘务员的应急处置能力。

分析上述事故调查结论可以看出，从导致飞机失事事故的责任看，（1）是飞机失事的直接原因，被告人应该承担全部责任；（2）和（3）是飞机失事的直接原因，被告人应该承担主要责任；（5）和（6）是飞机失事的间接原因，被告人应该承担全部责任；（4）和（7）是飞机失事的间接原因，被告人应该承担主要责任；（8）是飞机失事的间接原因，被告人应该负有一定的责任。

因此，被告人齐某某作为事故航班的当班机长，未履行《民用航空法》关于机长法定职责的有关规定，违规操纵飞机低于最低运行标准实施进近，在飞机进入辐射雾，未看见机场跑道、没有建立着陆所必需的目视参考的情况下，穿越最低下降高度实施着陆，在撞地前出现无线电高度语音提示，且未看见机场跑道的情况下，仍未采取复飞措施，继续实施着陆，导致飞机撞地，对事故的发生负有直接责任；飞机撞地后，没有组织指挥旅客撤离，没有救助受伤人员，而是擅自撤离飞机。应该依法追究其刑事责任。

3. 事故造成飞机坠毁和重大人员死亡，属于特别重大事故。满足重大飞行事故罪"飞机坠毁或者重大人员死亡"的条件。

齐某某刑事裁定书提出了确认飞机失事事故造成飞机坠毁和重大人员死亡的依据，包括：

（1）《河南航空有限公司黑龙江伊春"8.24"特别重大飞机坠毁事故调查报告》；

（2）《关于河南航空有限公司黑龙江伊春"8.24"特别重大飞机坠毁事故结案的通知》；

（3）对飞机残骸的《检验鉴定报告》；

（4）《"8.24"事故起火路线的确定的说明》；

（5）《关于移送河南航空有限公司黑龙江伊春"8.24"特别重大飞机坠毁事故直接经济损失证据的函》；

（6）《关于河南航空"8.24"直接经济损失的报告》；

（7）《法医尸体检验报告》；

（8）《刑事鉴定书》；

（9）《法医学文证审查意见书》。

《河南航空有限公司黑龙江伊春"8.24"特别重大飞机坠毁事故调查报告》确认的事故损失情况为：河南航空有限公司 E190 机型 B3130 号飞机执行哈尔滨至伊春 VD8387 定期客运航班任务时，在黑龙江省伊春市林都机场进近着陆过程中失事，造成机上 44 人死亡、52 人受伤，直接经济损失 30891 万元。

按照国家标准《民用航空器飞行事故等级》（GB14648－93）的规定，河南航空有限公司黑龙江伊春"8.24"飞机坠毁事故符合特别重大飞行事故标准，该起飞机失事坠毁事故为特别重大飞行事故。

4. 依照《刑法（十）》第一百三十一条、第四十七条、第六十一条的规定，认定被告人齐某某犯重大飞行事故罪，判处有期徒刑三年。

被告人齐某某作为航空人员，未履行《民用航空法》关于机长法定职责，民航局《大型飞机公共航空运输承运人运行合格审定规则》和河南航空《飞行运行总手册》等法规、规章制度，致使发生重大飞行事故，造成飞机坠毁和重大人员死亡。依据《刑法（十）》一百三十一条，应该处三年以上七年以下有期徒刑。按照事故具体情节及被告人齐某某认罪悔罪的表现较好，依据《刑法（十）》第六十一条，对被告人齐某某从轻处罚。

通过以上分析可知：

（1）黑龙江省伊春市中级人民法院（黑龙江省伊春市中级人民法院刑事裁定书〔2015〕伊中刑一终字第 X 号）一审，认定被告人"齐某某犯重大飞行事故罪，判处有期徒刑三年。"定罪是明确的，刑罚裁定的量刑是适当的。

（2）黑龙江省伊春市中级人民法院二审认定，一审判决认定的事实清楚，证据确实、充分，定罪准确，量刑适当，审判程序合法，裁定"驳回上诉，维持原判。本裁定为终审裁定"的事实是清楚的，裁定是正确的。

（3）依照《中华人民共和国刑事诉讼法》第二百二十五条第一

款第（一）项"第二审人民法院对不服第一审判决的上诉、抗诉案件，经过审理后"，"原判决认定事实和适用法律正确、量刑适当的，应当裁定驳回上诉或者抗诉，维持原判"的规定，黑龙江省伊春市中级人民法院二审裁定"驳回上诉，维持原判。本裁定为终审裁定"是正确的。

三　重大飞行事故犯罪的剖析

在我国《民用航空法》中涉及刑事犯罪的有 1 条，即第一百九十九条。该条规定"航空人员玩忽职守，或者违反规章制度，导致发生重大飞行事故，造成严重后果的，分别依照、比照刑法第一百八十七条或者第一百一十四条的规定追究刑事责任"。其中的"航空人员违反规章制度，导致发生重大飞行事故，造成严重后果的，分别依照、比照刑法第一百八十七条或者第一百一十四条的规定追究刑事责任"。对应《刑法》第一百三十一条规定"航空人员违反规章制度，致使发生重大飞行事故，造成严重后果的，处三年以下有期徒刑或者拘役；造成飞机坠毁或者人员死亡的，处三年以上七年以下有期徒刑"。

通过对《民用航空法》《刑法》相应条款和案例分析，可以梳理出重大飞行事故罪的一些属性。

（一）重大飞行事故罪犯罪对象及后果

重大飞行事故罪侵犯的对象是空中运输的安全和空中运输的正常秩序。从重大飞行事故罪侵害对象和后果分析，认定该罪需要三个要件，分别为"飞行""事故""重大"。

1. 飞行。飞行是指航空器在飞行过程中，也包括起飞和降落。但是，不包括其他物体或者外力作用于航天器。

2. 事故。事故是指造成了航天器损毁、损坏或者人员伤亡，包括航天器本身的损毁、损坏和其他物的损毁、损坏，以及航天器内部人员的伤亡和航天器外部人员的伤亡。

3. 重大或者特别重大。满足国家标准《民用航空器飞行事故等级》（GB14648 - 93）和《生产安全事故报告和调查处理条例》，关于重大飞行事故或者特别重大飞行事故的条件，以及重大事故或者特别重大事故的条件。

概括而言，重大飞行事故罪侵犯对象和后果可以描述为：航空器在飞行过程中、发生事故危及公共安全，使人民生命、财产遭受重大损失。即下列说法都可以作为重大飞行事故罪侵犯对象和后果的表述：

1. 航空器在飞行过程中发生事故造成航空器严重破坏；

2. 航空器在飞行过程中发生事故造成航空器严重破坏和人员受伤，包括航空器外部人员的受伤；

3. 航空器在飞行过程中发生事故造成航空器严重破坏和人员伤亡，包括航空器外部人员的伤亡；

4. 航空器在飞行过程中发生事故迫降在无法运出的地方；

5. 航空器在飞行过程中发生事故迫降在无法运出的地方，并在迫降过程中造成人员受伤，包括航空器外部人员的受伤；

6. 航空器在飞行过程中发生事故迫降在无法运出的地方，并在迫降过程中造成人员伤亡，包括航空器外部人员的伤亡；

7. 航空器在飞行过程中发生事故造成10人死亡，包括航空器外部死亡的人员；

8. 航空器在飞行过程中发生事故造成50人以上重伤，包括航空器外部重伤的人员；

9. 航空器在飞行过程中发生事故造成5000万元以上直接经济损失，包括航空器外部财产的损失；

10. 造成航空器失踪；

11. 造成航空器失踪并有人员一同失踪。

（二）重大飞行事故罪的行为主体

重大飞行事故罪的行为主体是特殊的主体，即必须是航空人员。根据《民用航空法》的规定，航空人员包括空勤人员和地勤人员，可以是驾驶员、领航员、飞行通信员、机械员、乘务员、民用航空维护人员、空中交通管制员、飞行签派员、航空台通信员等。显然，负有民用航空安全的政府监管部门的安全监管人员不适用重大飞行事故罪。

（三）主观和客观方面的表现

客观方面的表现是在空中运输活动中，因为违反规章制度引发重大事故，造成人员重伤、死亡或者使公私财产遭受重大损失的行为。具体地说，重大飞行事故罪的客观方面是由三个因素组成的：

1. 航空人员有违反规章制度、致使发生重大飞行事故而造成严重后果的行为。违反规章制度是指违反与飞行安全有关的规章制度。例如，航空维修人员不认真检查、维修航空器，未及时发现航空器的故障；领航员领航不正确，飞机起飞前机长不对航空器进行全面检查，飞机遇险时机长未采取必要的挽救措施；机组人员未经机长批准擅自离开航空器等。

2. 发生重大事故造成人员重伤、死亡或者使公私财产遭受重大损失的严重后果。如果有航空人员违章行为，但没有实际发生重大飞行事故，则对航空人员予以行政处分，不能追究刑事责任，不能给予刑事处罚。

3. 严重后果必须是违章行为引起的，即严重后果与违章行为之间存在因果关系。违反规章制度，致人重伤、死亡或者使公私财产遭受重大损失的行为，必须发生在从始发机场准备载人、装货，至终点机场旅客离去、货物卸完的整个交通运输活动过程中。

重大飞行事故罪在主观方面表现为过失，即不是主观故意的行为。如故意驾驶飞机与山相撞造成的重大事故，不适用重大飞行事故罪。故意不按照正确航线驾驶造成的重大事故，也不适用重大飞行事故罪。对主观方面表现为过失，可以作如下几点解释：

1. 航空人员的过失包括疏忽大意的过失和过于自信的过失。航空人员是不经意（不注意）造成的错误，在认为可以达到目的的心理下产生过失。

2. 航空人员的过失不是故意的行为。即从航空人员的态度上，实施违反规章制度的行为不是故意的。

3. 航空人员未预见危害后果的过失。从航空人员对危害后果的态度而言，行为人应该预见到飞行事故可能造成的严重后果，但他（她）没有预见到；或者虽然预见飞行事故可能造成的严重后果，但他（她）认为可以避免，以致造成了严重后果。

因此，认定重大飞行事故罪，要从如下五个方面综合予以判定：

1. 行为人是否是航空人员。是航空人员适用本罪，不是航空人员不适用本罪；

2. 行为人的行为是否违反规章制度。如果行为人的行为是照章行事的，不违反规章制度，即使发生重大事故，造成人员重伤、死亡或者使公私财产遭受重大损失，也不构成犯罪。

3. 行为是否造成了严重后果。行为人虽然违反了规章制度，但未造成严重后果的，不构成犯罪。

4. 违章行为与严重后果之间是否有因果关系。即使在行为人的违章行为之后，发生了重大事故，但不是行为人的违章行为引起的，二者之间没有因果关系，不构成犯罪。

5. 行为人主观上有无过失。如果行为人主观上既无故意，又无过失，严重后果是由于不能预见或者不可抗拒的原因引起的，不适用本罪。

第四节　重特大交通事故的违法非法行为与处罚（30 起重特大交通事故分析）

收集了近期公开发布的 30 起重特大交通事故调查报告，梳理各起事故涉及企业、事业、地方政府及其部门（统称组织）、人员的违法非法行为，以及报告中明确的对相关组织、人员的处罚，处罚的依据、处罚的形式等，分析交通事故相关责任处罚组织，建立交通事故责任组织的责任相关度模型并依据 30 起重特大交通事故的数据计算了责任相关度；依据 30 起重特大交通事故的统计数据，进行了交通事故相关责任人员涉嫌犯罪分析、应急交通事故相关责任人员的处分分析和经济处罚分析，明确了违法非法行为及其处罚形式和处罚人员，分析了交通事故处罚影响因素。

一　30 起重特大交通事故介绍

30 起重特大交通事故调查报告分别来自 18 个网站。30 起重特大交通事故的发生时间为 2014 年至 2017 起，其中 2014 年、2015 年、2016 年、2017 年分别发生 13 起、7 起、6 起和 4 起。如表 5.14 所示。

表 5.14 　　　　　　　30 起重特大交通事故基本情况

编号	事故调查报告名称	死亡人数（人）	受伤人数（人）	直接经济损失（万元）	发生时间（年/月/日）	资料来源
TA1	晋济高速公路山西晋城段岩后隧道"3·1"特别重大道路交通危化品燃爆事故调查报告	40	12	8197	2014/3/1	http：//www. chinasafety. gov. cn
TA2	甘肃省甘南州合作市"3·3"重大道路交通事故调查处理报告	10	35	1038.5	2014/3/3	http：//www. gssafety. gov. cn
TA3	吉林市"3·5"重大车辆燃烧事故调查报告	10	17	1134.86	2014/3/5	http：//www. jlsafety. gov. cn
TA4	南充市仪陇县"3·6"重大道路交通事故调查报告	11		480	2014/3/6	http：//www. scsafety. gov. cn
TA5	包茂高速（重庆黔江段）"3·25"重大道路交通事故调查报告	16	39	1565.8	2014/3/25	http：//aq. cqjt. gov. cn
TA6	纳雍县"4·4"重大道路交通事故调查报告	21	3	1249.36	2015/4/4	http：//anquan. 28xl. com
TA7	长沙市岳麓区"7·10"重大道路交通（校车）事故调查报告	11		657	2014/7/10	http：//www. hunansafety. gov. cn

续表

编号	事故调查报告名称	死亡人数（人）	受伤人数（人）	直接经济损失（万元）	发生时间（年/月/日）	资料来源
TA8	湖南沪昆高速"7·19"特重大交通事故调查报告	58	2	5300	2014/7/19	http：//www. chinasafety. gov. cn
TA9	西藏拉萨"8·9"特别重大道路交通事故调查报告	44	11	3900	2014/8/9	http：//www. chinasafety. gov. cn
TA10	连霍高速甘肃瓜州"8·26"重大道路交通事故调查处理报告	15	35	950	2014/8/26	http：//www. gssafety. gov. cn
TA11	庆阳市环县"9·6"重大道路交通事故调查报告	11	3	500	2014/9/6	http：//www. gssafety. gov. cn
TA12	烟台蓬莱市"11·19"重大道路交通事故调查报告	12	3	916.8	2014/11/19	http：//www. chinasafety. gov. cn
TA13	粤赣高速公路河源和平路段"12·13"重大道路交通事故调查报告	12	3	1264.3	2014/12/13	http：//www. gdsafety. gov. cn
TA14	荣乌高速烟台莱州段"1·16"重大道路交通事故责任调查报告	12	6	1100	2015/1/16	http：//www. chinasafety. gov. cn
TA15	新疆喀什"2·24"重大车辆侧翻事故调查报告	22	38	1475	2015/2/24	http：//www. xjsafety. gov. cn
TA16	安阳市林州"3·2"重大道路交通事故调查报告	20	13	1200.8	2015/3/2	http：//www. hnsaqscw. gov. cn

续表

编号	事故调查报告名称	死亡人数（人）	受伤人数（人）	直接经济损失（万元）	发生时间（年/月/日）	资料来源
TA17	兴仁县"3·7"重大道路交通事故调查报告	11	19	496	2015/3/7	http：//www. chinasafety. gov. cn
TA18	陕西咸阳"5.15"特别重大道路交通事故调查报告	35	11	2300	2015/5/15	http：//www. chinasafety. gov. cn
TA19	大广高速信阳新县"9·11"重大道路交通事故调查报告	11	8	895	2015/9/11	http：//www. zhecheng. gov. cn
TA20	沪昆高速公路湘潭段"9·25"重大道路交通事故调查报告	21	11	1800	2015/9/25	http：//www. hunansafety. gov. cn
TA21	湖南郴州宜凤高速"6·26"特别重大道路交通事故调查报告	35	13	2290	2016/6/26	http：//cssafe. changsha. gov. cn
TA22	津蓟高速"7·1"重大道路交通事故调查报告	26	4	2383.4	2016/7/1	http：//www. cafai. cn
TA23	淄博市博山区"8·11"重大道路交通事故责任调查报告	11	21	650	2016/8/11	http：//www. sdaj. gov. cn
TA24	紫云县"8·20"重大道路运输事故调查报告	11	28	861	2016/8/20	http：//www. gzaj. gov. cn
TA25	内蒙古自治区呼伦贝尔市绥满高速公路博克图段"9·24"重大道路交通事故调查报告	12	28	1585.33	2016/9/24	http：//www. chinasafety. gov. cn

续表

编号	事故调查报告名称	死亡人数（人）	受伤人数（人）	直接经济损失（万元）	发生时间（年/月/日）	资料来源
TA26	枣庄峄城"10·13"重大道路交通事故责任调查报告	11		310	2016/10/13	http：//zaozhuang. dzwww. com
TA27	云南省临沧市云县"3·2"重大道路交通事故调查报告	10	37	800	2017/3/2	http：//www. xichong. gov. cn
TA28	广河高速公路龙门路段"7·6"重大道路交通事故调查报告	19	31	3152.17	2017/7/6	http：//news. sina. com. cn
TA29	陕西安康京昆高速"8·10"特别重大道路交通事故调查报告	36	13	3533	2017/8/10	http：//www. chinahighway. com
TA30	京港澳高速新乡段"9·26"重大道路交通事故调查报告	12	11	1043.5	2017/9/26	http：//www. hnsaqscw. gov. cn

对 30 起重特大交通事故按照年度统计的情况，如表 5.15 所示。

表5.15　　　　30 起重特大交通事故按年度统计情况

年度	2014 年	2015 年	2016 年	2017 年	合计
事故起数/起	13	7	6	4	30
死亡人数/人	271	132	106	77	586
受伤人数/人	163	106	94	92	455
死伤人数/人	434	238	200	169	1041
直接经济损失/万元	27154	9266.8	8079.7	8528.7	53029.2
死亡 1 人直接经济损失/万元	100.2	70.2	76.2	110.8	89.35
死伤 1 人平均直接经济损失/万元	62.6	38.9	40.4	50.5	48.1

从表5.14、表5.15的数据可以看出，30起重特大交通事故共造成586人死亡，平均一起事故死亡19.5人；受伤455人，平均一起事故受伤15.2人；总直接经济损失53029.2万元，平均一起事故直接经济损失1767.6万元。

二　交通事故相关责任处罚组织及组织的责任相关度

（一）交通事故相关责任的处罚组织

对30起重特大交通事故中有违法违规的组织（包括党政机关及其部门、企业事业单位和各类检测检验机构、技术服务机构以及其他组织）进行分类统计，结果如表5.16所示。

表5.16　　　　　　　　重特大交通事故责任相关组织

序号	违法违规组织（大类）		违法违规组织（小类）	
	类别	数量（个）	类别	组织数量（个）
1	车辆生产监管维修登记企业	24	车辆制造销售企业	13
2			车辆定位系统经营服务企业	2
3			车辆装饰加工企业	2
4			车辆维修企业	3
5			车辆登记企业	4
6	运输或车辆经营单位	57	运输企业	43
7			客运企业	3
8			物流企业	6
9			非法运输企业	1
10			车辆使用单位	1
11			车辆拥有单位	2
12			车辆租用单位	1
13	道路运营建筑施工单位	20	高速公路经营管理企业	13
14			公交运营企业	1
15			公路建设单位	1
16			公路研究单位	1
17			道理施工企业	1
18			建筑施工企业	3

续表

序号	违法违规组织（大类）		违法违规组织（小类）	
	类别	数量（个）	类别	组织数量（个）
19	其他类别单位	20	劳务公司	1
20			旅游企业	7
21			生产经营企业	3
22			施工监理企业	1
23			水泥生产企业	1
24			钢铁经营企业	1
25			城市管理企业	2
26			学校	2
27			幼儿园	2
28	车辆检验机构	12	车辆检验机构	9
29			工程检测机构	2
30			特种设备检测机构	1
31	地方党政机关	53	地方党委	2
32			地方政府	50
33			园区管理部门	1
34	交通运输监管（管理）部门	174	交通运输管理部门	39
35			道路运输管理部门	53
36			公安交警部门	73
37			农机管理部门	4
38			交通工程质量监督部门	1
39			交通运输旅游管理部门	1
40			报废车回收拆解监管部门	3
41	其他政府部门	38	质量监管部门	11
42			安全生产监管部门	5
43			工商管理部门	9
44			地方政府应急管理部门	1
45			教育管理部门	4
46			市场监管部门	3
47			文化旅游管理部门	4
48			新闻出版管理部门	1
合计				398

从 30 起重特大交通事故的统计分析结果看，事故责任相关组织可以分为 8 个大类和 48 个小类。30 起重特大交通事故中，有 398 个组织存在不同程度的违法违规现象，其中：存在违法违规现象的企业事业单位为 121 个、占组织总数的 30.4%，车辆检验机构为 12 个、占组织总数的 3.0%，地方党政机关为 53 个、占组织总数的 13.3%，政府监督管理（管理）部门为 212 个、占组织总数的 50.3%。存在违法违规的地方党政机关及其政府部门为 265 个、占组织总数的 66.6%，存在违法违规的企业事业单位为 133 个、占组织总数的 33.4%。

（二）组织的交通事故责任相关度

1. 组织交通事故责任相关度模型

通过对违法违规不同类别组织数量的对比分析，可以判定是哪些组织的违法违规或者不作为、乱作为导致了 30 起重特大事故的发生。事故的发生与多个组织相关，相关责任的处罚也必将是多个组织。从 30 起重特大交通事故的统计结果看，一起事故中存在违法违规的组织达到 13.3 个。假设每个违法违规责任组织对事故的影响程度是相同的（这样的假设完全是分析的需要），那么可用不同类别组织数量占组织总数量的比例表示事故责任相关度，则交通事故责任组织的责任相关度可用下式表示：

$$Di = \frac{Ni}{N} \qquad\qquad (5-1)$$

式中：Di—第 i 类组织的交通事故责任相关度；

Ni—第 i 类组织的交通事故违法违规组织数量，个；

N—交通事故违法违规组织的总数量，个。

2. 交通事故责任组织的责任相关度计算

根据表 5.16 的数据，用式（5-1）可以计算出交通事故责任组织的责任相关度，结果如表 5.17 所示。

表5.17 重特大交通事故责任组织的责任相关度

序号	组织（大类）		组织（小类）	
	类别	责任相关度	类别	责任相关度
1	车辆生产监管维修登记企业	0.060	车辆制造销售企业	0.033
2			车辆定位系统经营服务企业	0.005
3			车辆装饰加工企业	0.005
4			车辆维修企业	0.008
5			车辆登记企业	0.010
6	运输或车辆经营单位	0.143	运输企业	0.108
7			客运企业	0.008
8			物流企业	0.015
9			非法运输企业	0.003
10			车辆使用单位	0.003
11			车辆拥有单位	0.005
12			车辆租用单位	0.003
13	道路运营建筑施工单位	0.050	高速公路经营管理企业	0.033
14			公交运营企业	0.003
15			公路建设单位	0.003
16			公路研究单位	0.003
17			道理施工企业	0.003
18			建筑施工企业	0.008
19	其他类别单位	0.050	劳务公司	0.003
20			旅游企业	0.018
21			生产经营企业	0.008
22			施工监理企业	0.003
23			水泥生产企业	0.003
24			钢铁经营企业	0.003
25			城市管理企业	0.005
26			学校	0.005
27			幼儿园	0.005

续表

序号	组织（大类）		组织（小类）	
	类别	责任相关度	类别	责任相关度
28			车辆检验机构	0.023
29	车辆检验机构	0.030	工程检测机构	0.005
30			特种设备检测机构	0.003
31			地方党委	0.005
32	地方党政机关	0.133	地方政府	0.126
33			园区管理部门	0.003
34			交通运输管理部门	0.098
35			道路运输管理部门	0.133
36			公安交警部门	0.183
37	交通运输监管（管理）部门	0.437	农机管理部门	0.010
38			交通工程质量监督部门	0.003
39			交通运输旅游管理部门	0.003
40			报废车回收拆解监管部门	0.008
41			质量监管部门	0.028
42			安全生产监管部门	0.013
43			工商管理部门	0.023
44	其他政府部门	0.095	地方政府应急管理部门	0.003
45			教育管理部门	0.010
46			市场监管部门	0.008
47			文化旅游管理部门	0.010
48			新闻出版管理部门	0.003

由表 5.17 的计算数据，对 8 个大类组织的责任相关度作如下说明：

（1）组织的责任相关度最高的是交通运输监管（管理）部门，责任相关度达到 0.437，即重特大交通事故的责任 43.7% 与交通运输监管（管理）部门有关；

（2）其次是运输或车辆经营单位，责任相关度达到 0.143，即重特大交通事故的责任 14.3% 与运输或车辆经营单位有关；

（3）组织的责任相关度由大到小的顺序依次为：交通运输监管（管理）部门责任相关度为 0.437，运输或车辆经营单位责任相关度为 0.143，地方党政机关责任相关度为 0.133，其他政府部门责任相关度为 0.095，车辆生产监管维修登记企业责任相关度为 0.06，道路运营建筑施工单位和其他类别单位责任相关度都是 0.05，车辆检验机构责任相关度为 0.03。

由表 5.17 的计算数据可以看出，在 48 个小类组织的责任相关度为：

（1）组织的责任相关度最高的是公安交警部门，责任相关度达到 0.183，即重特大交通事故的责任 18.3% 与公安交警部门有关；

（2）其次是道路运输管理部门，责任相关度达到 0.133，即重特大交通事故的责任 13.3% 与道路运输管理部门有关；

（3）责任相关度大于 0.1 的组织有公安交警部门、道路运输管理部门、运输企业和地方人民政府；

（4）交通运输管理部门的责任关联度为 0.098，接近于 0.1；

（5）责任关联度小于 0.1 且大于 0.01 的组织有：车辆制造销售企业、车辆登记企业、物流企业、高速公路经营管理企业、旅游企业、车辆检验机构、交通运输管理部门、农机管理部门、质量监管部门、安全生产监管部门、工商管理部门、教育管理部门、文化旅游管理部门等。

（三）预防重特大交通事故应重点关注的组织

以上的统计分析数据告诉我们，为预防重特大交通事故，应重点关注以下组织：

1. 交通运输监管（管理）部门做好工作，可以大大降低重特大交通事故

根据分类统计结果，理论上，做好交通运输监管（管理）部门的工作可以降低 43.7% 的重特大交通事故。其中，应优先落实公安交警部门的交通执法责任，其次是落实道路运输管理部门的道路运输管理责任，以及交通运输管理部门的监管责任，同时必须加强农机管理部门和报废车回收拆解监管部门的责任。

2. 运输或车辆经营单位做好工作，可以大幅度降低重特大交通安全事故

根据分类统计结果，理论上，做好运输或车辆经营单位工作可以降低14.3%的重特大交通事故。其中，应优先落实运输企业的责任，其次是落实物流企业和客运企业的责任，同时应加强车辆拥有、租用和使用单位的管理，严格打击非法运输企业。

3. 做好地方党委政府的工作，可以大幅度降低重特大交通安全事故

根据分类统计结果，理论上，做好地方党委政府的工作可以降低13.3%的重特大交通事故。各级地方党委、政府必须认真履行交通安全管理职责，担负起交通安全责任。

4. 做好交通运输监管（管理）部门以外的其他政府监管（管理）的工作可以较大幅度降低重特大交通安全事故

根据分类统计结果，理论上，做好交通运输监管（管理）部门以外的其他政府监管（管理）的工作可以降低9.5%的重特大交通事故。必须发挥质量监管部门、安全生产监管部门、工商管理部门、教育管理部门、市场监管部门、文化旅游管理部门等政府部门齐抓共管的作用，包括新闻出版管理部门和地方政府应急管理部门，各政府部门必须担负起交通安全的职责。

5. 做好车辆生产监管维修登记企业的工作，可以较大幅度降低重特大交通安全事故

根据分类统计结果，理论上，做好车辆生产监管维修登记企业的工作可以降低6.0%的重特大交通事故。在做好车辆制造销售企业工作的同时，应重视车辆定位系统经营服务、车辆装饰加工、车辆维修、车辆登记等每个环节的工作，使得从事这些工作的企业担负起交通安全的职责。

6. 做好运输或车辆经营单位和其他类别单位的工作，可以较大幅度降低重特大交通安全事故

根据分类统计结果，理论上，做好运输或车辆经营单位和其他类别单位的工作可以降低5.0%的重特大交通事故。其中，应特别关注

高速公路经营管理企业、旅游企业的交通安全工作，以及生产经营企业和建筑施工企业的交通安全工作。

7. 做好车辆检验机构的工作，可以较大幅度降低重特大交通安全事故

根据分类统计结果，理论上，做好车辆检验机构的工作可以降低3.0%的重特大交通事故。特别应注意落实车辆检验机构的车辆检测安全责任，同时，落实工程检测机构的道路工程检测安全责任，以及特种设备检测机构的特种设备检测安全责任。

三 交通事故相关责任人员涉嫌犯罪分析

（一）交通事故相关责任人员涉嫌犯罪类别分析

1. 涉嫌犯罪类别

对30起重特大交通事故报告中提出的涉嫌犯罪或者已经宣判罪行的情况进行分析统计，从统计结果看，涉嫌犯罪的罪名有：交通肇事罪、危险物品肇事罪、重大责任事故罪、过失致人死亡罪、滥用职权罪、玩忽职守罪、受贿罪、行贿罪、生产伪劣产品罪、销售伪劣产品罪、生产伪劣商品罪、销售伪劣商品罪、其他危险方法危害公共安全罪、出具证明文件重大失实罪、提供虚假证明文件罪、买卖国家机关证件罪等。此外，还有一部分没有指出具体的罪名，仅指出涉嫌犯罪。

2. 犯罪类别分析

表5.18为重特大交通事故涉嫌犯罪列类别统计结果。统计分析结果表明，在30起重特大交通事故调查报告中，共有284人涉嫌犯罪，其中：涉嫌犯罪人数最多的罪是重大责任事故罪，达到128人，平均每起重特大交通事故涉嫌重大责任事故罪人数为4.3人；其次是玩忽职守罪，涉嫌犯罪人数为54人，平均每起重特大交通事故涉嫌犯罪人数为1.8人；排在第三位的为滥用职权罪，涉嫌犯罪为22人，平均每起重特大交通事故涉嫌犯罪人数为0.7人。

表 5.18　　　　　　　　重特大交通事故涉嫌犯罪类别

序号	涉嫌所犯罪名	涉嫌犯罪人数（人）	涉嫌本罪犯罪人数占总涉嫌犯罪人数的比例（%）
1	交通肇事罪	9	3.2
2	重大责任事故罪	128	45.1
3	滥用职权罪	22	7.7
4	危险物品肇事罪	13	4.6
5	玩忽职守罪	54	19.0
6	出具证明文件重大失实罪	2	0.7
7	过失致人死亡罪	7	2.5
8	买卖国家机关证件罪	2	0.7
9	其他危险方法危害公共安全罪	2	0.7
10	生产、销售伪劣产品罪	5	1.8
11	生产伪劣产品罪	1	0.4
12	提供虚假证明文件罪	1	0.4
13	未明确罪名的犯罪	38	13.4
	合计	284	100

（二）交通事故涉嫌犯罪人员的岗位分析

为了认识交通事故涉嫌犯罪的规律和主要因素，对人员工作单位和工作岗位进行分类。

1. 单位和岗位分类

将重特大交通事故犯罪单位分为如下几类：

（1）车辆生产检验维修检验单位。包括：车辆生产、经营、装饰、维修单位，车辆检测检验、道路检测检验和道路工程检测检验、车辆相关设备检测检验机构，以及车辆监测控制系统和配件生产、维护、经营、服务等单位。

（2）运输物流企业。包括：客运企业，客运和货运车站，货运企业，物流企业，车辆租赁单位，以及货物和人员运输服务企业等。

（3）其他企业事业单位。除去车辆生产检验维修检验单位和运输物流企业以外的其他所有企业事业单位。

（4）党政机关。包括：地方党委，地方政府，园区政府，村委会或者街道委员会。

（5）交通运输监管（管理）部门。包括：公安部门，公安交警部门，交通运输管理部门，道路运输管理部门（高速公路管理机构）。

（6）其他政府部门。除去交通运输监管（管理）部门以外的其他政府部门。

根据组织内不同岗位人员的职责和权力，将上述 6 类组织的工作岗位分为 5 类，分别为：

（1）主要负责人。主要负责人是指各类组织的法人、控制人和实际控制人，各类企业的董事长、总经理、总裁和合伙人，以及各类组织的党委（党组）书记、支部书记。

（2）分管负责人。分管负责人是指各类组织中去除主要负责人以外的党政班子组成人员。

（3）部门主要负责人。部门主要负责人是指各类组织所属部门（下属部门）的主要负责人。

（4）部门分管负责人。部门分管负责人是指各类组织所属部门（下属部门）主要负责人以外的其他部门党政班子组成人员。

（5）一般工作人员。在各类组织中除去主要负责人、分管负责人、部门主要负责人、部门分管负责人以外的其它所有工作人员。

此外，在实际的统计分析中发现，一些涉嫌交通事故犯罪的嫌疑人是自由职业者、非法组织的人员，或者犯罪涉嫌人的犯罪行为与任何组织无关。因此，在统计分析中，将这类犯罪嫌疑人归入"无组织"类。

此外，在实际分类统计中，将"无组织"类的车辆控制人列入主要负责人进行统计，将车辆驾驶人员、押运人员和装卸人员、服务人员列入一般工作人员进行统计。

2. 单位和岗位分类统计结果

按照上述的分类方法，对涉嫌交通事故犯罪人员的岗位及其单位进行统计分析，结果如表 5.19 所示。

表5.19   重特大交通事故涉嫌犯罪人员统计结果   （单位：人）

类别	主要负责人	分管负责人	部门主要负责人	部门分管负责人	一般工作人员	合计
车辆生产检验维修检验单位	10	3	5	1	11	30
运输物流企业	29	15	22	4	20	90
其他企业事业单位	14	2	8	0	13	37
党政机关	1	1	0	0	0	2
交通运输监管（管理）部门	16	11	11	2	15	55
其他政府部门	0	3	5	2	0	10
"无组织"	32	0	0	0	28	60
总计	102	35	51	9	87	284

3. 交通事故涉嫌犯罪人员的岗位分析

通过对表5.19的统计结果进行分析，可以得到以下几方面的结论：

（1）各类交通运输相关企业人员是交通事故责任涉嫌犯罪的主体。

统计结果表明，30起重特大交通事故涉嫌犯罪或者已经定罪人员为284人，其中：车辆生产检验维修检验单位、运输物流企业、其他企业事业单位的涉嫌犯罪人数为157人，占涉嫌犯罪总人数的55.3%。"无组织"的涉嫌犯罪嫌疑人中车辆驾驶人员为22人、车辆控制人为32人、其他人员为6人，主要是车辆驾驶人员和车辆控制人。如果将无组织人员计算在内，将达到217人，占涉嫌犯罪总人数的76.4%。因此，各类交通运输相关企业人员是交通事故责任涉嫌犯罪的主体。

（2）交通运输监管（管理）部门工作人员是党政机关及其部门涉嫌犯罪的主体。

党政机关及其部门的涉嫌犯罪人员为67人，其中交通运输监管（管理）部门就有55人，占党政机关及其部门涉嫌犯罪人数的

82.1%。因此，交通运输监管（管理）部门工作人员是党政机关及其部门涉嫌犯罪的主体。

（3）各类组织及其部门的主要负责人是交通事故涉嫌犯罪的主体。

各类组织的主要负责人涉嫌犯罪人数为 102 人，占涉嫌犯罪总人数的 35.9%。各类组织的部门主要负责人涉嫌犯罪人数为 51 人，占涉嫌犯罪总人数的 18.0%。组织的主要负责人及其部门主要负责人涉嫌犯罪人数为 153 人，占涉嫌犯罪总人数的 53.9%。因此，各类组织及其部门的主要负责人是交通事故涉嫌犯罪的主体。

（4）各类组织中主要负责人是交通事故犯罪主体。

各类组织的主要负责人、分管负责人、部门主要负责人和部门分管负责人等四类岗位人员的涉嫌犯罪人数为 197 人，占涉嫌犯罪总人数的 69.4%。如果不计算"无组织"的犯罪嫌疑人，各类组织的负责人涉嫌犯罪人数为 165 人，占涉嫌犯罪总人数（不计算"无组织"人数）的 73.7%。因此，各类组织中主要负责人是交通事故犯罪主体。

通过以上的计算分析，可以看出，要预防交通事故涉嫌犯罪，或者说抓住预防交通事故的关键因素以达到预防交通事故的目的，应该加强落实各类组织的主要负责人的交通安全责任，严格落实各类组织的主要负责人、分管负责人和部门主要负责人的交通安全责任制。

四　交通事故相关责任人员的处分和经济处罚分析

（一）交通事故责任人员处分与经济处罚分析

1. 交通事故责任人员处分与经济处罚类别

对 30 起重特大交通事故报告中的责任人员的处分和经济处罚情况进行分类统计，结果表明，事故责任人员处分和经济处罚共 618 人，处分（处罚）形式有 34 种，如表 5.20 所示。

表5.20　　　　重特大交通事故责任人员的处分和经济处罚类型

序号	建议处罚形式（类型）	处罚人数（人）	处罚人数占总处罚人数比例（%）
1	行政记过处分	188	30.42
2	行政记大过处分	106	17.15
3	党内严重警告、行政降级处分	52	8.41
4	行政警告处分	49	7.93
5	诫勉谈话	23	3.72
6	党内严重警告处分	19	3.07
7	党内警告处分	19	3.07
8	党内严重警告、行政撤职处分	19	3.07
9	降低岗位等级处分	18	2.91
10	撤销党内外职务处分	18	2.91
11	罚款	14	2.27
12	警告处分	11	1.78
13	党内严重警告、撤职处分	10	1.62
14	留用察看	9	1.46
15	行政撤职处分	8	1.29
16	罚款、终生不得担任本领域负责人	6	0.97
17	党内严重警告、行政记大过处分	5	0.81
18	党内警告、行政记大过处分	4	0.65
19	撤销党内职务处分	3	0.49
20	留党察看一年、行政撤职处分	3	0.49
21	行政记过、撤职处分	3	0.49
22	撤销从业资格处分	1	0.16
23	撤职、罚款、终身终生不得担任本领域负责人	1	0.16
24	撤职、调离原工作岗位	1	0.16
25	除名	1	0.16
26	辞退	1	0.16

序号	建议处罚形式（类型）	处罚人数（人）	处罚人数占总处罚人数比例（%）
27	党内警告、行政记过处分	1	0.16
28	吊销资格证	1	0.16
29	行政警告、调离处分	1	0.16
30	开除党籍、取消退休待遇	1	0.16
31	免除所任职务、行政记大过处分	1	0.16
32	免除所任职务、行政降级处分	1	0.16
33	免除所任职务、行政警告处分	1	0.16
34	终生不得担任本领域负责人	1	0.16
35	相应处理（处分形式没有明确）	18	2.91

2. 交通事故责任人员处分与经济处罚类别分析

分析表5.20的分类统计结果，可以得出如下几点结论：

（1）行政记过处分、行政记大过处分是处分和经济处罚人数最多、次多的处分形式。

分类统计结果表明，受到过行政记过、行政记大过单一处分的人数分别为188人和106人，分别占处分和经济处罚总人数的30.42%和17.15%，两类处分人数为294人，占处分和经济处罚总人数的47.57%。如果将受到行政记过、行政记大过处分并受到其他处分和经济处罚的人员计算在内，在618名受到处分和经济处罚的人员中，有305人受到了行政记过处分或者行政记大过处分，占处分和经济处罚总人数的49.35%。说明行政记过处分、行政记大过处分是交通事故责任追究时最重要的两种处分形式。

（2）尽管有34种处分和经济处罚形式，但处分和经济处罚人数前10种形式达到处分和经济处罚总人数的82.69%。

分类统计结果表明，处分和经济处罚人数前10种形式分别为：行政记过处分，行政记大过处分，党内严重警告、行政降级处分，行政警告处分，诫勉谈话，党内严重警告处分，党内警告处分，党内严重警告、行政撤职处分，降低岗位等级处分，撤销党内外职务处分。这10种处分和经济处罚人数为511人，占处分和经济处罚总人数的82.69%。说明交通事故责任追究时，行政记过处分、行政记大过处分、党内严重警告、行政降级处分、行政警告处分、诫勉谈话、党内严重警告处分、党内警告处分、行政撤职处分、降低岗位等级处分、撤销党内外职务处分是主要的处罚形式。

（3）两种以上处分和经济处罚人数占处分和经济处罚总人数的17.48%。

分类统计结果表明，两种以上处分（处罚）形式有16种，分别为：党内严重警告、行政降级处分，党内严重警告、行政撤职处分，党内严重警告、撤职处分，罚款、终生不得担任本领域负责人，党内严重警告、行政记大过处分，党内警告、行政记大过处分，留党察看一年、行政撤职处分，行政记过、撤职处分，撤职、罚款、终身终生不得担任本领域负责人，撤职、调离原工作岗位，党内警告、行政记过处分，行政警告、调离处分，开除党籍、取消退休待遇，免除所任职务、行政记大过处分，免除所任职务、行政降级处分，免除所任职务、行政警告处分。这16种形式处分（处罚）人数为108人，占处分和经济处罚总人数的17.48%。

（4）两种以上处分（处罚）形式一般包括党内处分。

分类统计结果表明，16种处分（处罚）形式中有8种包括了党内处分，党内处分人数有95人，占两种以上处分（处罚）人数的87.96%。因此，可以得出结论，两种以上处分（处罚）形式一般包括党内处分。

（二）交通事故处分和经济处罚人员岗位分析

1. 处分和经济处罚单位和人员岗位分类统计结果

按照上节提出的交通事故单位和人员岗位的分类方法，对建议交通事故犯罪处分和经济处罚人员的单位和人员岗位进行分类统计，结果如表5.21所示。

表 5.21　　　　　**重特大交通事故建议处分和经济处罚人员的**
单位和岗位分类统计结果

项目	主要负责人（人）	分管负责人（人）	部门主要负责人（人）	部门分管负责人（人）	一般工作人员（人）	合计（人）	本类别占比（%）
车辆生产检验维修检验单位	4	1	0	0	0	5	0.81
运输物流企业	29	17	12	9	9	76	12.30
其他企业事业单位	9	2	7	0	2	20	3.24
地方政府	24	48	0	3	1	76	12.30
交通运输监管（管理）部门	157	122	37	25	19	360	58.25
其他政府部门	28	21	23	7	1	80	12.94
无组织	0	0	0	0	1	1	0.16
总计的人数（人）	251	211	79	44	33	618	100.00
本岗位所占比例（%）	40.61	34.14	12.78	7.12	5.34	100.00	

2. 对交通事故责任人员处分和经济处罚人员的岗位分析

根据表 5.21 的统计结果，可以对交通事故责任人员处分和经济处罚人员的岗位进行分析，得到以下几点的结论：

（1）交通运输监管（管理）部门人员是交通事故责任追究处分和经济处罚的主体。

分类统计结果表明，30 起重特大交通事故责任追究处分和经济处罚人员为 618 人，其中：交通运输管理部门、道路运输管理部门、公安交警部门、公安部门等交通运输监管（管理）部门受到处分和经济处罚的人员为 360 人，占处分和经济处罚总人数的 58.25%。

（2）运输物流企业、地方政府和其他政府部门的处分和经济处罚人数基本相当，是处分和经济处罚人数较多的三类组织。

分类统计结果表明，运输物流企业、地方政府和其他政府部门的处分和经济处罚人数 76 人、76 人和 80 人，分别占处分和经济处罚总人数的 12.30%、12.30% 和 12.94%。

（3）各类组织的主要负责人和分管负责人是交通事故责任追究处分和经济处罚的主体。

分类统计结果表明，各类组织的主要负责人和分管负责人的处分和经济处罚人数分别为 251 人和 211 人，分别占处分和经济处罚总人数的 40.61% 和 34.14%。主要负责人和分管负责人等两个岗位的处分和经济处罚人数 461 人，占处分和经济处罚总人数的 74.60%。特别是车辆生产检验维修检验单位主要负责人和分管负责人等两个岗位的处分和经济处罚人数占本类单位处分和经济处罚人数的 100%，地方政府两个岗位的处分和经济处罚人数占本类机关处分和经济处罚人数的 94.74%。

（4）地方政府及政府部门人员是责任追究处分和经济处罚的主体。

分类统计结果表明，地方政府、交通运输监管（管理）部门、其他政府部门受到处分和经济处罚的人数分别为 76 人、360 人和 80 人，地方政府及政府部门受到处分和经济处罚人员的人数合计为 516 人，占处分和经济处罚总人数的 83.50%。而企业事业单位和"无组织"的人员受到处分和经济处罚的人数仅占处分和经济处罚总人数的 16.50%。运输物流企业受到处分和经济处罚的人数为 76 人，仅占处分和经济处罚总人数的 12.30%。

（5）一般工作人员受到处分和经济处罚的人员很少。

分类统计结果表明，一般工作人员受到处分和经济处罚的为 33 人，仅占处分和经济处罚总人数的 5.34%。一般工作人员受到处分和经济处罚的人数和占本类别处分和经济处罚人数比例分别为：运输物流企业 9 人、11.84%，其他企业事业单位 2 人、10.00%，地方政府 1 人、1.32%，交通运输监管（管理）部门 19 人、5.25%，其他政府部门 1 人、1.25%。因此，可以得出结论，由于交通事故责任追究，各类组织的一般工作人员受到处分和经济处罚的人数很少。

通过以上的计算分析，可以看出，发生重特大交通事故对相关人员追究责任给予处分和经济处罚的人员主要是地方政府及其部门的工作人员，各类组织的主要责任人和分管负责人。因此，发生重特大交通事故对相关人员追究责任，给予处分和经济处罚的人员，主要是地方政府和政府部门的主要责任人和分管负责人。得出这样的结论，显然与很多文件资料介绍的企业是交通安全主体是不一致的，值得深思！

　　同时，分类统计结果说明，为了抓住预防交通事故的关键因素，以达到预防交通事故的目的，应该加强地方政府及其相关部门以及工作人员的交通安全责任制落实，应该加强各类组织的主要负责人和分管负责人的交通安全责任制的落实，特别应加强地方政府及其相关部门的主要负责人和分管负责人的交通安全责任制的落实。